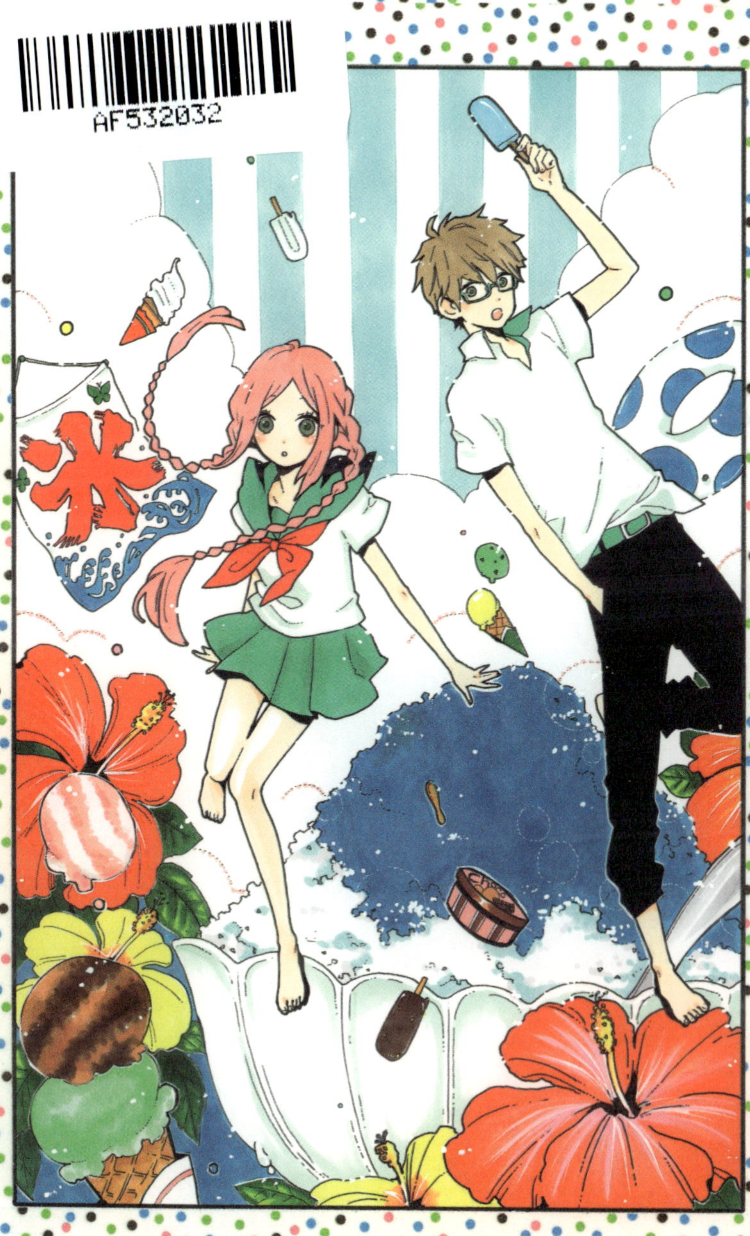
氷

Daily Butterfly

suu Morishita

7

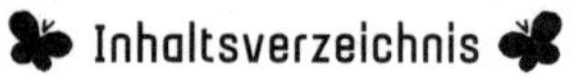

Inhaltsverzeichnis

Was bisher geschah

Suiren gilt als »unerreichbare Rose« und alle Jungs haben nur Augen für sie. Suiren wiederum interessiert sich für Kawasumi. Dieser ist auch an ihr interessiert, aber beide sind nicht gerade geschickt im Umgang mit dem anderen Geschlecht. Doch beim Schulfest gesteht Suiren Kawasumi ihre Liebe. Endlich wissen die beiden, dass sie dasselbe füreinander empfinden, und kommen zusammen. Vom ersten Date bis zum ersten gemeinsamen Weihnachten – es gibt so viel Neues zu entdecken ♡. In der Silvesternacht erhält Suiren einen Anruf von Kawasumi und die beiden besuchen gemeinsam den Schrein. So beginnt das Jahr für sie verheißungsvoll. Am Neujahrsmorgen legt sich Kawasumi beim Karatetraining, bei dem auch sein Vorbild Atohira dabei ist, richtig ins Zeug. Als Suiren Kawasumi dann nach den Winterferien endlich wiedersieht, hat er einen gebrochenen Arm und sie macht sich Sorgen. Trotzdem feuert sie ihn weiter an, sein Bestes zu geben.

Die ganze Story könnt ihr in *Daily Butterfly* Band 1–6 nachlesen!!

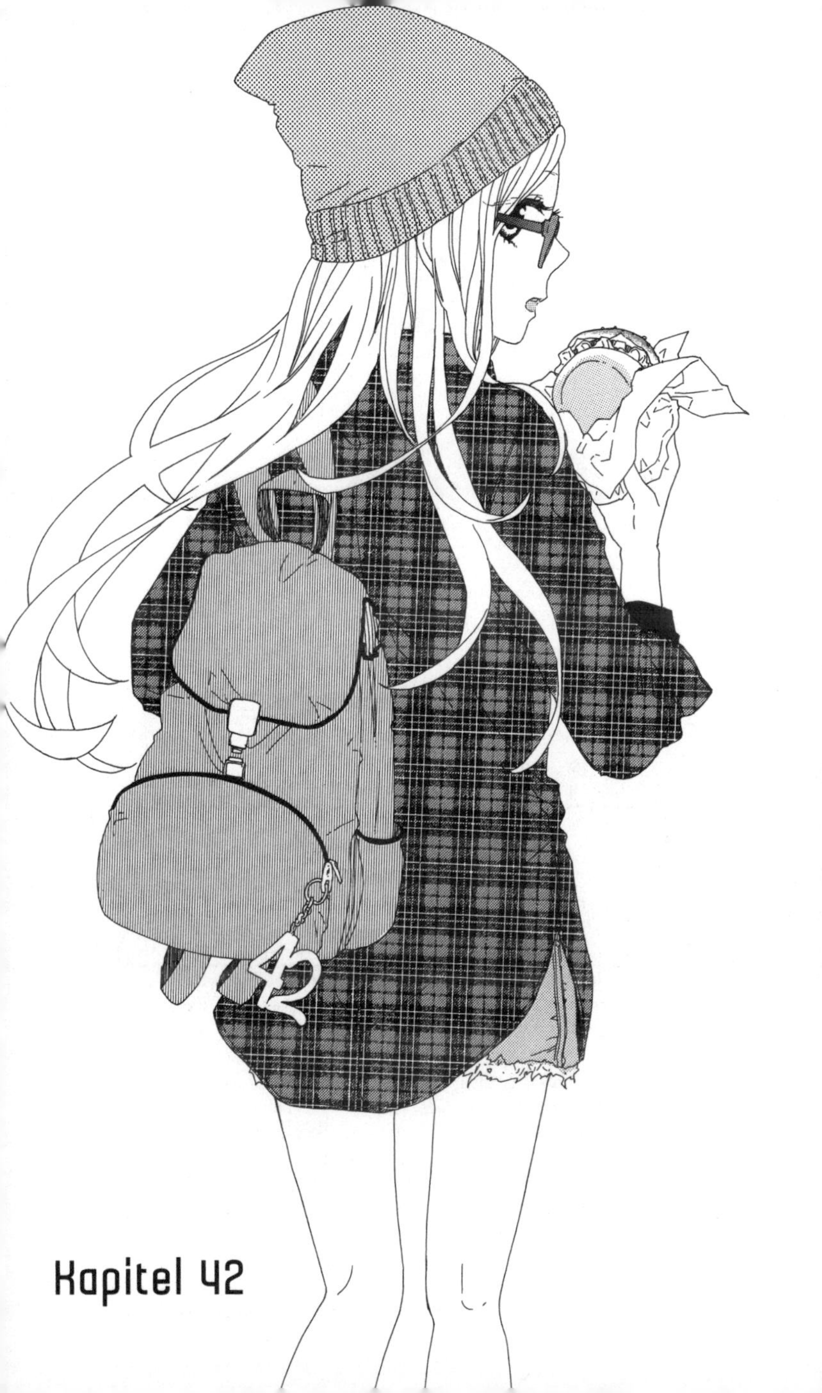

Kapitel 42

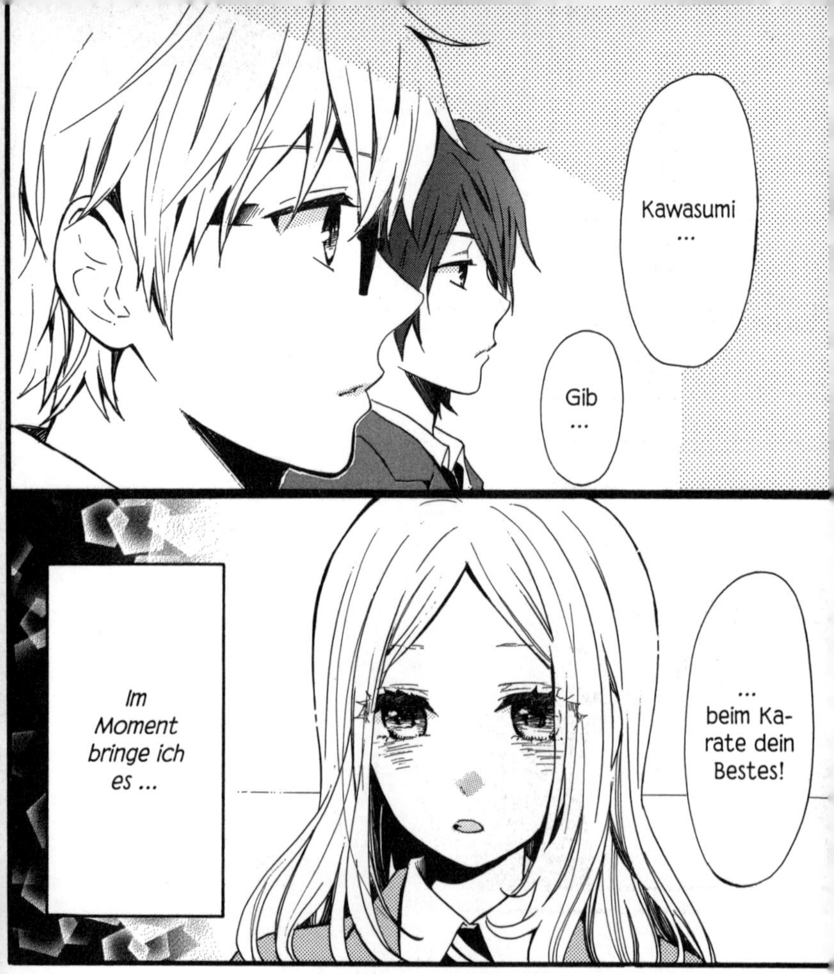

Kawasumi ...

Gib ...

... beim Karate dein Bestes!

Im Moment bringe ich es ...

Band 7 ist raus! Ist das toll!
Vielen Dank für die Fanpost von Lesern unterschiedlichen Alters, Männern wie Frauen und sogar aus dem Ausland!
Viele haben Herzchen gezeichnet!

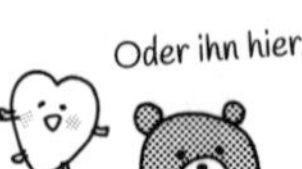

... einfach nicht über mich ...

... ihn dazu zu überreden ...

... sich eine Auszeit zu nehmen.

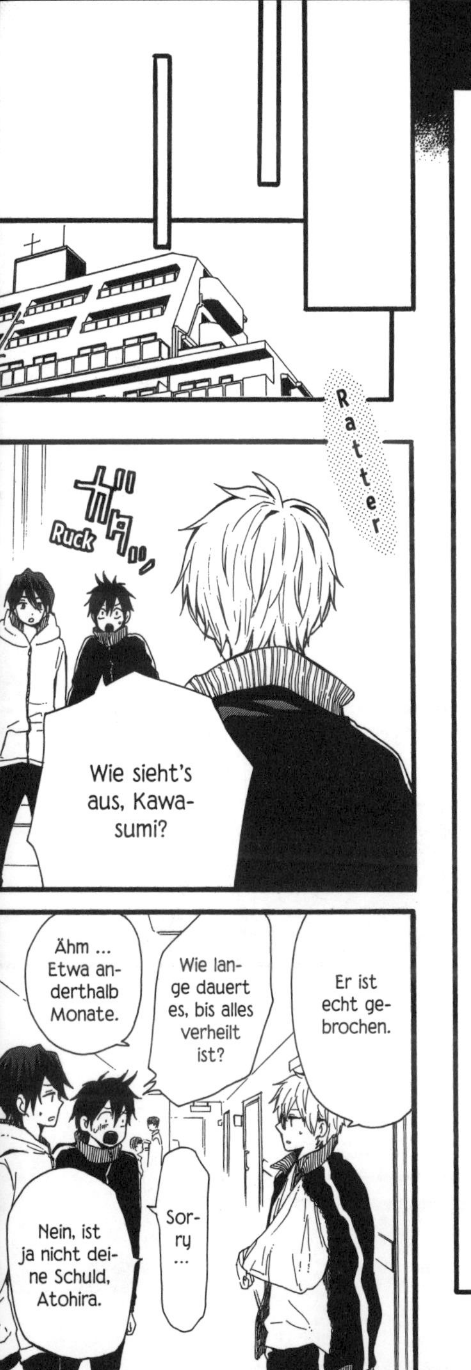

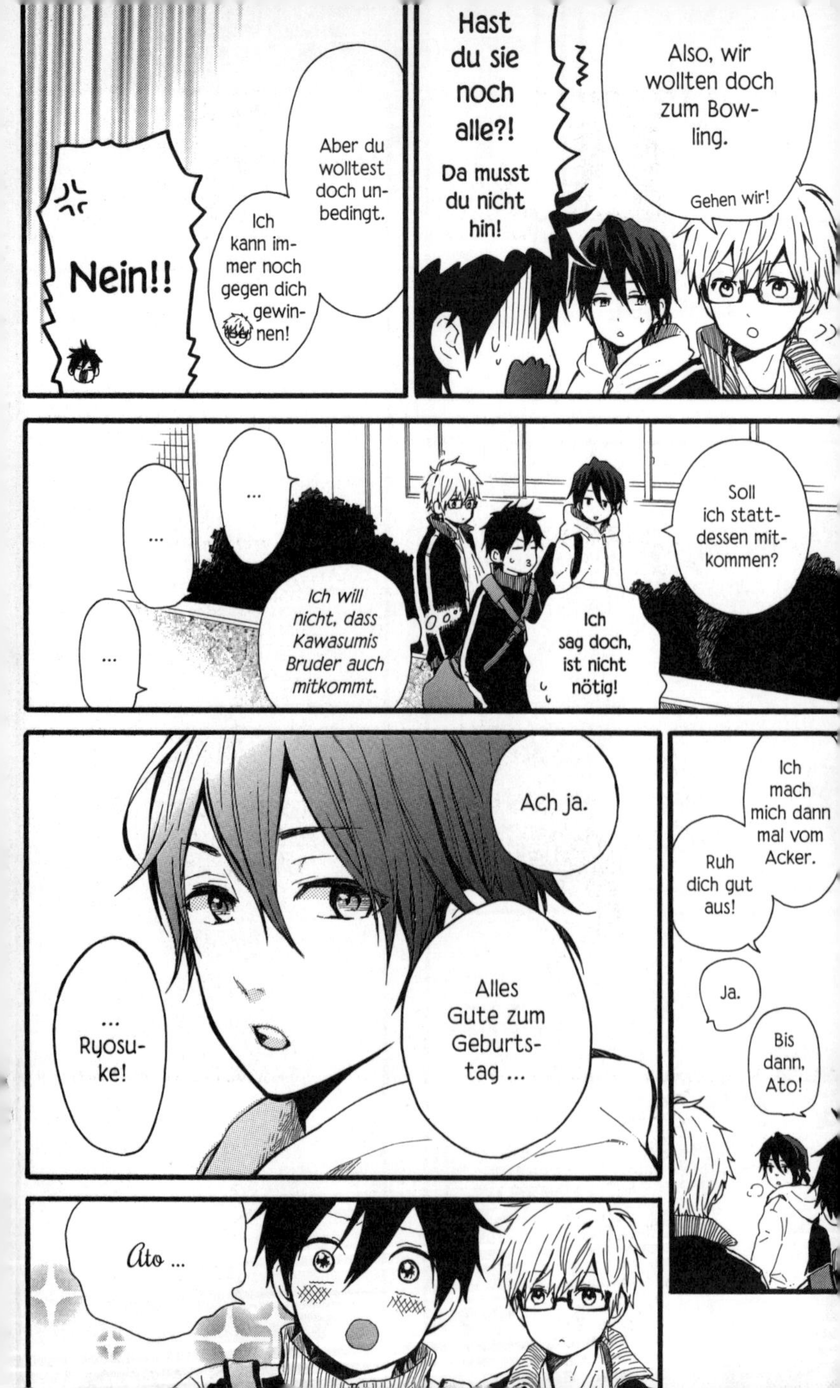
Also, wir wollten doch zum Bowling.
Gehen wir!
Hast du sie noch alle?!
Da musst du nicht hin!
Aber du wolltest doch unbedingt.
Ich kann immer noch gegen dich gewinnen!
Nein!!
Soll ich stattdessen mitkommen?
Ich sag doch, ist nicht nötig!
Ich will nicht, dass Kawasumis Bruder auch mitkommt.
...
...
...
Ich mach mich dann mal vom Acker.
Ruh dich gut aus!
Ja.
Bis dann, Ato!
Ach ja.
Alles Gute zum Geburtstag ...
... Ryosuke!
Ato ...

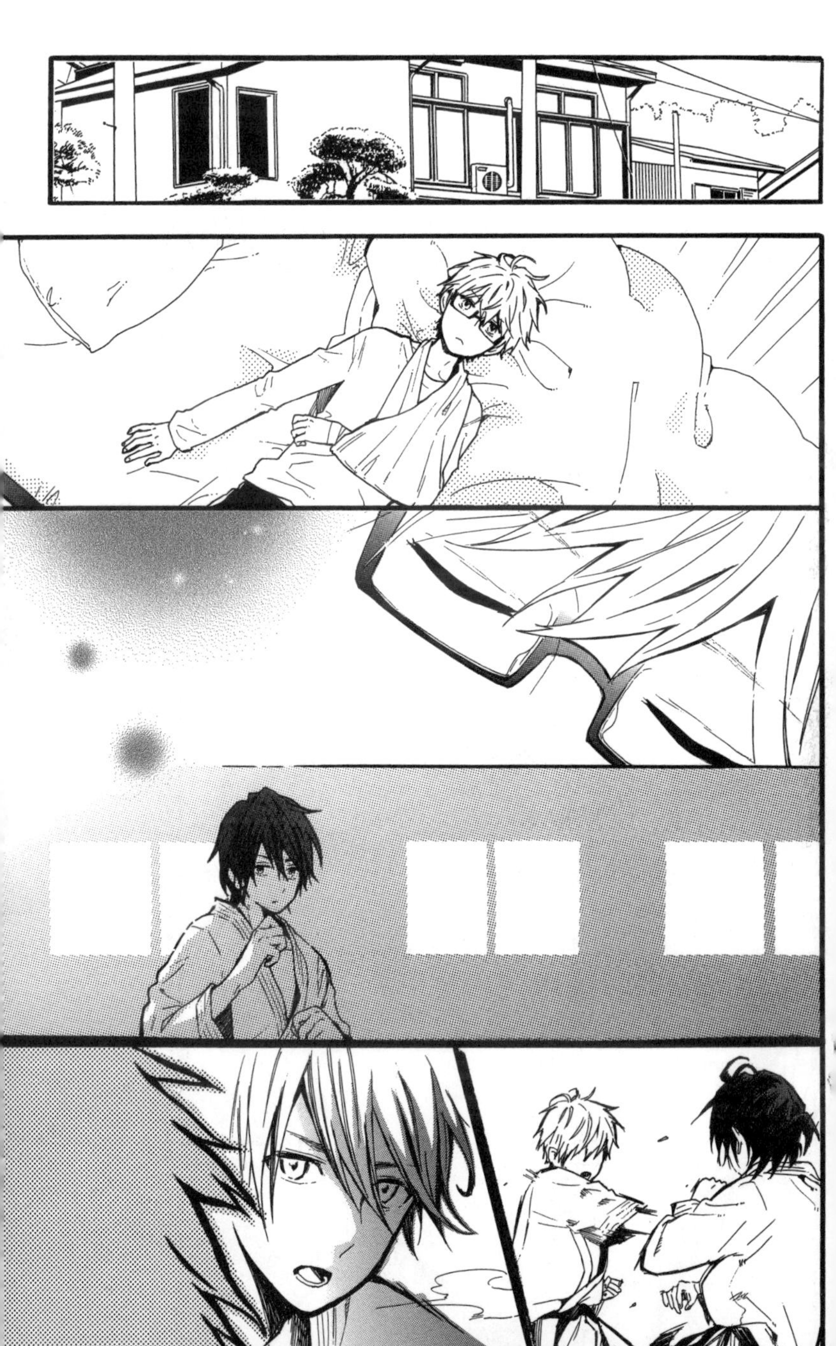

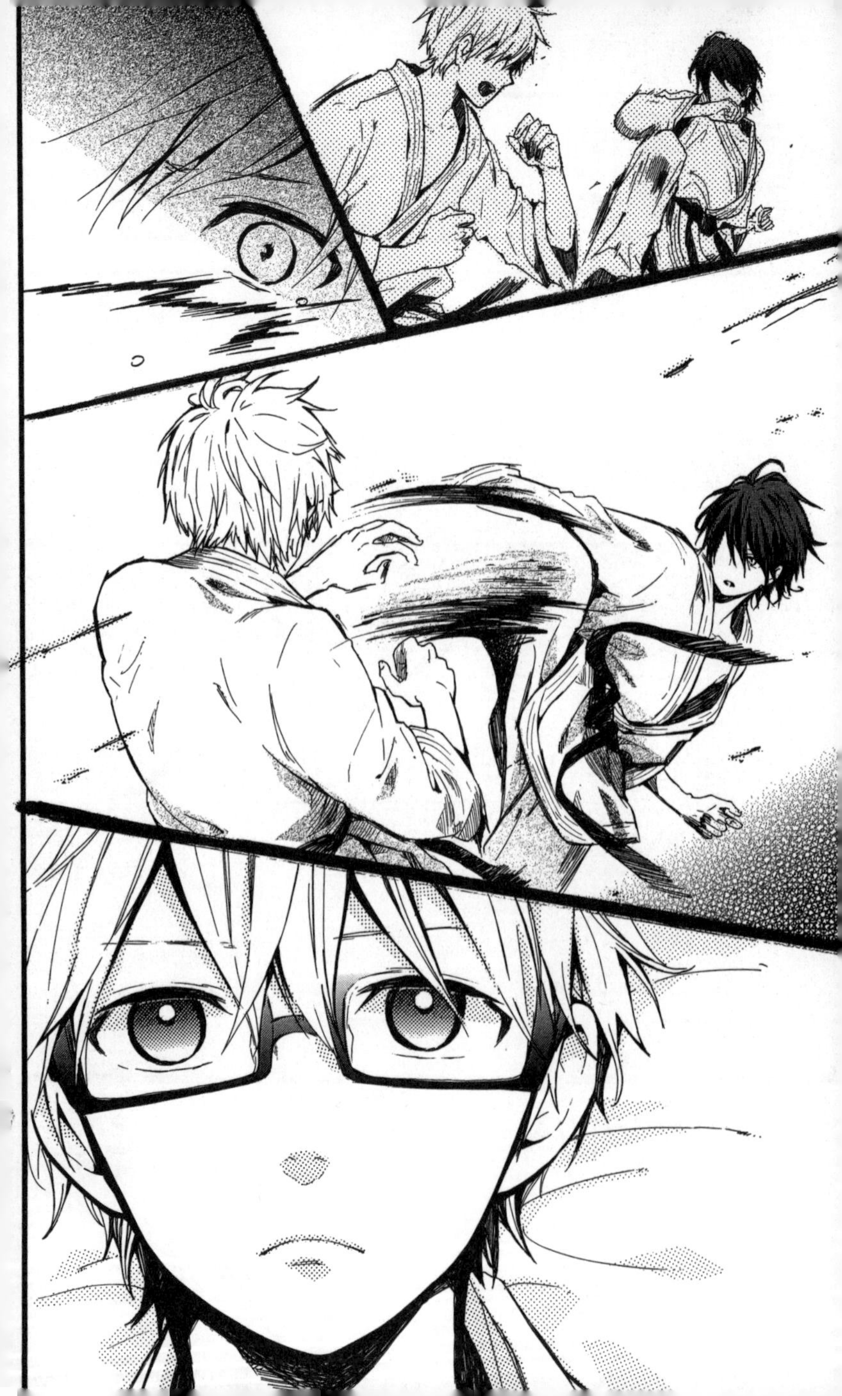

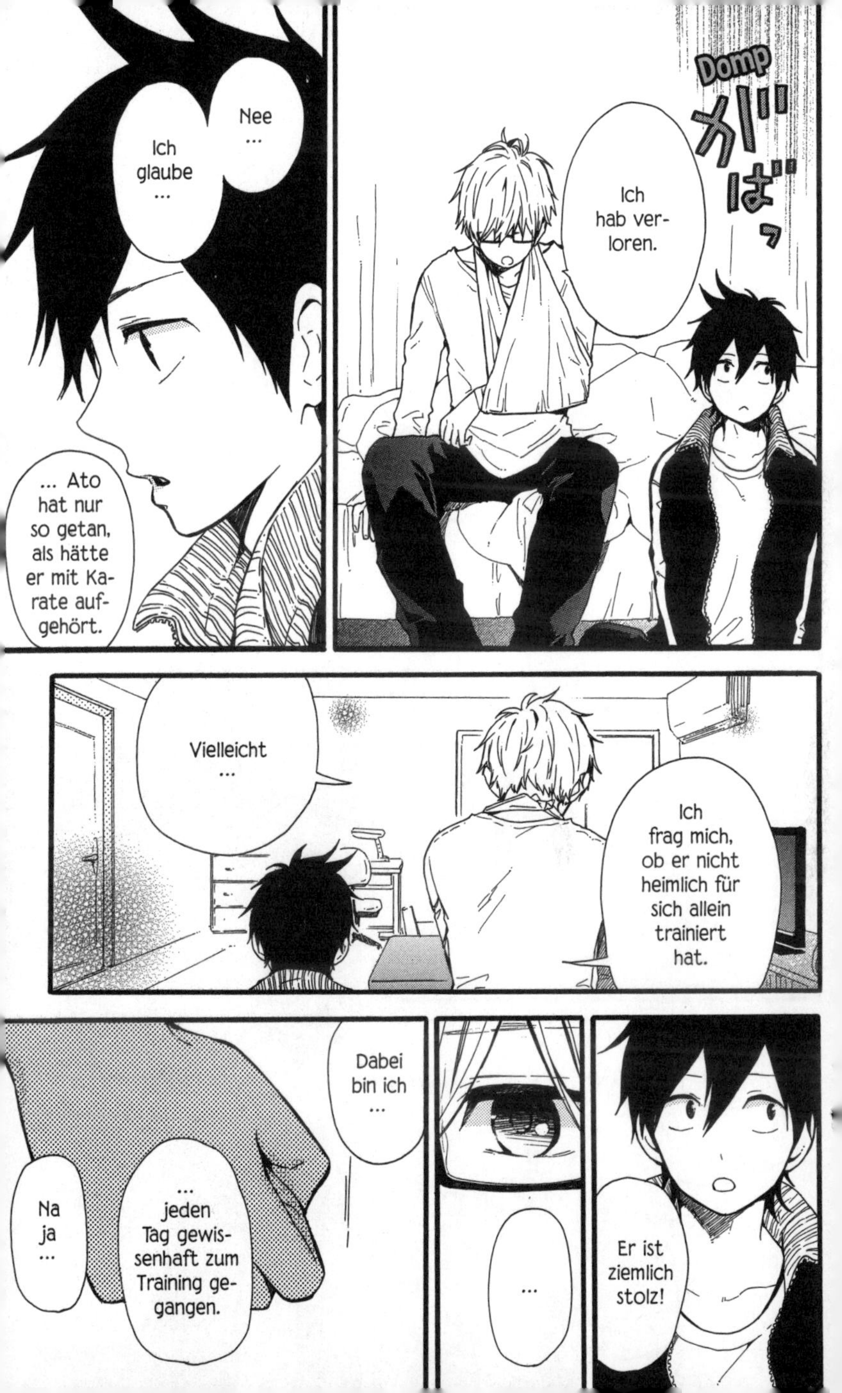

Domp
がばっ
Ich hab verloren.
Nee ...
Ich glaube ...
... Ato hat nur so getan, als hätte er mit Karate aufgehört.

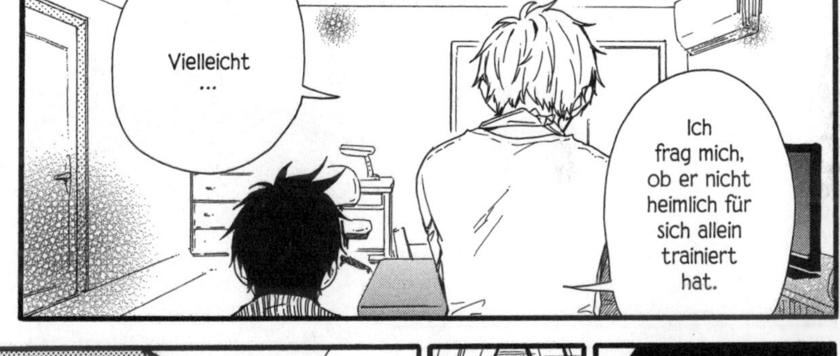

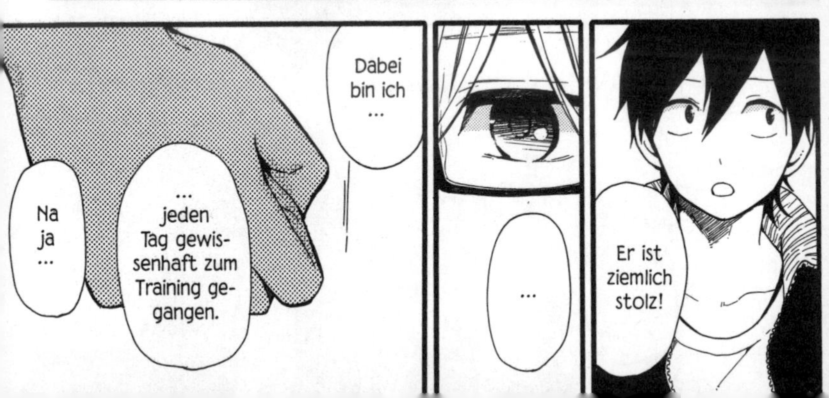

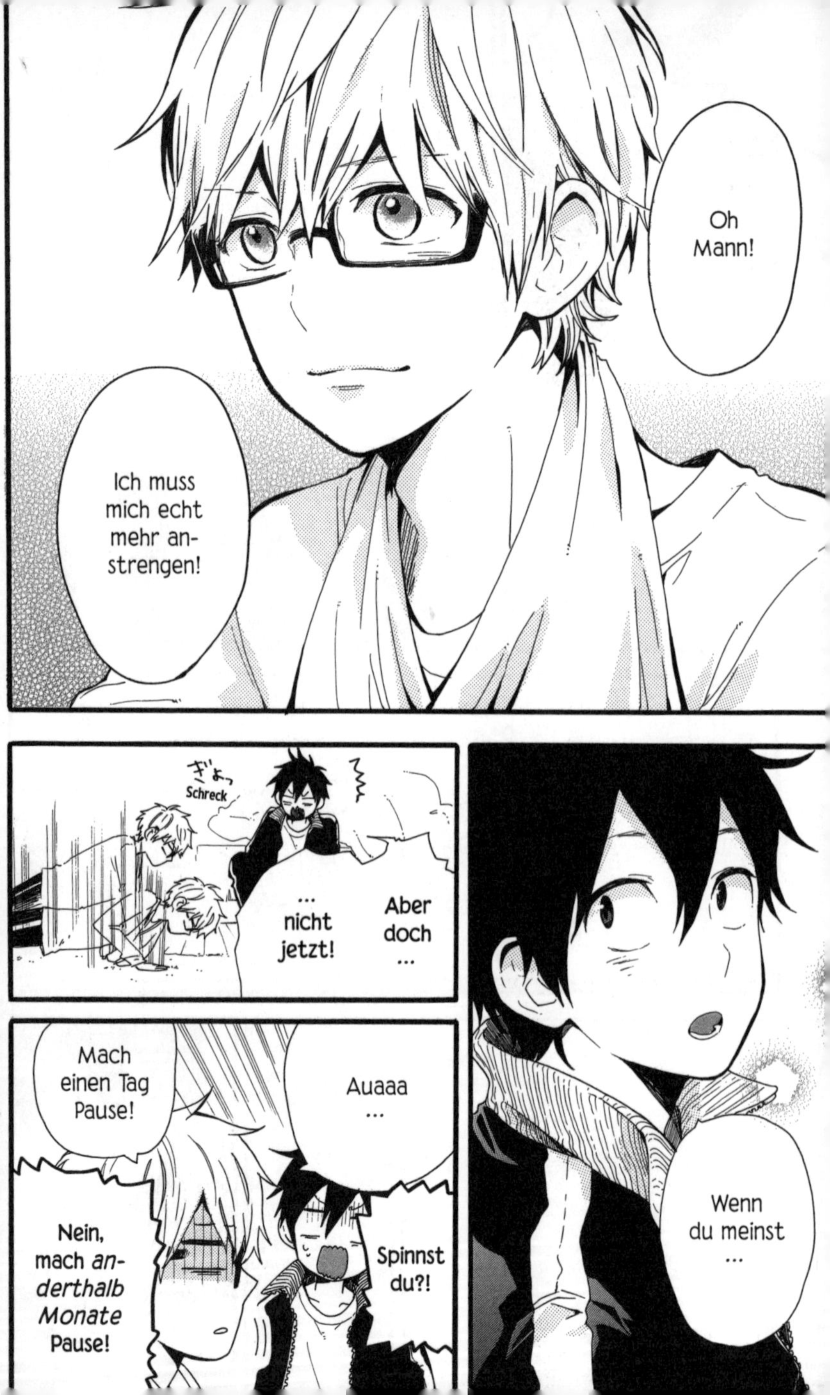

Oh Mann!

Ich muss mich echt mehr anstrengen!

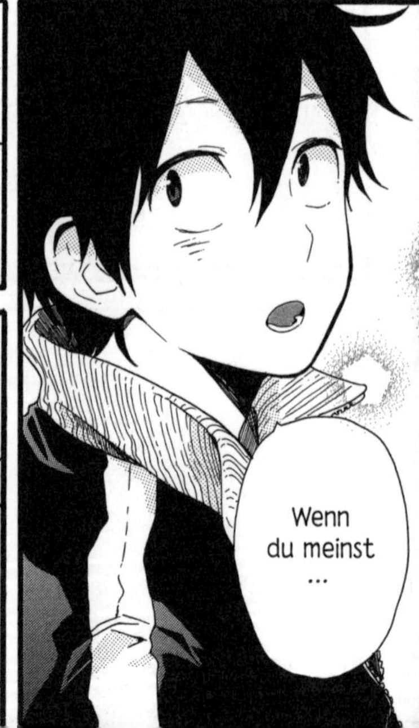

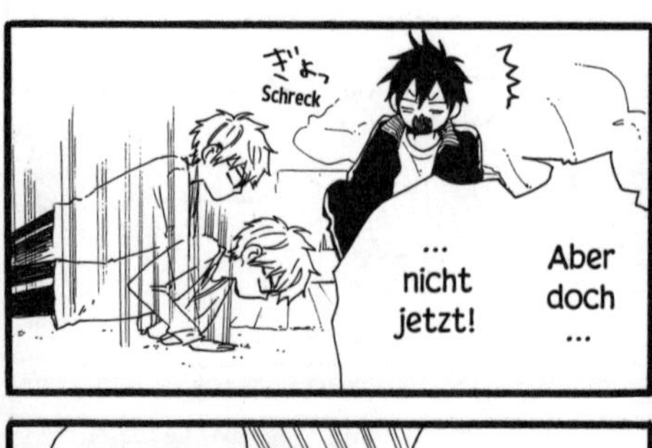

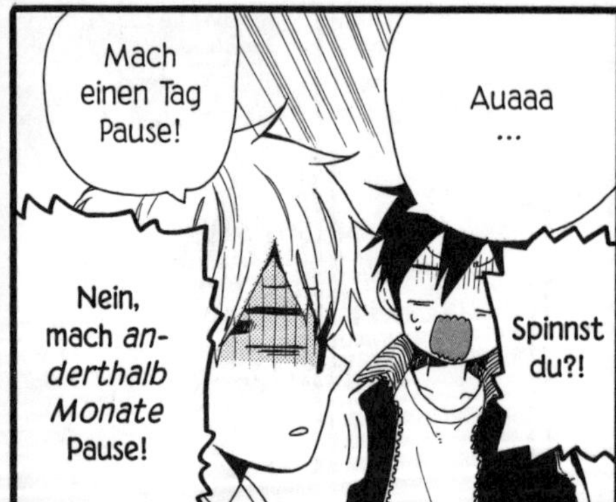

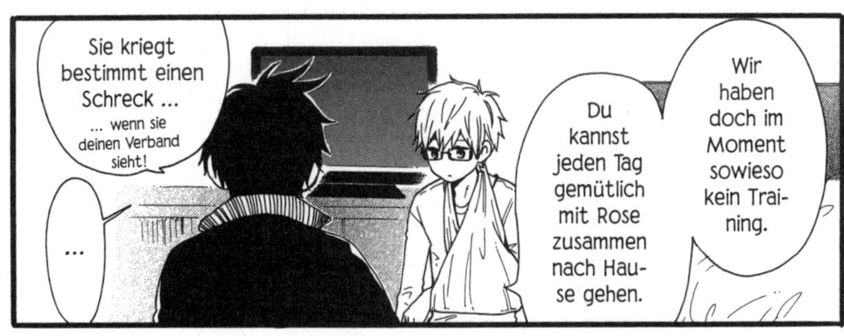
Wir haben doch im Moment sowieso kein Training.
Du kannst jeden Tag gemütlich mit Rose zusammen nach Hause gehen.
Sie kriegt bestimmt einen Schreck ...
... wenn sie deinen Verband sieht!
...

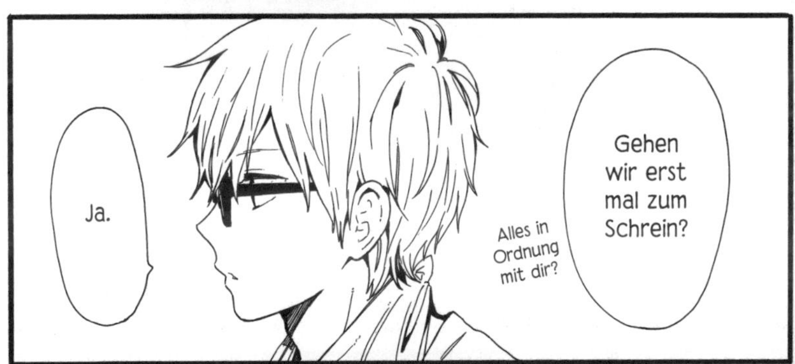
Gehen wir erst mal zum Schrein?
Alles in Ordnung mit dir?
Ja.

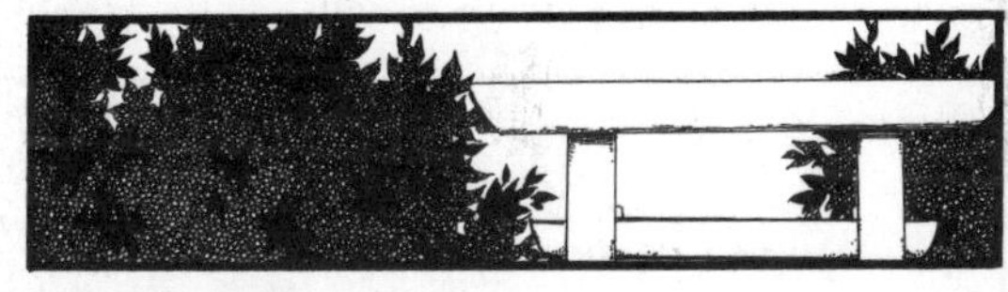

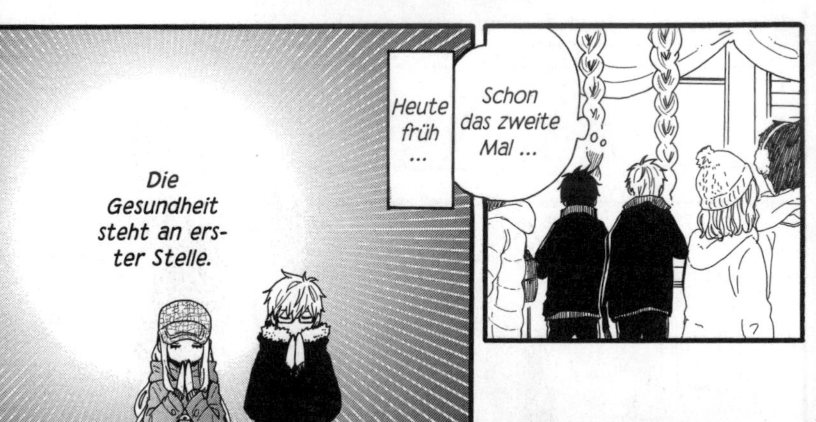
Schon das zweite Mal ...
Heute früh ...
Die Gesundheit steht an erster Stelle.

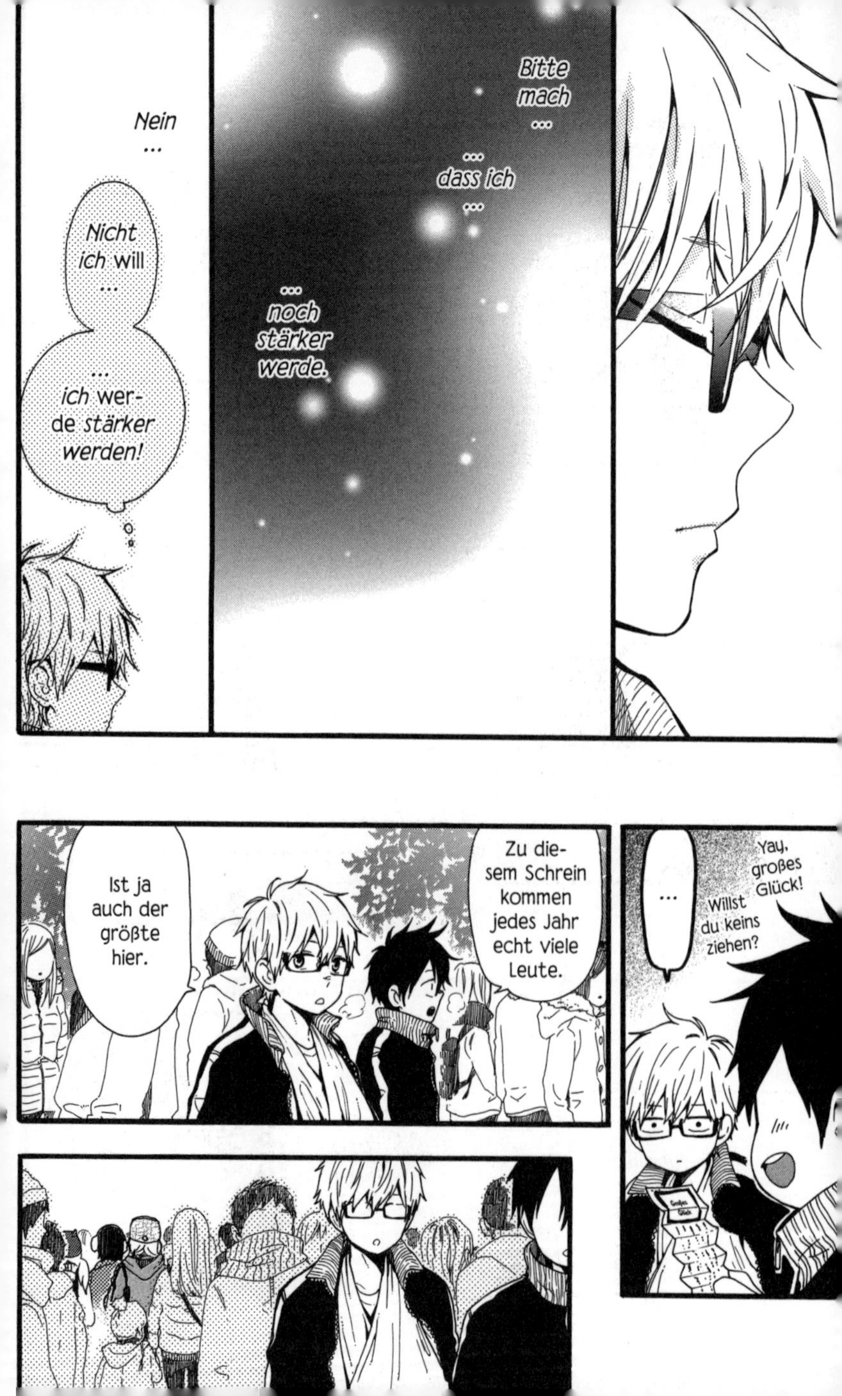

Bitte mach ...

... dass ich ...

... noch stärker werde.

Nein ...

Nicht ich will ...

... ich wer-de stärker werden!

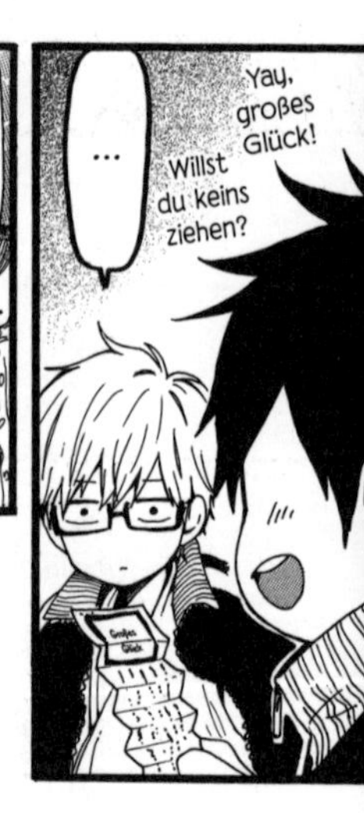

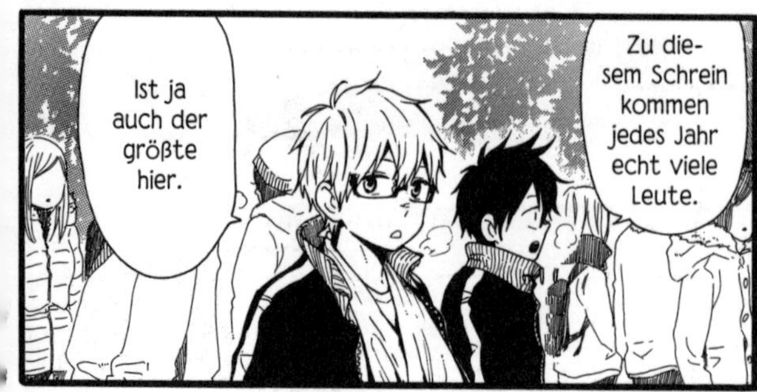

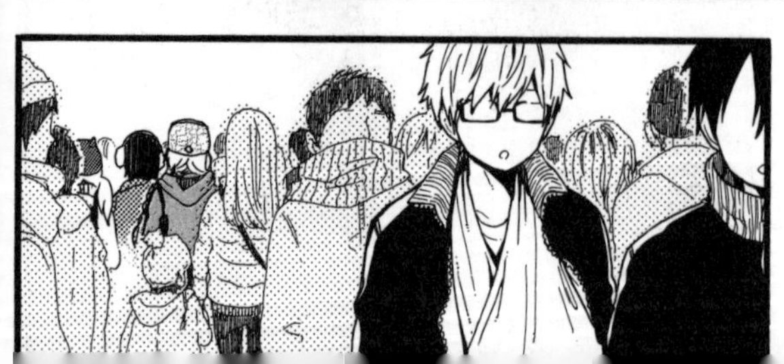

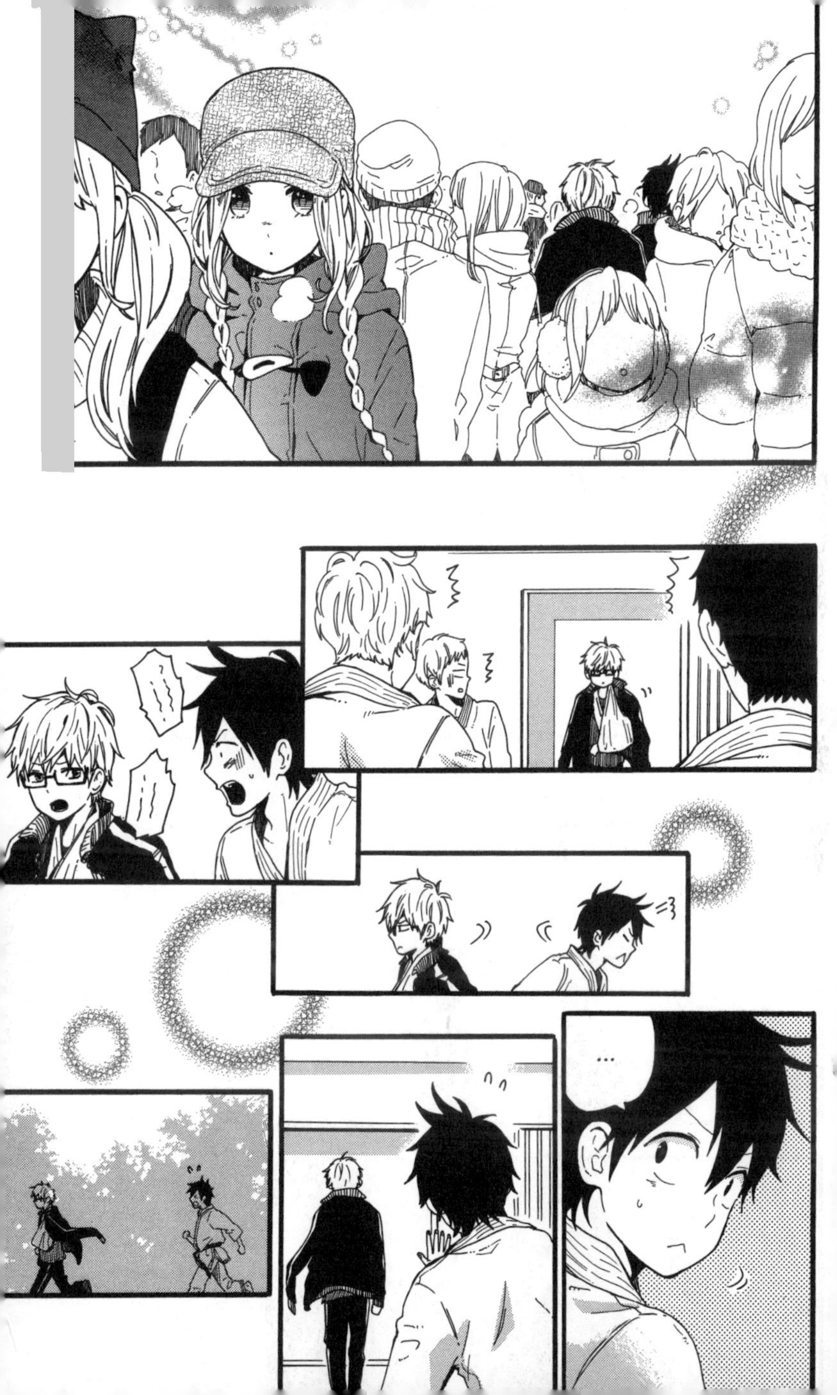

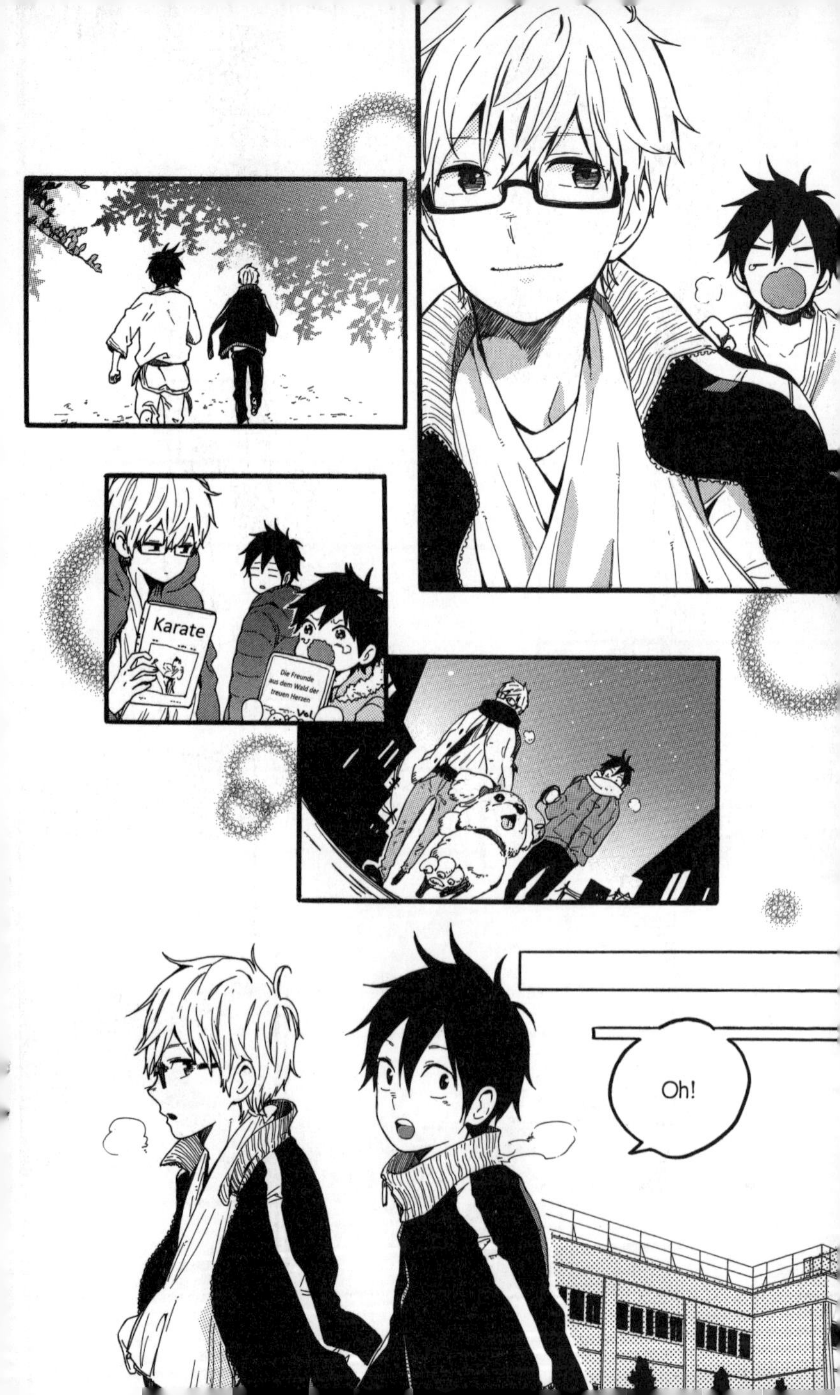
Karate
Die Freunde aus dem Wald der treuen Herzen
Oh!

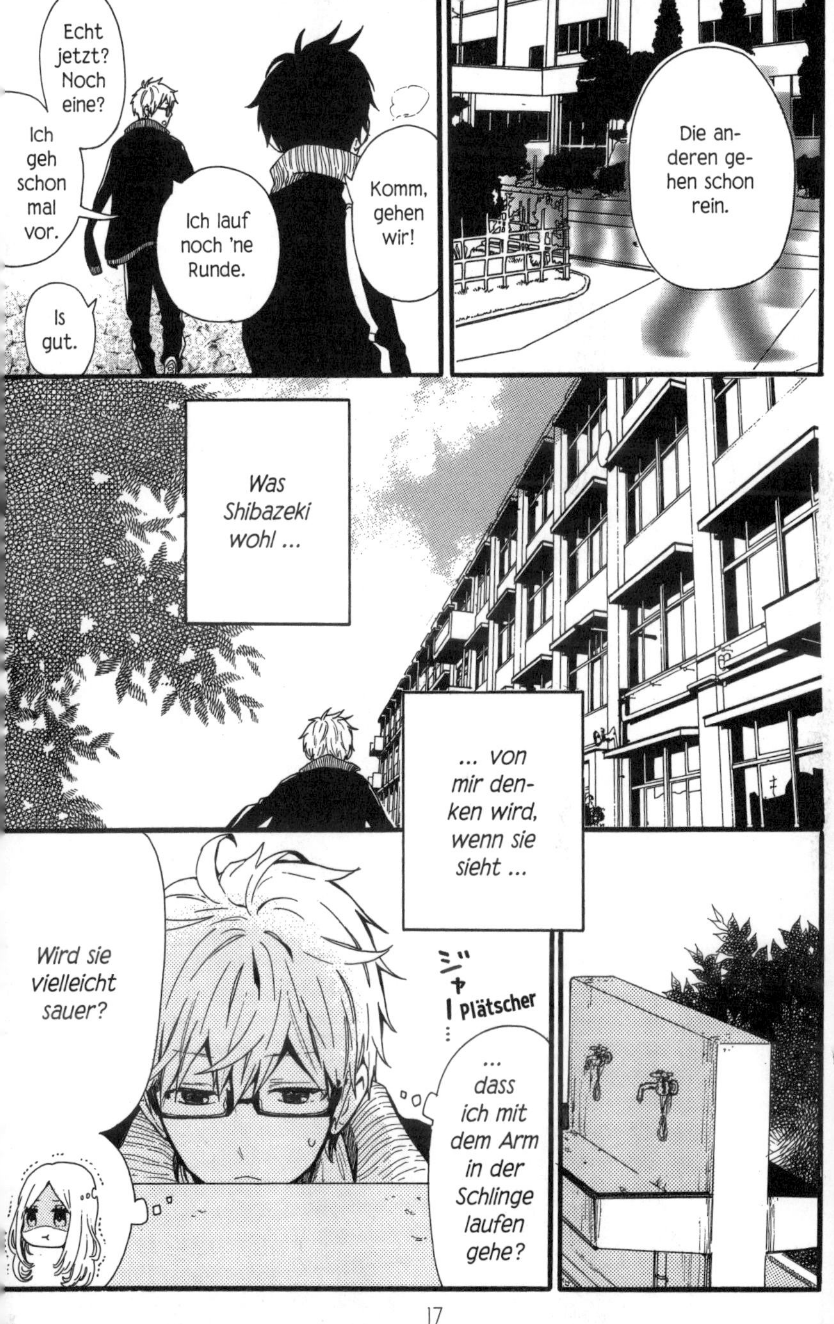

Die anderen gehen schon rein.
Komm, gehen wir!
Ich lauf noch 'ne Runde.
Echt jetzt? Noch eine?
Ich geh schon mal vor.
Is gut.
Was Shibazeki wohl ...
... von mir denken wird, wenn sie sieht ...
... dass ich mit dem Arm in der Schlinge laufen gehe?
ジャー
Plätscher
Wird sie vielleicht sauer?

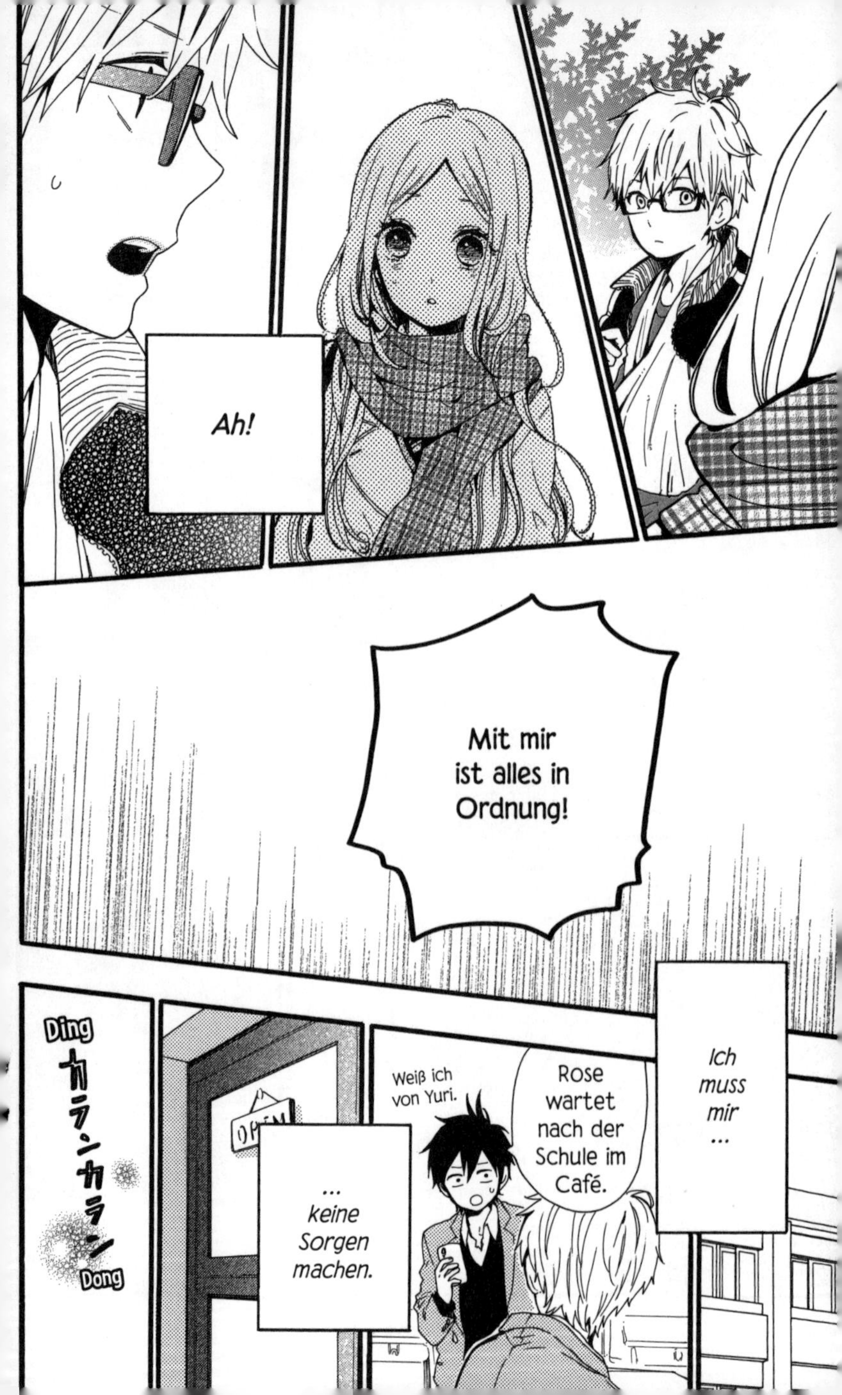

Ah!
Mit mir ist alles in Ordnung!
Ich muss mir ...
Rose wartet nach der Schule im Café.
Weiß ich von Yuri.
... keine Sorgen machen.
Ding
カランカラン
Dong

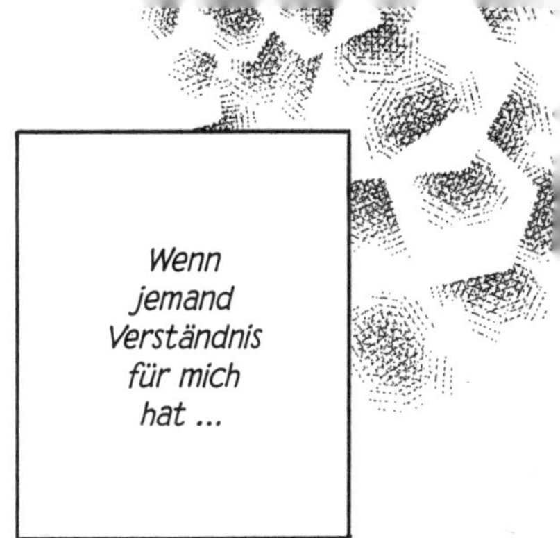
Wenn jemand Verständnis für mich hat ...

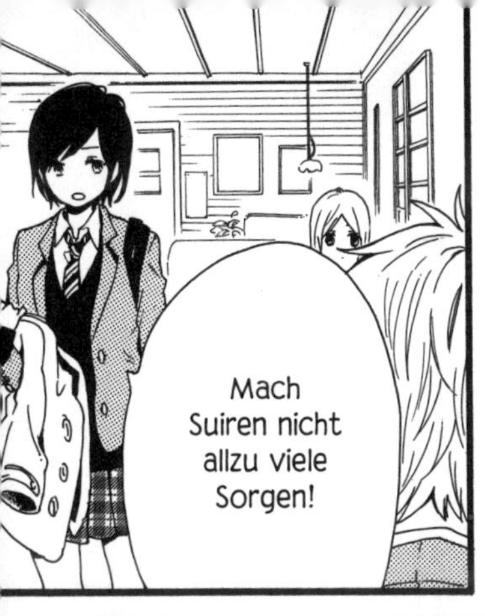
Mach Suiren nicht allzu viele Sorgen!

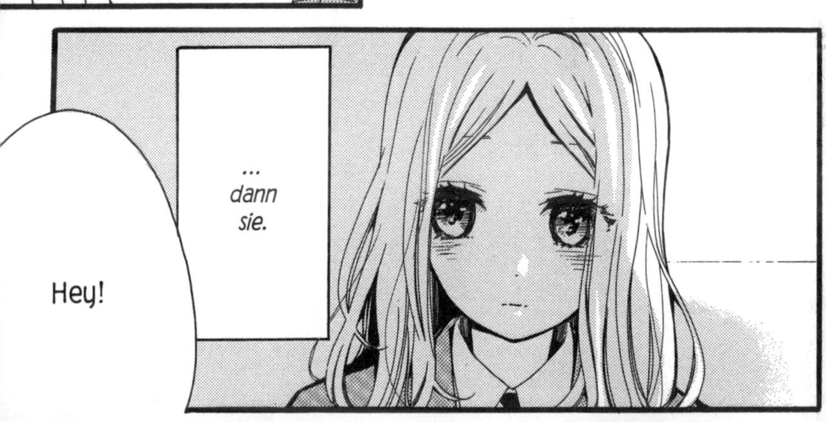
... dann sie.
Hey!

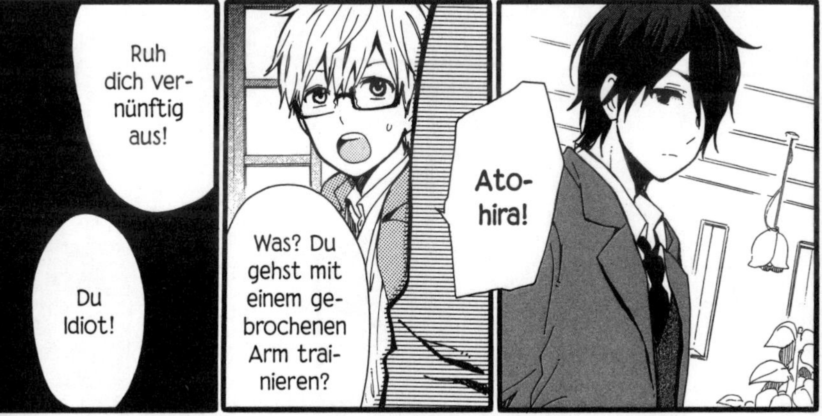
Ato-hira!
Was? Du gehst mit einem gebrochenen Arm trainieren?
Ruh dich vernünftig aus!
Du Idiot!

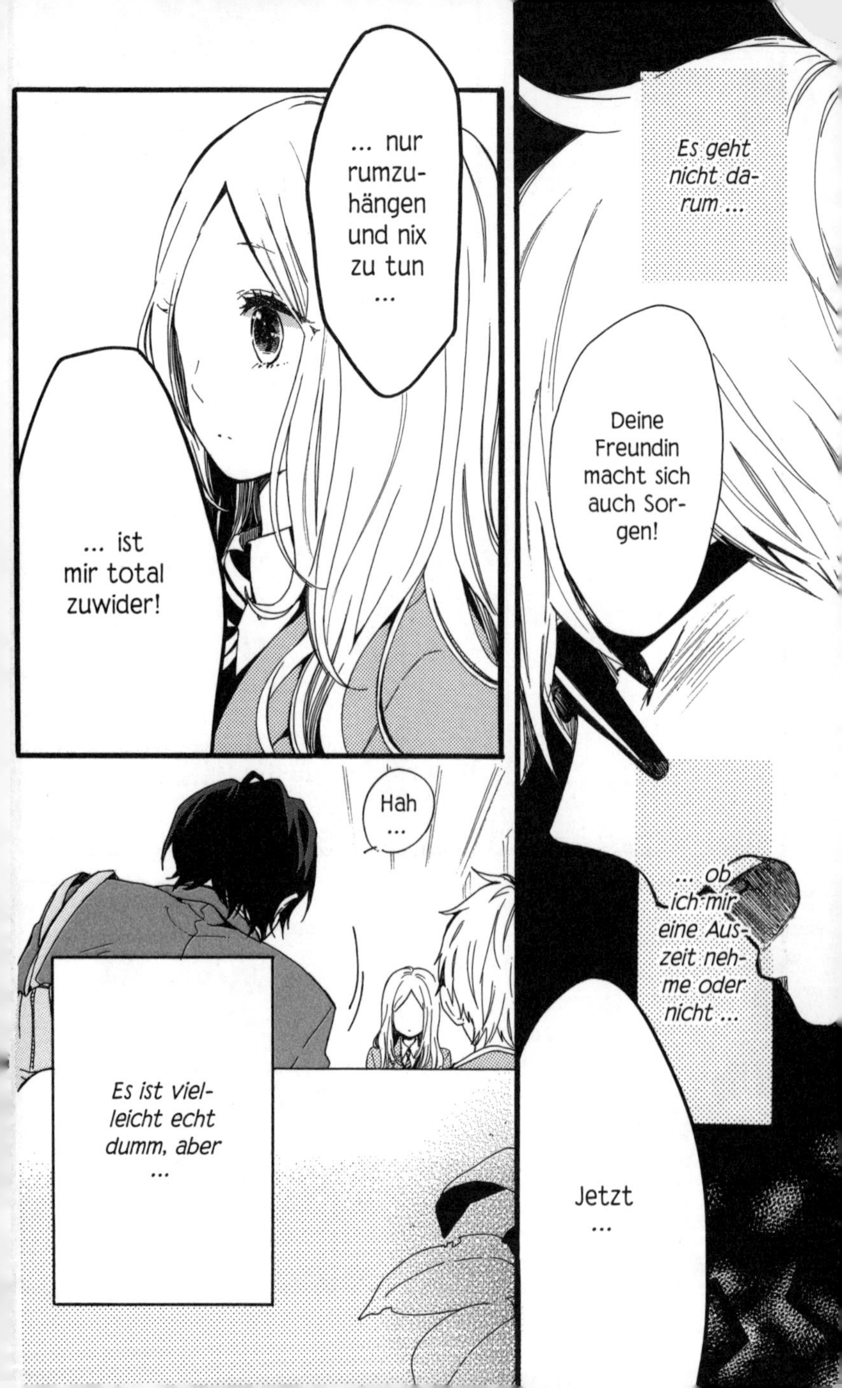
Es geht nicht darum ...
Deine Freundin macht sich auch Sorgen!
... ob ich mir eine Auszeit nehme oder nicht ...
Jetzt ...
... nur rumzuhängen und nix zu tun ...
... ist mir total zuwider!
Hah ...
Es ist vielleicht echt dumm, aber ...

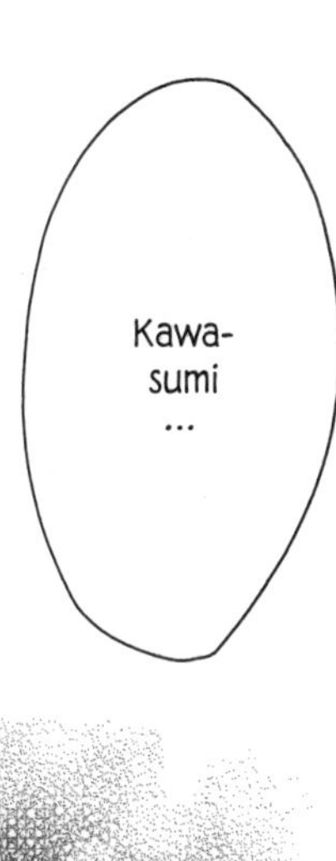
Kawa-sumi ...
Gib ...
... beim Karate dein Bestes!

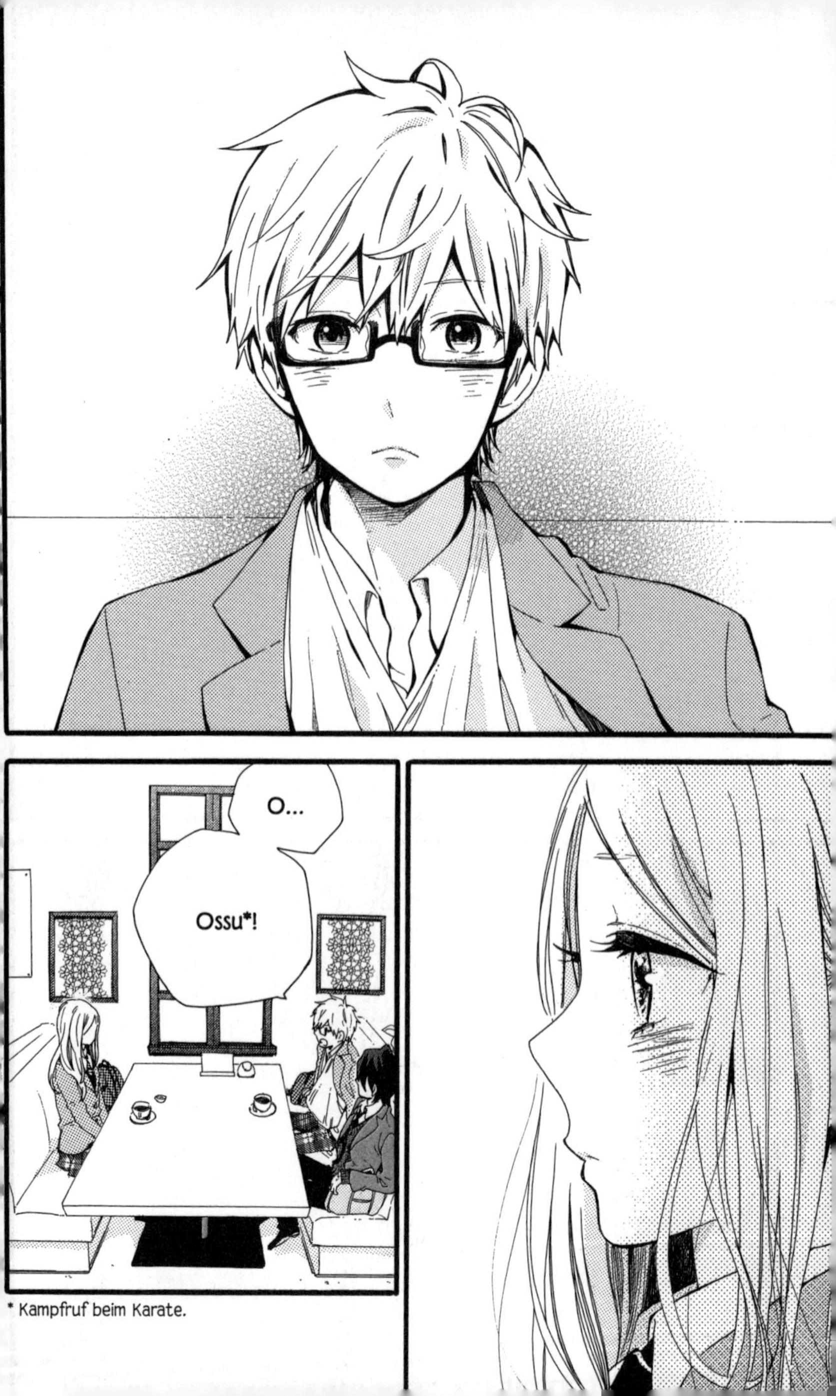

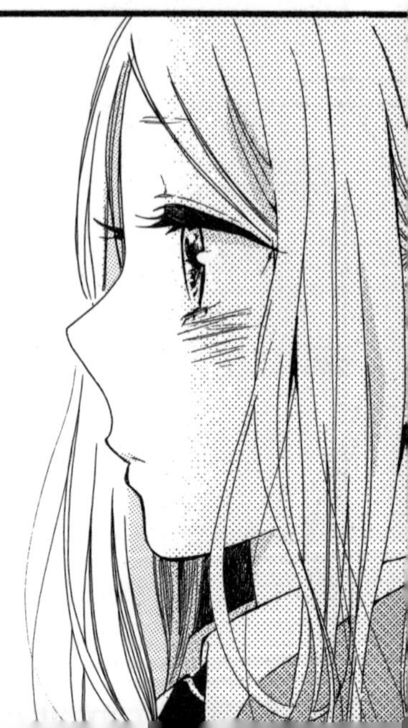

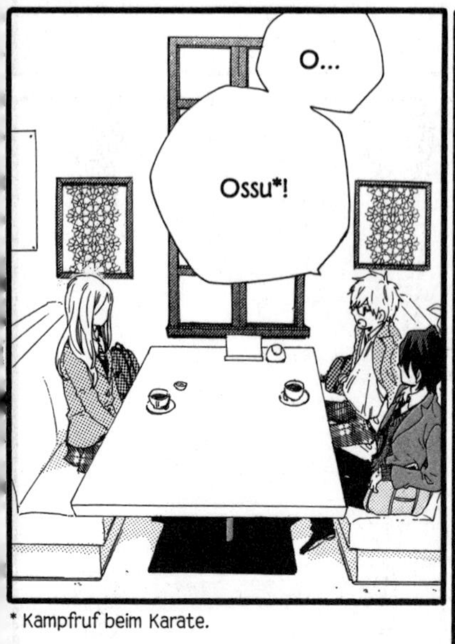

* Kampfruf beim Karate.

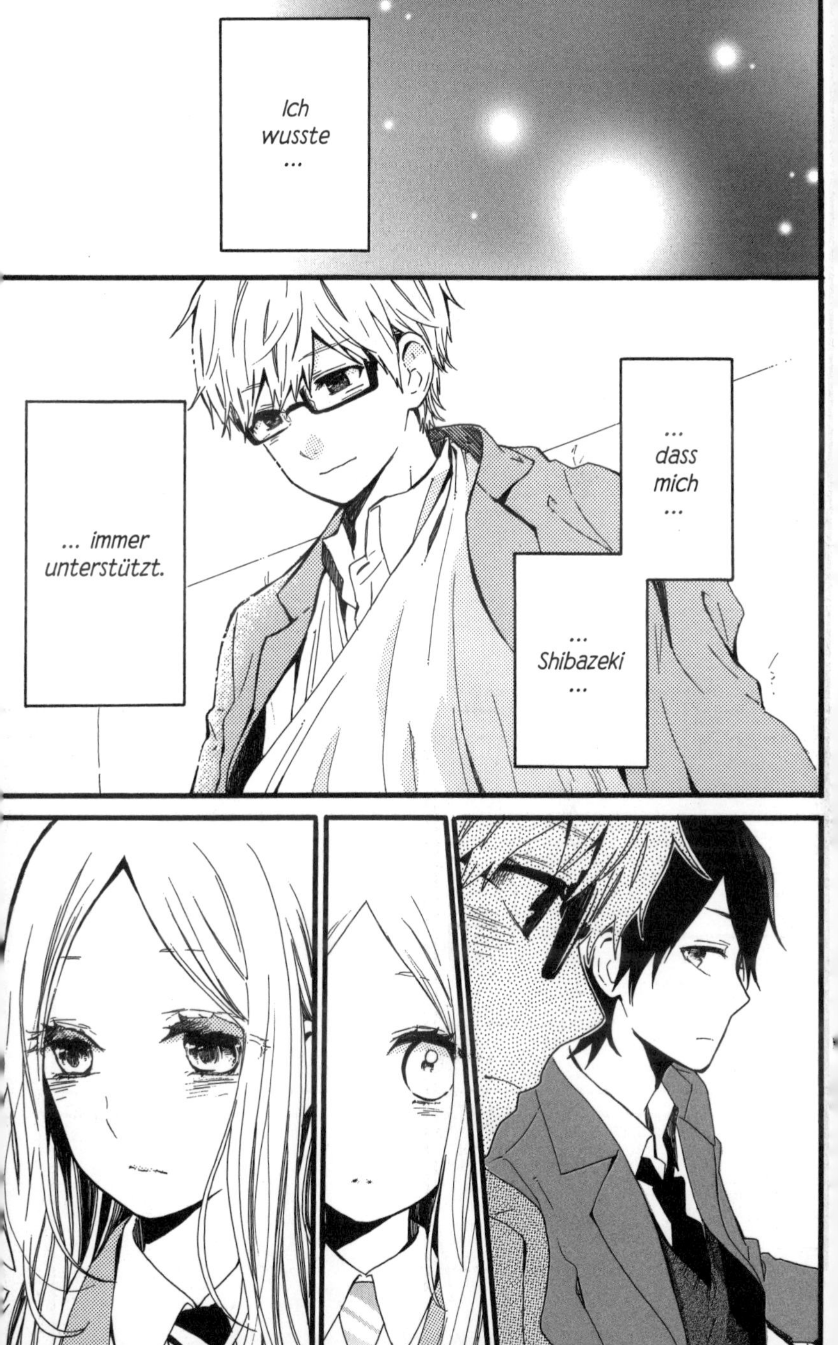
Ich wusste ...
... dass mich ...
... Shibazeki ...
... immer unterstützt.

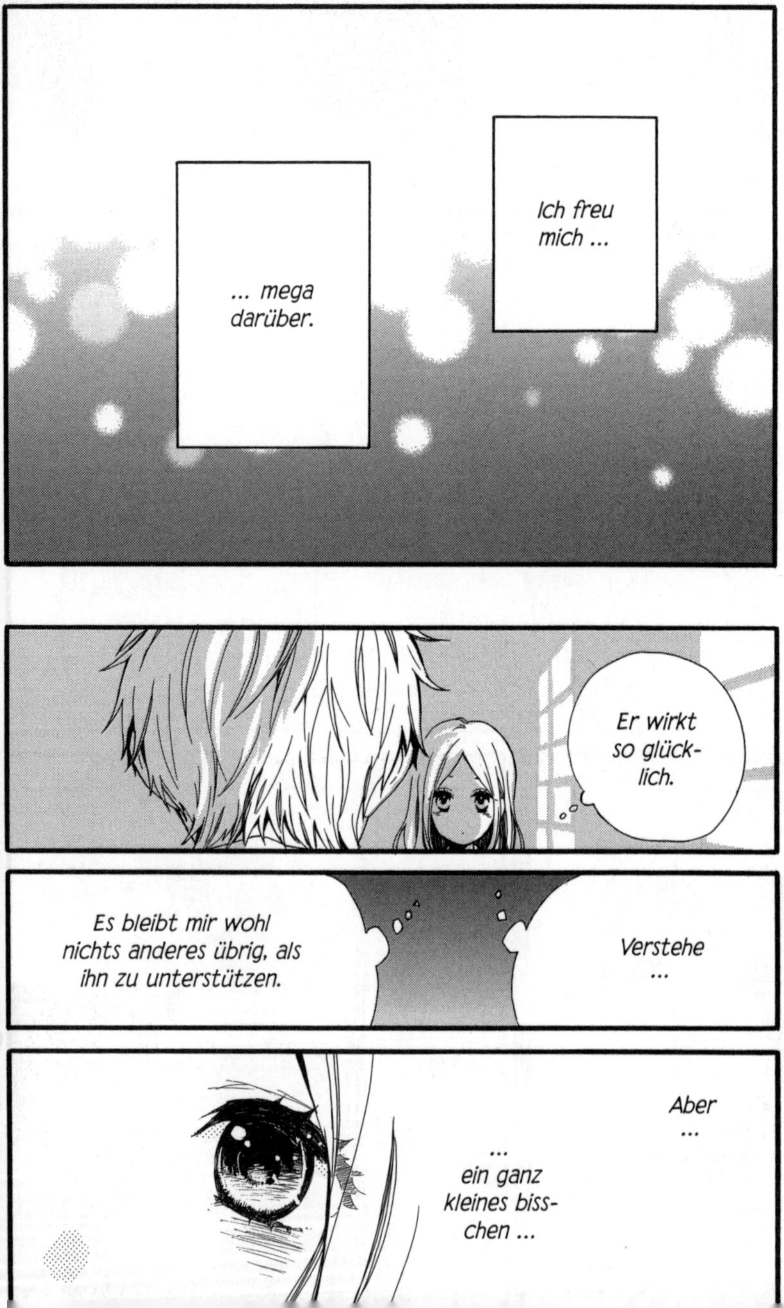

Ich freu mich ...

... mega darüber.

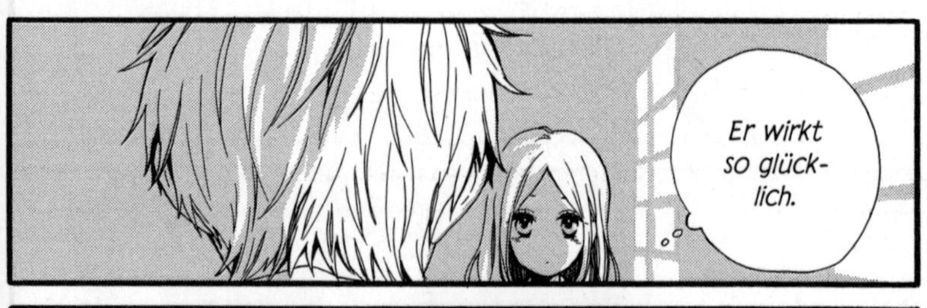

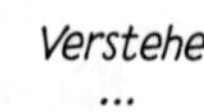

Es bleibt mir wohl nichts anderes übrig, als ihn zu unterstützen.

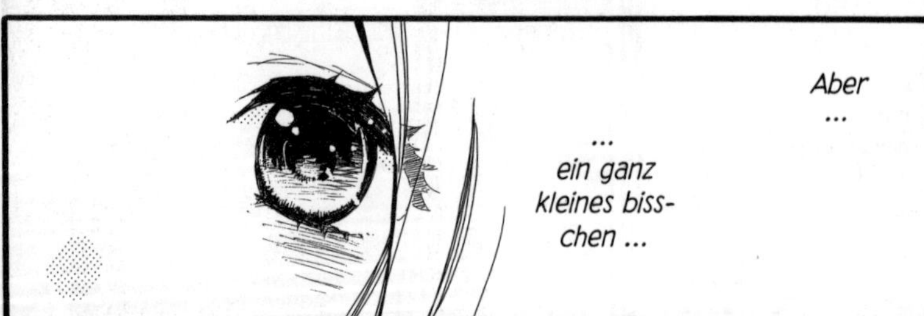

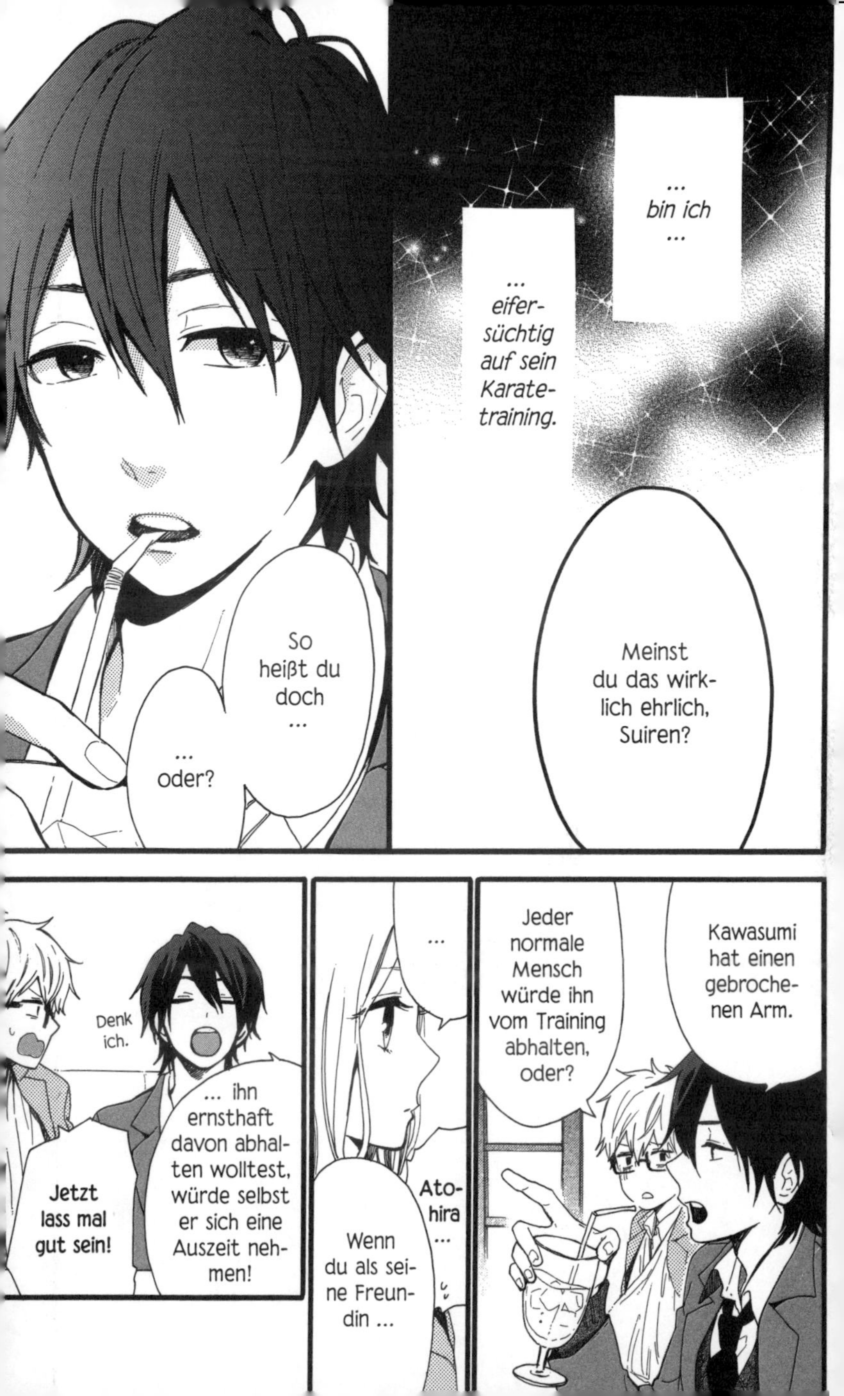

... bin ich ...

... eifersüchtig auf sein Karatetraining.

Meinst du das wirklich ehrlich, Suiren?

So heißt du doch ...

... oder?

Kawasumi hat einen gebrochenen Arm.

Jeder normale Mensch würde ihn vom Training abhalten, oder?

...

Atohira ...

Wenn du als seine Freundin ...

... ihn ernsthaft davon abhalten wolltest, würde selbst er sich eine Auszeit nehmen!

Denk ich.

Jetzt lass mal gut sein!

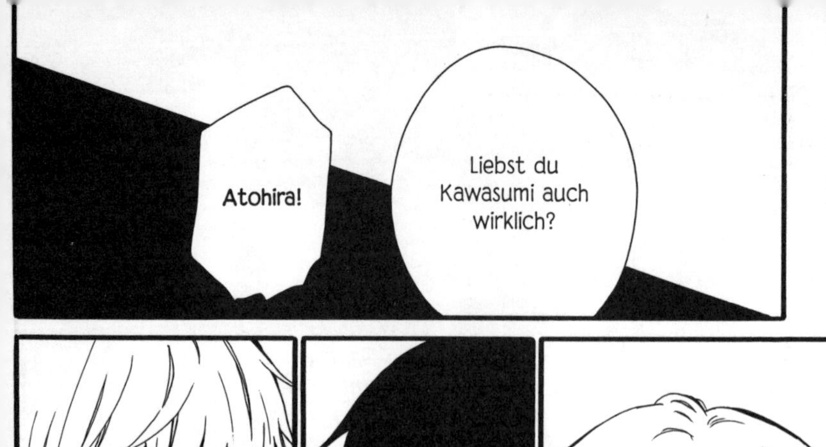
Liebst du Kawasumi auch wirklich?
Atohira!

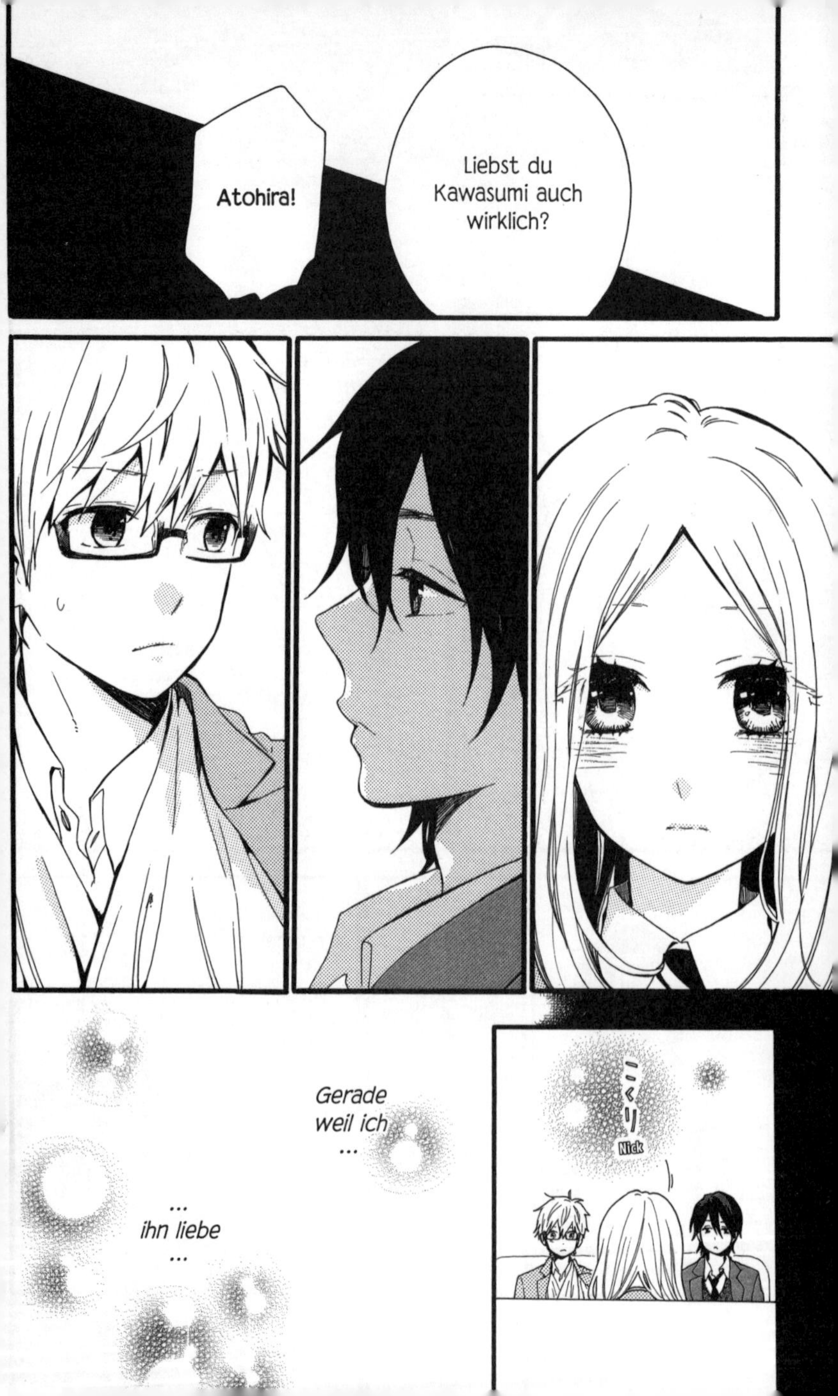

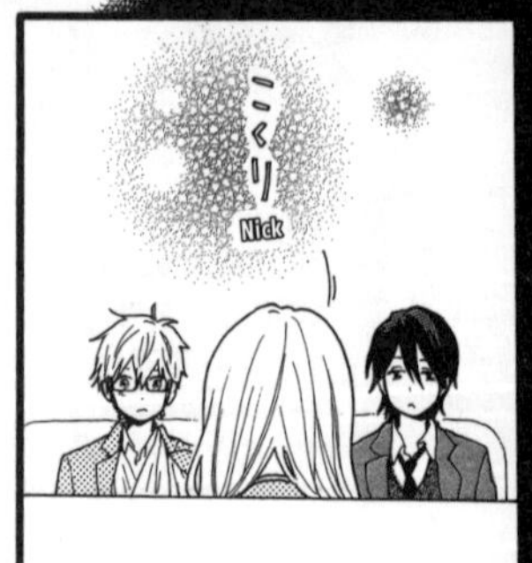
こくり
Nick

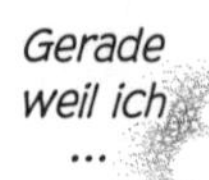
Gerade weil ich ...

... ihn liebe ...

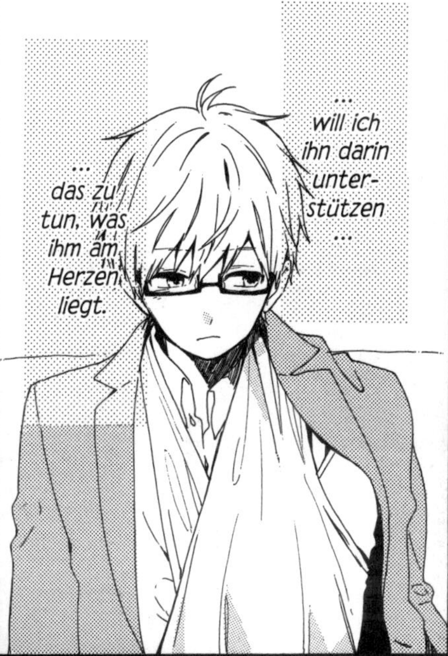

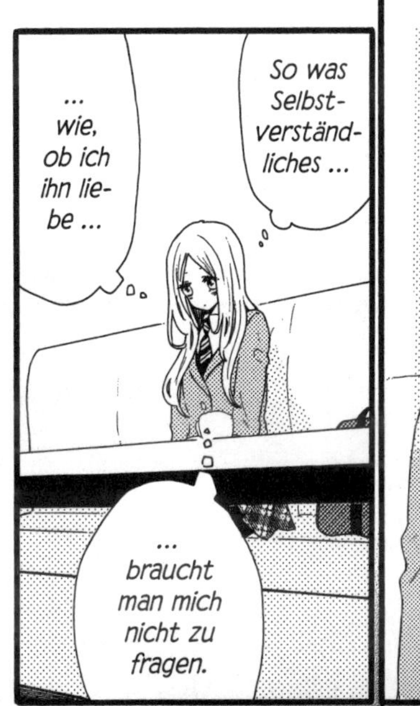

Ich glaube ...

... ich liebe ...

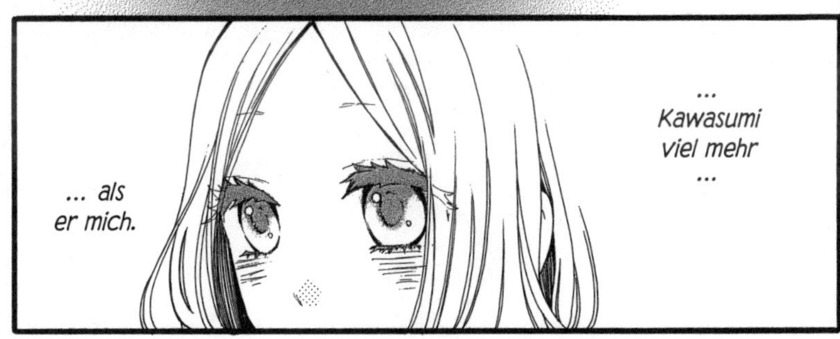

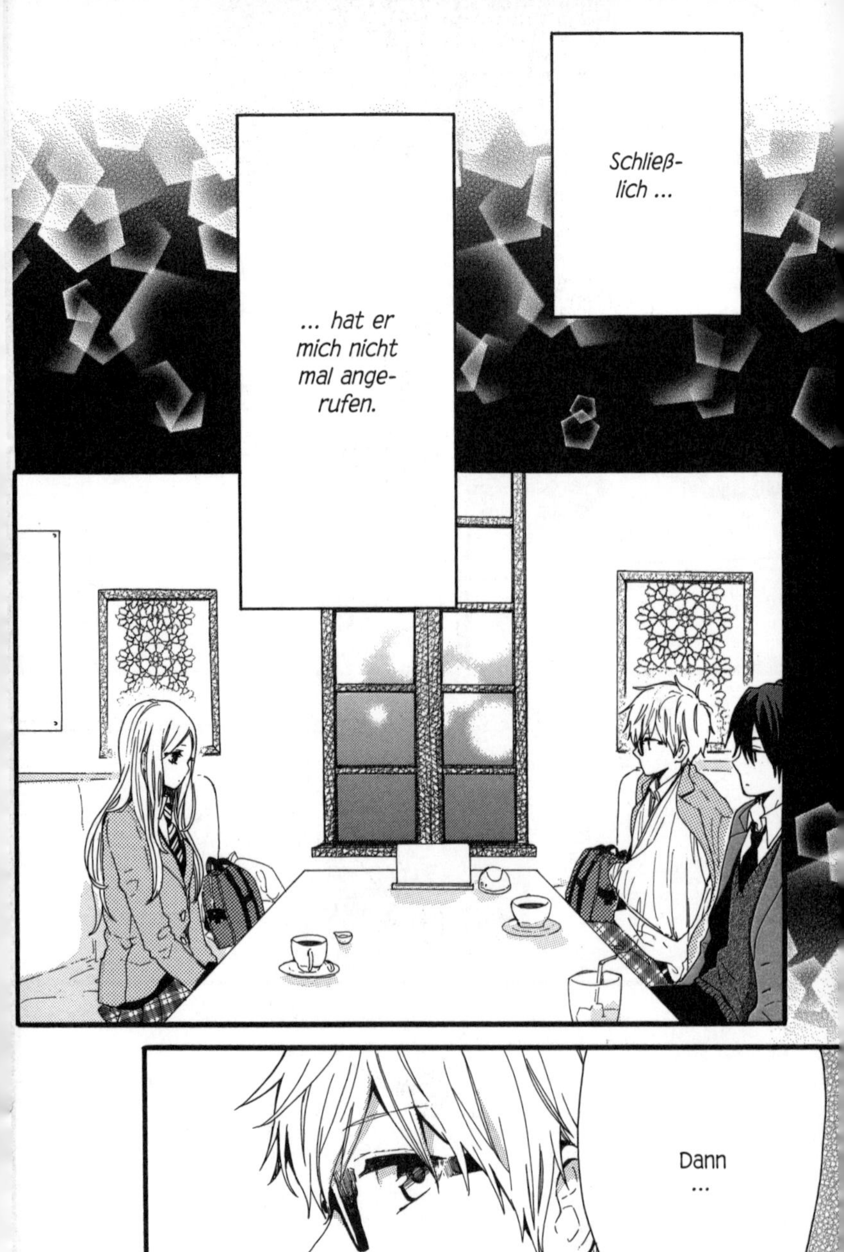
Schließ-lich ...
... hat er mich nicht mal ange-rufen.
Dann ...

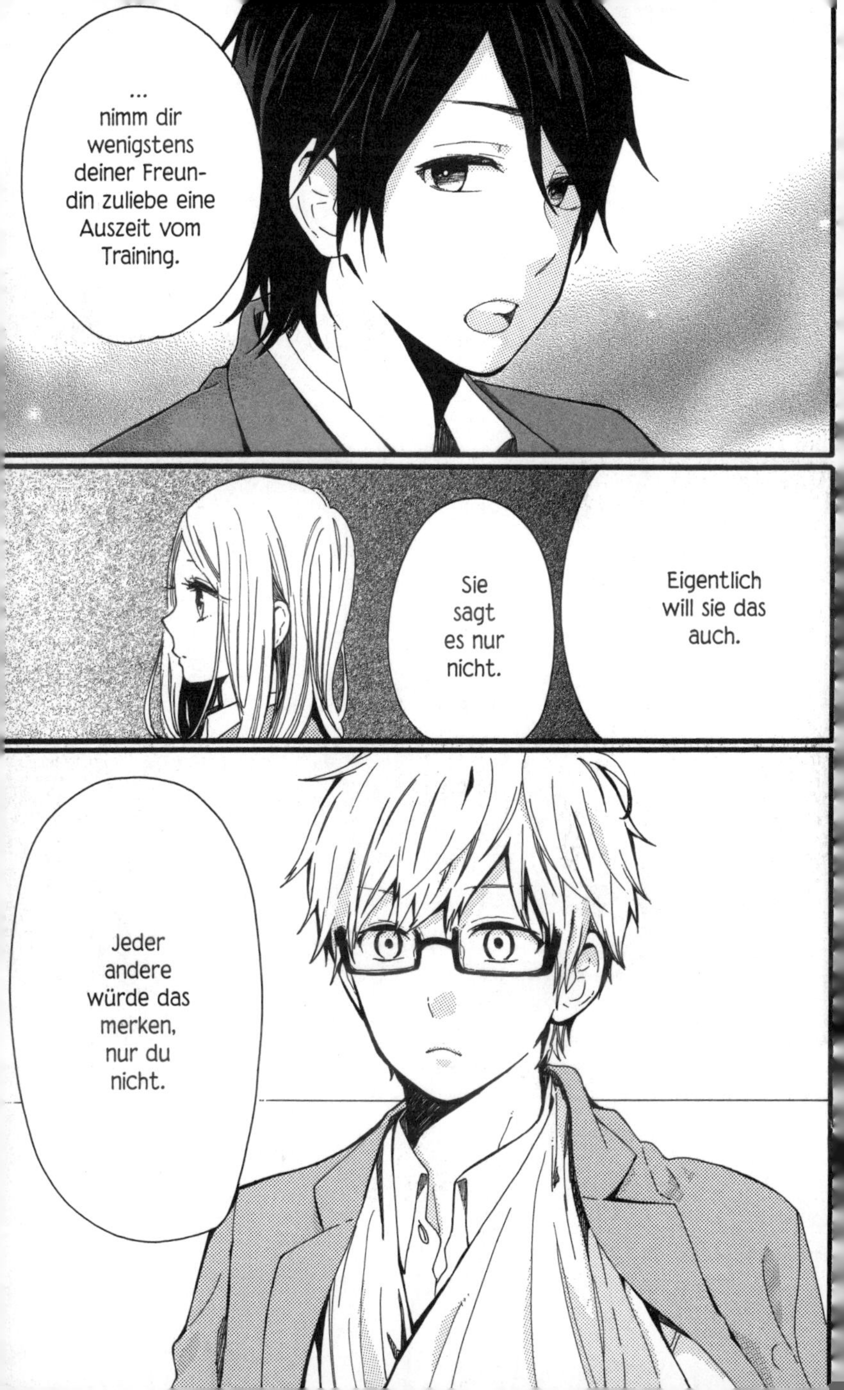
...
nimm dir wenigstens deiner Freundin zuliebe eine Auszeit vom Training.
Eigentlich will sie das auch.
Sie sagt es nur nicht.
Jeder andere würde das merken, nur du nicht.

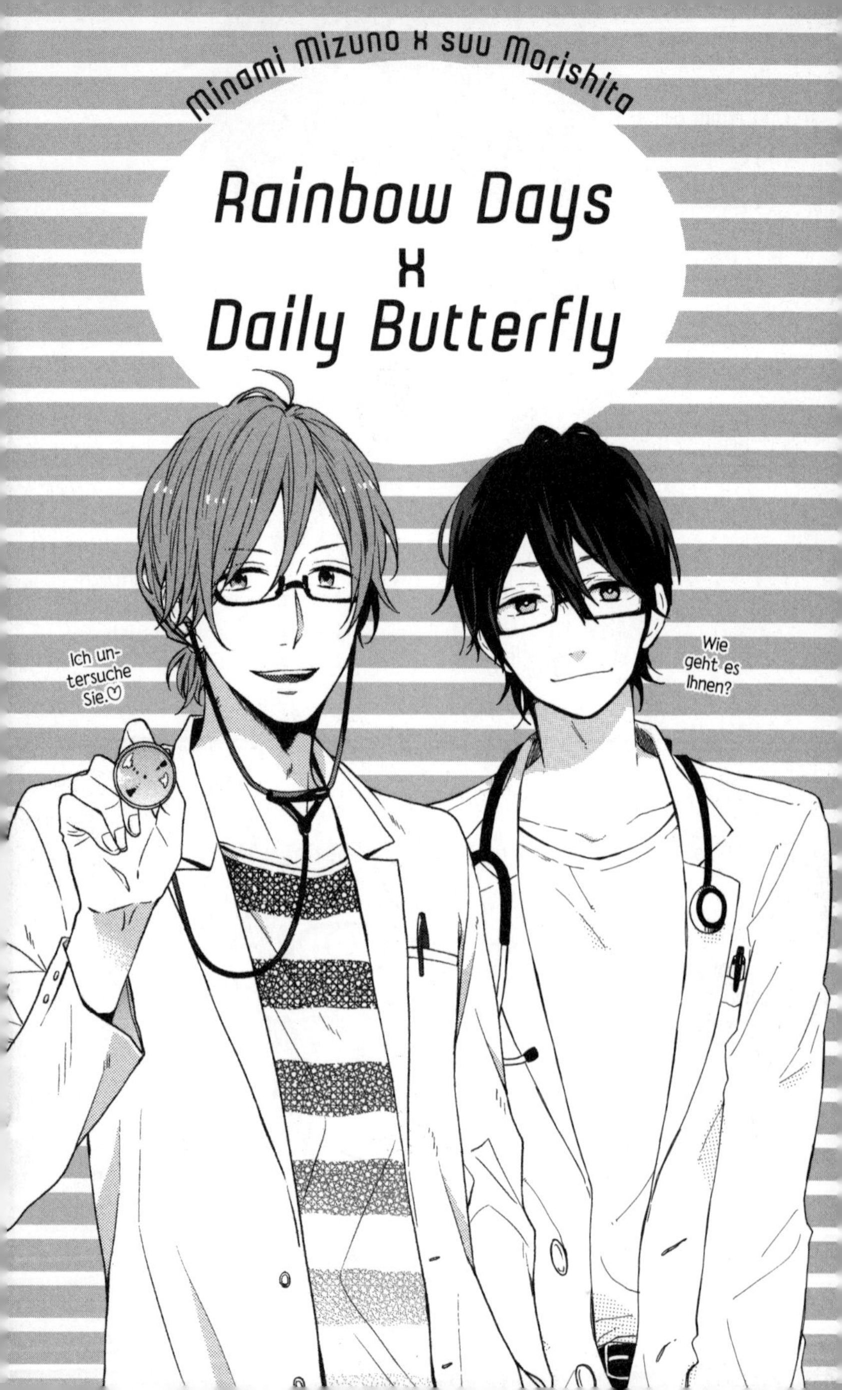
Minami Mizuno x suu Morishita
Rainbow Days
x
Daily Butterfly
Ich untersuche Sie.♡
Wie geht es Ihnen?

Kapitel 43

No. 43

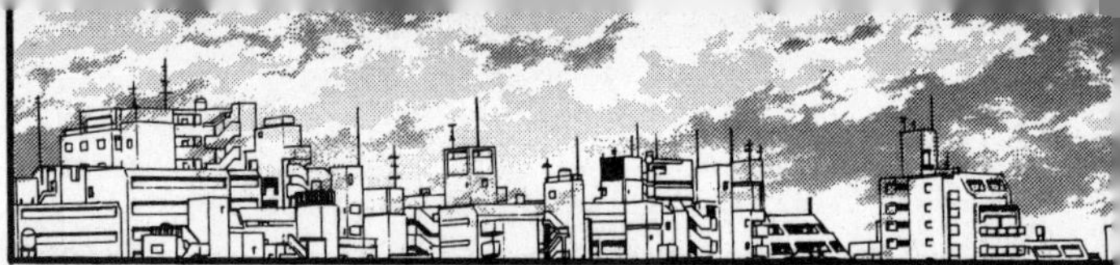

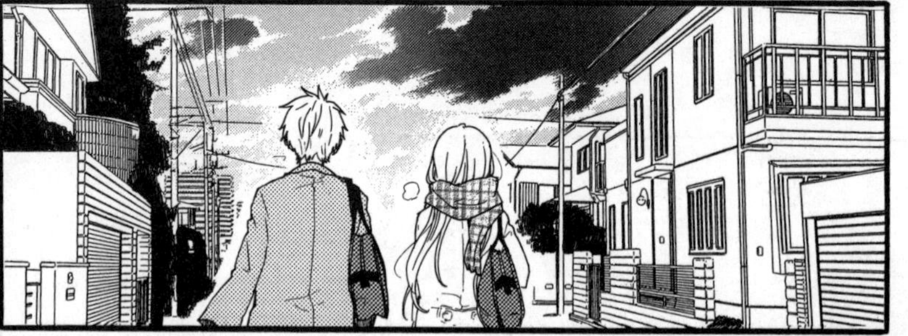

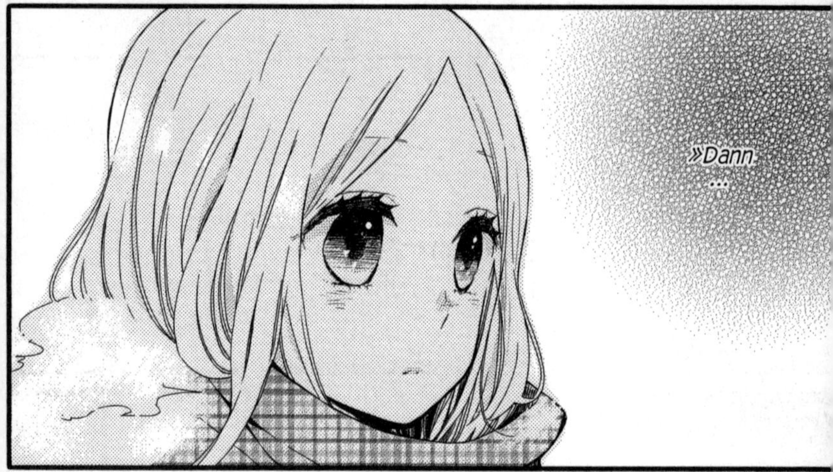

Q. Was zeichnen Sie bei Ihren Figuren als Erstes?

A. Meistens die Nase.

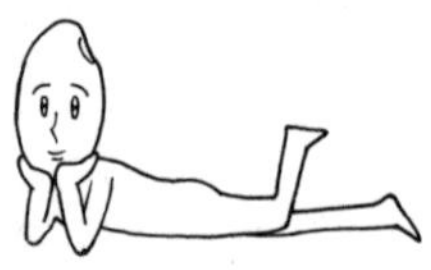

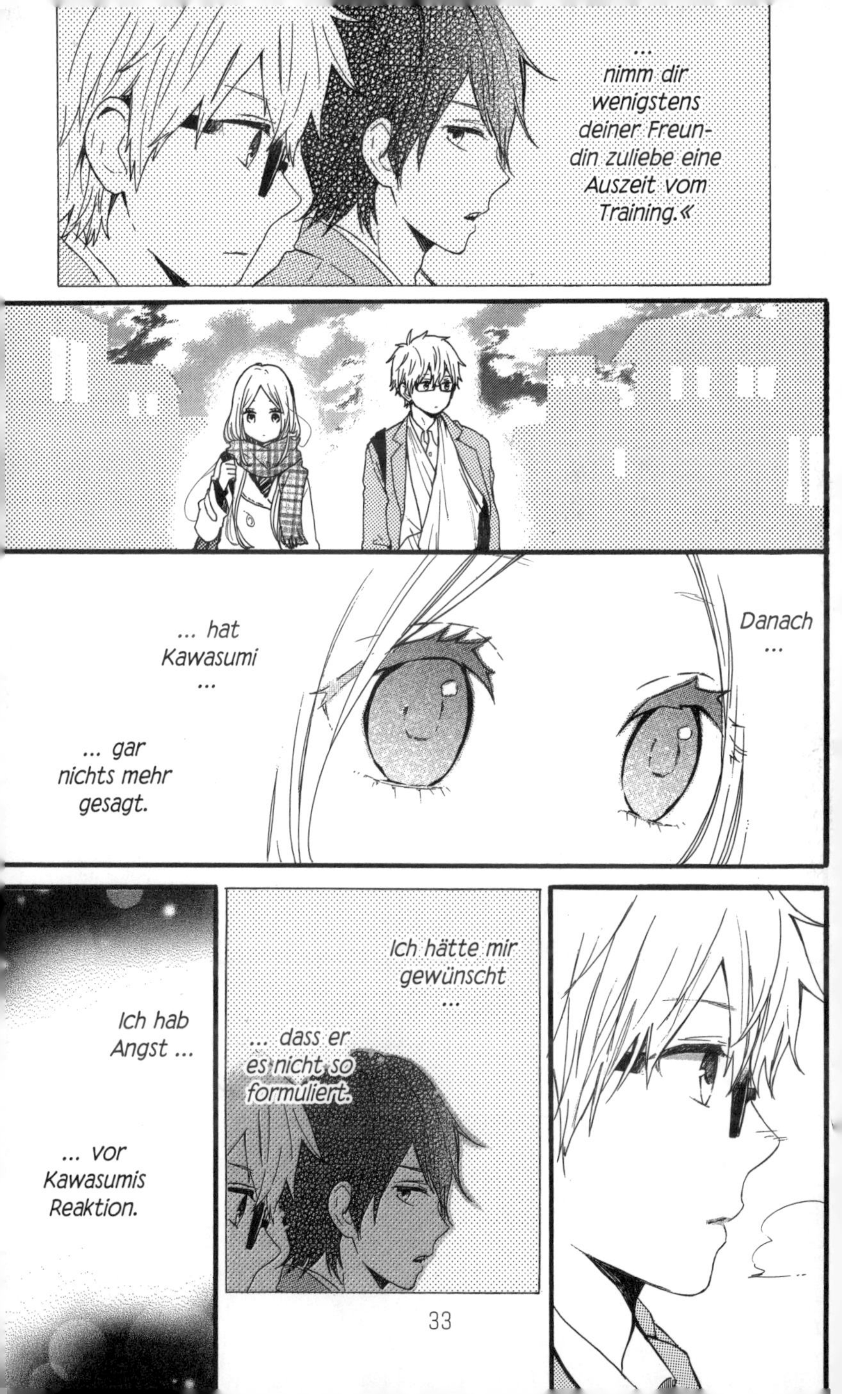

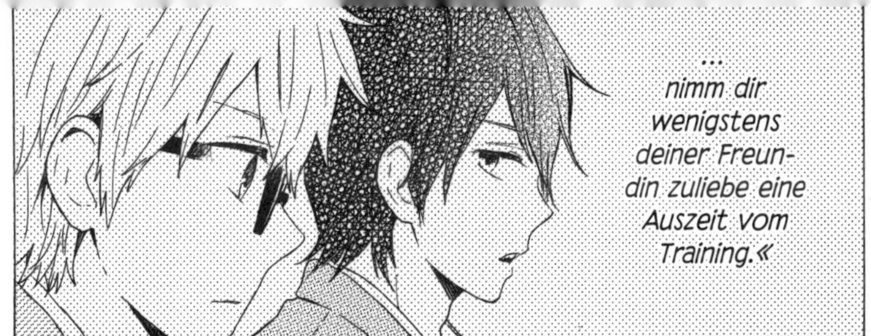

Danach ...

... hat Kawasumi ...

... gar nichts mehr gesagt.

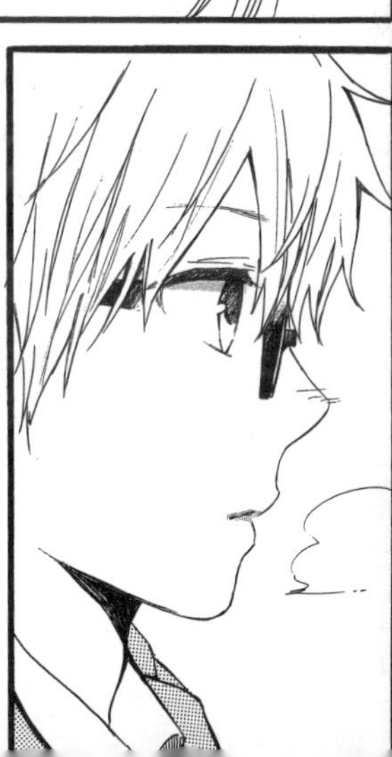

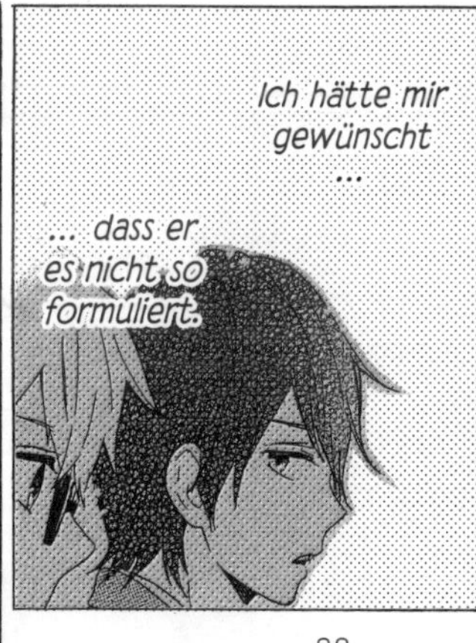

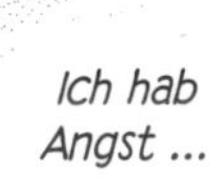

Ich hab Angst ...

... vor Kawasumis Reaktion.

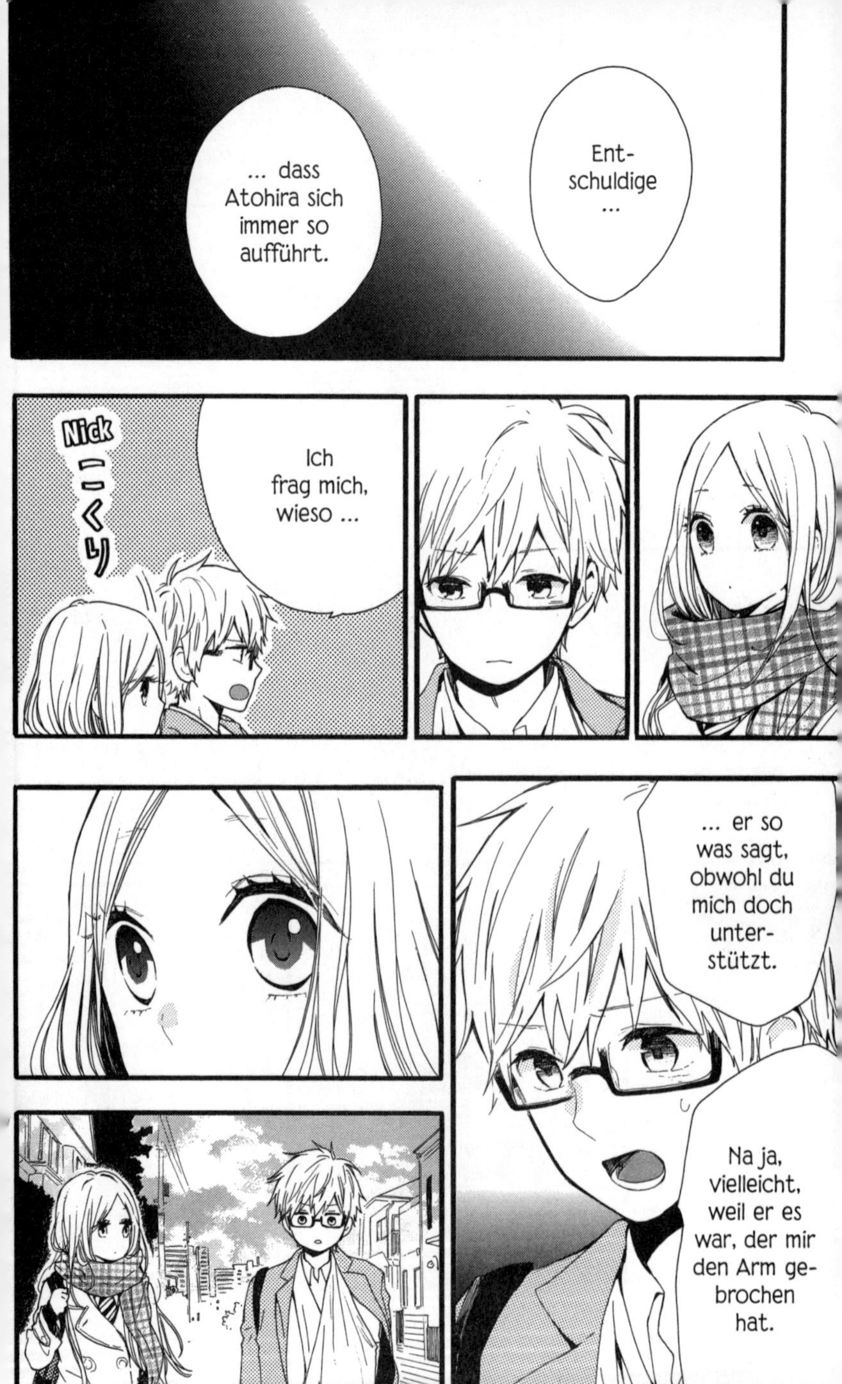
Ent-schuldige ...
... dass Atohira sich immer so aufführt.
Ich frag mich, wieso ...
Nick
... er so was sagt, obwohl du mich doch unter-stützt.
Na ja, vielleicht, weil er es war, der mir den Arm ge-brochen hat.

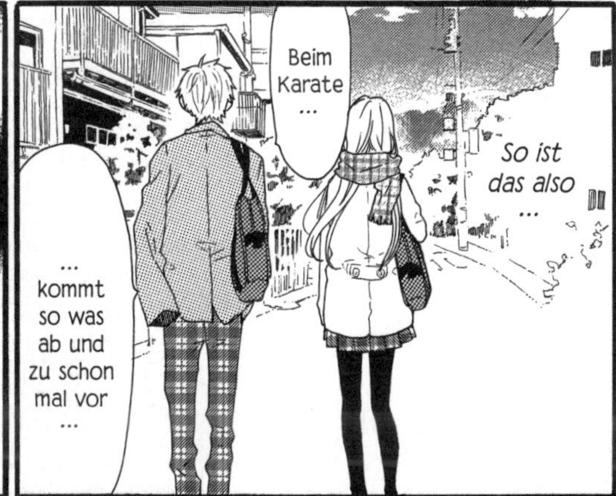
Beim Karate …
… kommt so was ab und zu schon mal vor …
So ist das also …

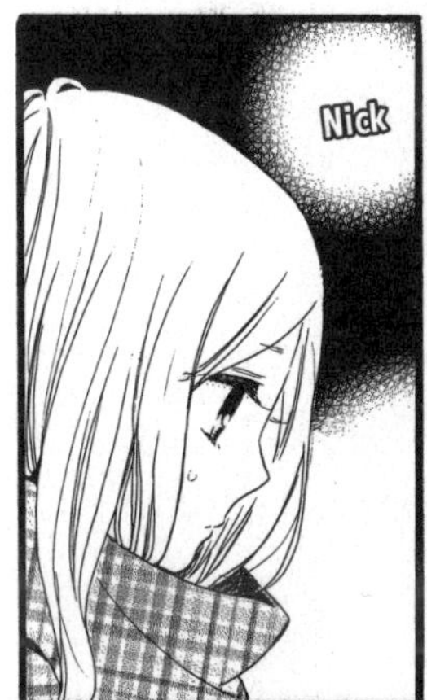
Nick

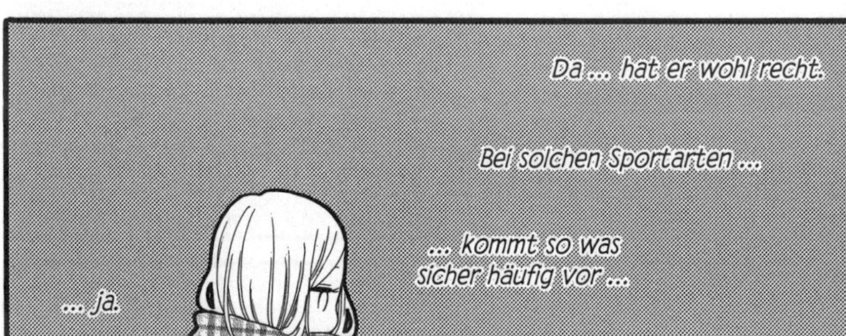
Da … hat er wohl recht.
Bei solchen Sportarten …
… kommt so was sicher häufig vor …
… ja.

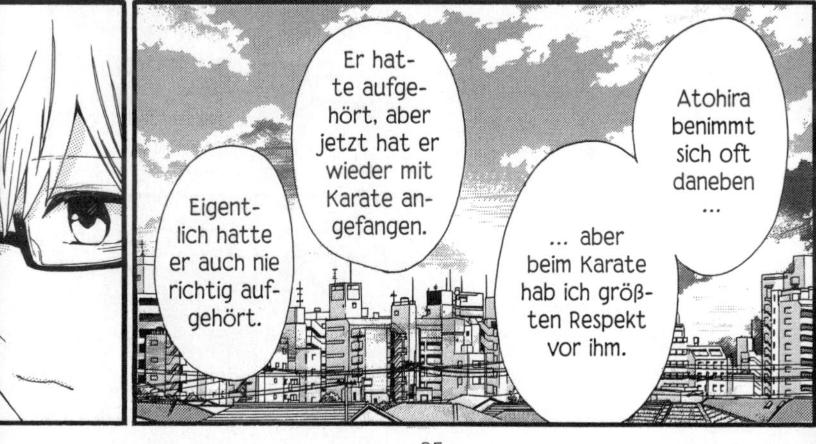
Atohira benimmt sich oft daneben …
… aber beim Karate hab ich größten Respekt vor ihm.
Er hatte aufgehört, aber jetzt hat er wieder mit Karate angefangen.
Eigentlich hatte er auch nie richtig aufgehört.

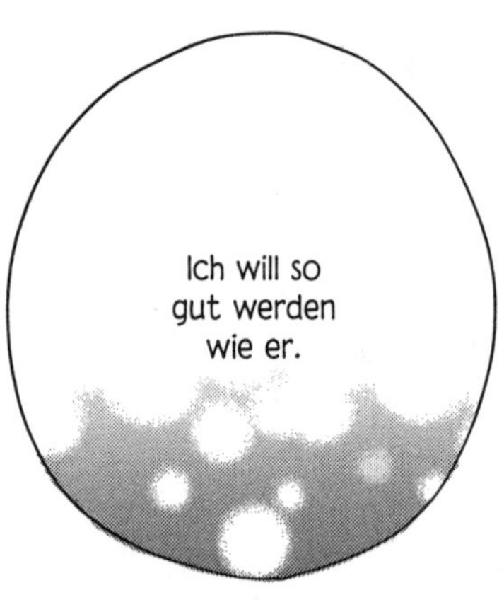
Ich will so gut werden wie er.

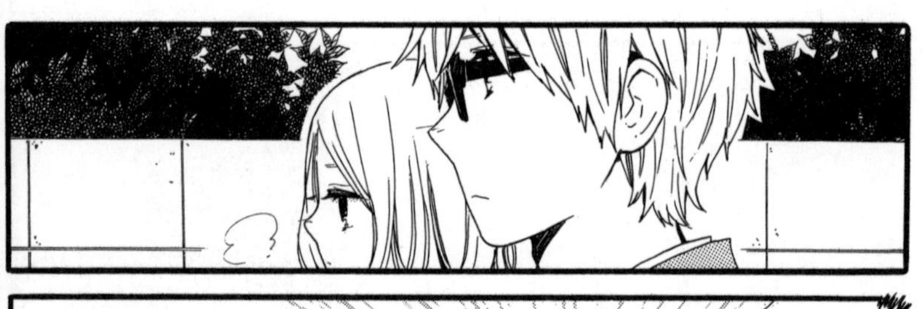

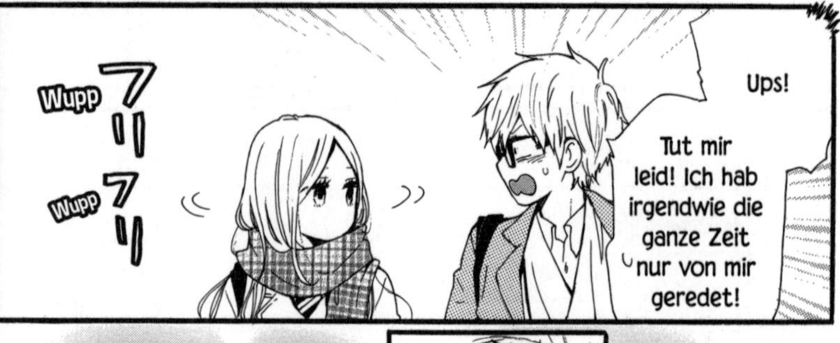
Ups!
Tut mir leid! Ich hab irgendwie die ganze Zeit nur von mir geredet!
Wupp
Wupp

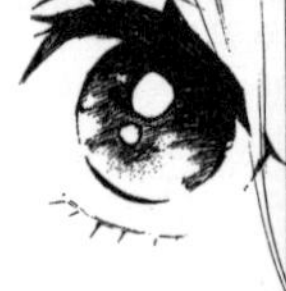
Wenn's um Karate geht ...
... redet Kawasumi wirklich viel.
Er blickt dabei ...

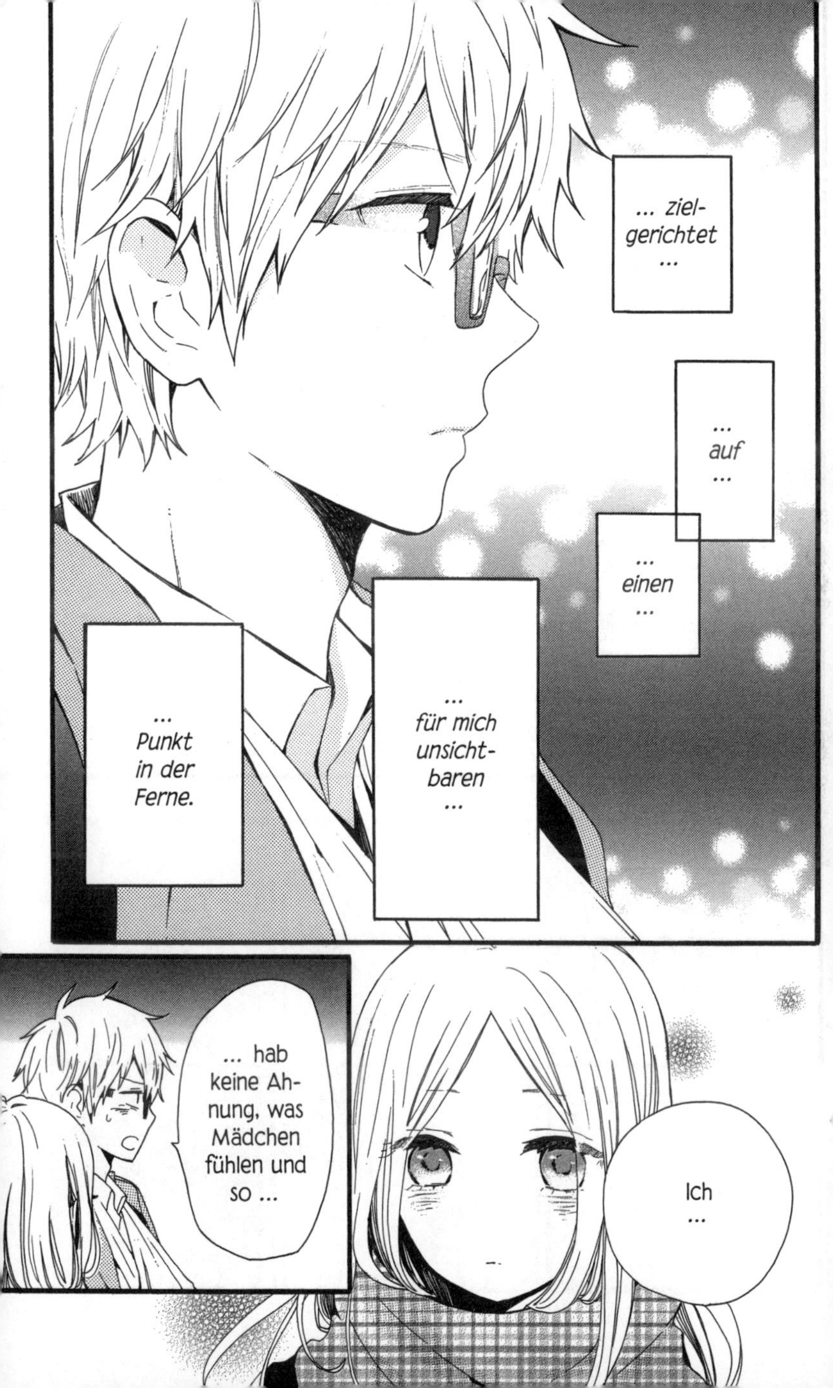
... zielgerichtet ...
... auf ...
... einen ...
... für mich unsichtbaren ...
... Punkt in der Ferne.
Ich ...
... hab keine Ahnung, was Mädchen fühlen und so ...

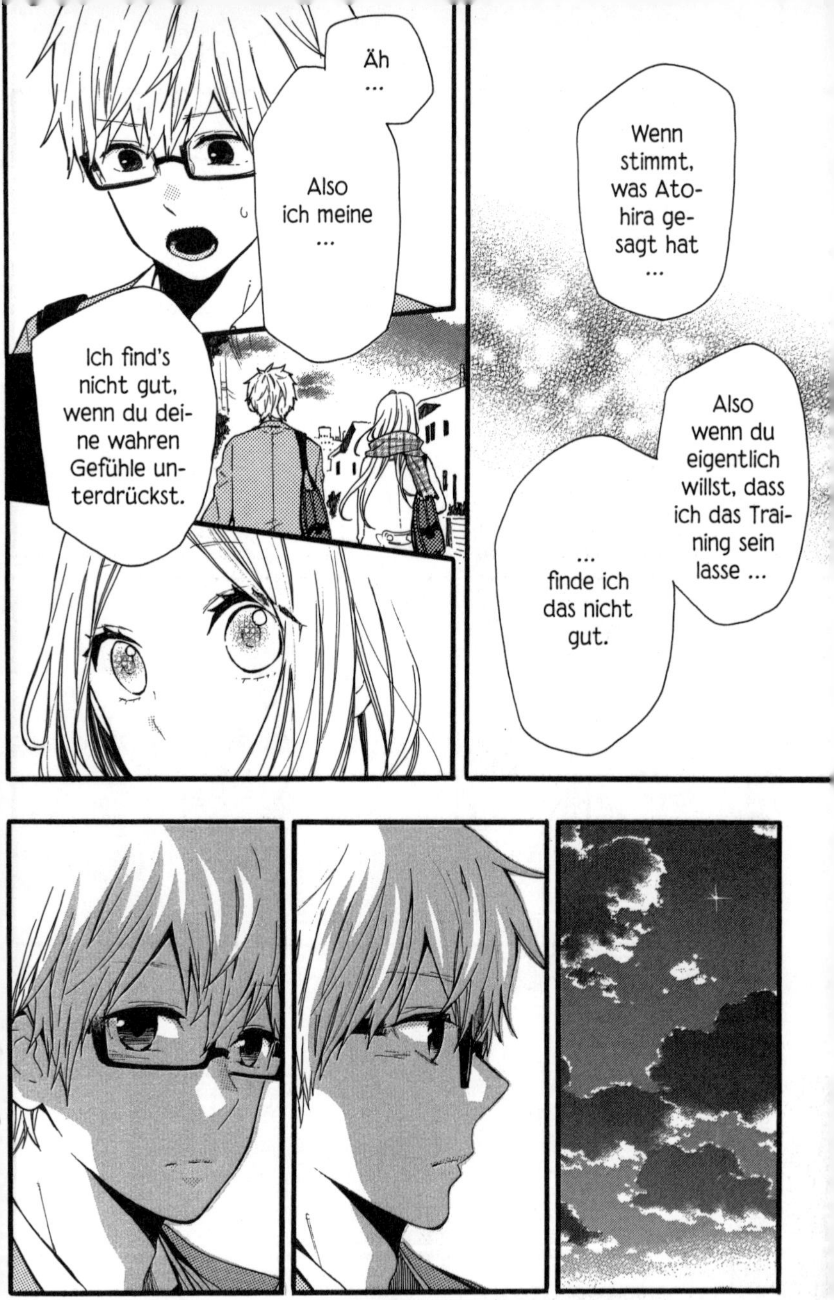

Wenn stimmt, was Atohira gesagt hat ...

Also wenn du eigentlich willst, dass ich das Training sein lasse ...

... finde ich das nicht gut.

Äh ...

Also ich meine ...

Ich find's nicht gut, wenn du deine wahren Gefühle unterdrückst.

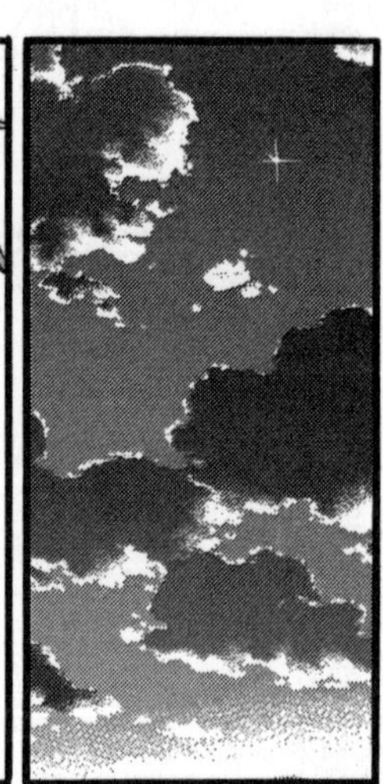

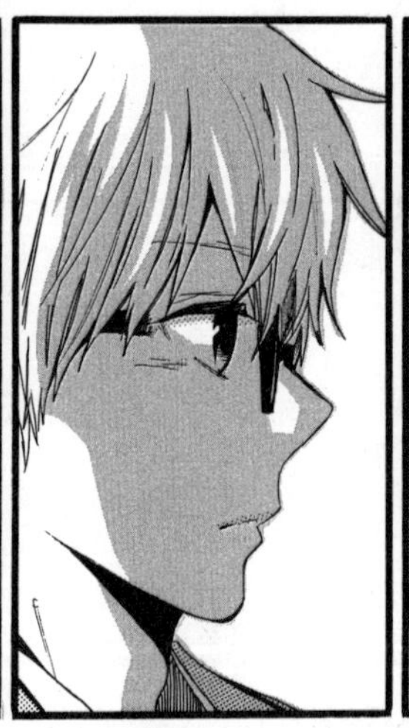

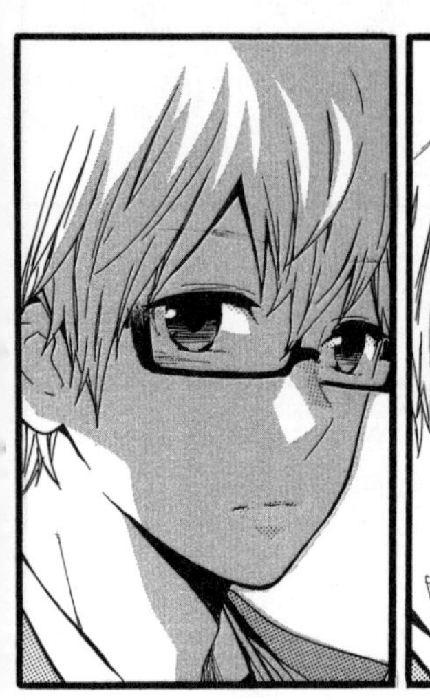

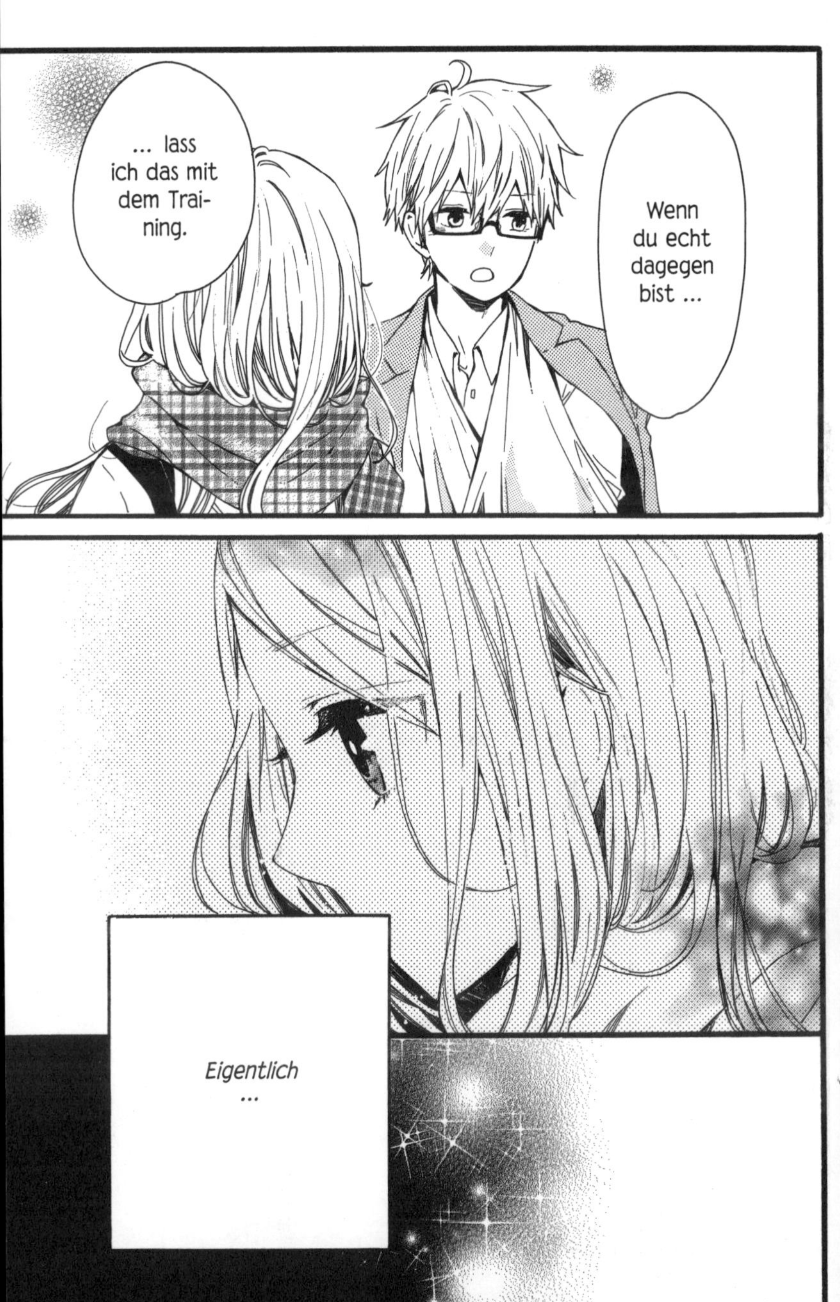
Wenn du echt dagegen bist ...
... lass ich das mit dem Training.
Eigentlich ...

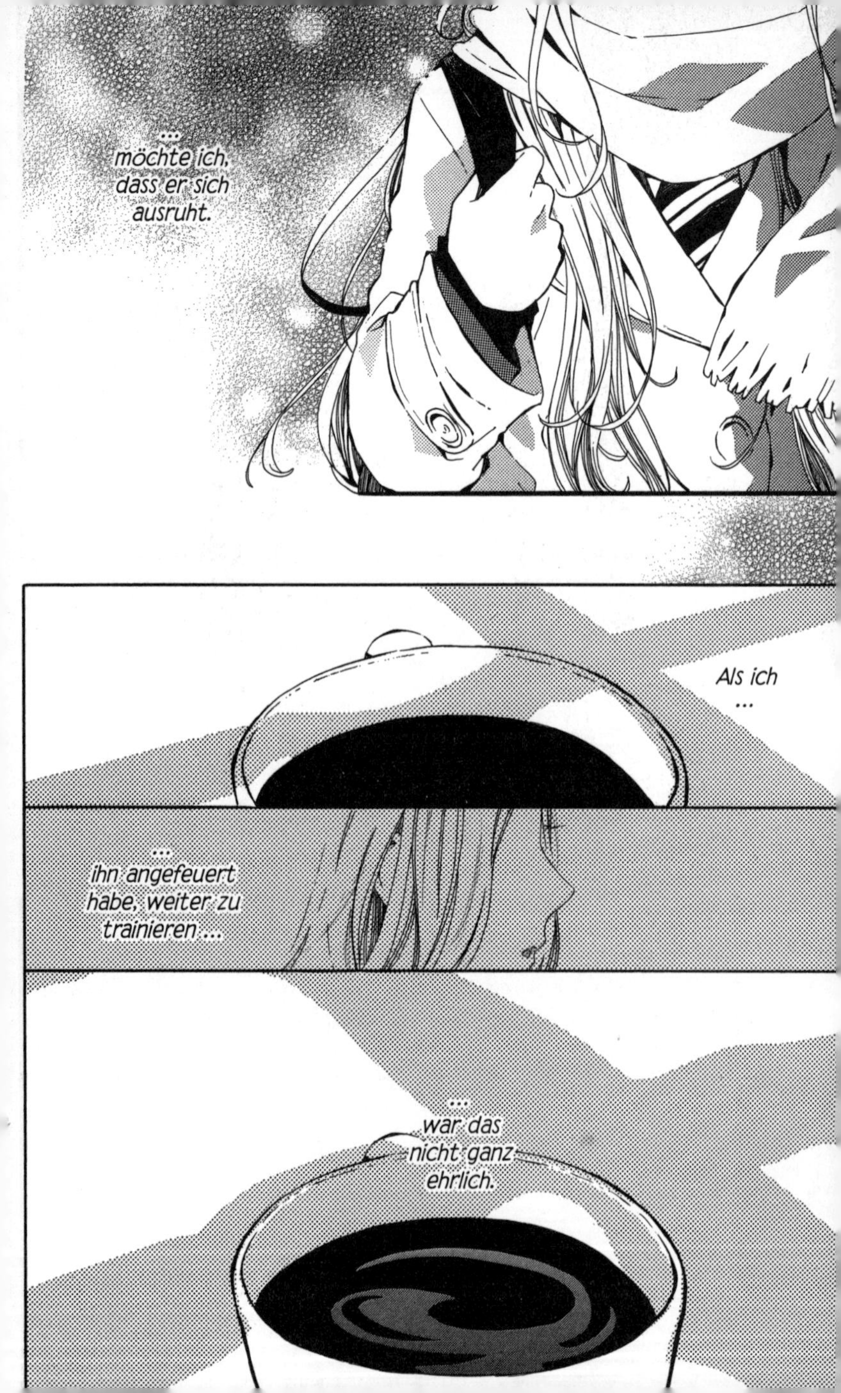

...
möchte ich,
dass er sich
ausruht.

Als ich
...

...
ihn angefeuert
habe, weiter zu
trainieren ...

...
war das
nicht ganz
ehrlich.

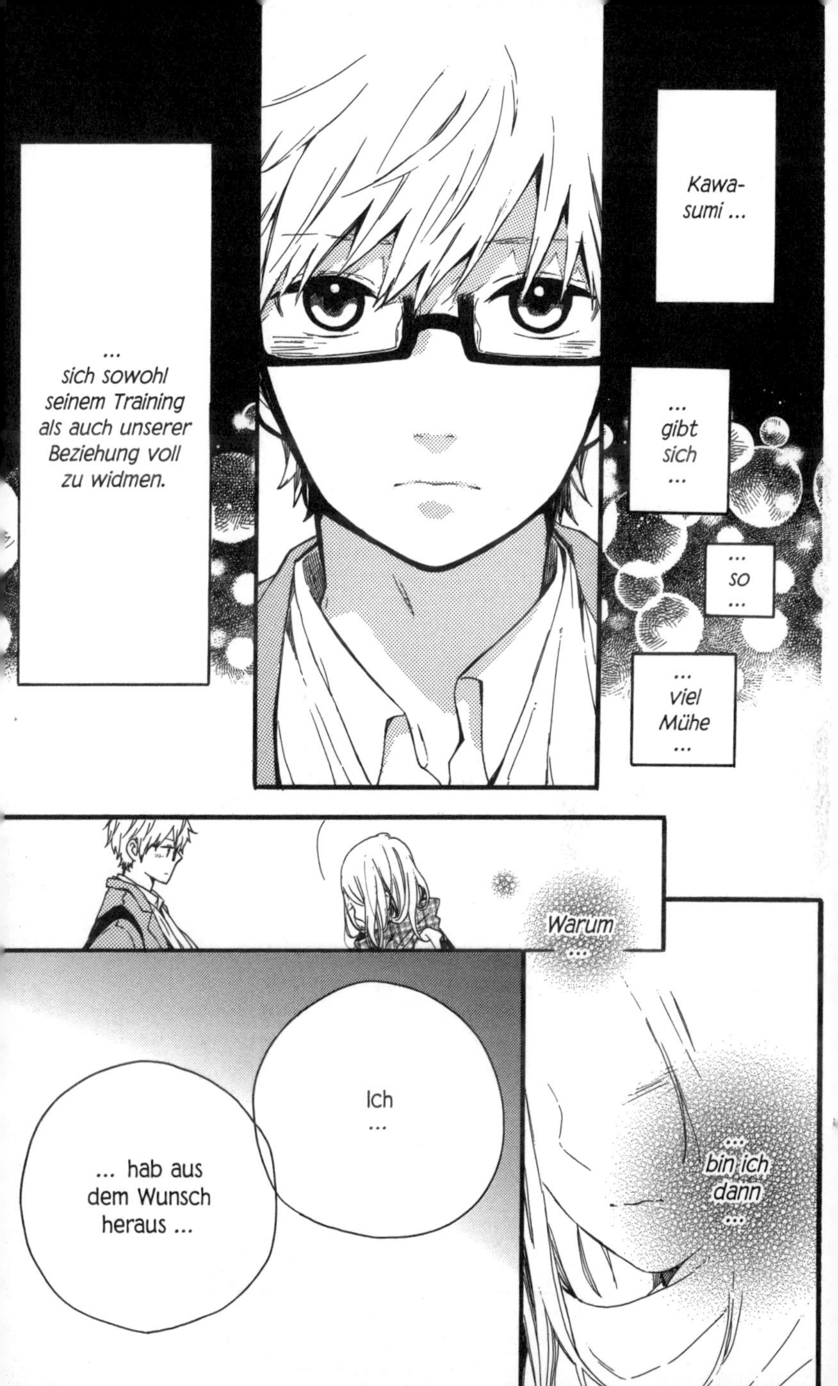
Kawa-sumi ...
... gibt sich ...
... so ...
... viel Mühe ...
... sich sowohl seinem Training als auch unserer Beziehung voll zu widmen.
Warum ...
... bin ich dann ...
Ich ...
... hab aus dem Wunsch heraus ...

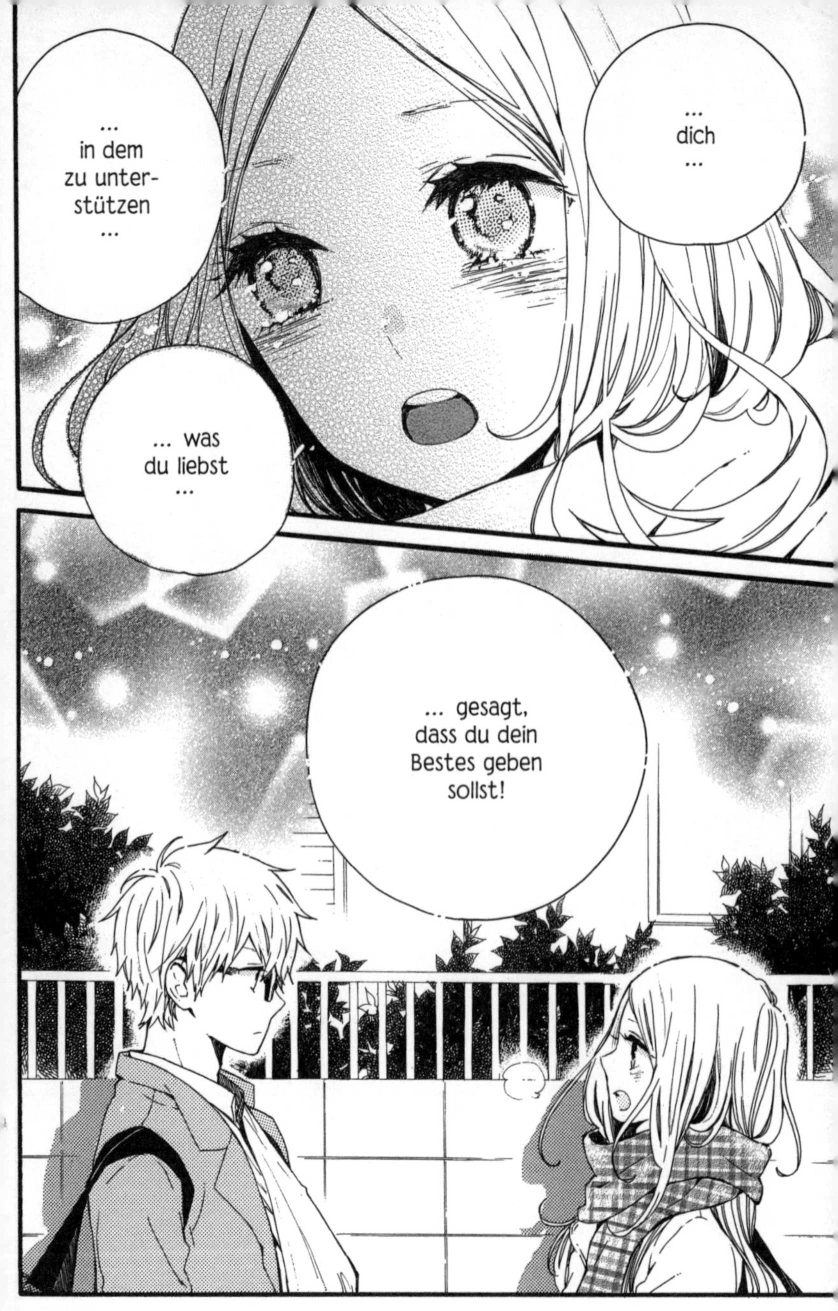

... dich ...
... in dem zu unter-stützen ...
... was du liebst ...
... gesagt, dass du dein Bestes geben sollst!
...

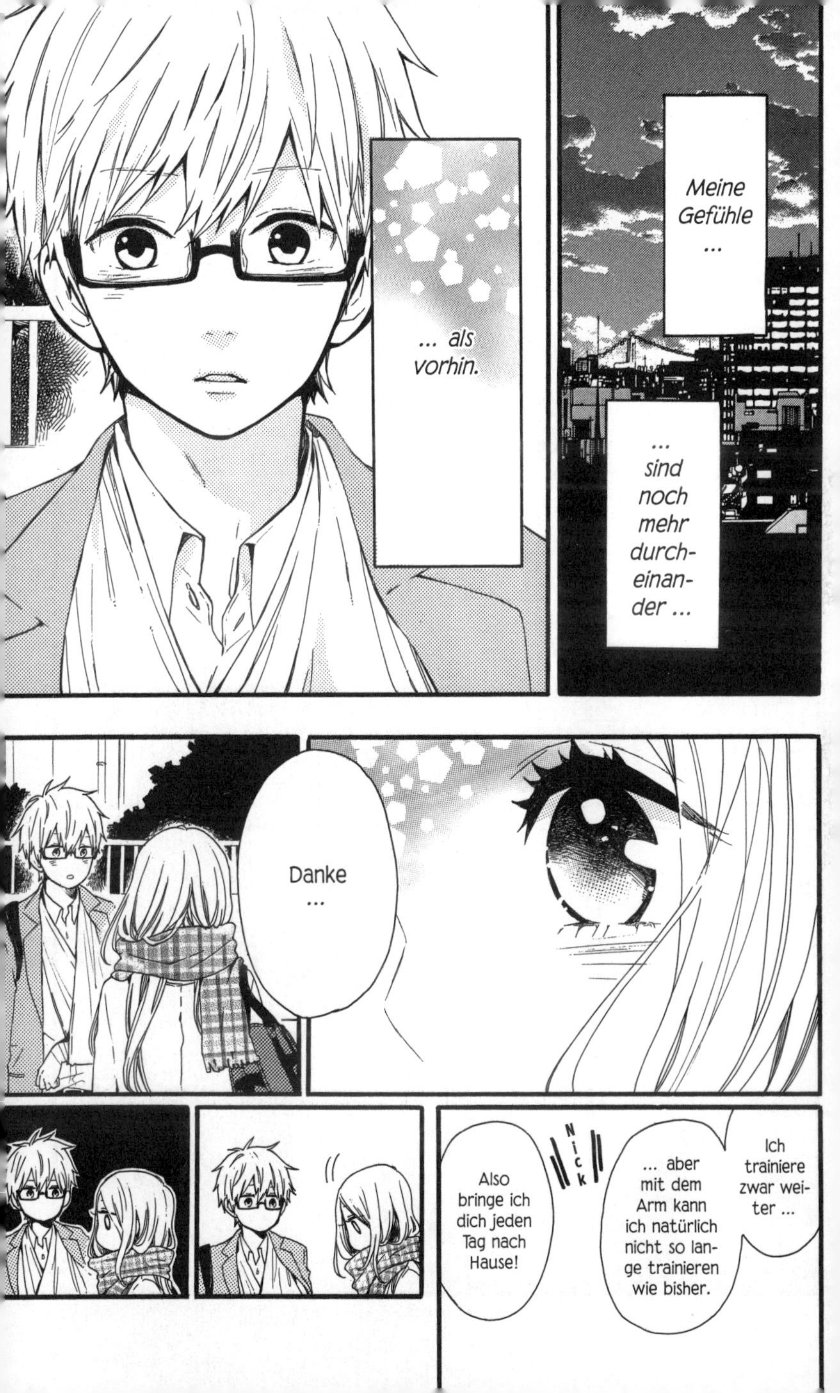

Meine Gefühle ...

... sind noch mehr durcheinander ...

... als vorhin.

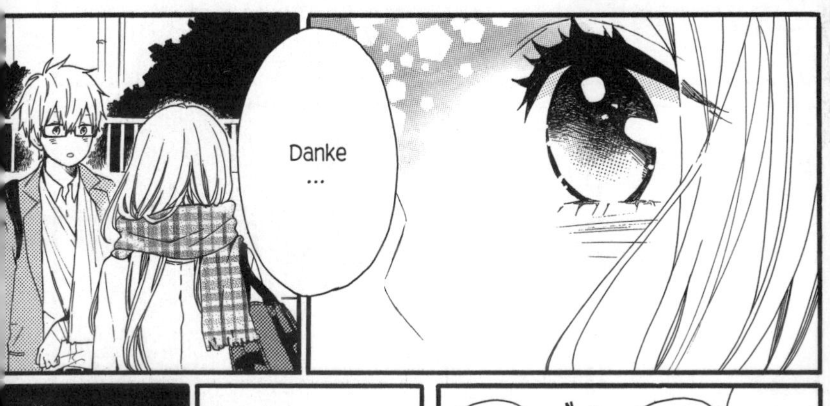

Ich trainiere zwar weiter ...

... aber mit dem Arm kann ich natürlich nicht so lange trainieren wie bisher.

Nick

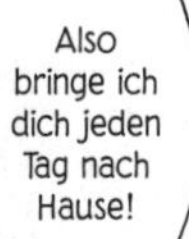

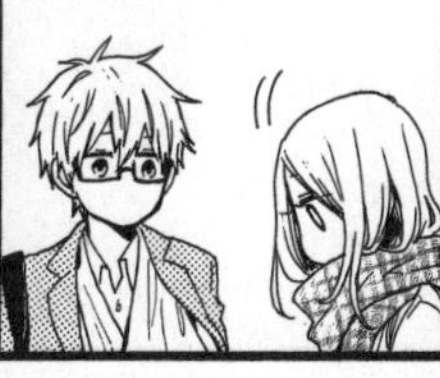

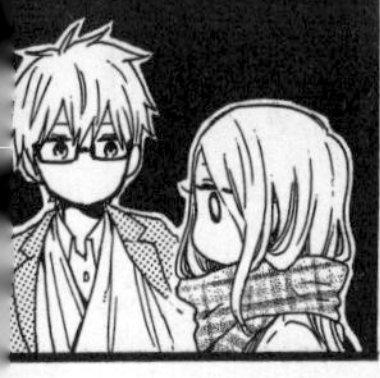

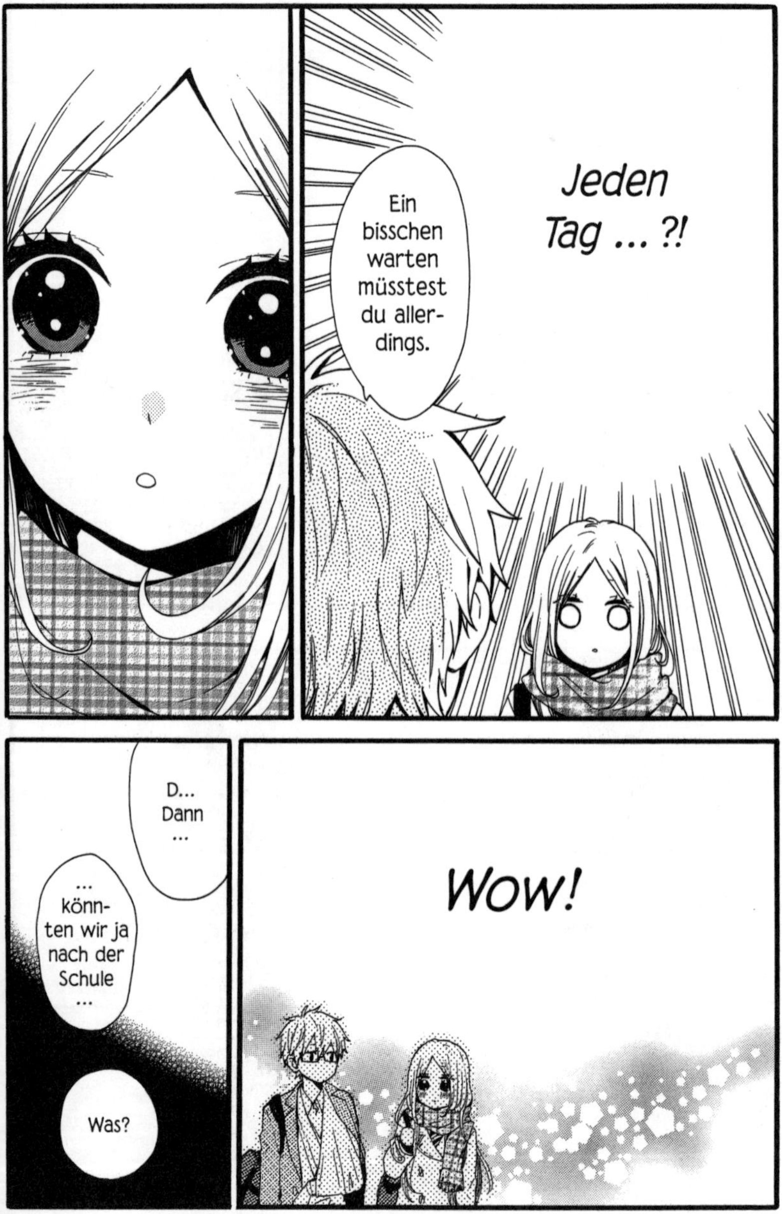

Jeden Tag ...?!

Ein bisschen warten müsstest du allerdings.

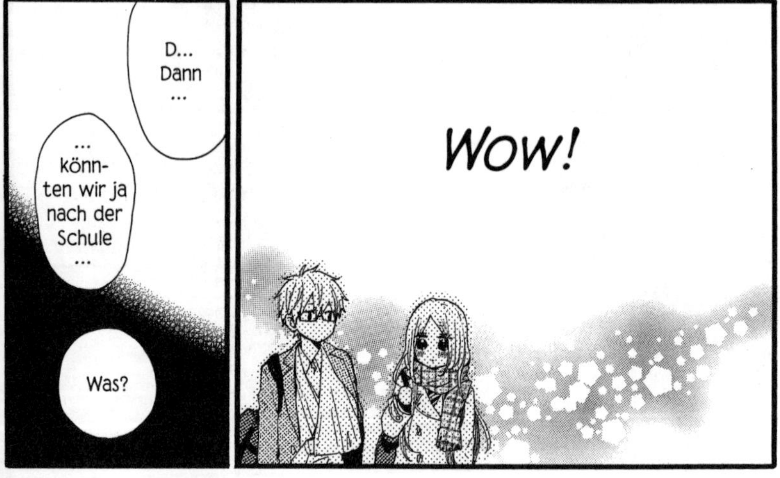

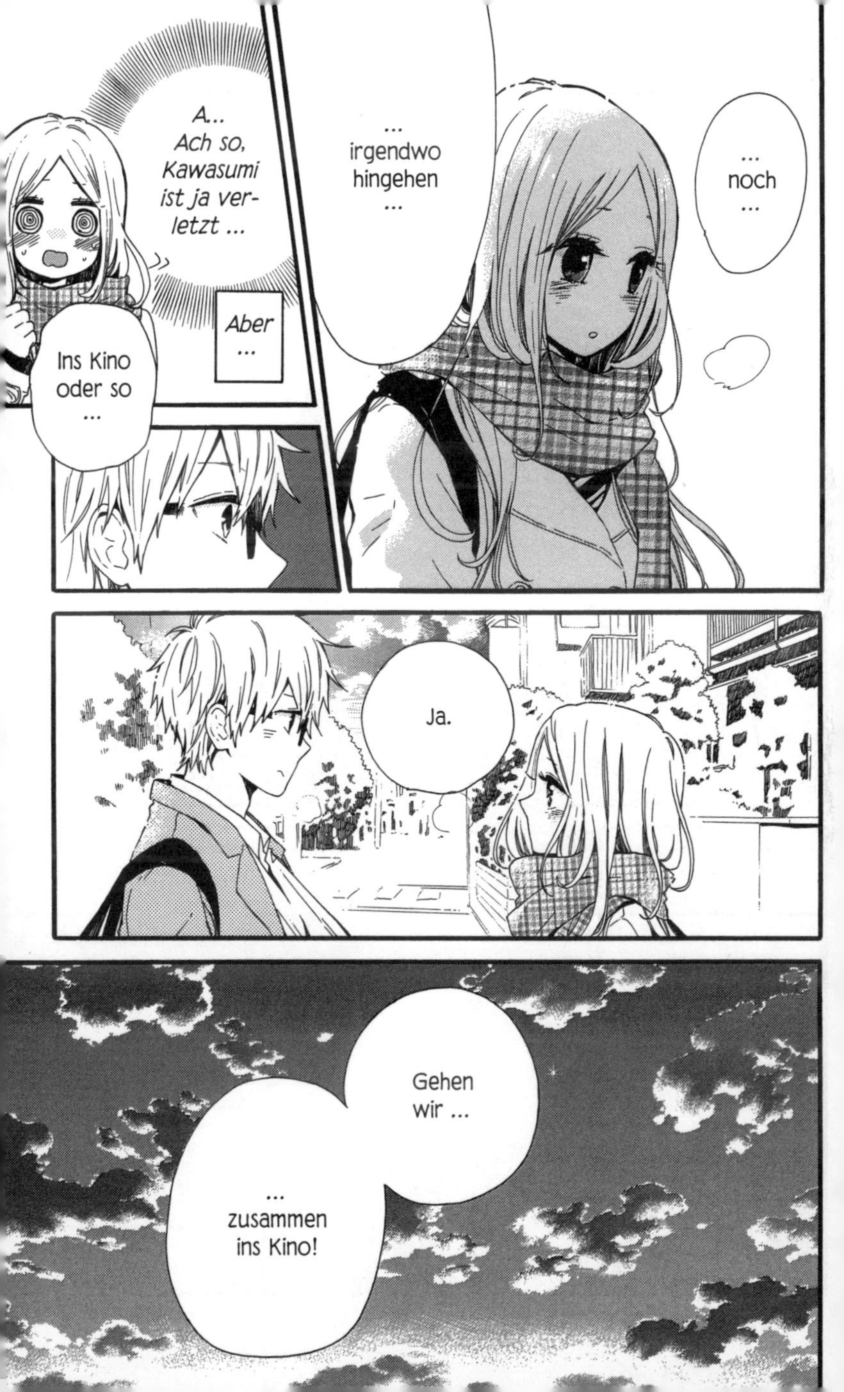

... noch ...
... irgendwo hingehen ...
A... Ach so, Kawasumi ist ja ver-letzt ...
Aber ...
Ins Kino oder so ...

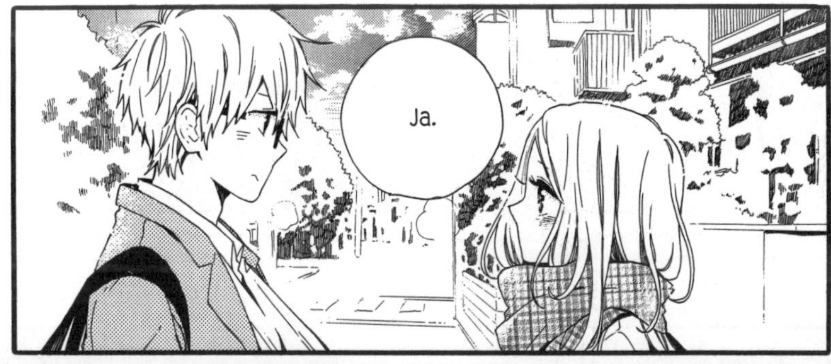

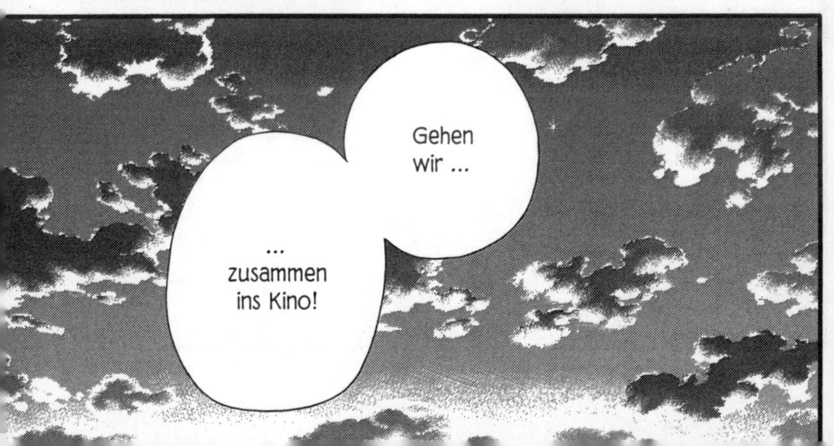

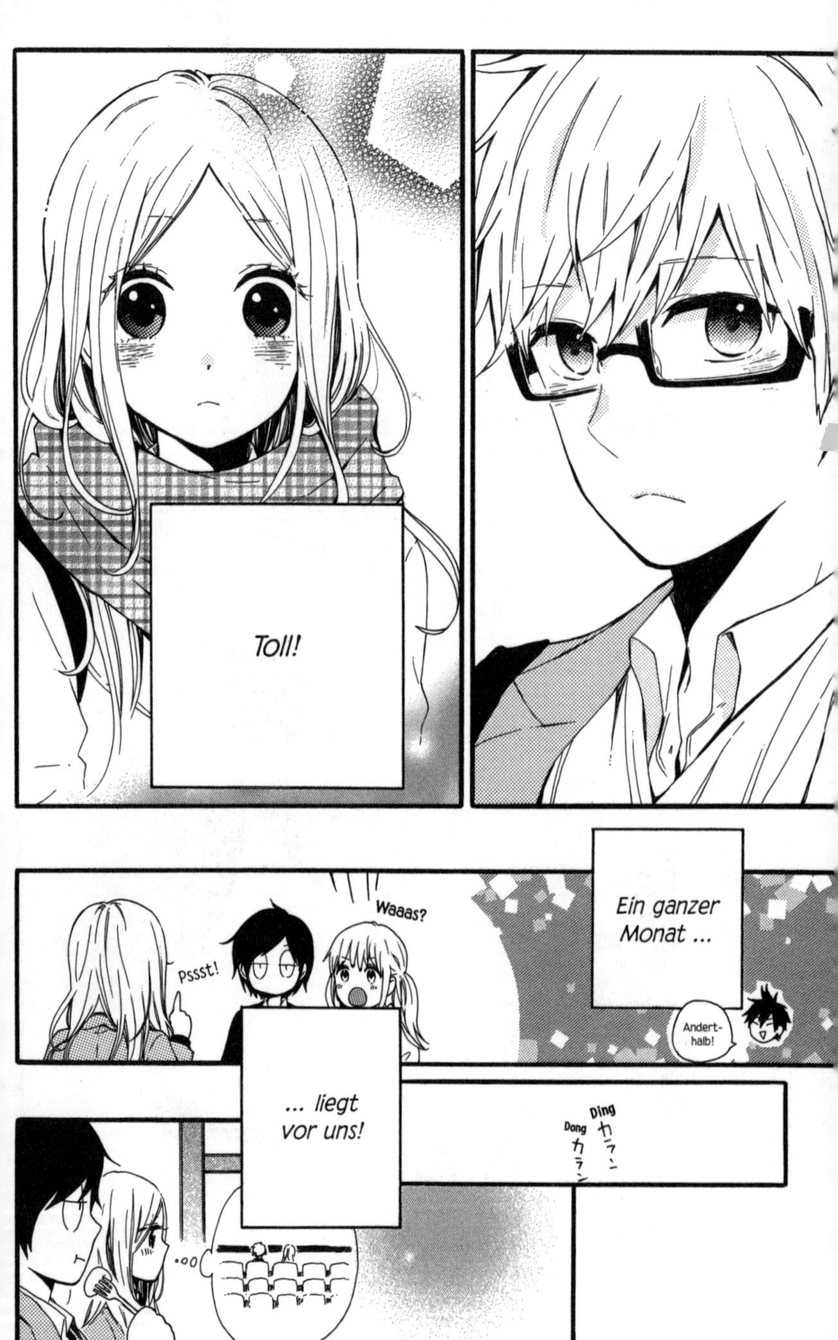

Toll!
Ein ganzer Monat ...
Andert-halb!
Waaas?
Pssst!
... liegt vor uns!
Ding カラン
Dong カラン

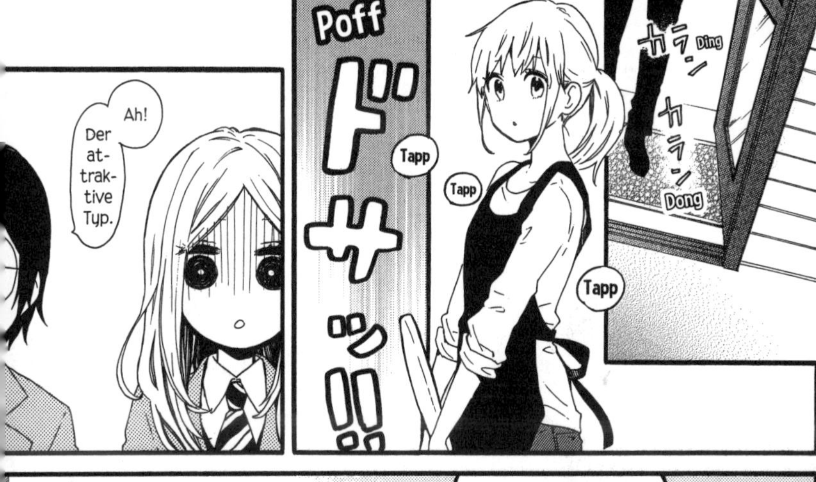
Ding
Dong
Tapp
Tapp
Tapp
Poff
Ah! Der attraktive Typ.

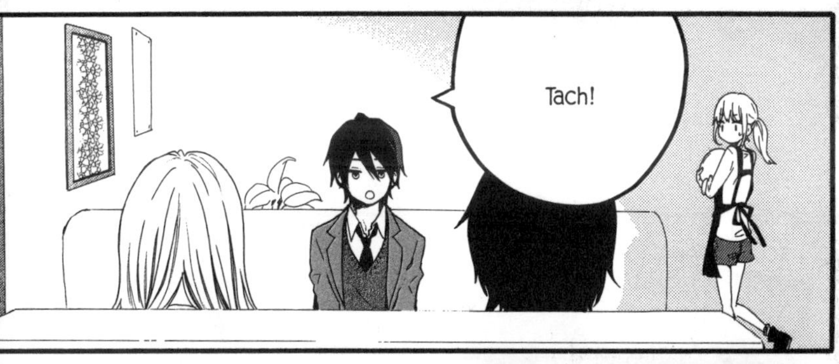
Tach!

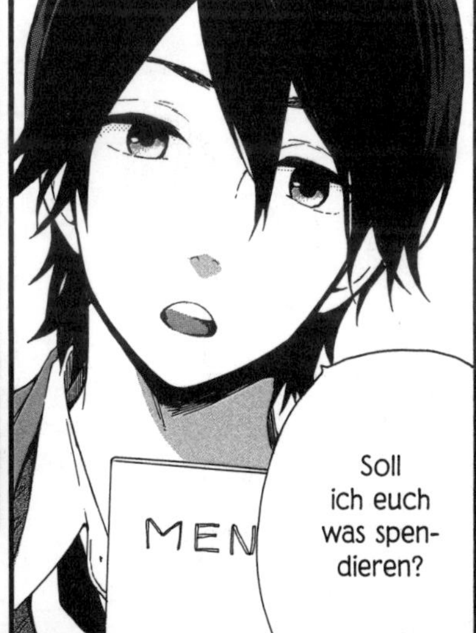
Soll ich euch was spendieren?

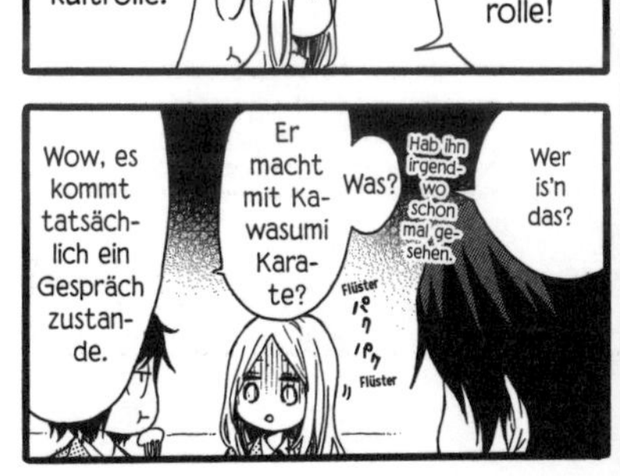
Echt? Cool, dann nehme ich ein Stück Biskuitrolle!
Wupp
Wupp
Also dreimal Kaffee und Biskuitrolle.
Wer is'n das?
Hab ihn irgendwo schon mal gesehen.
Was?
Er macht mit Kawasumi Karate?
Flüster
Flüster
Wow, es kommt tatsächlich ein Gespräch zustande.

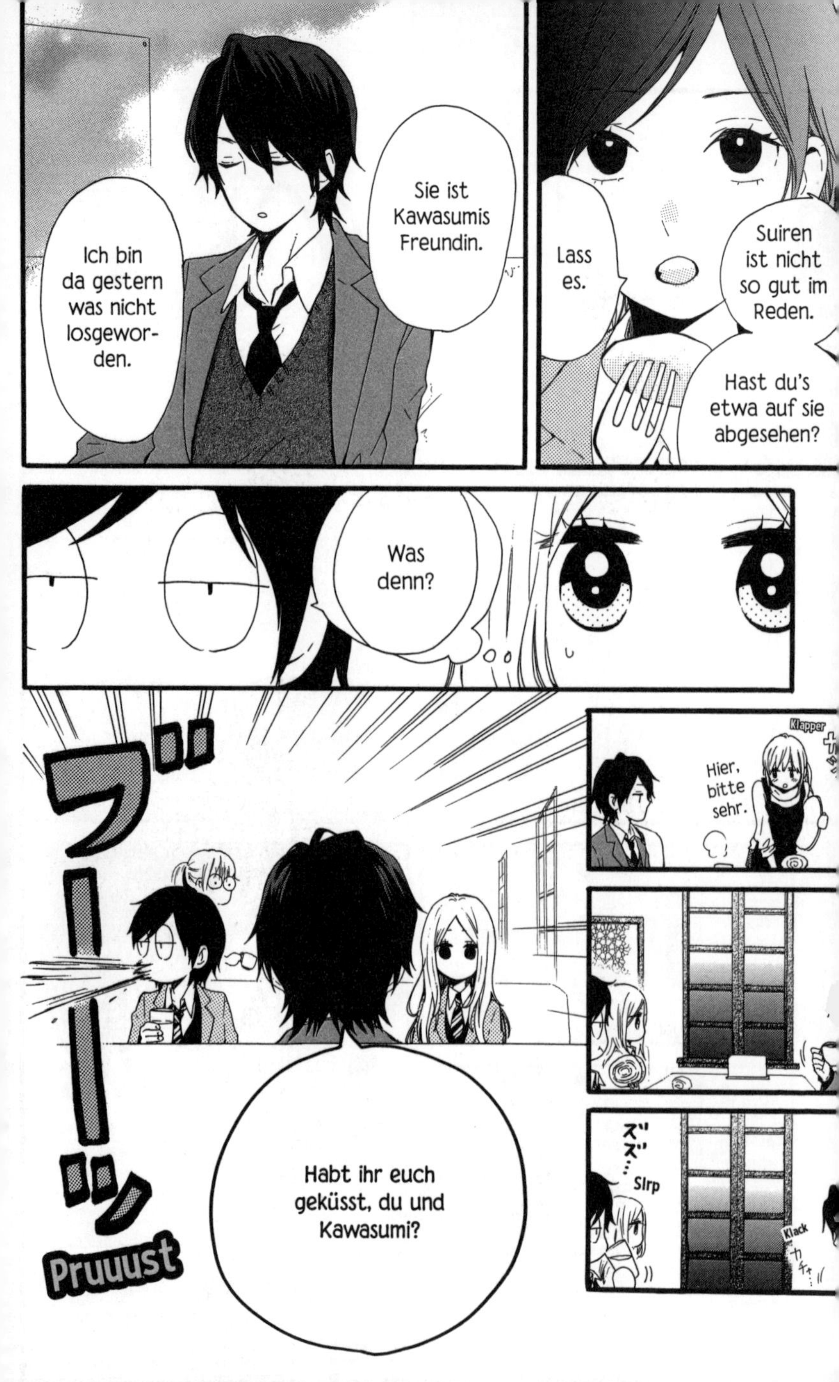
Suiren ist nicht so gut im Reden.
Hast du's etwa auf sie abgesehen?
Lass es.
Sie ist Kawasumis Freundin.
Ich bin da gestern was nicht losgeworden.
Was denn?
Klapper
Hier, bitte sehr.
Slrp
Klack
Habt ihr euch geküsst, du und Kawasumi?
Pruuust

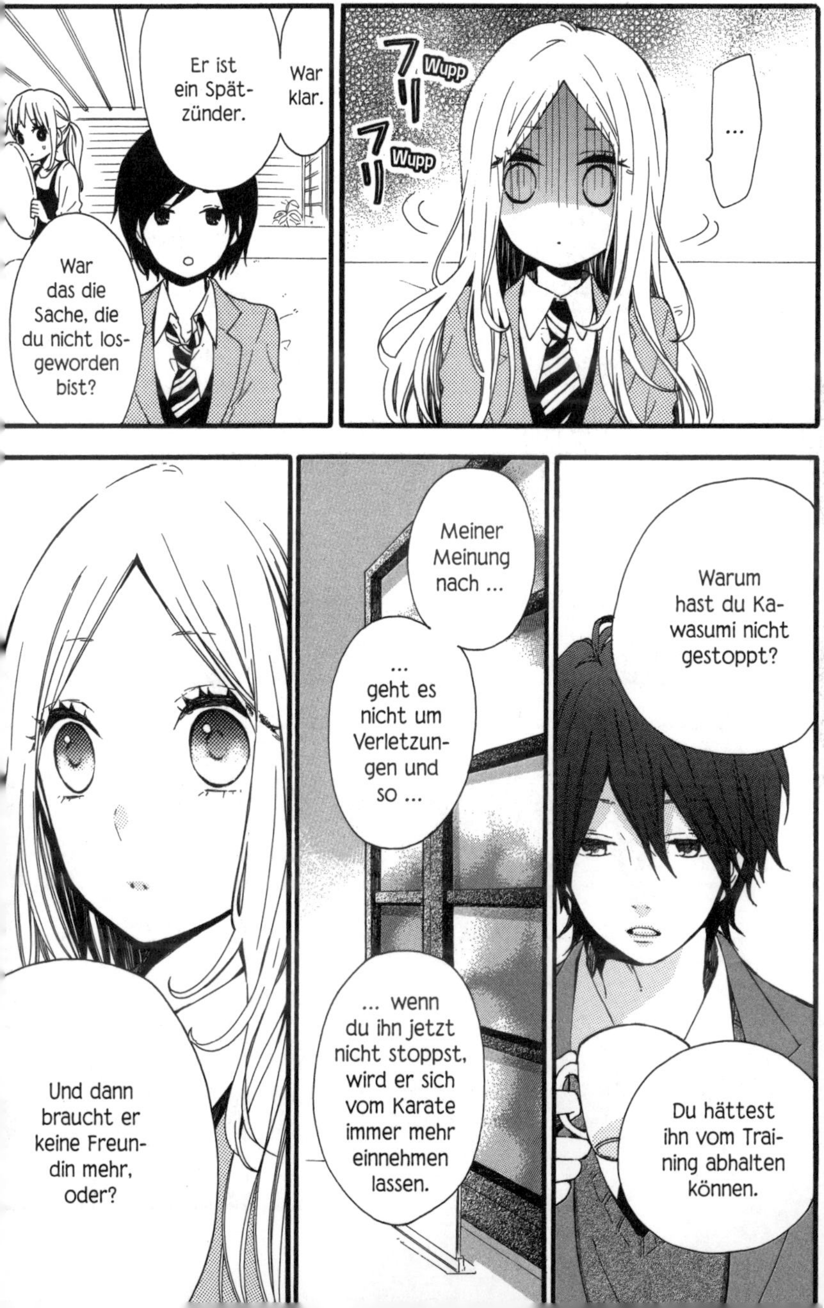

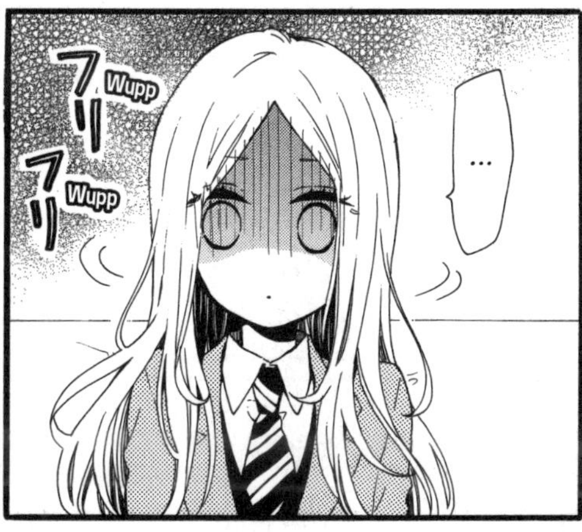

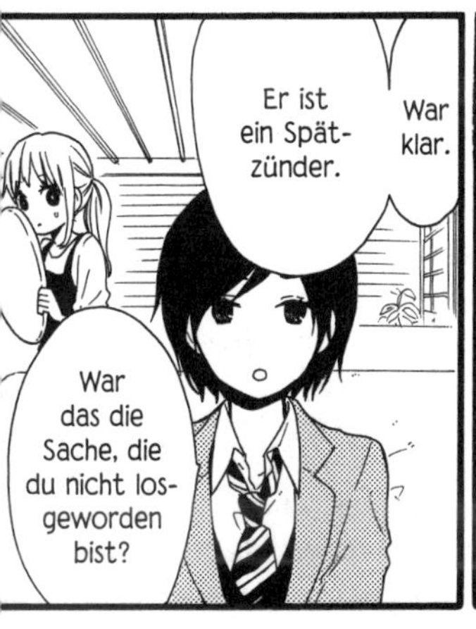

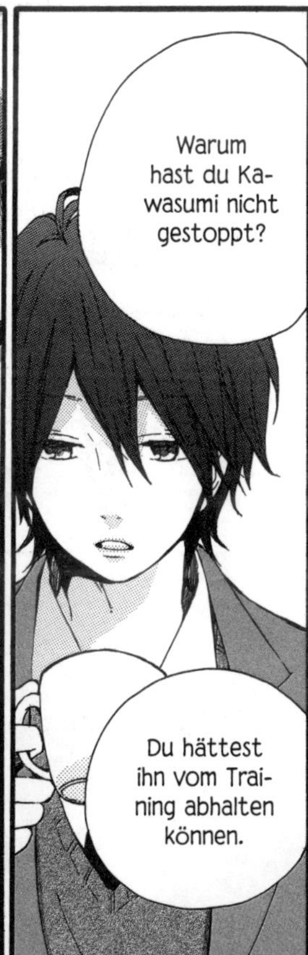

Meiner Meinung nach ...
... geht es nicht um Verletzungen und so ...
... wenn du ihn jetzt nicht stoppst, wird er sich vom Karate immer mehr einnehmen lassen.
Und dann braucht er keine Freundin mehr, oder?

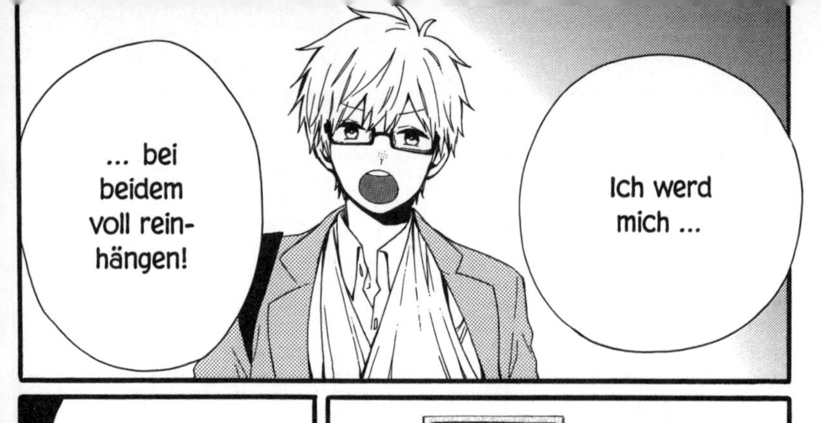
Ich werd mich ...
... bei beidem voll reinhängen!

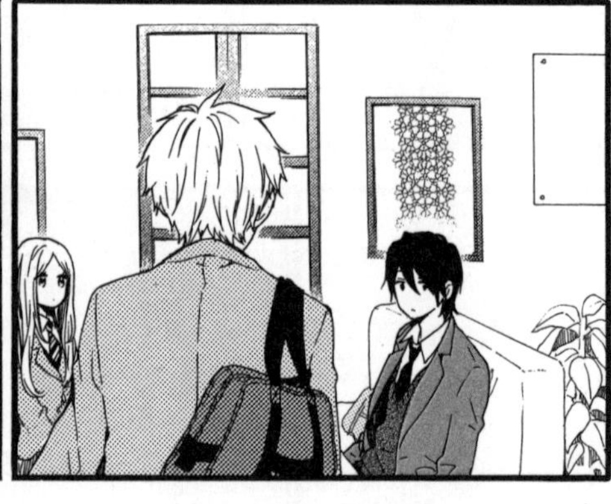

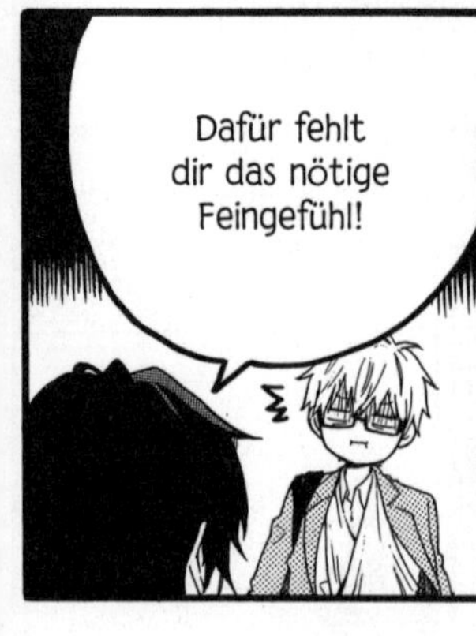
Dafür fehlt dir das nötige Feingefühl!

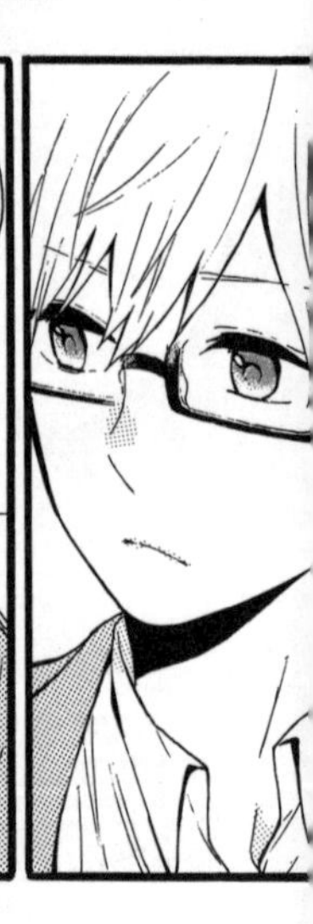

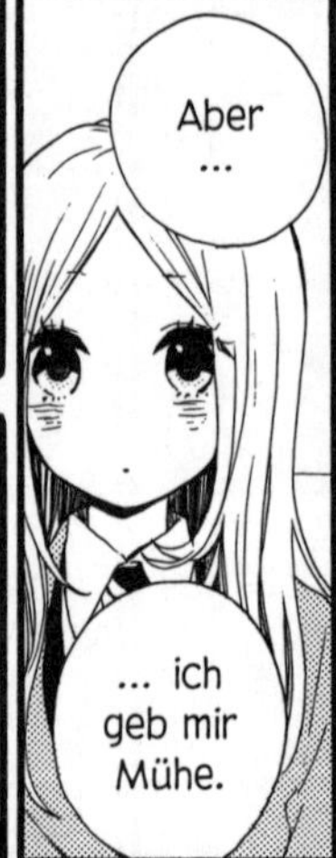
Aber ...
... ich geb mir Mühe.

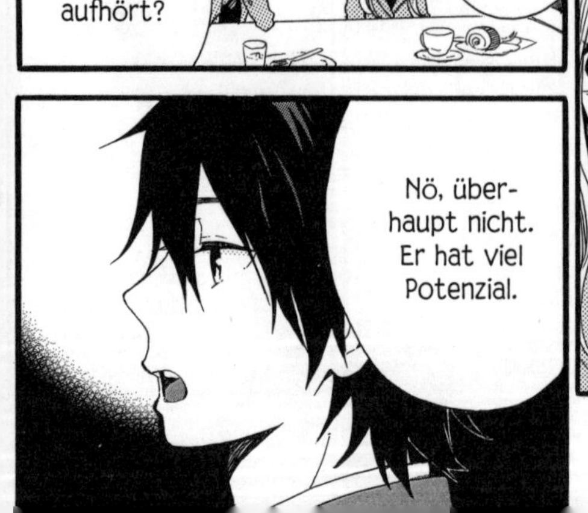
Äh, sag mal ...
... willst du, dass Kawasumi mit Karate aufhört?
Nö, überhaupt nicht. Er hat viel Potenzial.

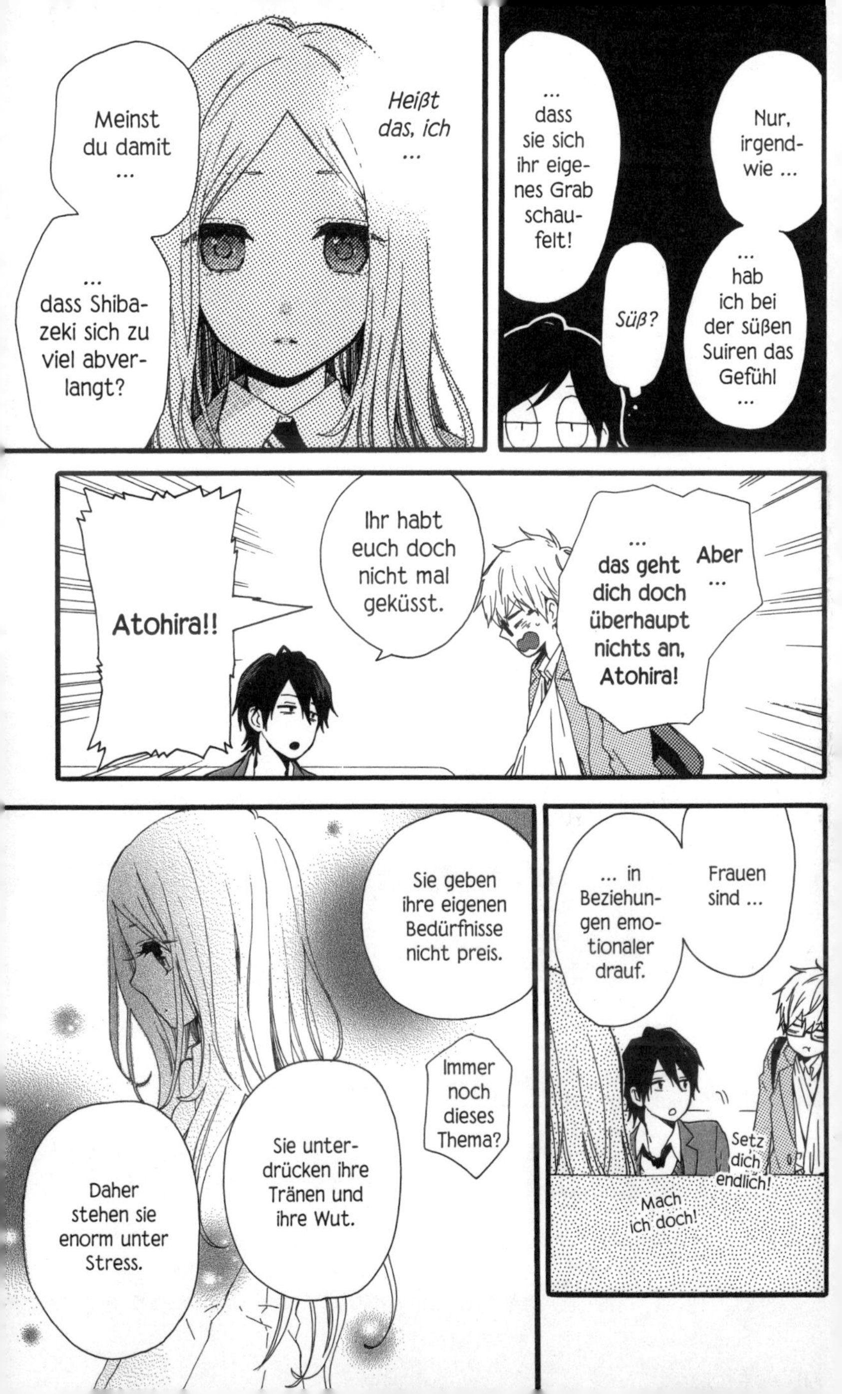

Nur, irgendwie ...
... hab ich bei der süßen Suiren das Gefühl ...
Süß?
... dass sie sich ihr eigenes Grab schaufelt!
Heißt das, ich ...
Meinst du damit ...
... dass Shibazeki sich zu viel abverlangt?

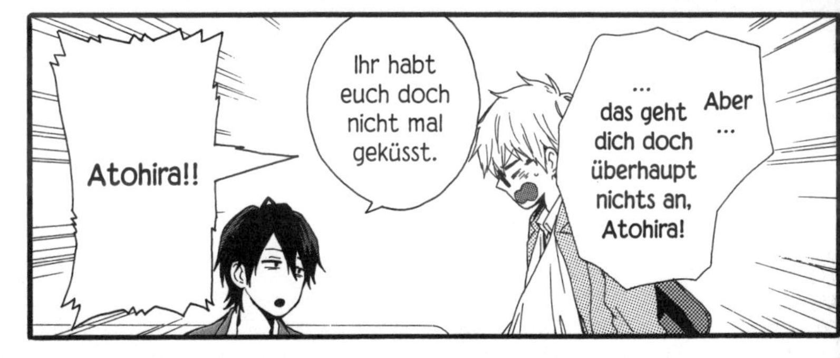
Aber ...
... das geht dich doch überhaupt nichts an, Atohira!
Ihr habt euch doch nicht mal geküsst.
Atohira!!

Frauen sind ...
... in Beziehungen emotionaler drauf.
Setz dich endlich!
Mach ich doch!
Sie geben ihre eigenen Bedürfnisse nicht preis.
Immer noch dieses Thema?
Sie unterdrücken ihre Tränen und ihre Wut.
Daher stehen sie enorm unter Stress.

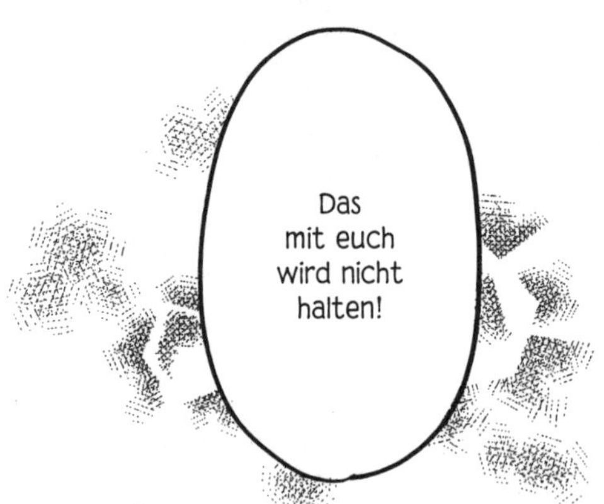
Das
mit euch
wird nicht
halten!

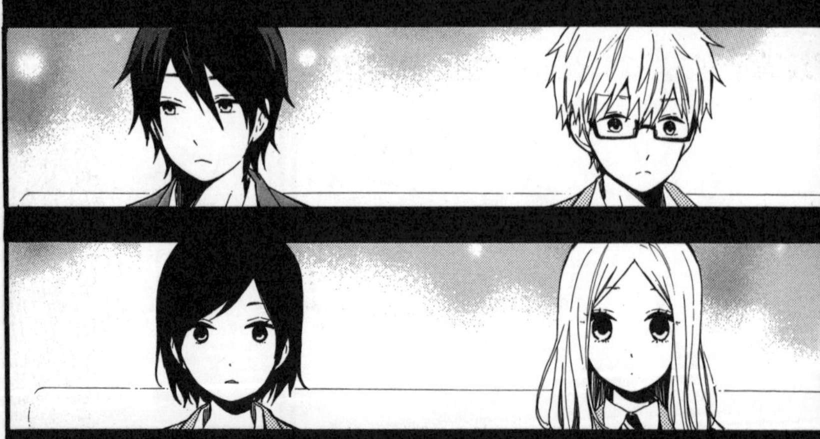

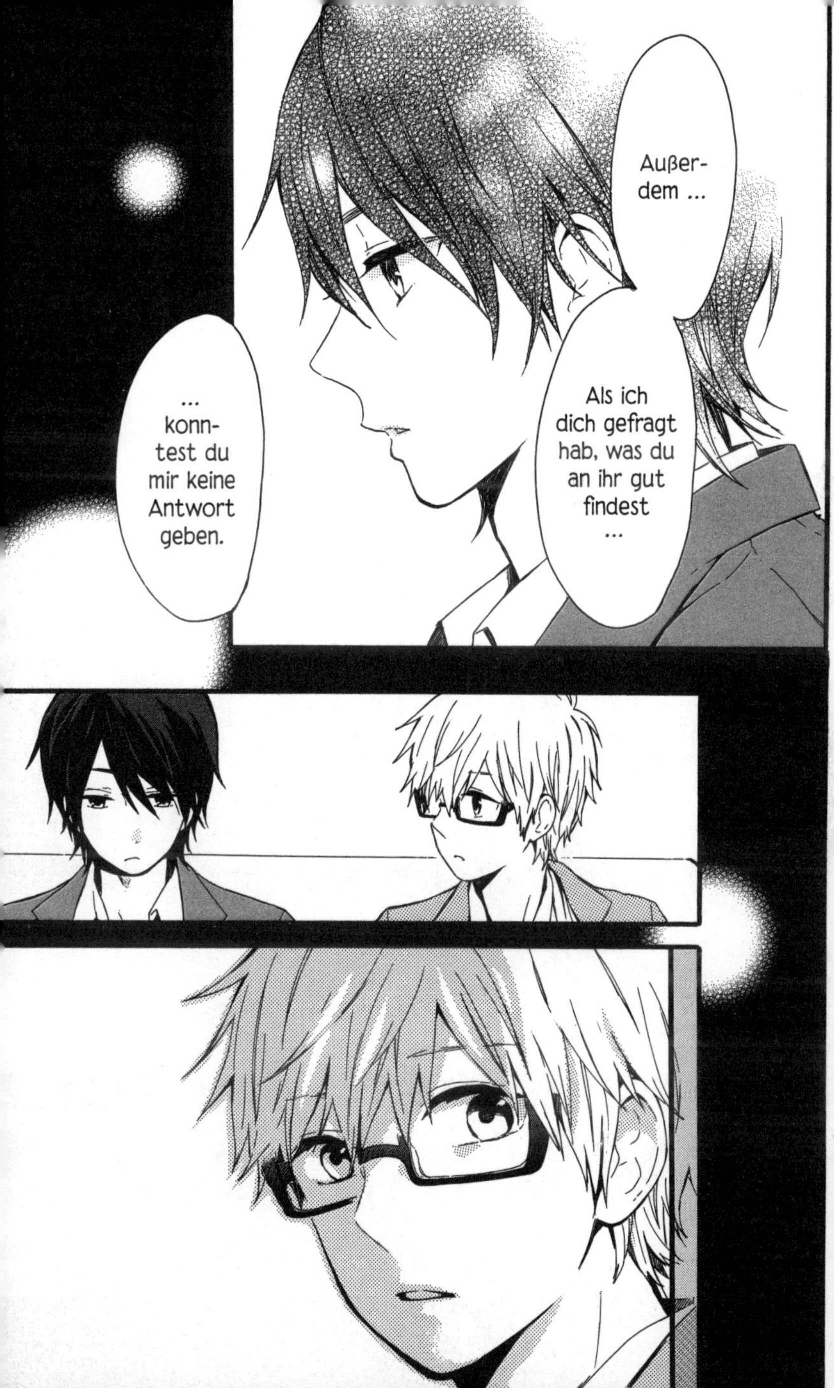

Außer-dem ...
Als ich dich gefragt hab, was du an ihr gut findest ...
... konn-test du mir keine Antwort geben.

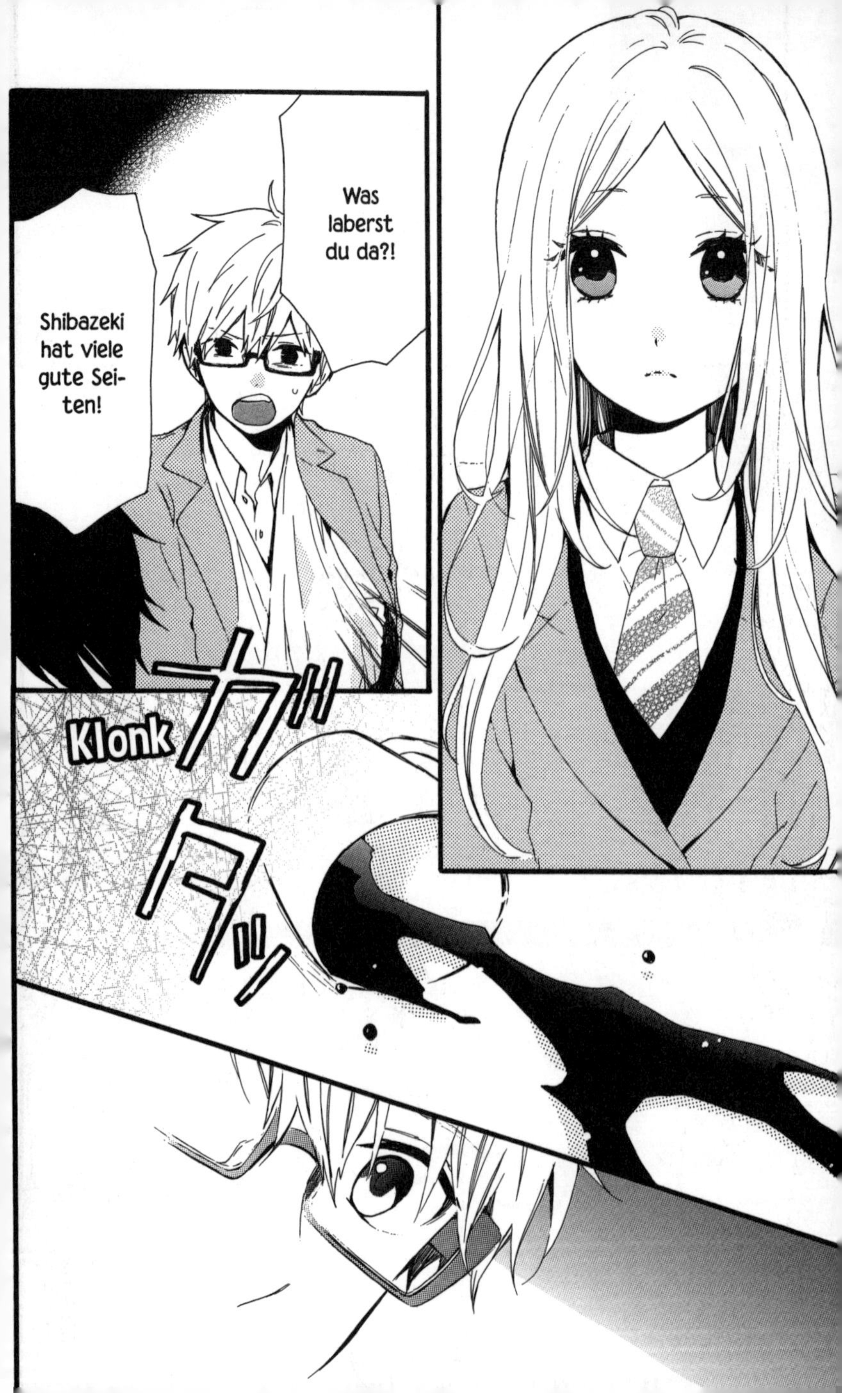

Was laberst du da?!
Shibazeki hat viele gute Seiten!
Klonk
ガタッ

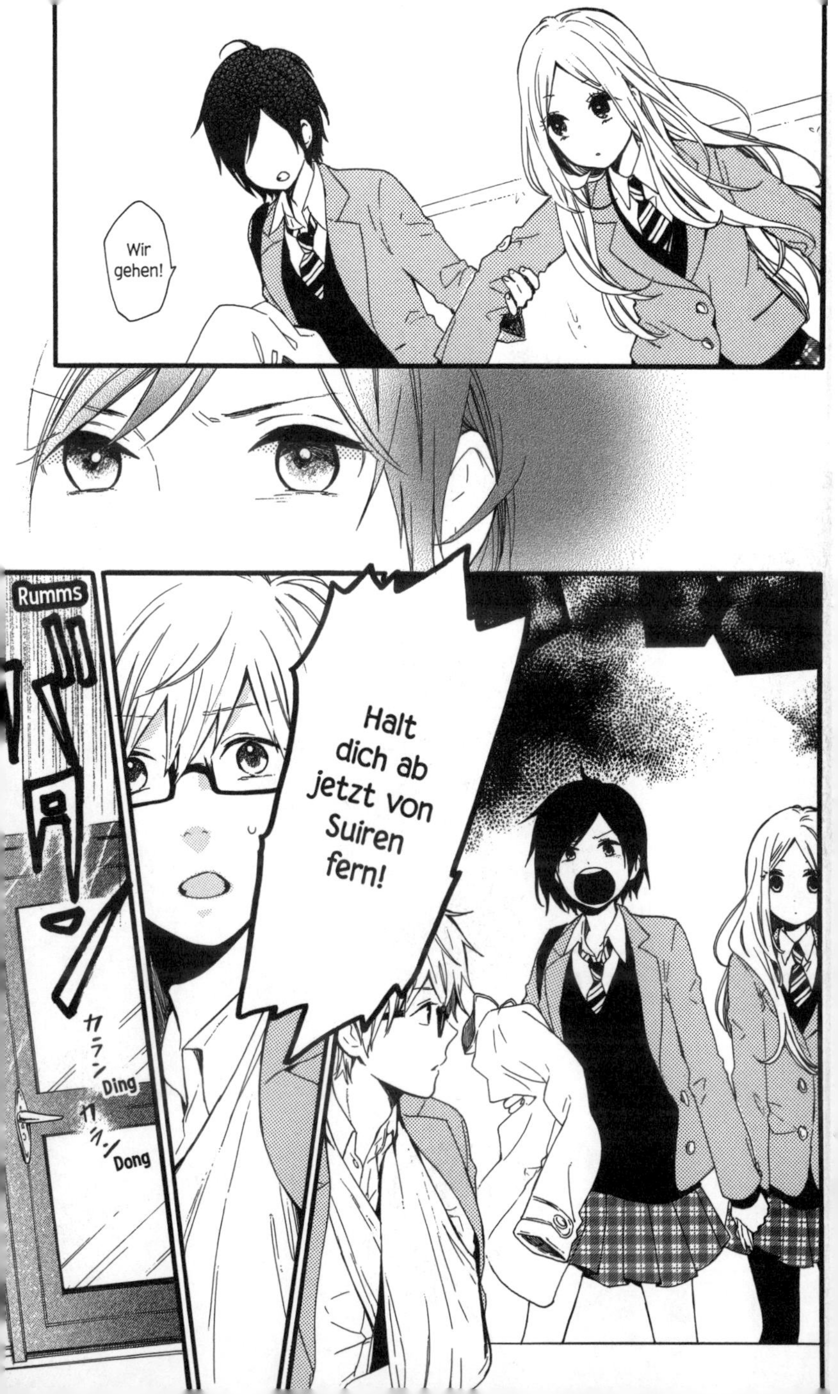
Wir gehen!
Halt dich ab jetzt von Suiren fern!
Rumms
Ding
Dong

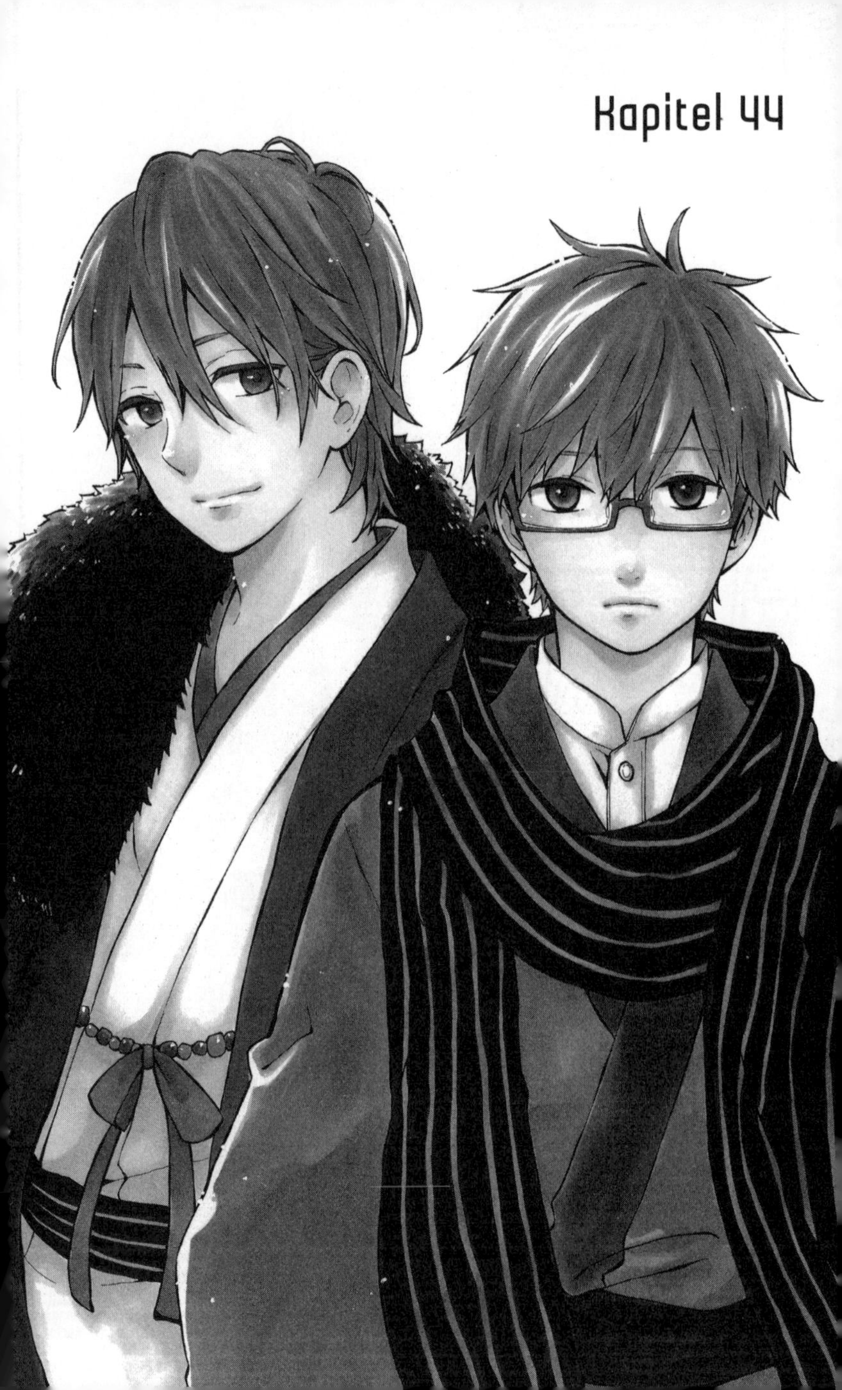
Kapitel 44

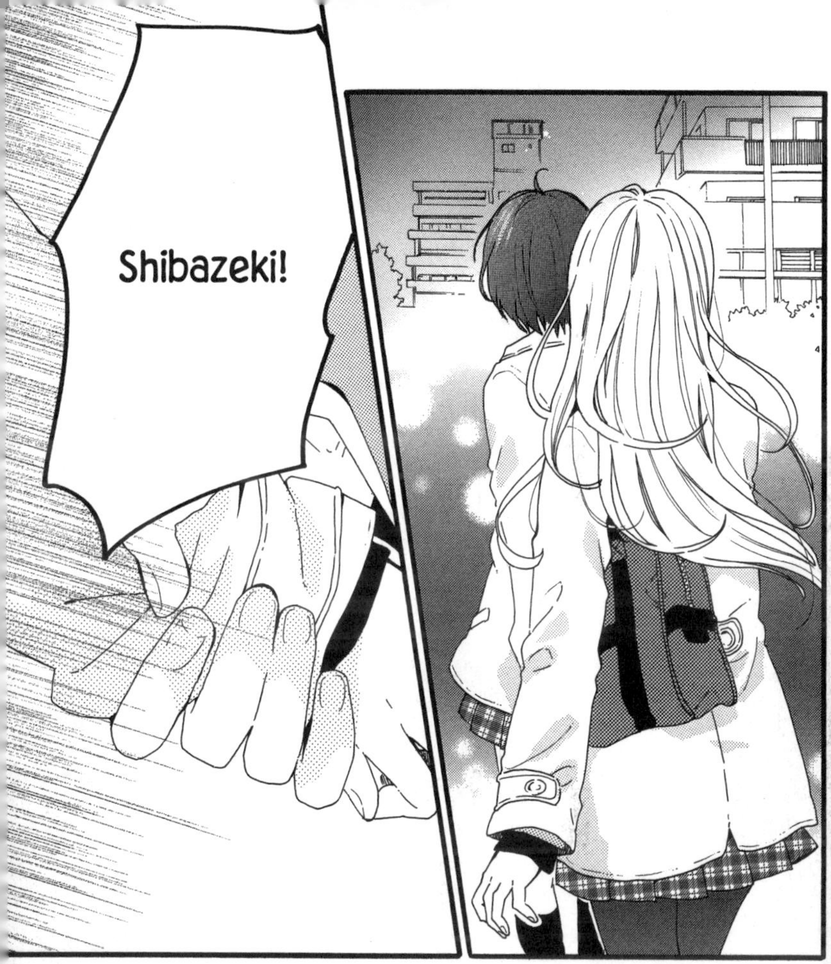

Shibazeki!

Q. Welchen Gürtel hat Kawasumi beim Karate?

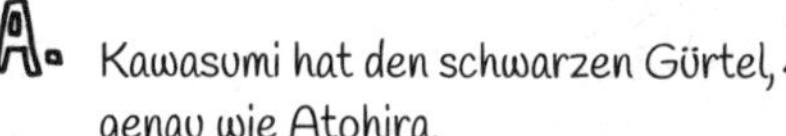

A. Kawasumi hat den schwarzen Gürtel, genau wie Atohira.

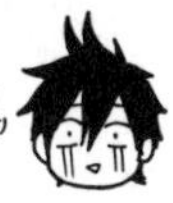

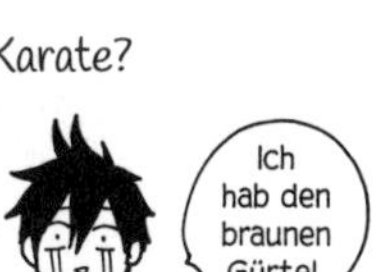

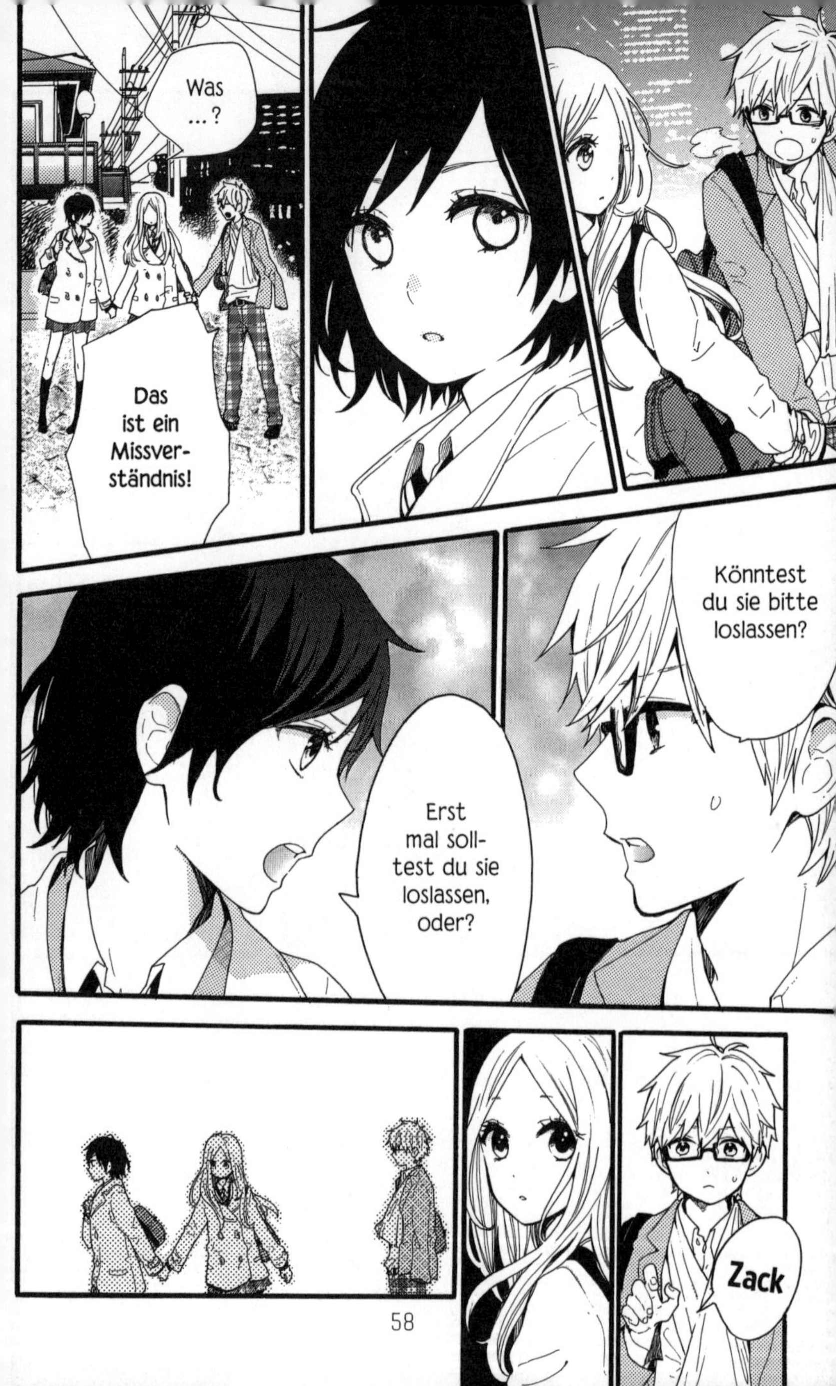
Was ...?
Das ist ein Missverständnis!
Könntest du sie bitte loslassen?
Erst mal solltest du sie loslassen, oder?
Zack

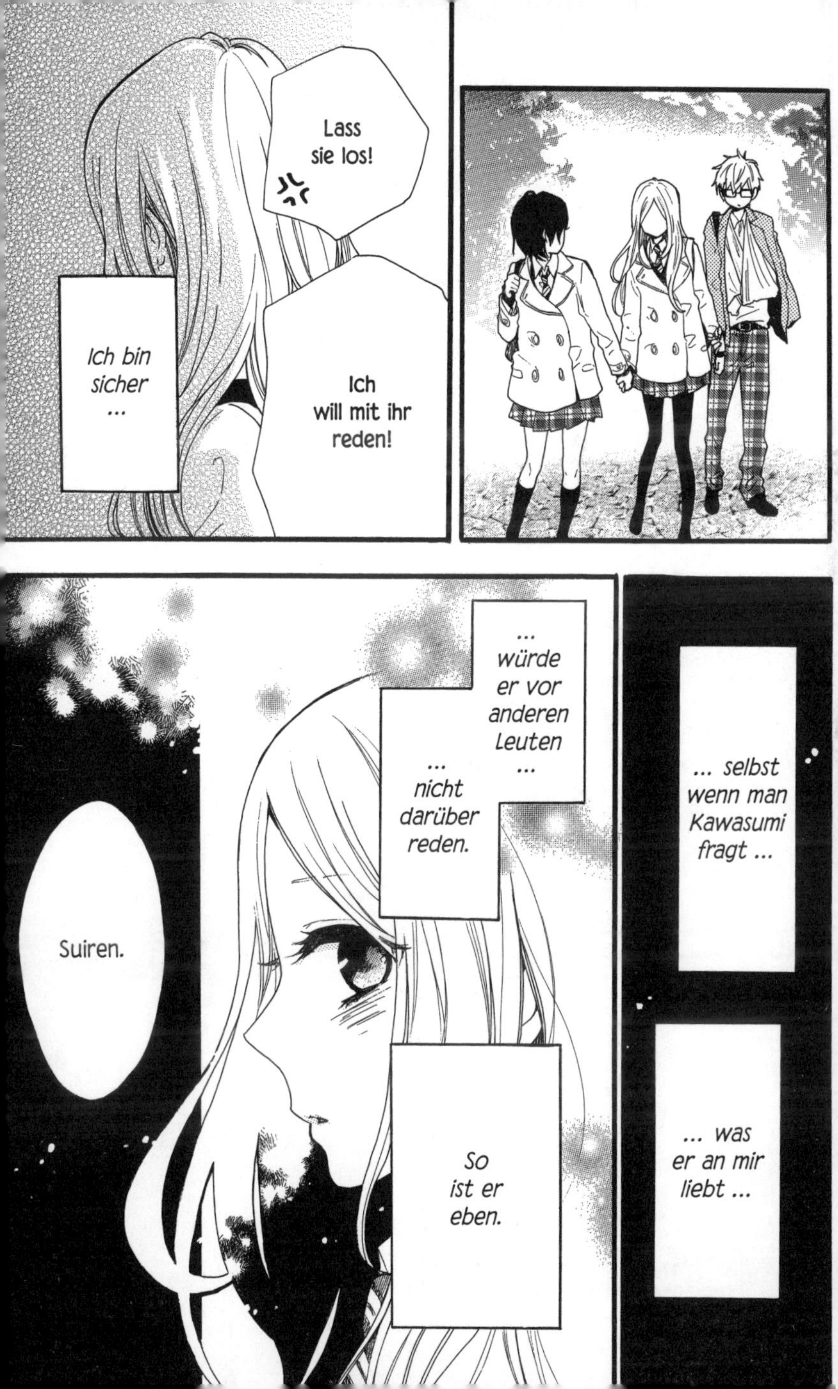

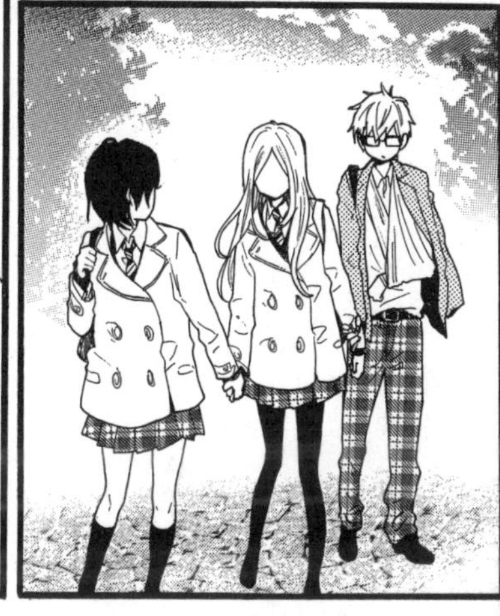

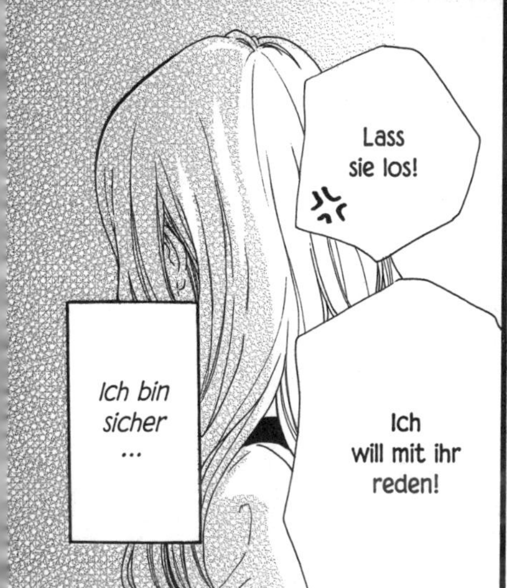

... selbst wenn man Kawasumi fragt ...

... was er an mir liebt ...

... würde er vor anderen Leuten ...

... nicht darüber reden.

So ist er eben.

Suiren.

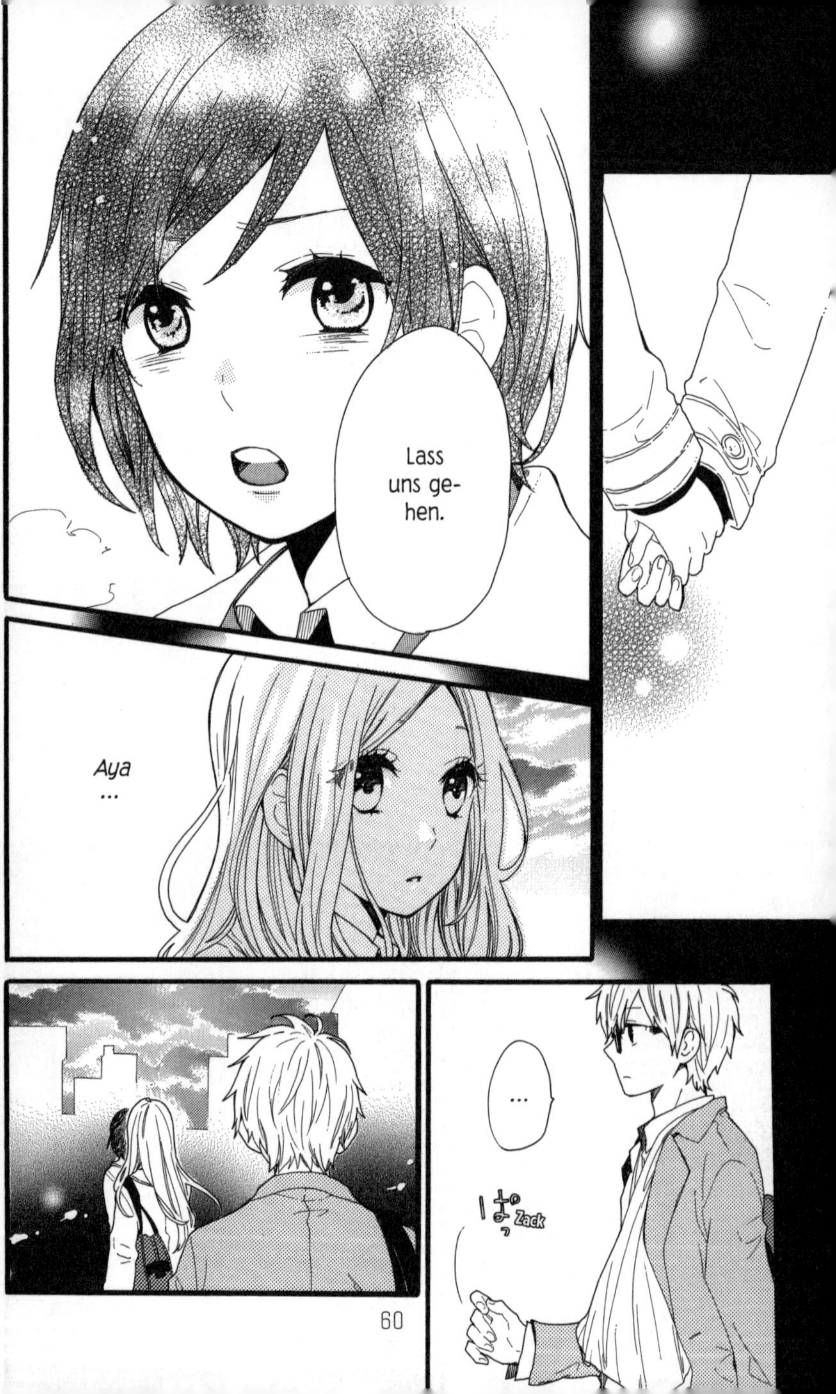

Lass uns ge-
hen.

Aya
...

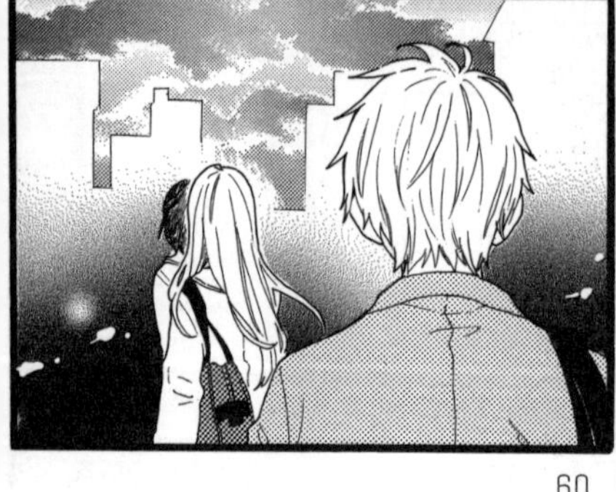

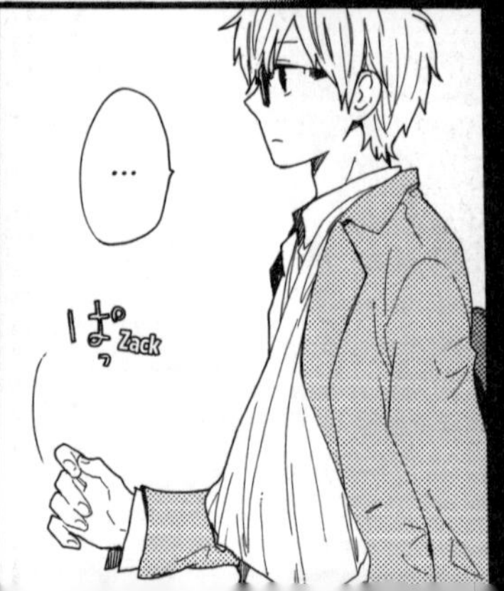

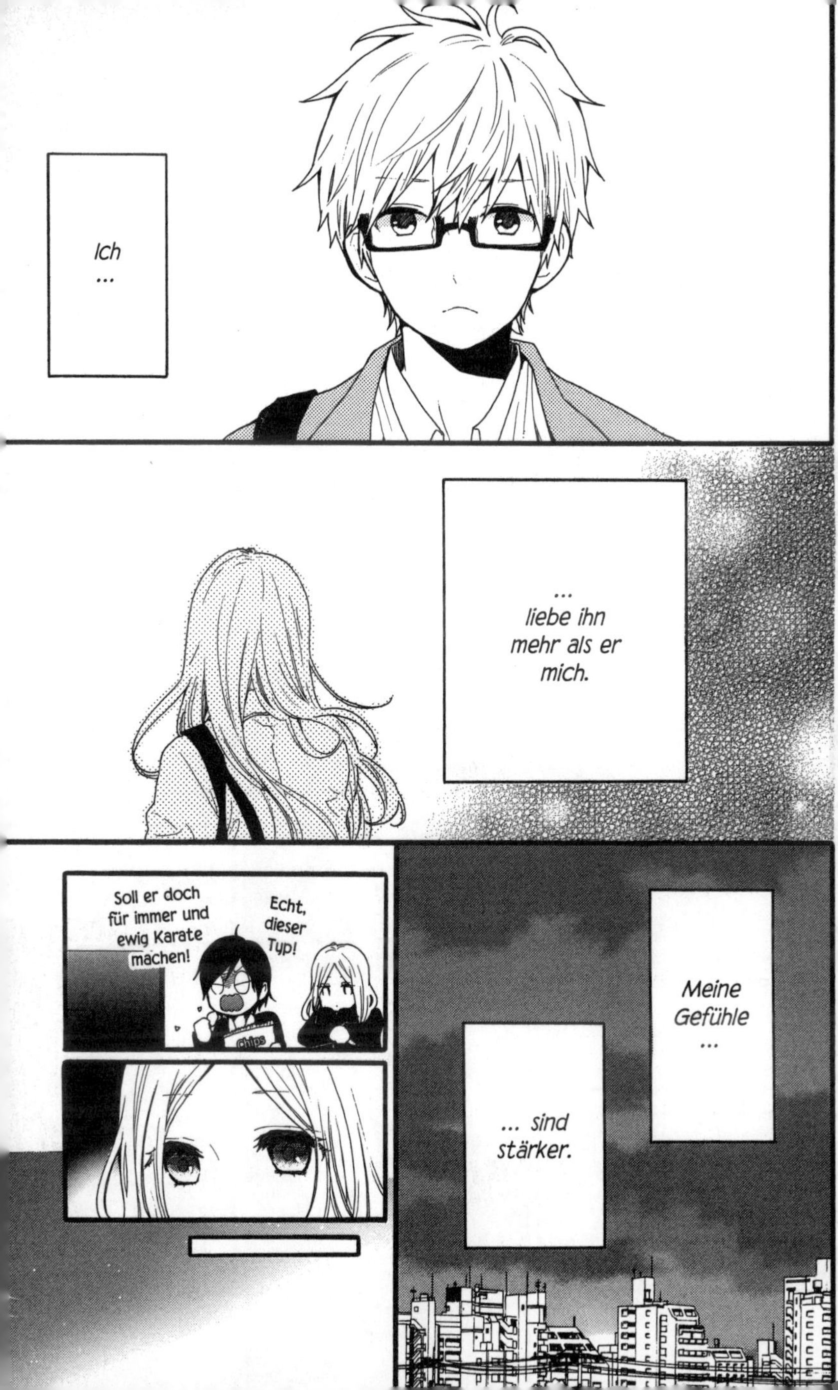
Ich ...
... liebe ihn mehr als er mich.
Meine Gefühle ...
... sind stärker.
Echt, dieser Typ!
Soll er doch für immer und ewig Karate machen!
Chips

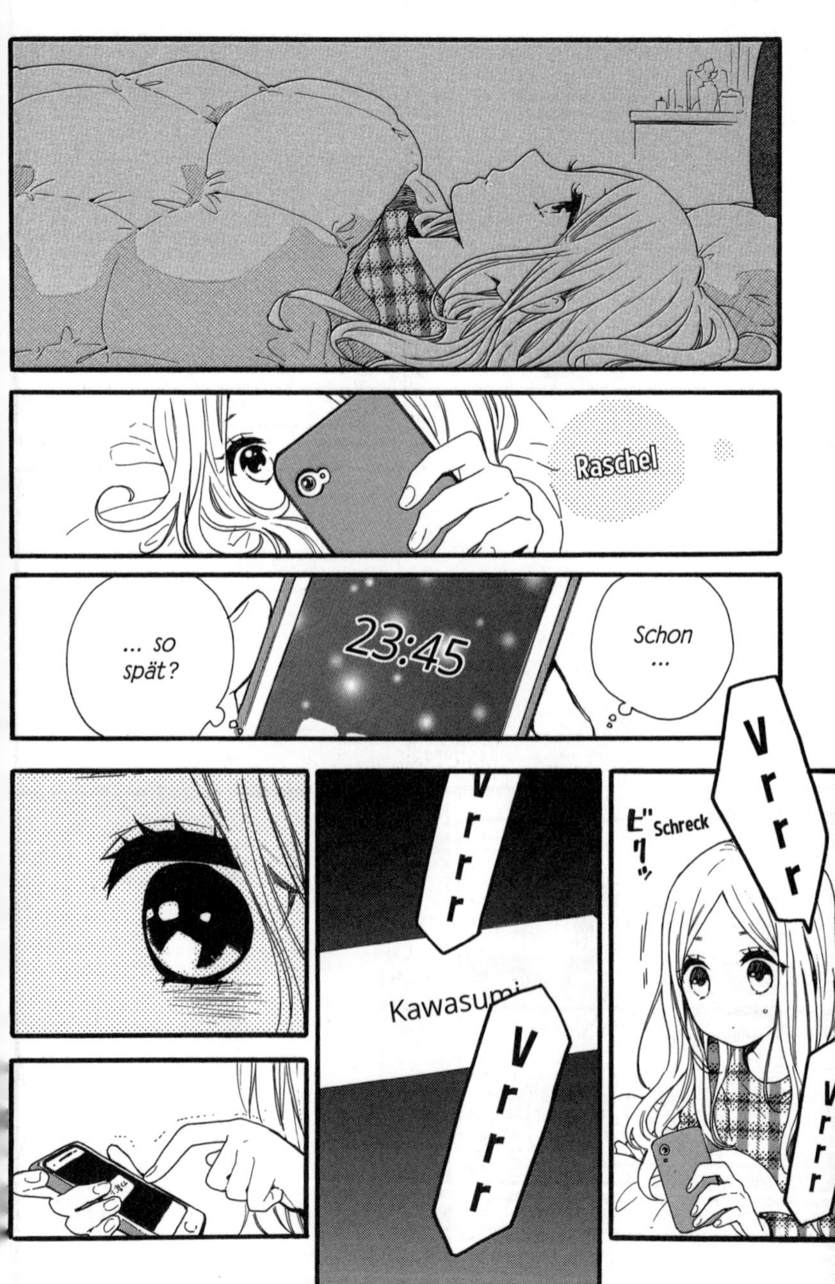

Raschel
Schon ...
23:45
... so spät?
Vrrr
ビクッ
Schreck
Vrrr
Vrrr
Kawasumi
Vrrr

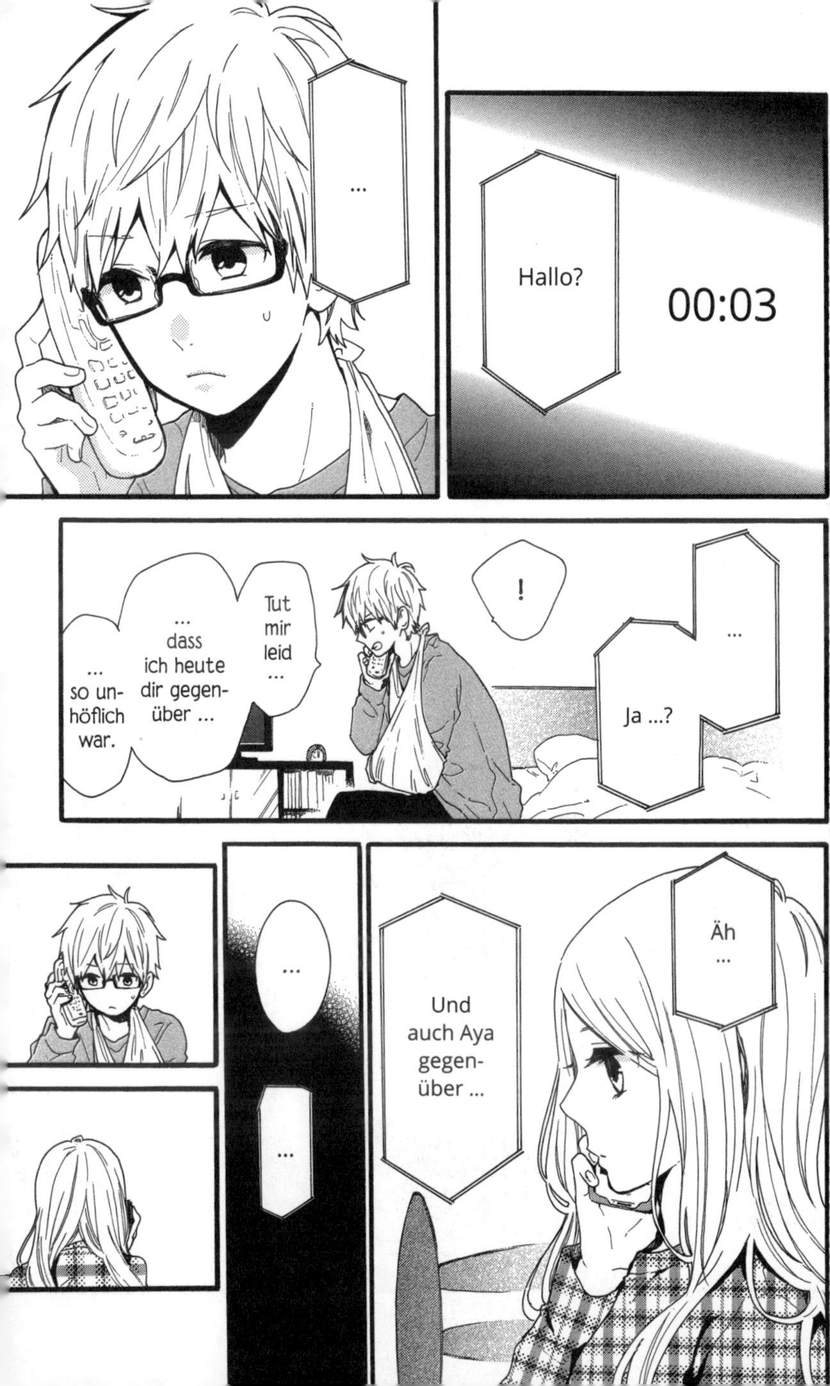
Hallo?
00:03
...
...
Ja ...?
!
Tut mir leid ...
... dass ich heute dir gegen-über ...
... so un-höflich war.
Äh ...
Und auch Aya gegen-über ...
...
...

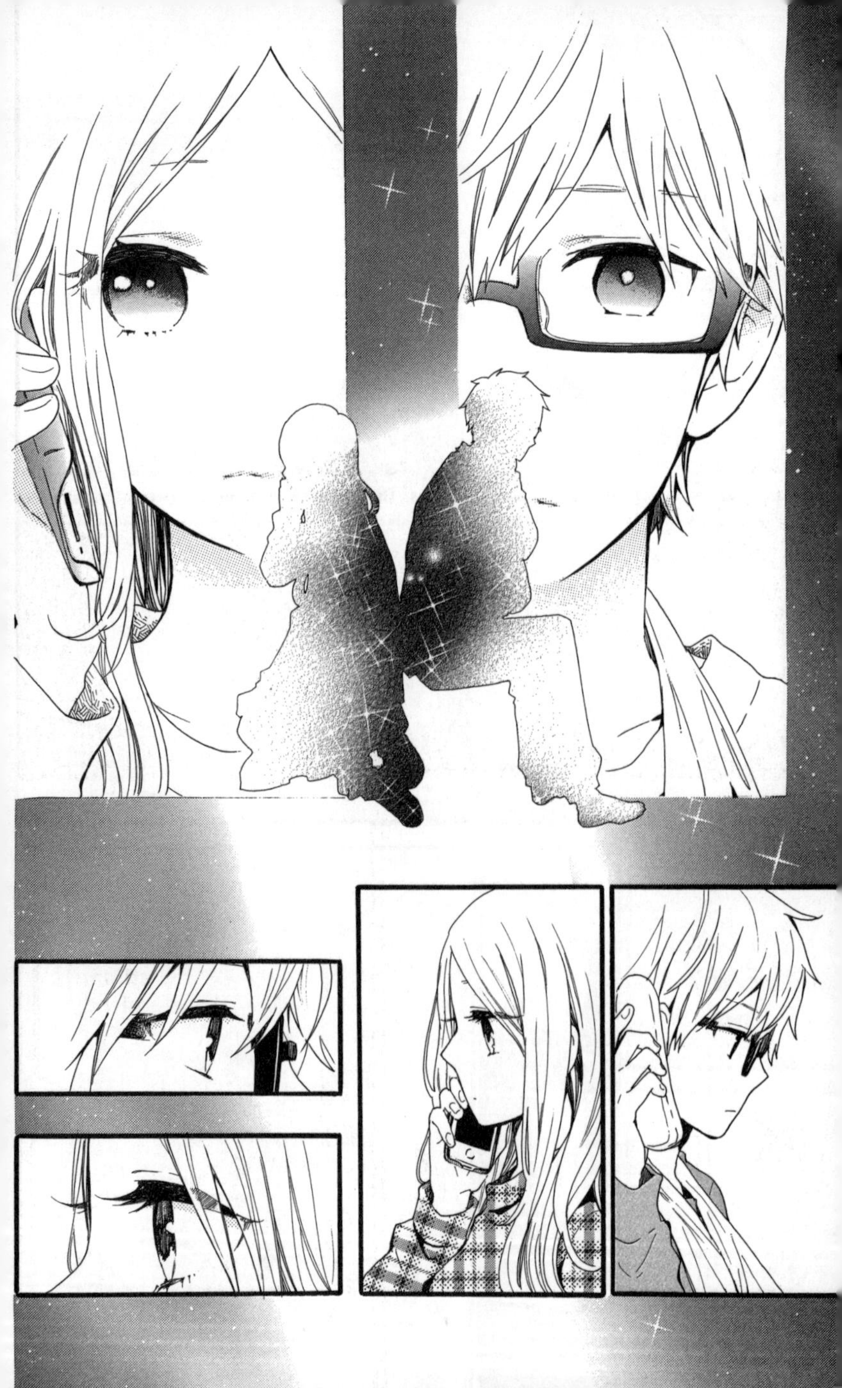

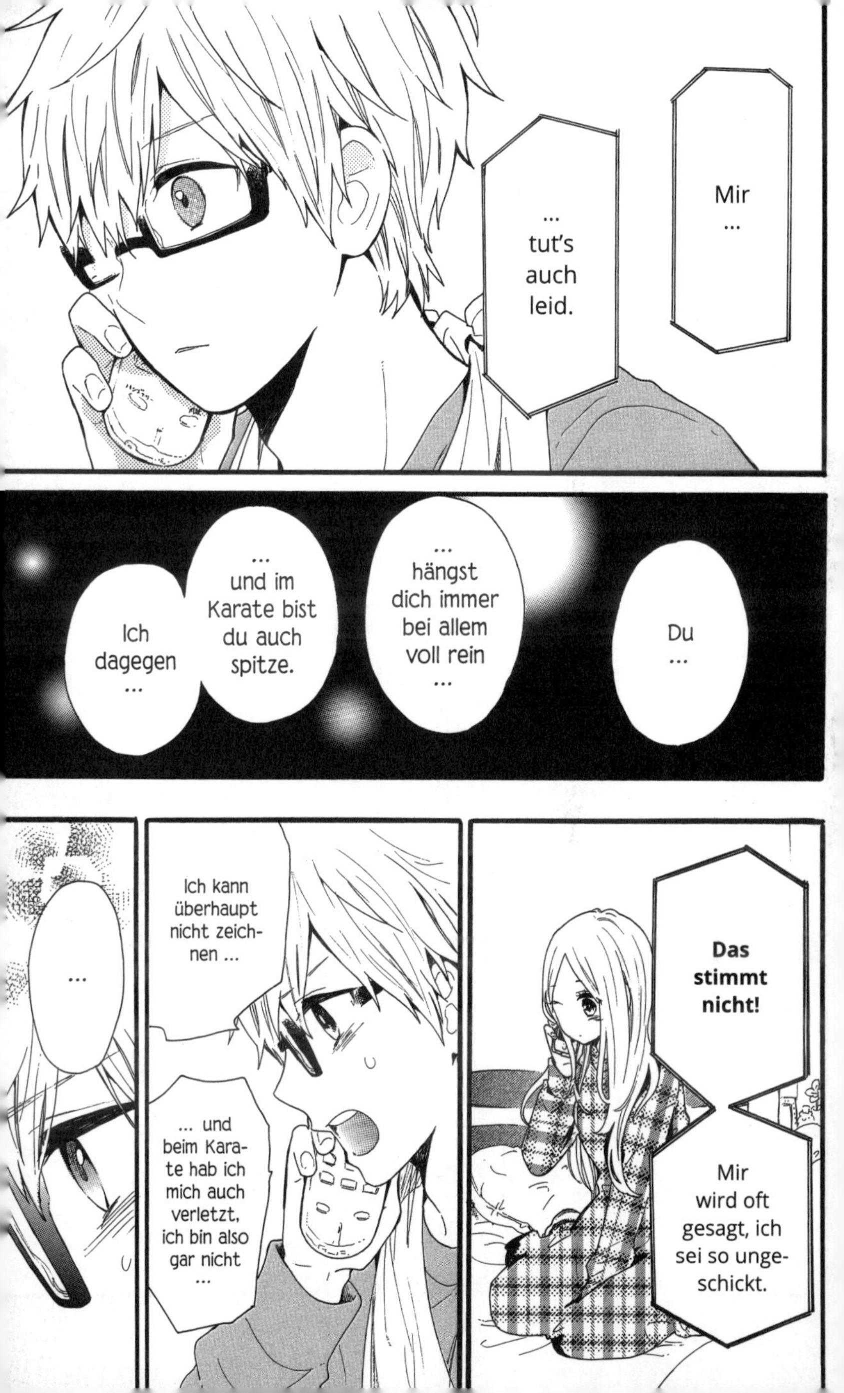

Mir ...

... tut's auch leid.

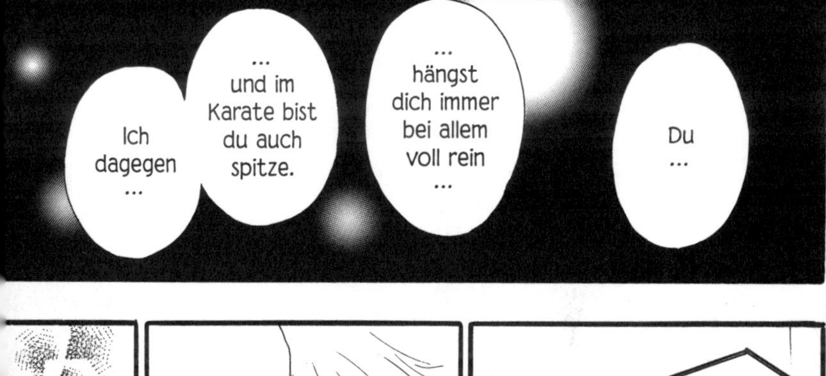

Das stimmt nicht!

Mir wird oft gesagt, ich sei so ungeschickt.

Ich kann überhaupt nicht zeichnen ...

... und beim Karate hab ich mich auch verletzt, ich bin also gar nicht ...

...

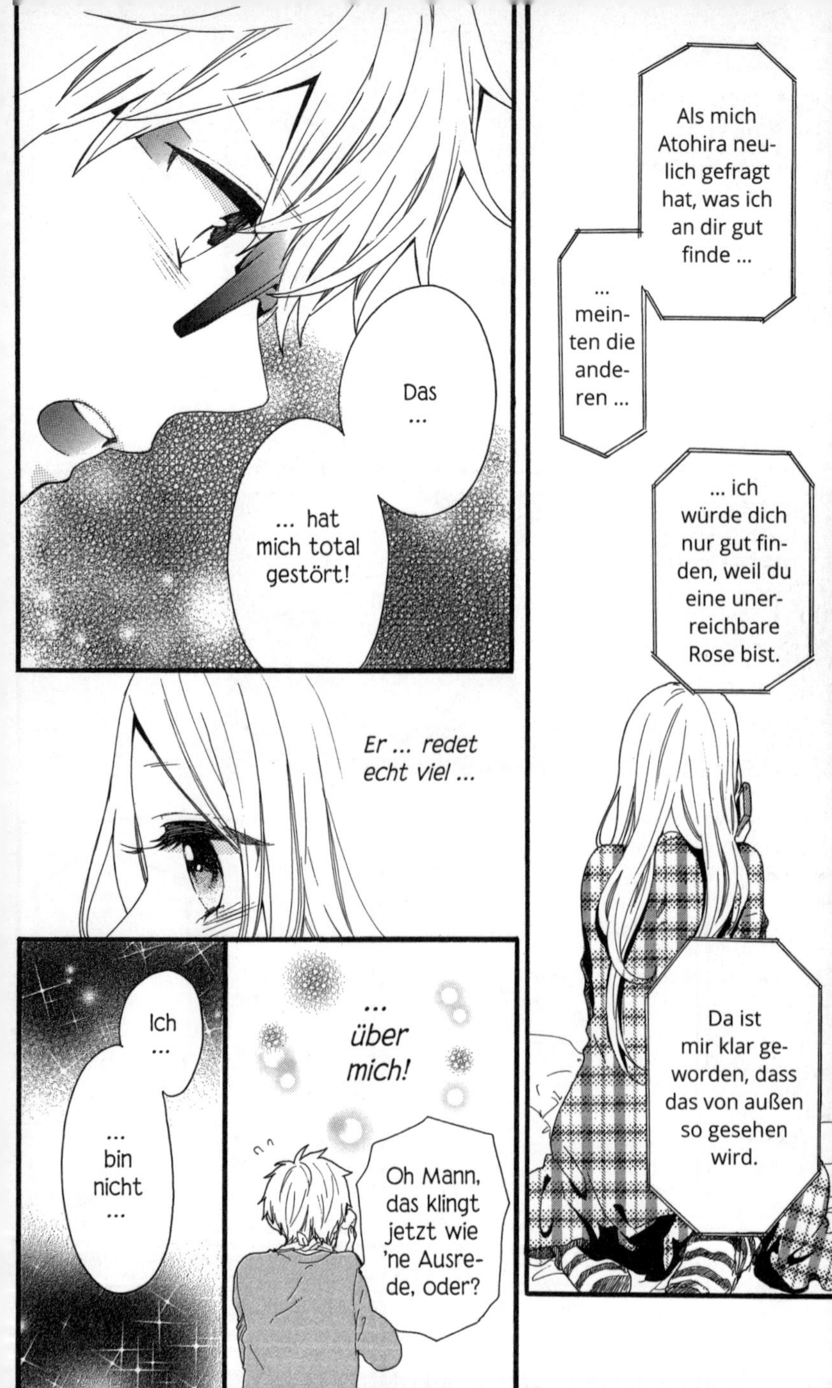
Als mich Atohira neulich gefragt hat, was ich an dir gut finde ...
... meinten die anderen ...
... ich würde dich nur gut finden, weil du eine unerreichbare Rose bist.
Da ist mir klar geworden, dass das von außen so gesehen wird.
Das ...
... hat mich total gestört!
Er ... redet echt viel ...
... über mich!
Ich ...
... bin nicht ...
Oh Mann, das klingt jetzt wie 'ne Ausrede, oder?

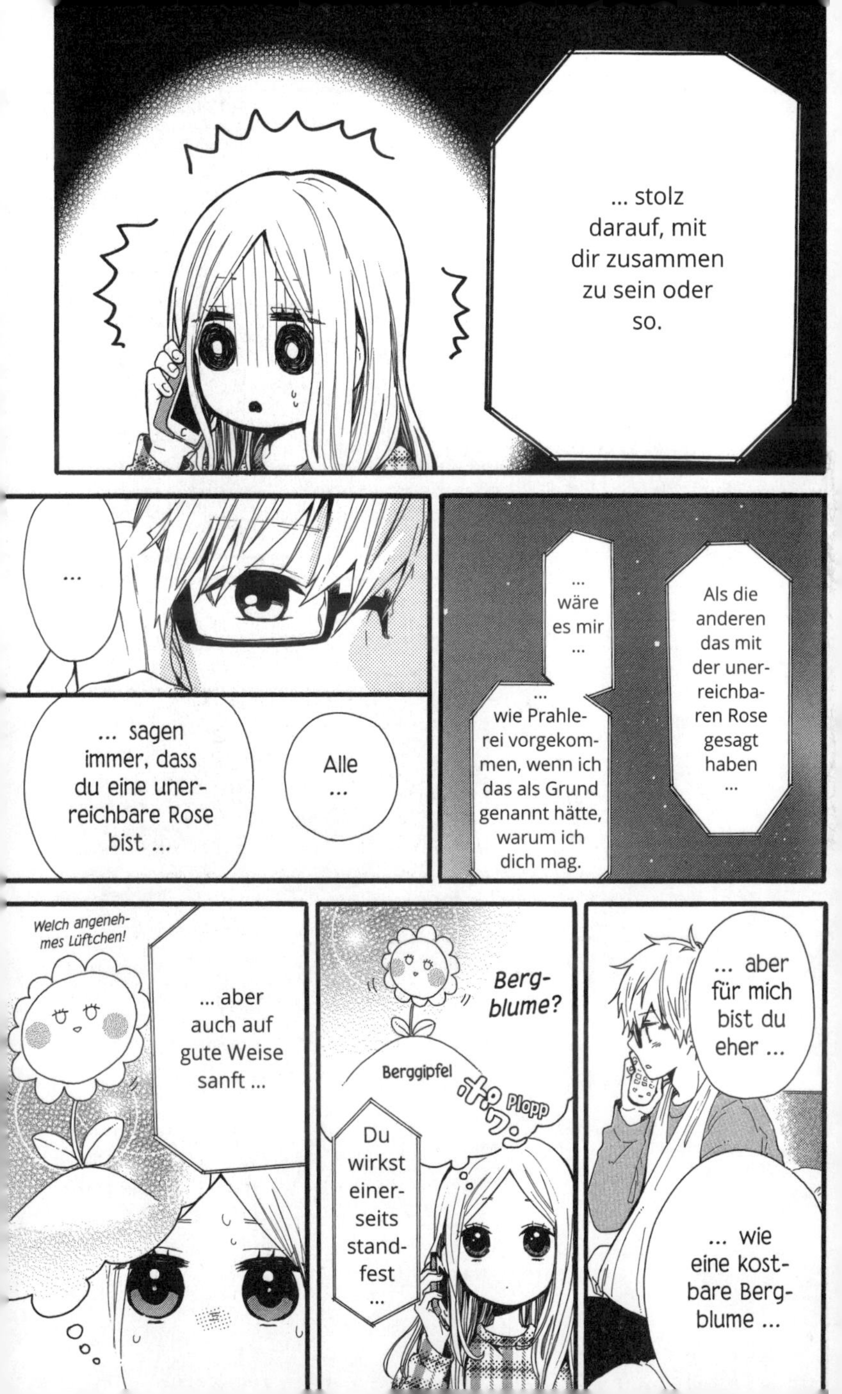

... stolz darauf, mit dir zusammen zu sein oder so.

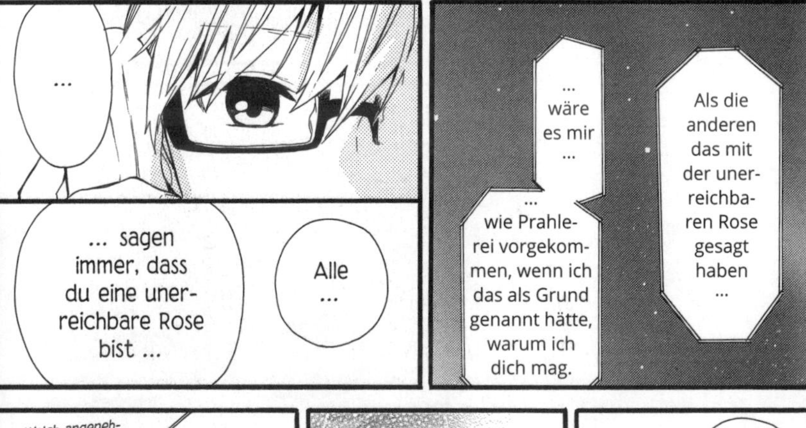

... aber für mich bist du eher ...

... wie eine kostbare Bergblume ...

Bergblume?

Berggipfel

Plopp

Du wirkst einerseits standfest ...

... aber auch auf gute Weise sanft ...

Welch angenehmes Lüftchen!

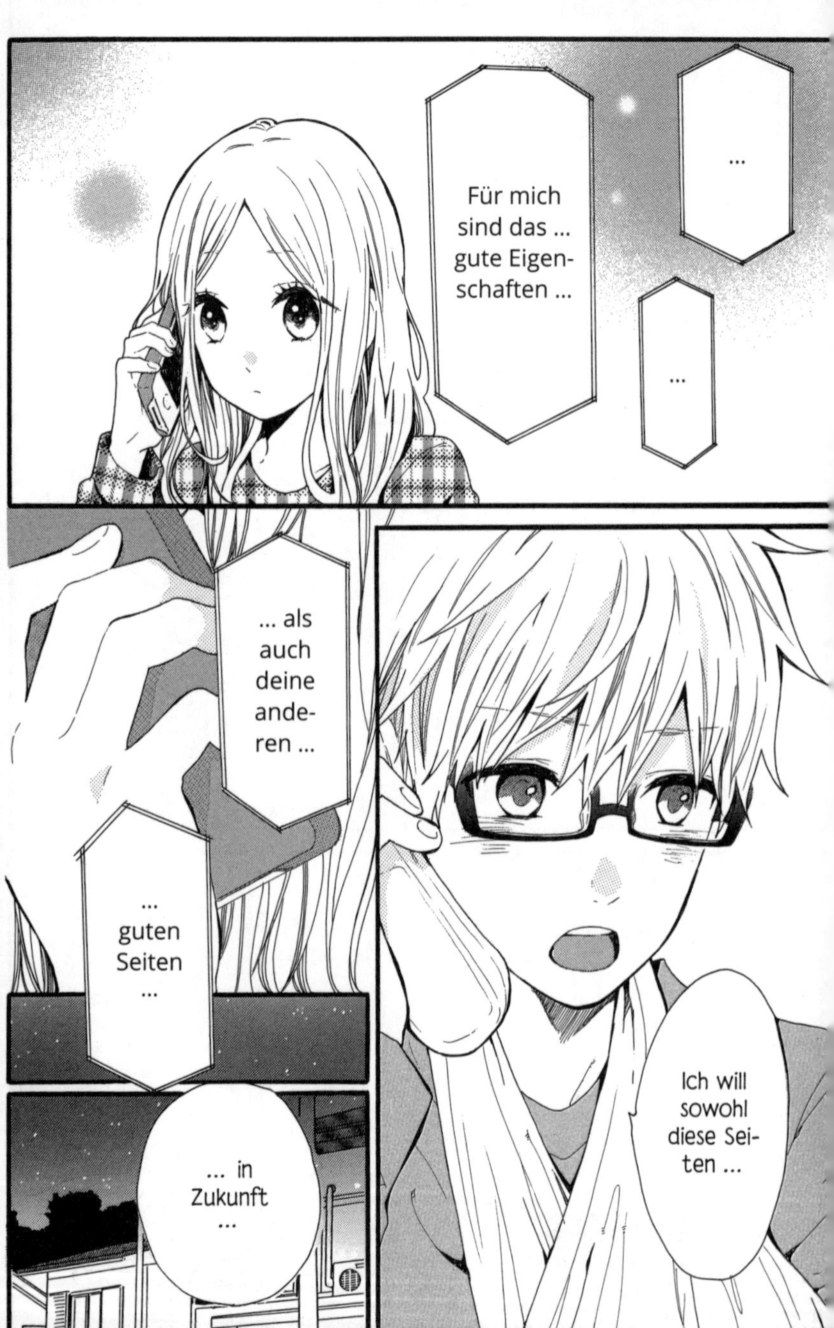
...
...
Für mich sind das ... gute Eigenschaften ...
Ich will sowohl diese Seiten ...
... als auch deine anderen ...
... guten Seiten ...
... in Zukunft ...

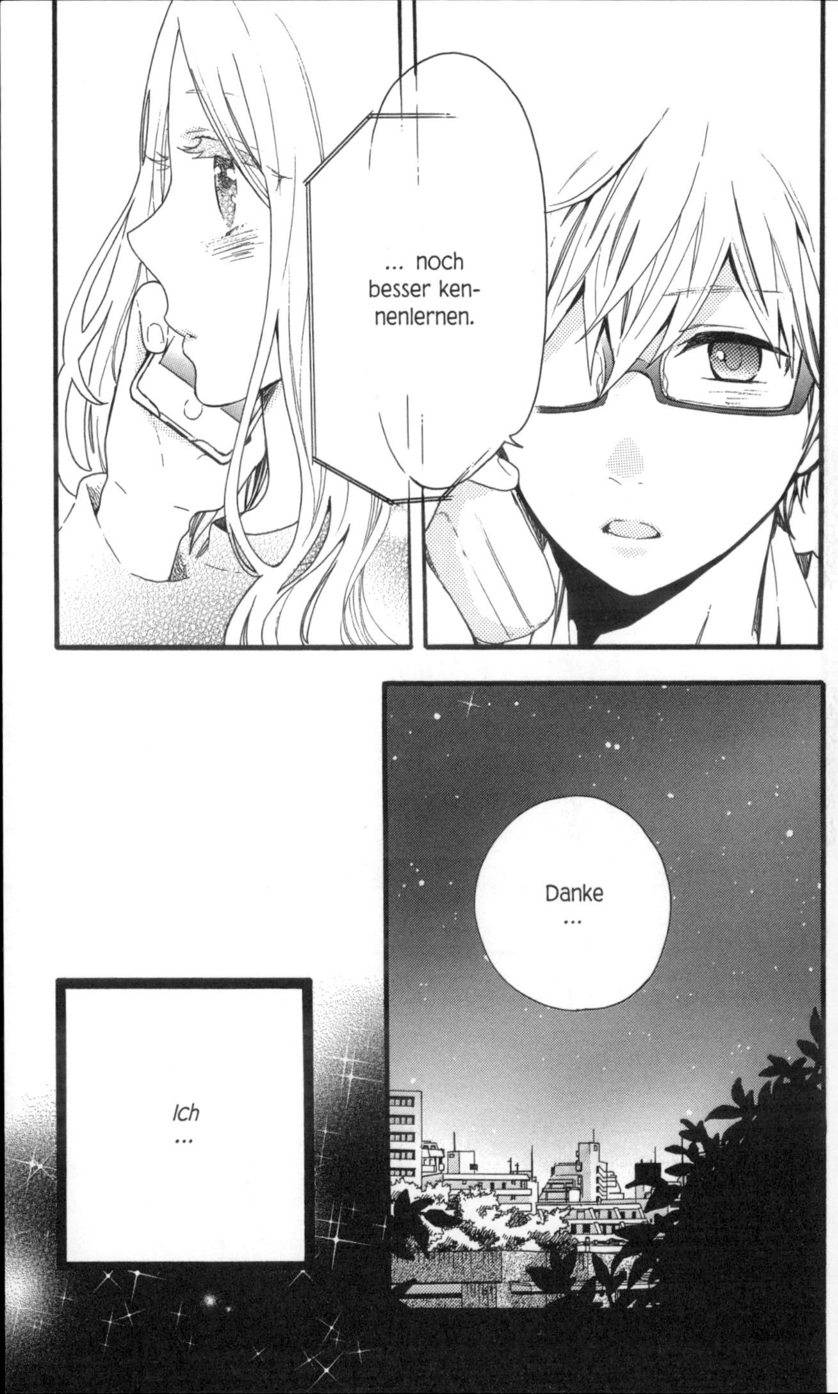

... noch besser kennenlernen.

Danke ...

Ich ...

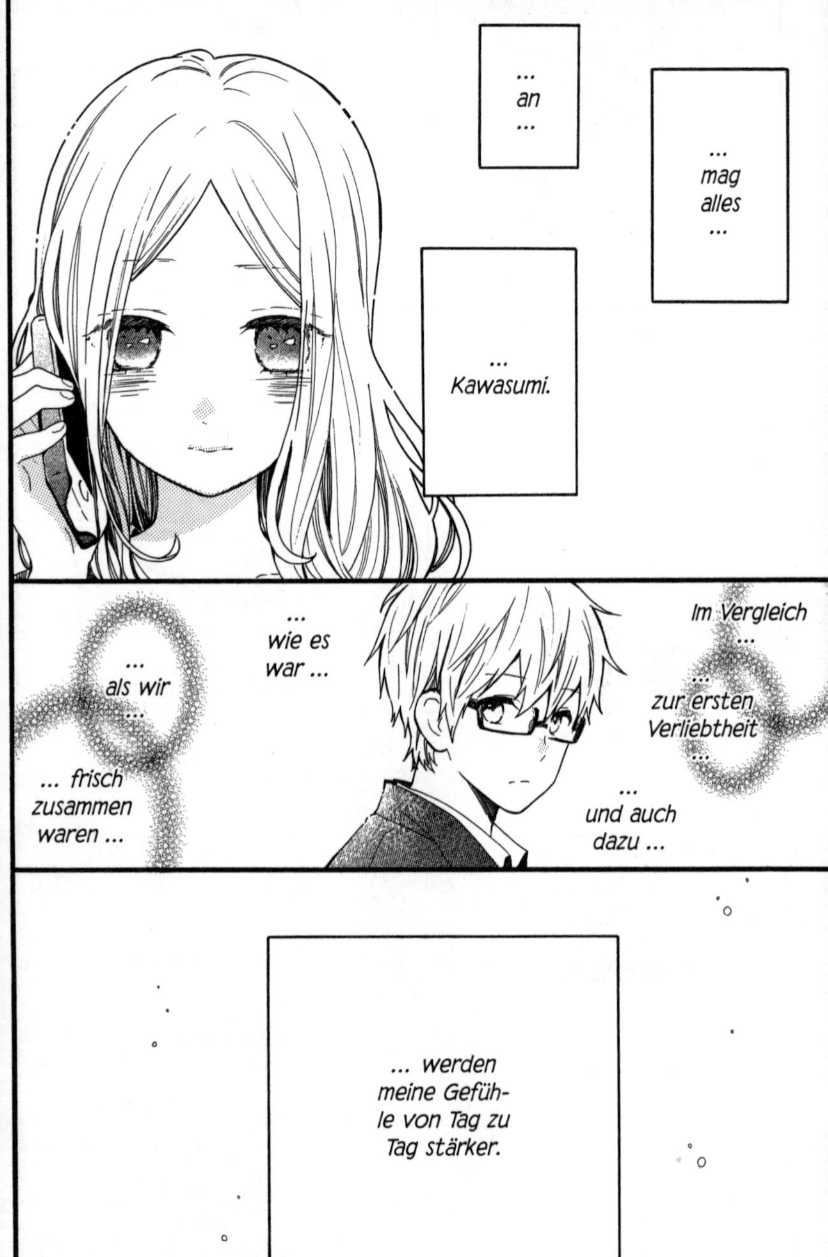
... mag alles ...
... an ...
... Kawasumi.
Im Vergleich ...
... zur ersten Verliebtheit ...
... und auch dazu ...
... wie es war ...
... als wir ...
... frisch zusammen waren ...
... werden meine Gefüh-le von Tag zu Tag stärker.

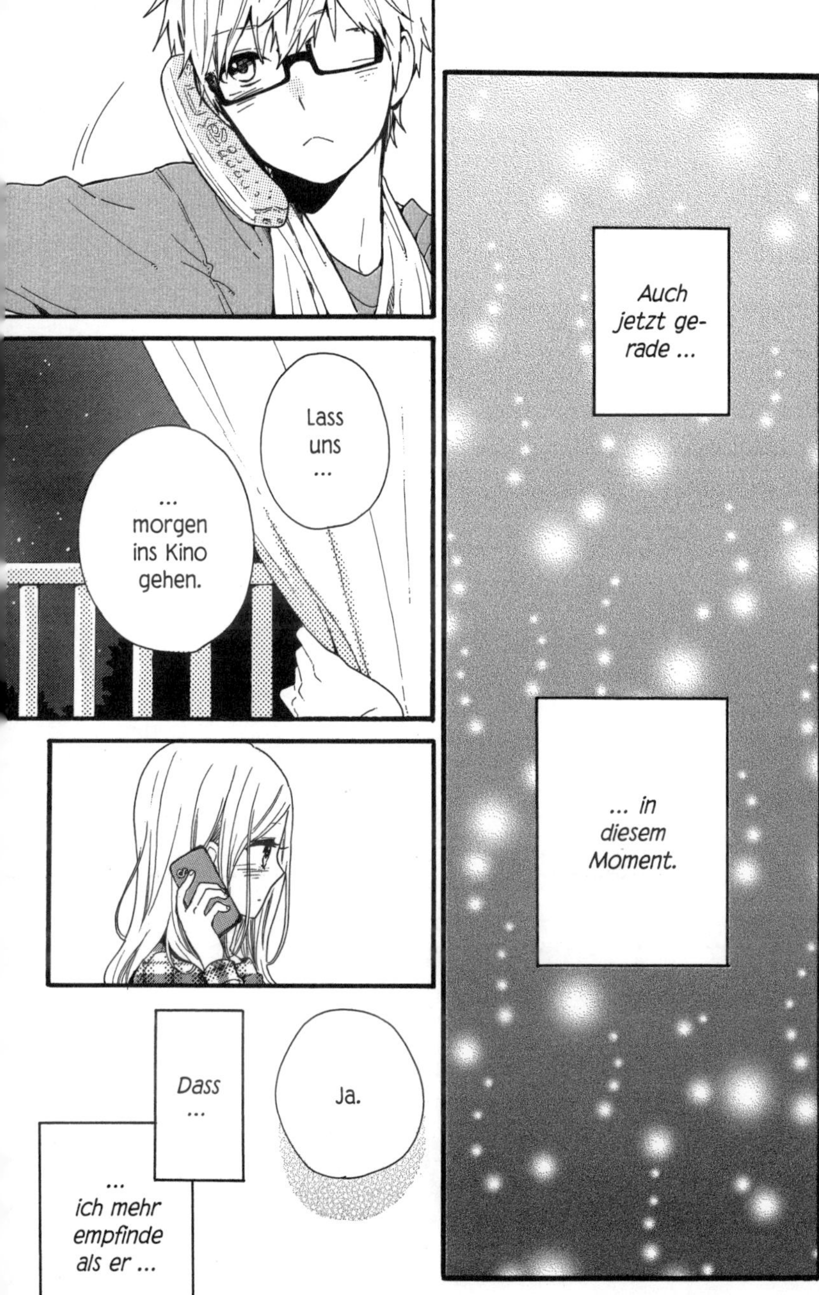
Lass uns ...
... morgen ins Kino gehen.
Ja.
Dass ...
... ich mehr empfinde als er ...
Auch jetzt gerade ...
... in diesem Moment.

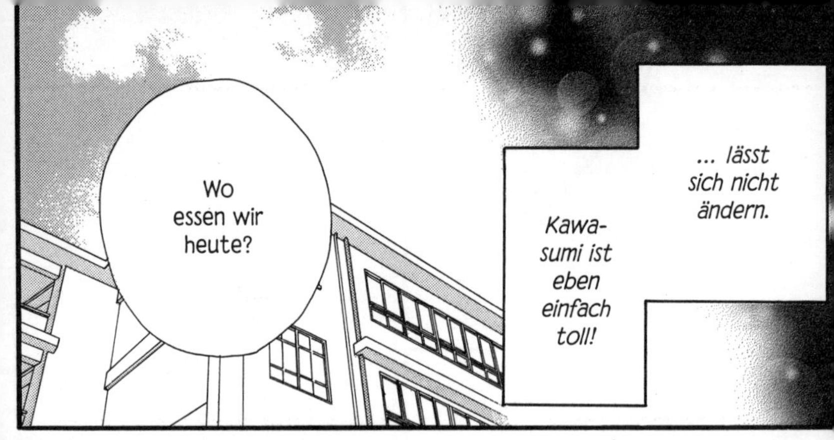
... lässt sich nicht ändern.
Kawa-sumi ist eben einfach toll!
Wo essen wir heute?

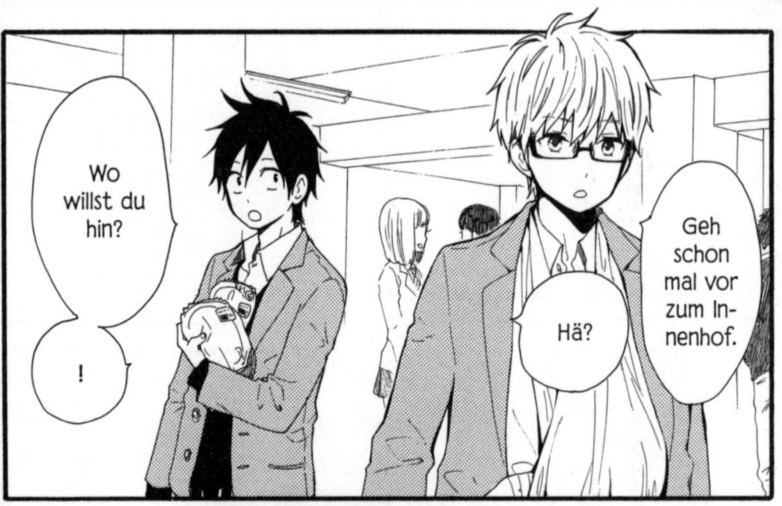
Geh schon mal vor zum In-nenhof.
Hä?
Wo willst du hin?
!

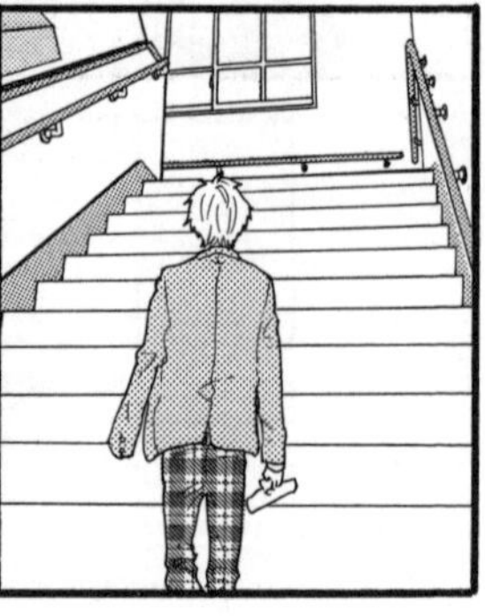

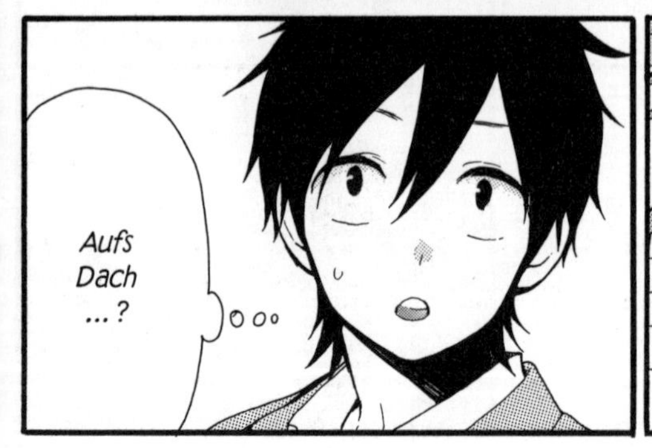
Aufs Dach ...?

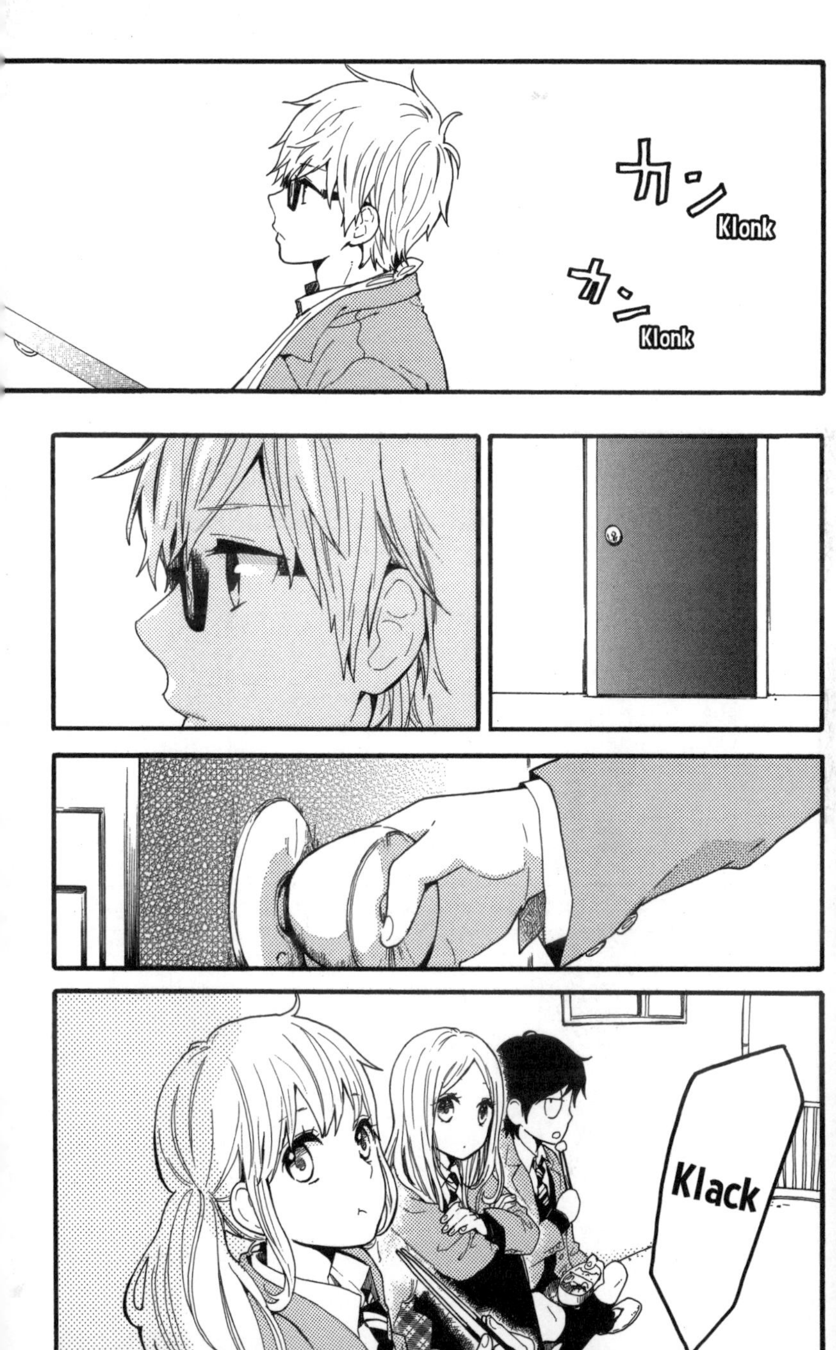

カン
Klonk
カン
Klonk
Klack

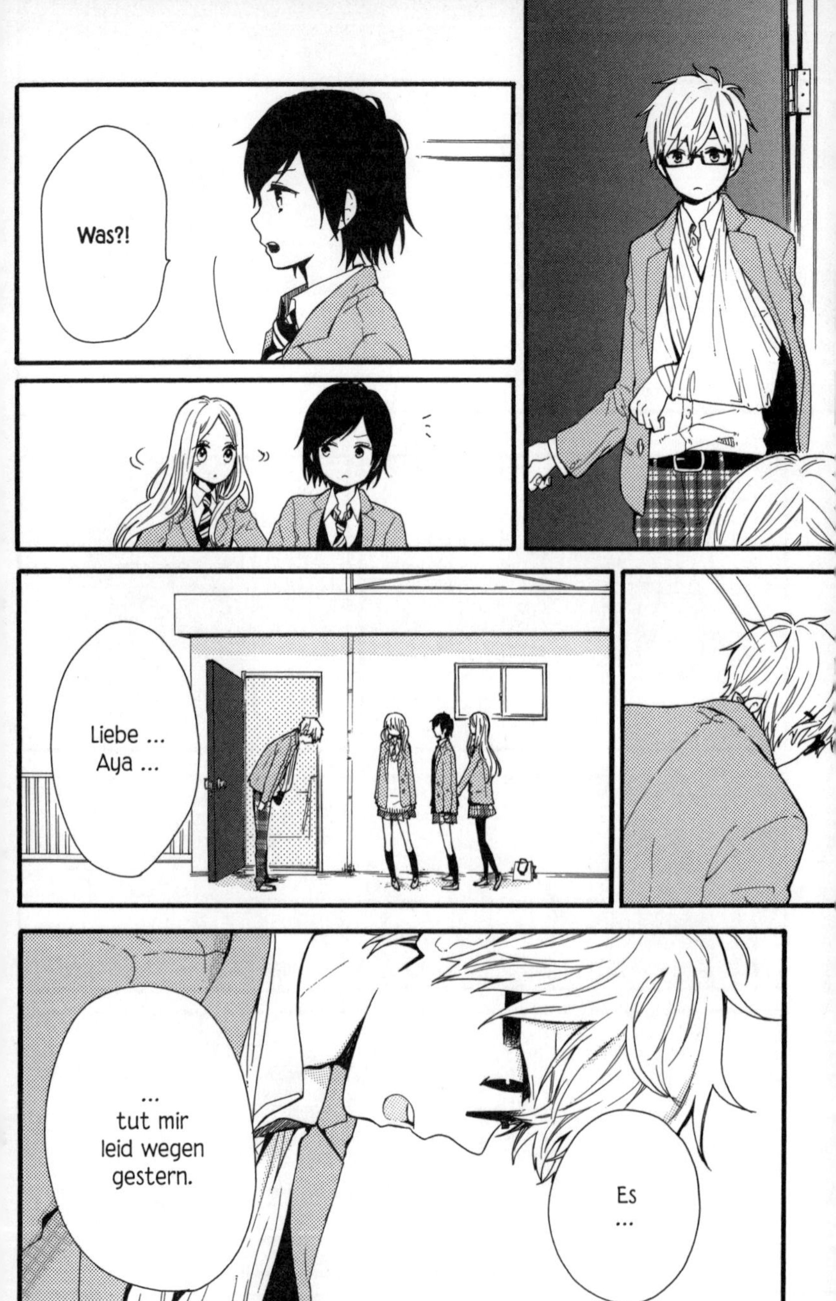
Was?!
Liebe ... Aya ...
... tut mir leid wegen gestern.
Es ...

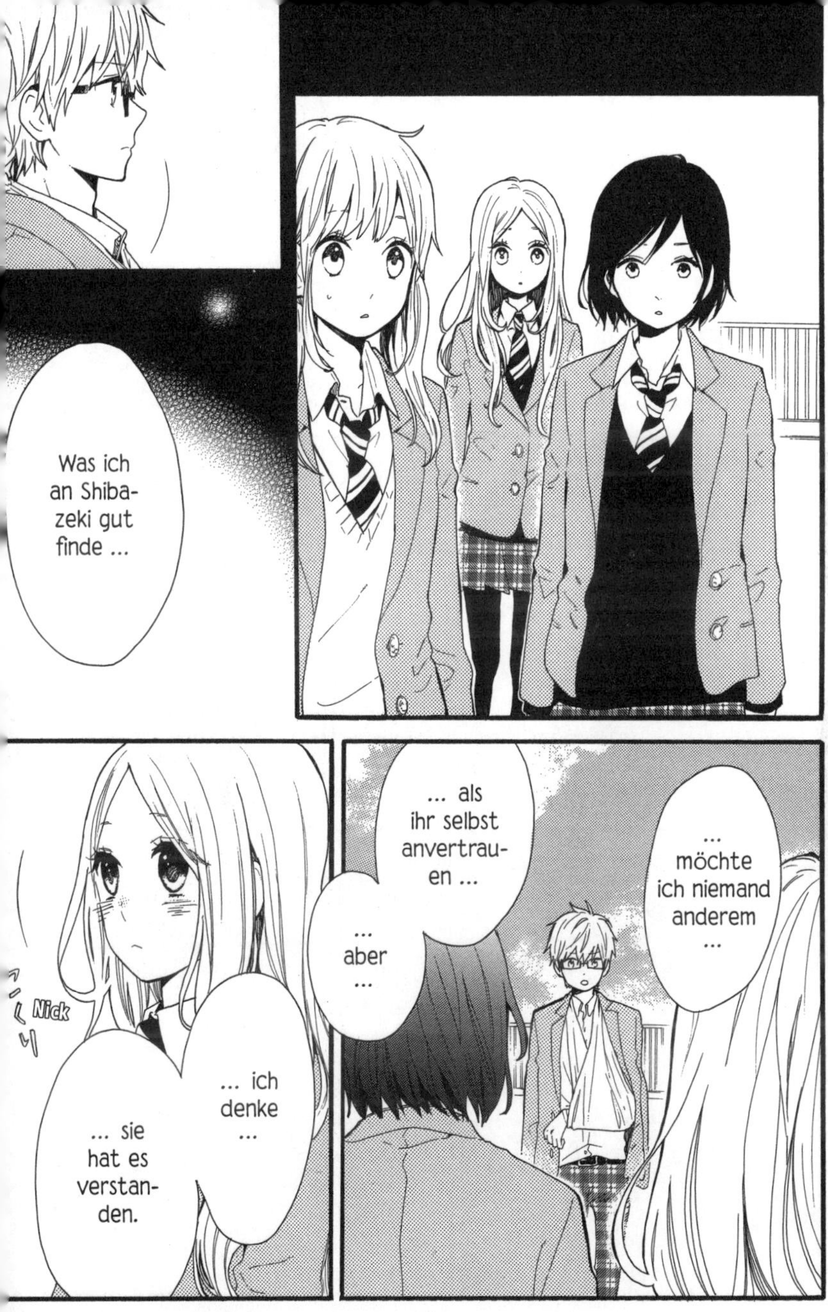

Was ich an Shibazeki gut finde ...

... möchte ich niemand anderem ...

... als ihr selbst anvertrauen ...

... aber ...

Nick

... ich denke ...

... sie hat es verstanden.

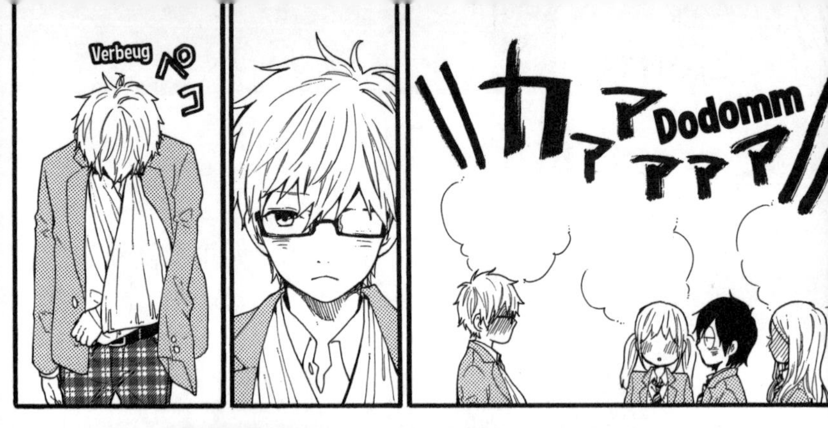
Verbeug
ペコ
カァアァアァア
Dodomm

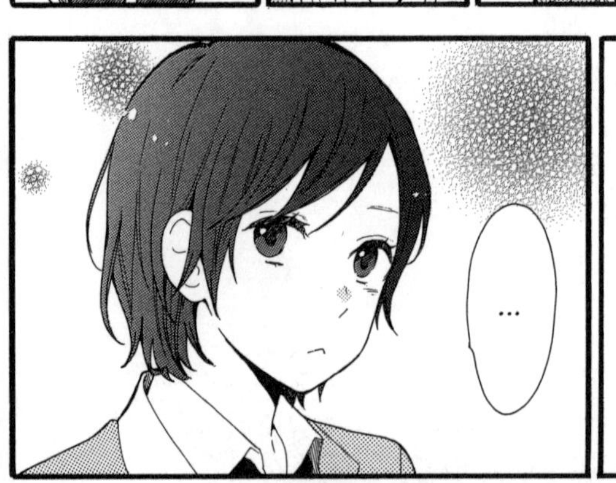
...

ガシャン
Rumms

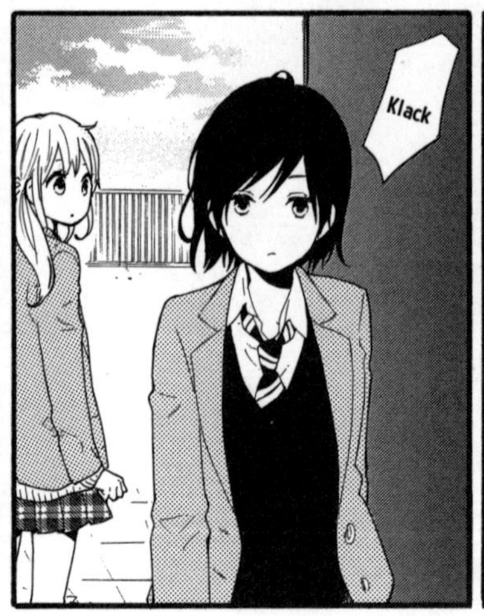
Klack

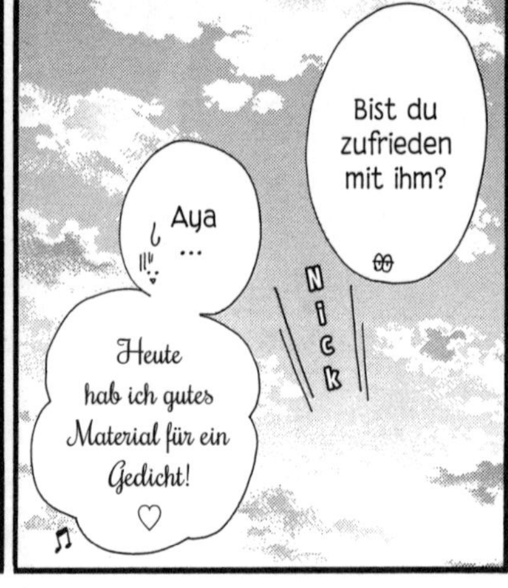
Bist du zufrieden mit ihm?
Nick
Aya ...
Heute hab ich gutes Material für ein Gedicht! ♡

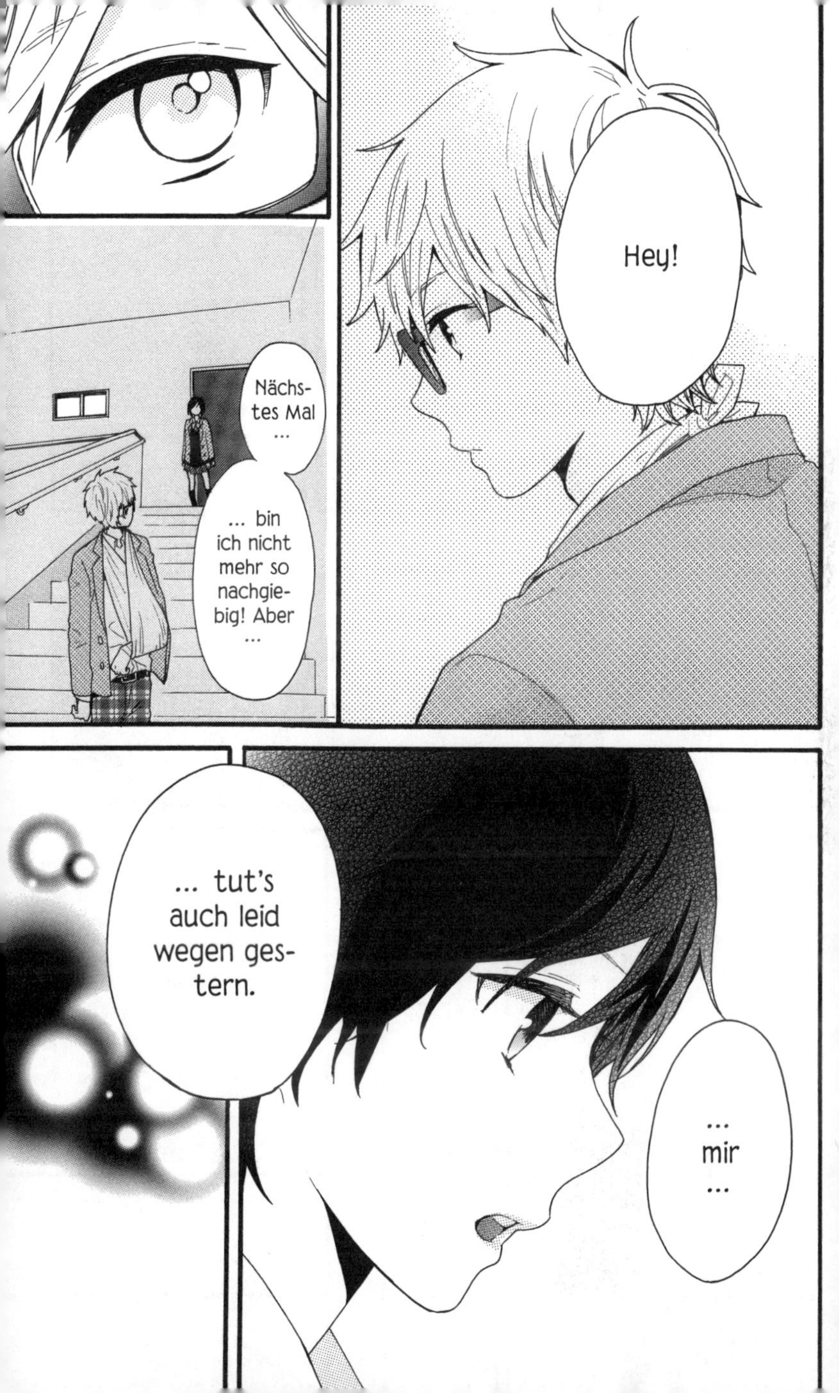
Hey!
Nächs-tes Mal …
… bin ich nicht mehr so nachgie-big! Aber …
… mir …
… tut's auch leid wegen ges-tern.

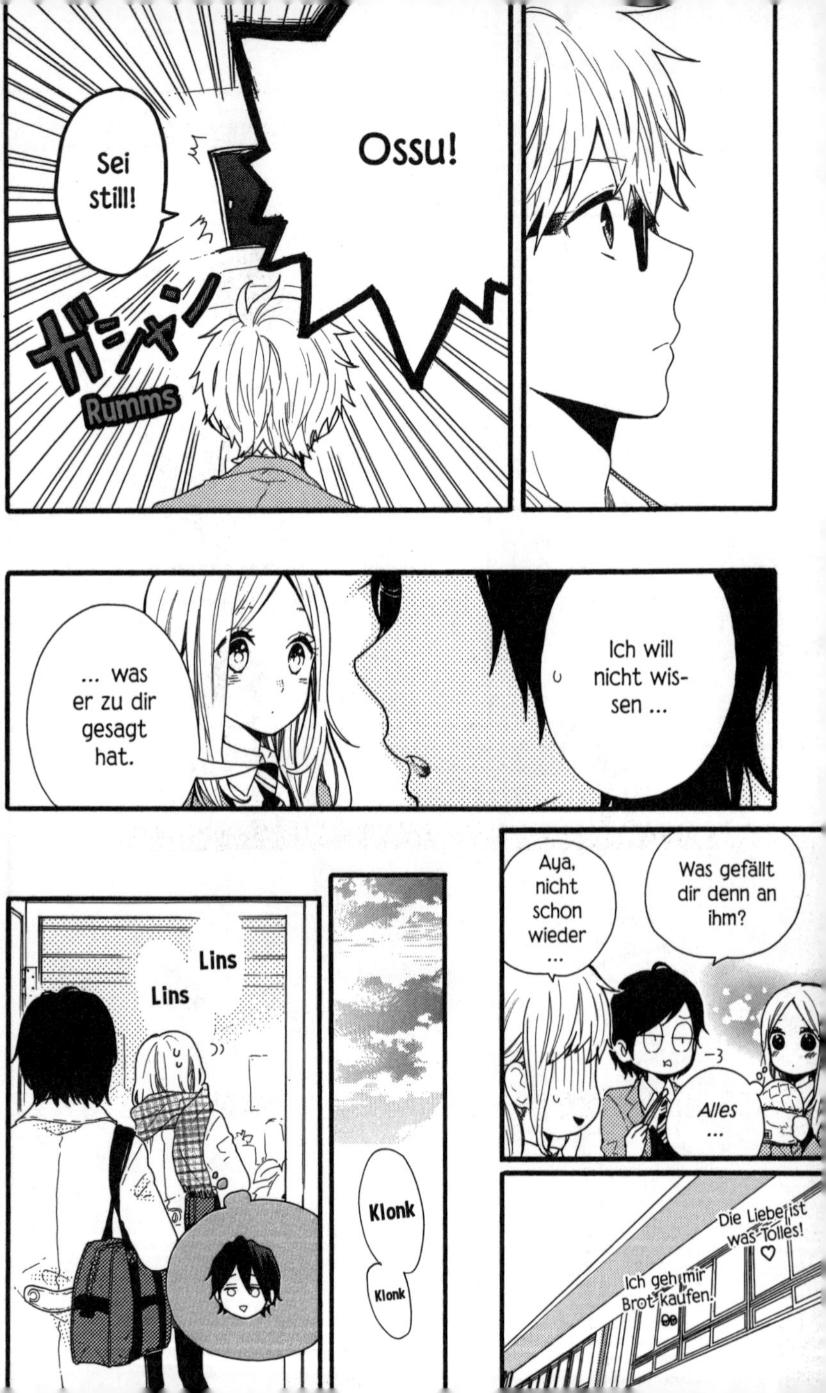

Ossu!
Sei still!
Rumms

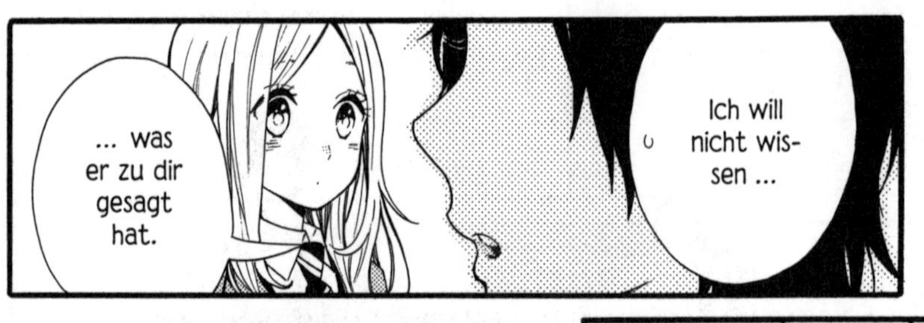

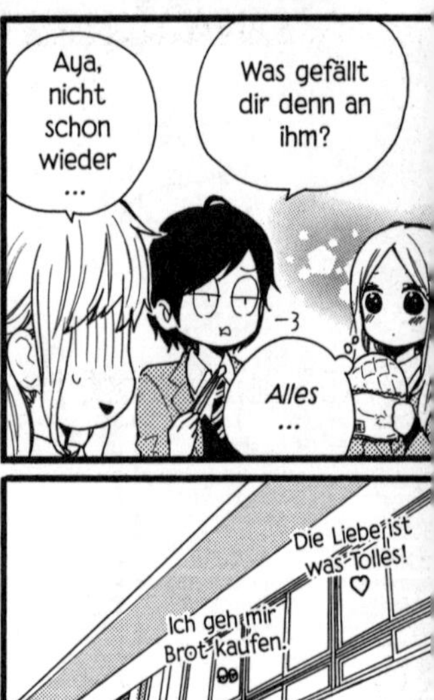

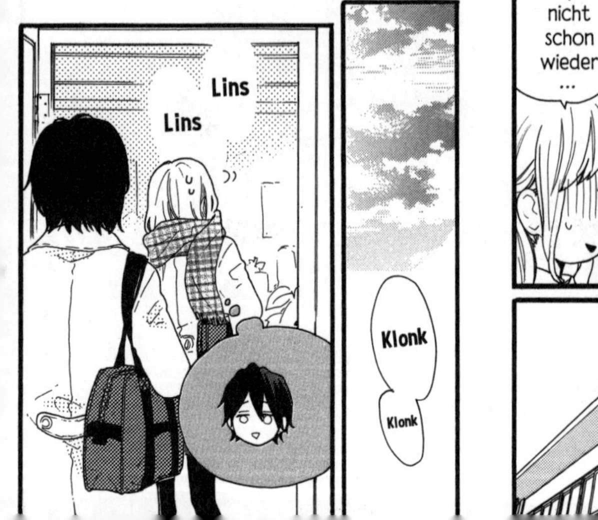

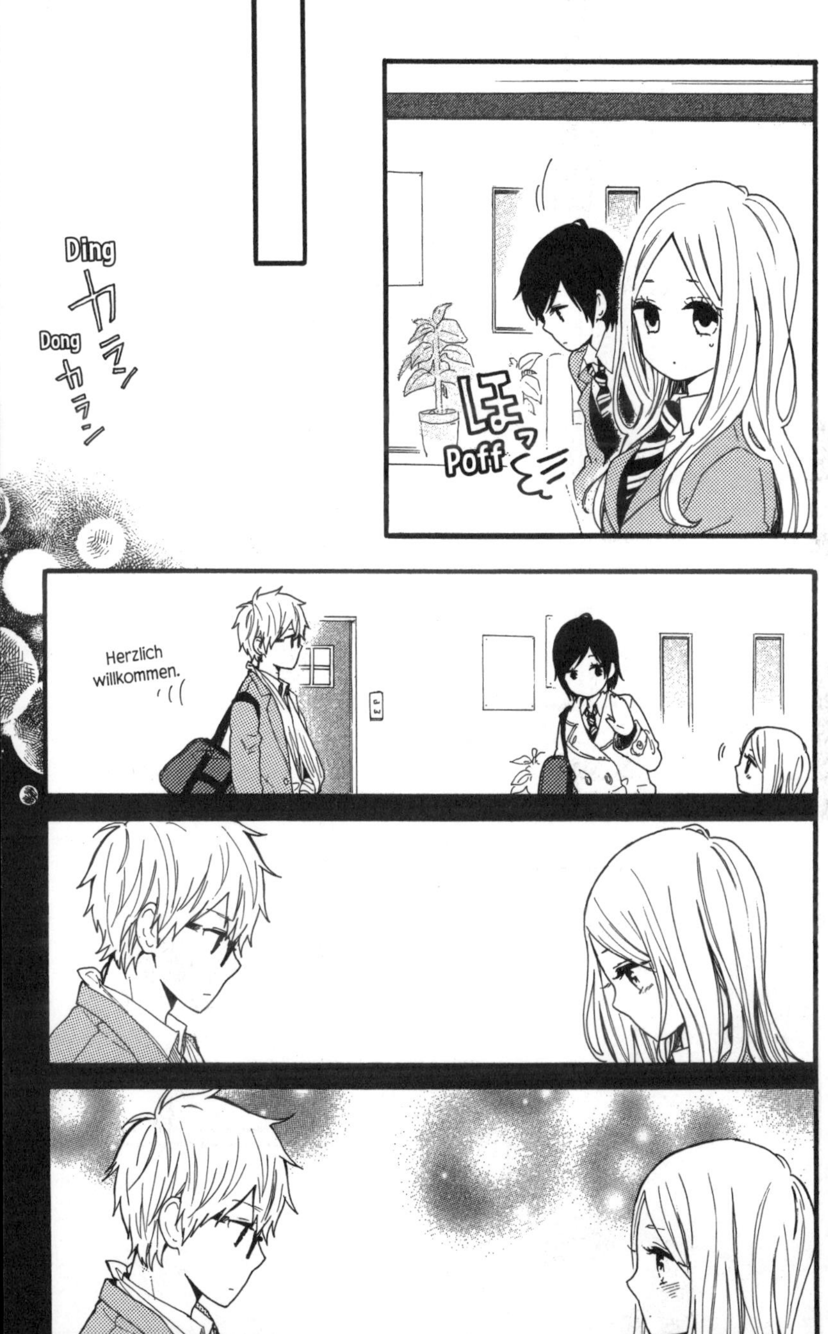
Ding
カラン
Dong
カラン
ほっ
Poff
Herzlich willkommen.

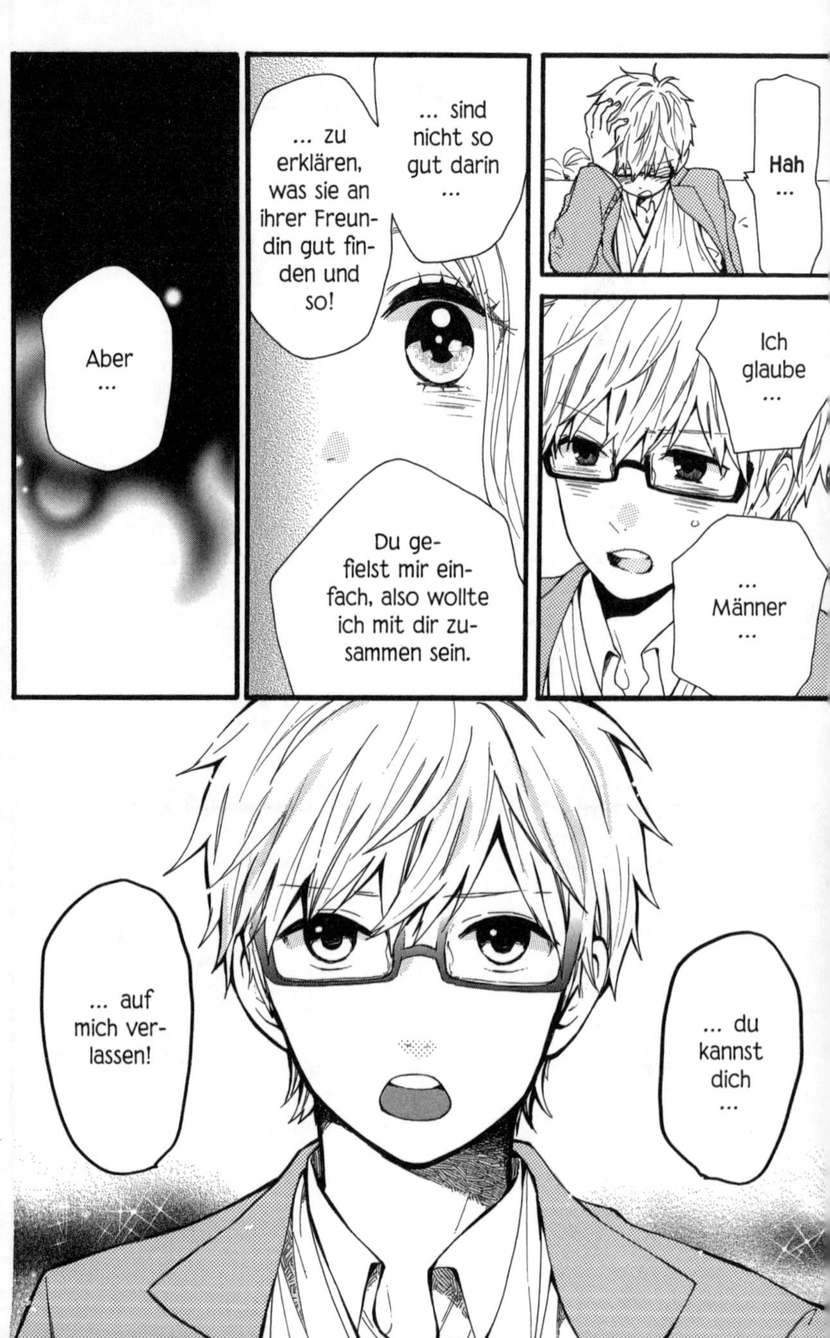
Hah ...
Ich glaube ...
... Männer ...
... sind nicht so gut darin ...
... zu erklären, was sie an ihrer Freundin gut finden und so!
Du gefielst mir einfach, also wollte ich mit dir zusammen sein.
Aber ...
... du kannst dich ...
... auf mich verlassen!

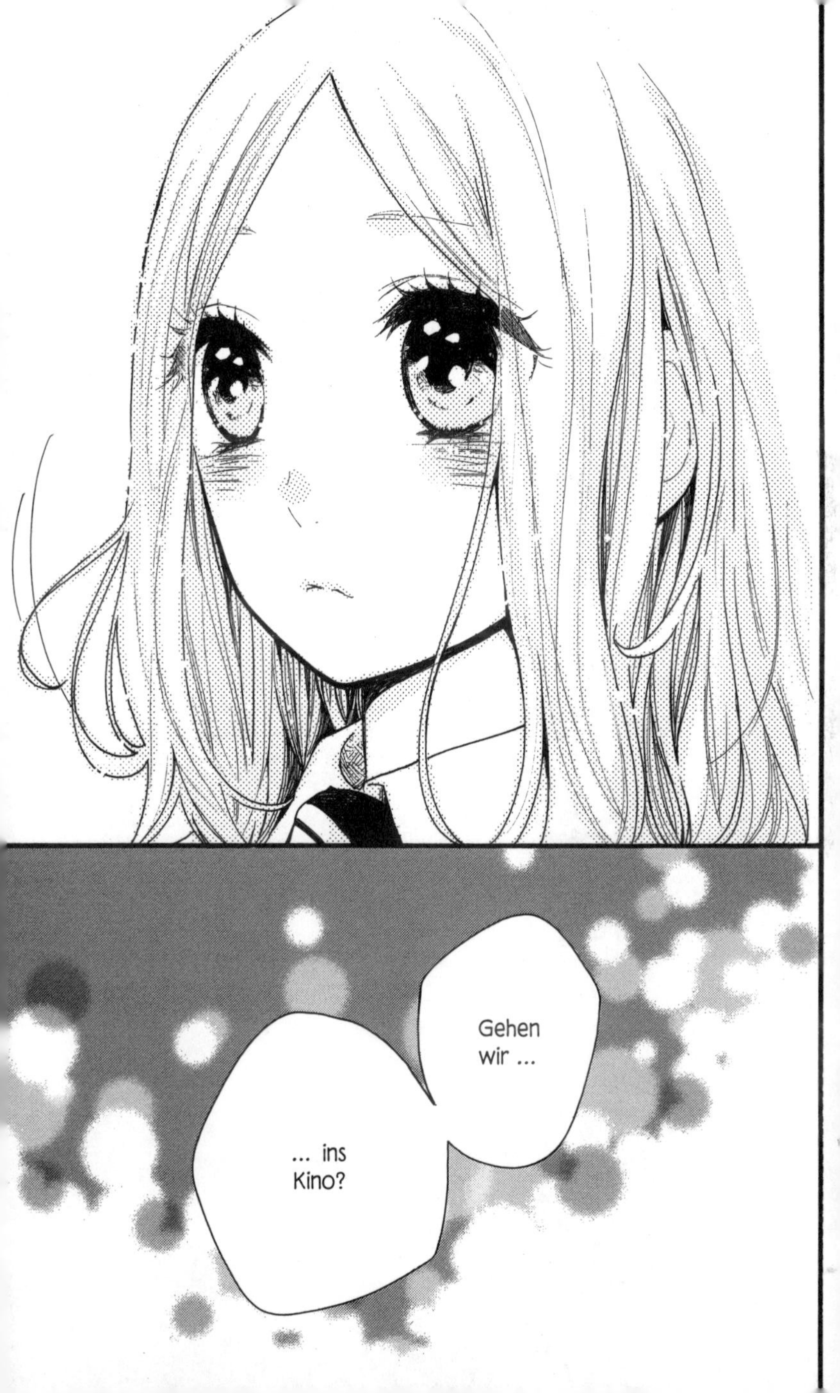
Gehen wir ...
... ins Kino?

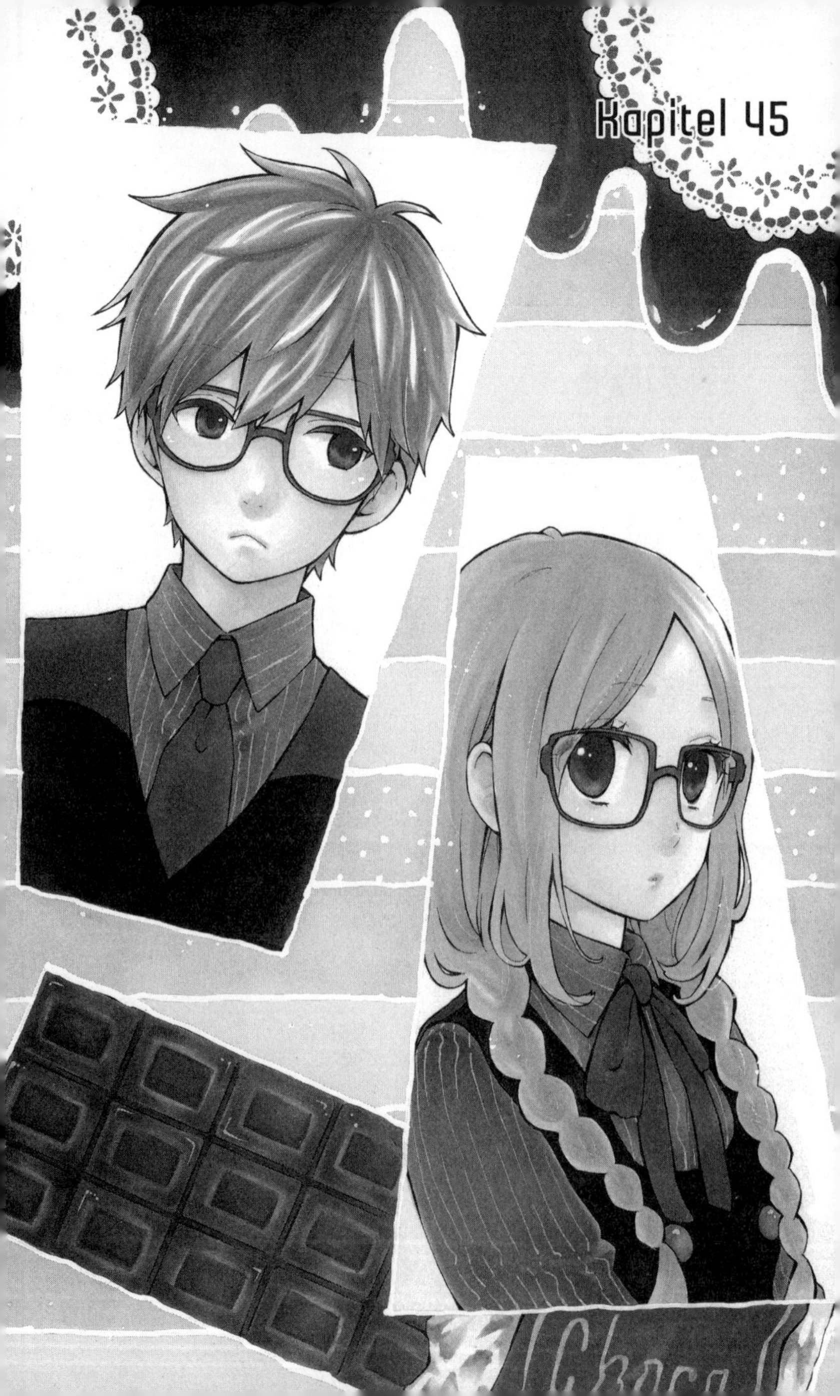
Kapitel 45

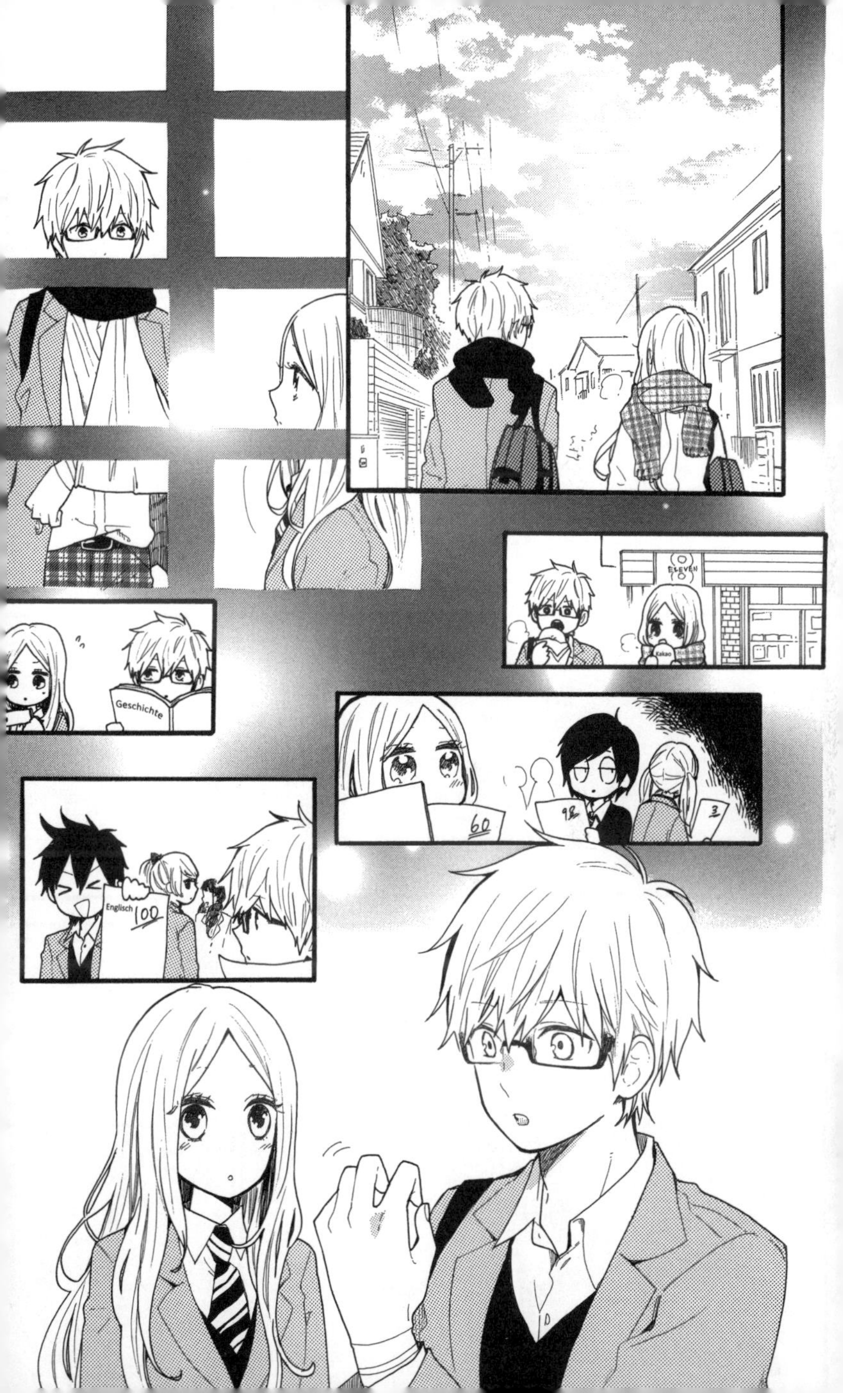
ELEVEN
Kakao
Geschichte
3
98
60
Englisch
100

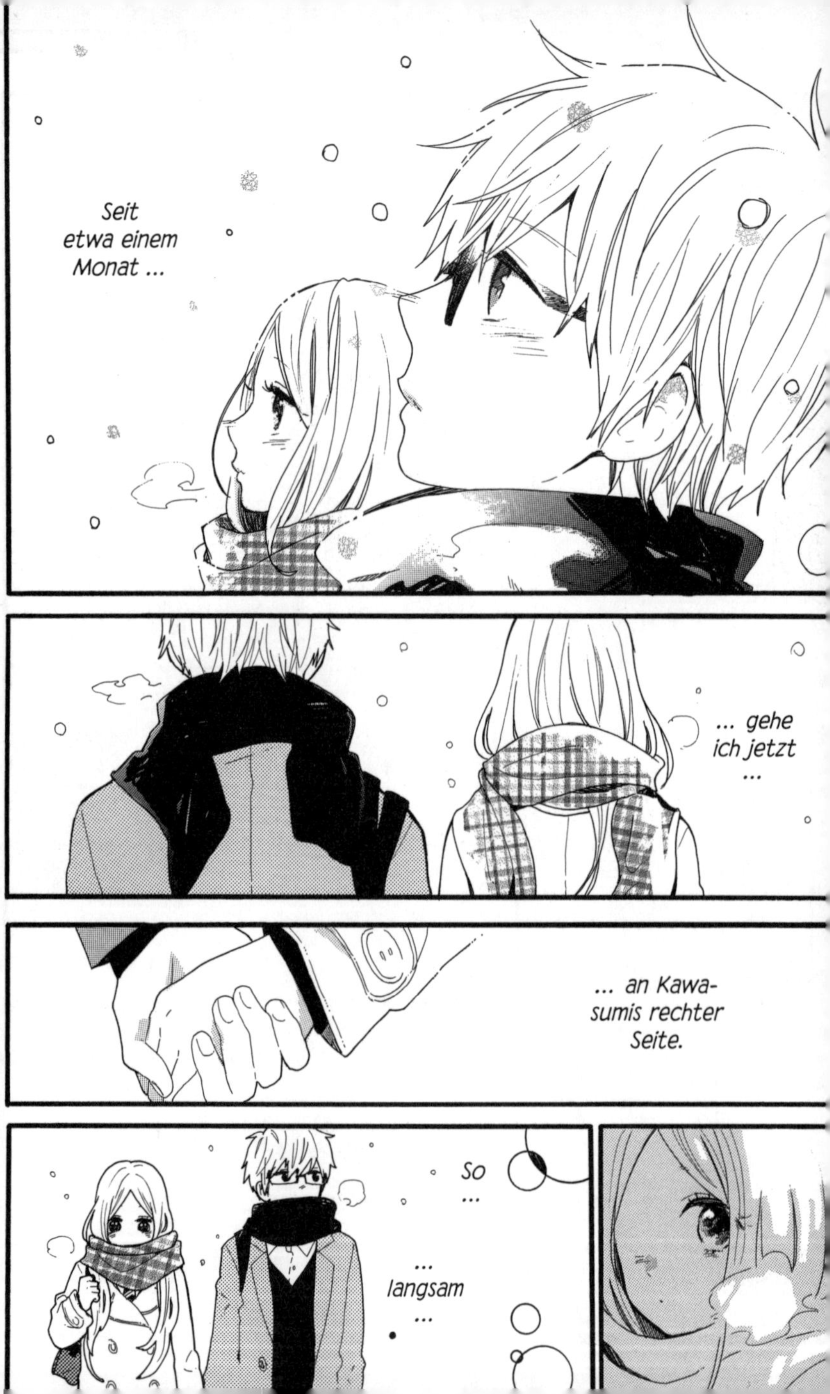

Seit etwa einem Monat ...

... gehe ich jetzt ...

... an Kawa-sumis rechter Seite.

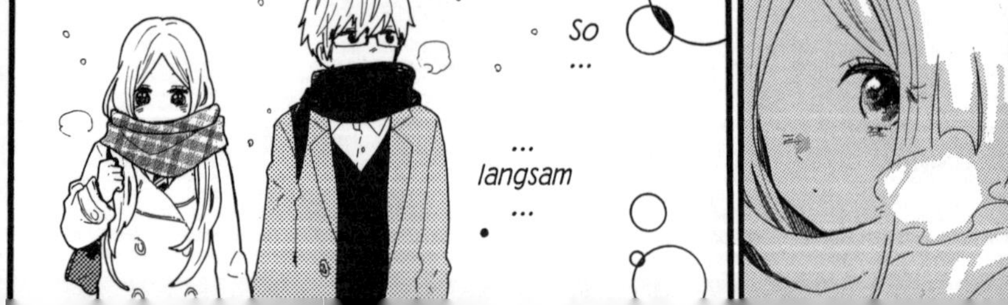

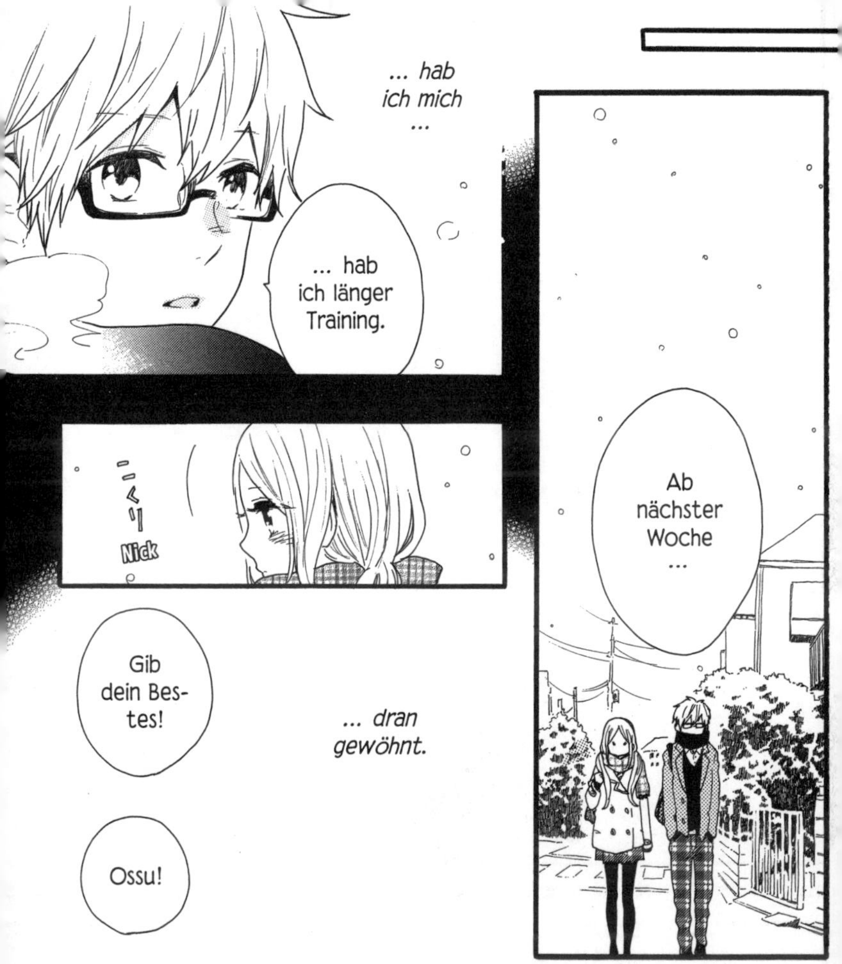

Ab nächster Woche ...

... hab ich länger Training.

... hab ich mich ...

Nick

Gib dein Bestes!

... dran gewöhnt.

Ossu!

Übrigens sind diese drei jetzt das erste Mal im Magazin aufgetaucht. In einem Extra-Notizbuch. Sorry, aber ich war echt glücklich.*

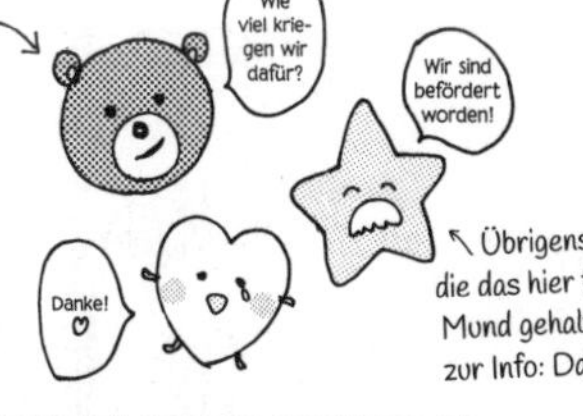

* Dem *Margaret*-Magazin, in dem *Daily Butterfly* ursprünglich in Japan erschienen ist, liegen in jeder Ausgabe kleine Extras zu einer der Serien bei.

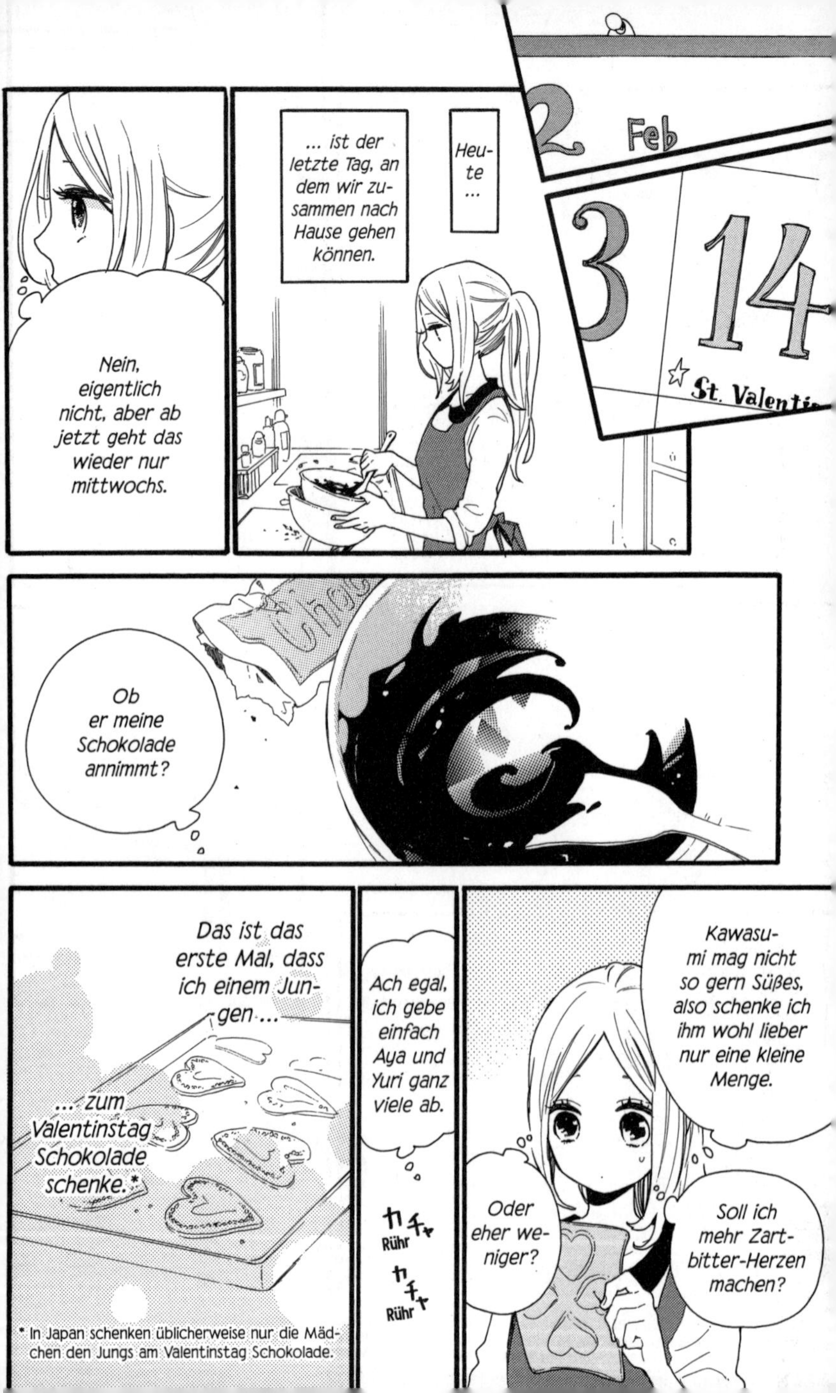

2 Feb

3 14

St. Valentin

Heute ...

... ist der letzte Tag, an dem wir zusammen nach Hause gehen können.

Nein, eigentlich nicht, aber ab jetzt geht das wieder nur mittwochs.

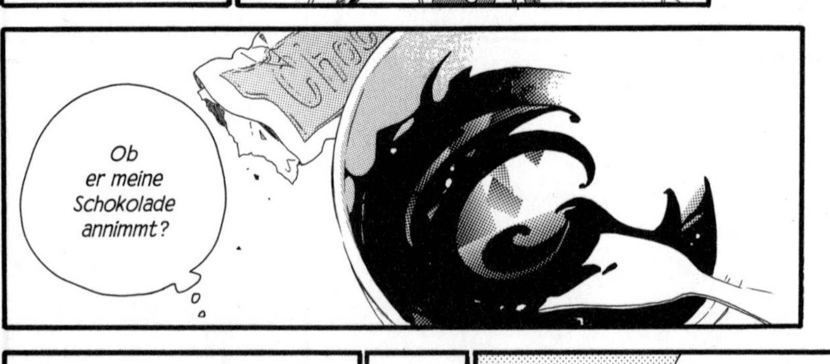

Kawasumi mag nicht so gern Süßes, also schenke ich ihm wohl lieber nur eine kleine Menge.

Soll ich mehr Zartbitter-Herzen machen?

Oder eher weniger?

Ach egal, ich gebe einfach Aya und Yuri ganz viele ab.

Rühr

Rühr

Das ist das erste Mal, dass ich einem Jungen ...

... zum Valentinstag Schokolade schenke.*

* In Japan schenken üblicherweise nur die Mädchen den Jungs am Valentinstag Schokolade.

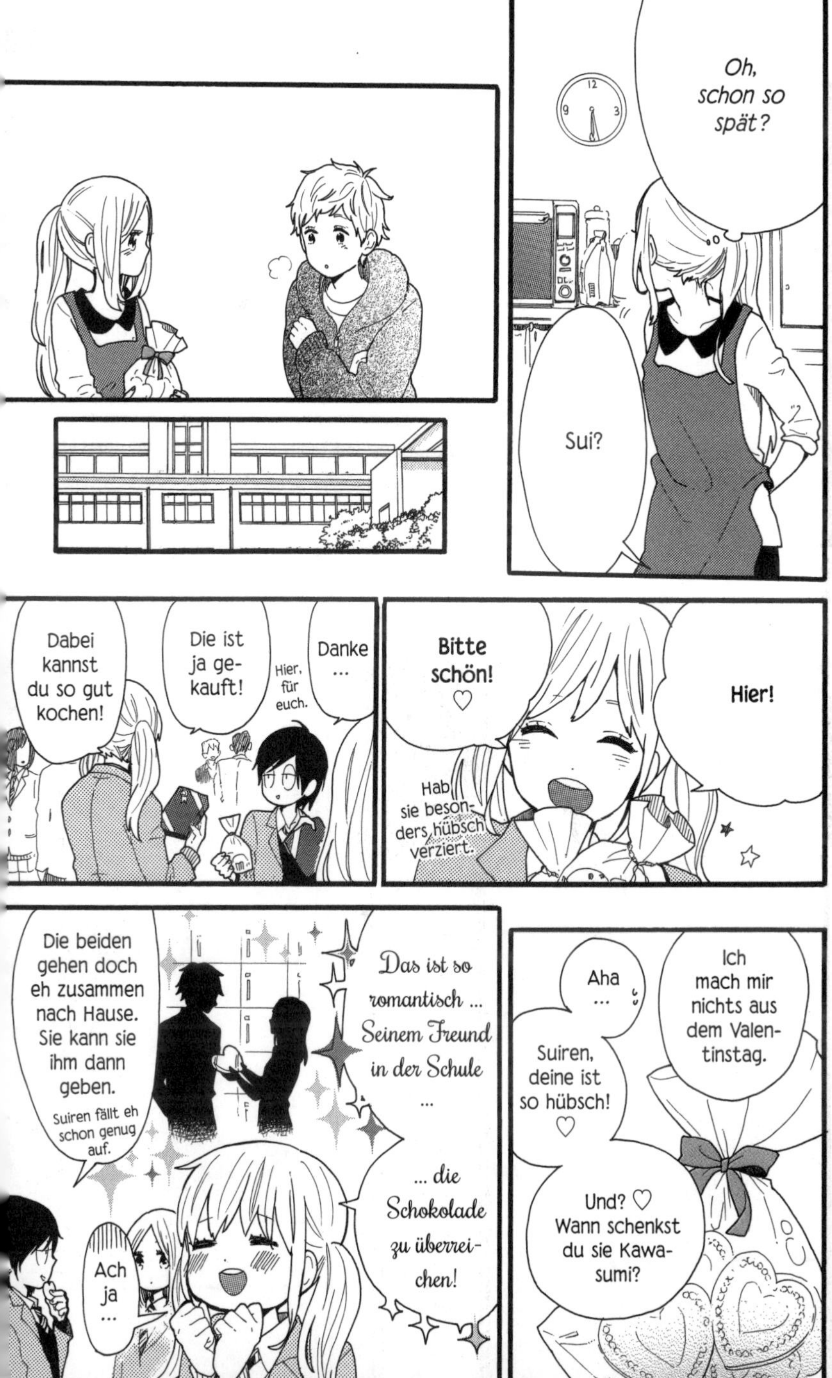

Oh, schon so spät?
Sui?
Hier!
Bitte schön! ♡
Hab sie besonders hübsch verziert.
Danke ...
Hier, für euch.
Die ist ja gekauft!
Dabei kannst du so gut kochen!
Ich mach mir nichts aus dem Valentinstag.
Aha ...
Suiren, deine ist so hübsch! ♡
Und? ♡ Wann schenkst du sie Kawasumi?
Das ist so romantisch ... Seinem Freund in der Schule ...
... die Schokolade zu überreichen!
Die beiden gehen doch eh zusammen nach Hause. Sie kann sie ihm dann geben.
Suiren fällt eh schon genug auf.
Ach ja ...

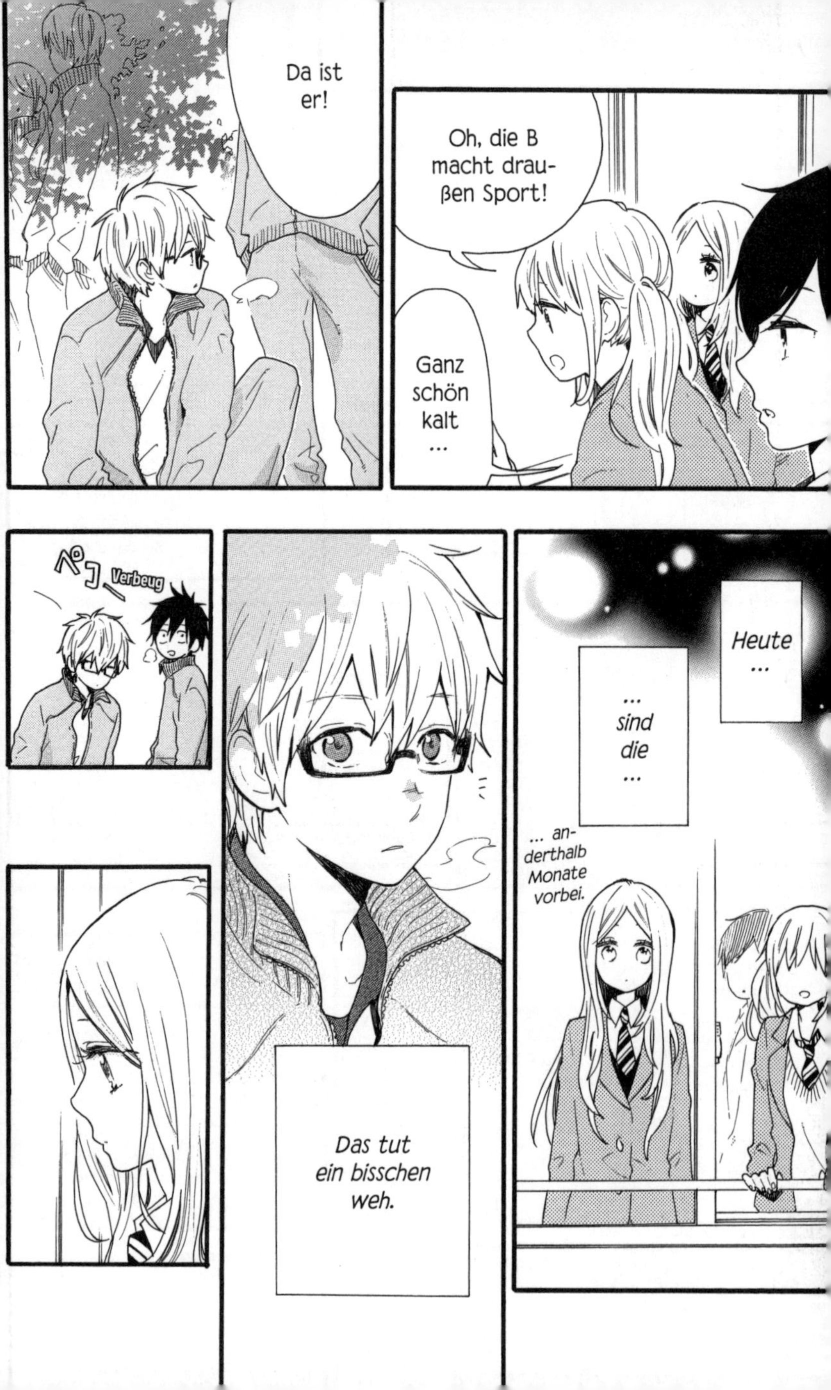

Oh, die B macht drau- ßen Sport!

Ganz schön kalt ...

Da ist er!

Heute ...

... sind die ...

... an- derthalb Monate vorbei.

Das tut ein bisschen weh.

ペコ Verbeug

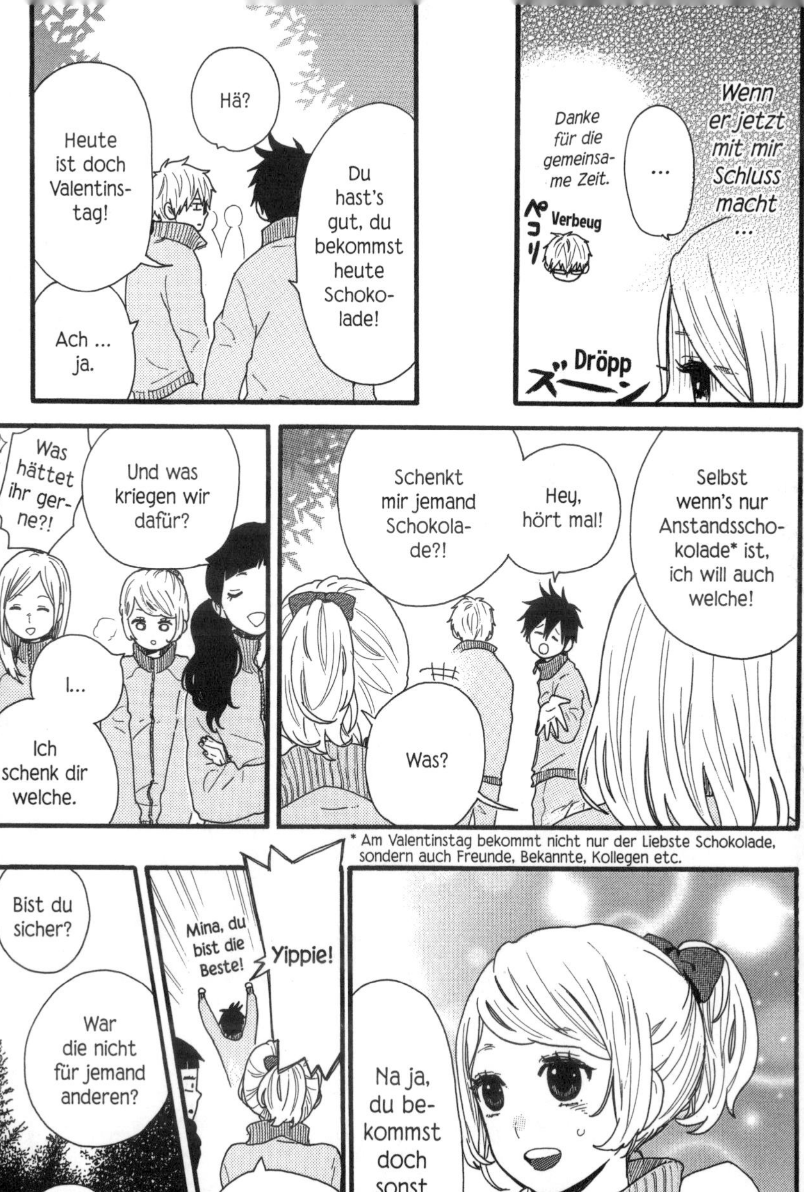

* Am Valentinstag bekommt nicht nur der Liebste Schokolade, sondern auch Freunde, Bekannte, Kollegen etc.

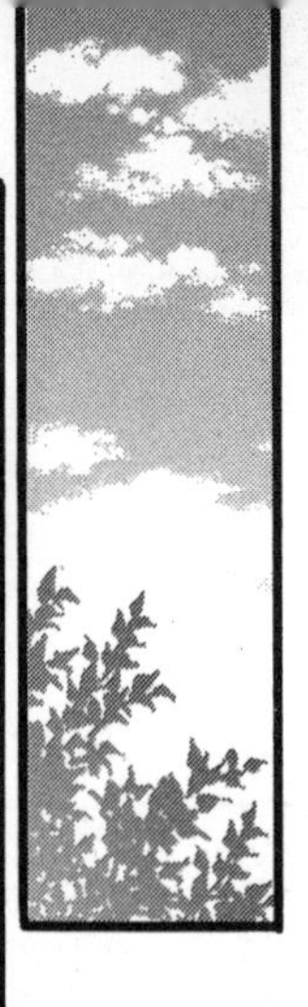

Takaya.
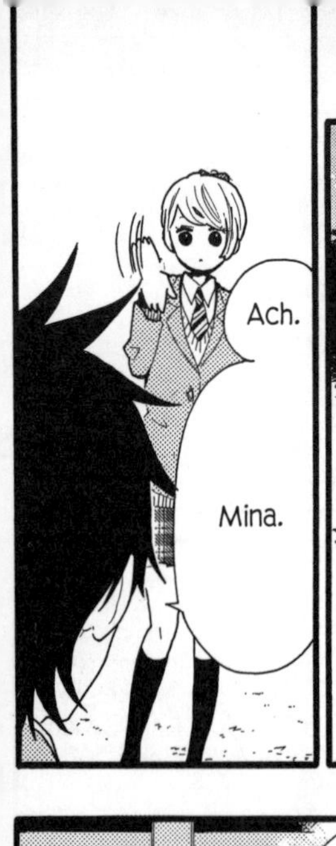
Ach.
Mina.
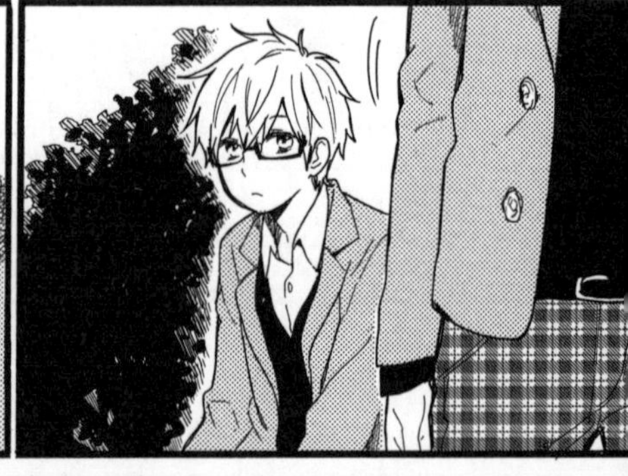
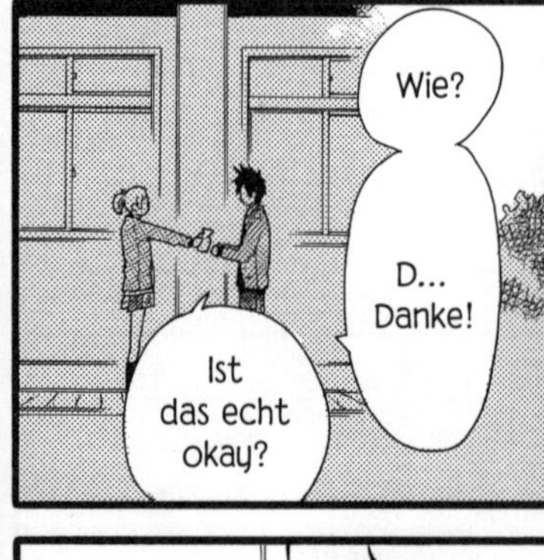
Wie?
D... Danke!
Ist das echt okay?
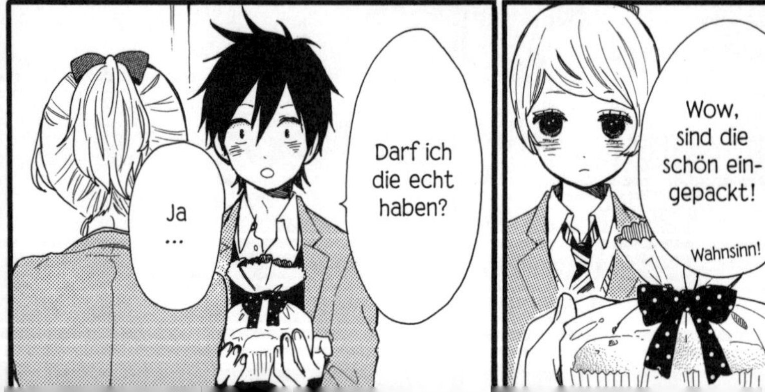
Wow, sind die schön ein-gepackt!
Wahnsinn!
Darf ich die echt haben?
Ja ...

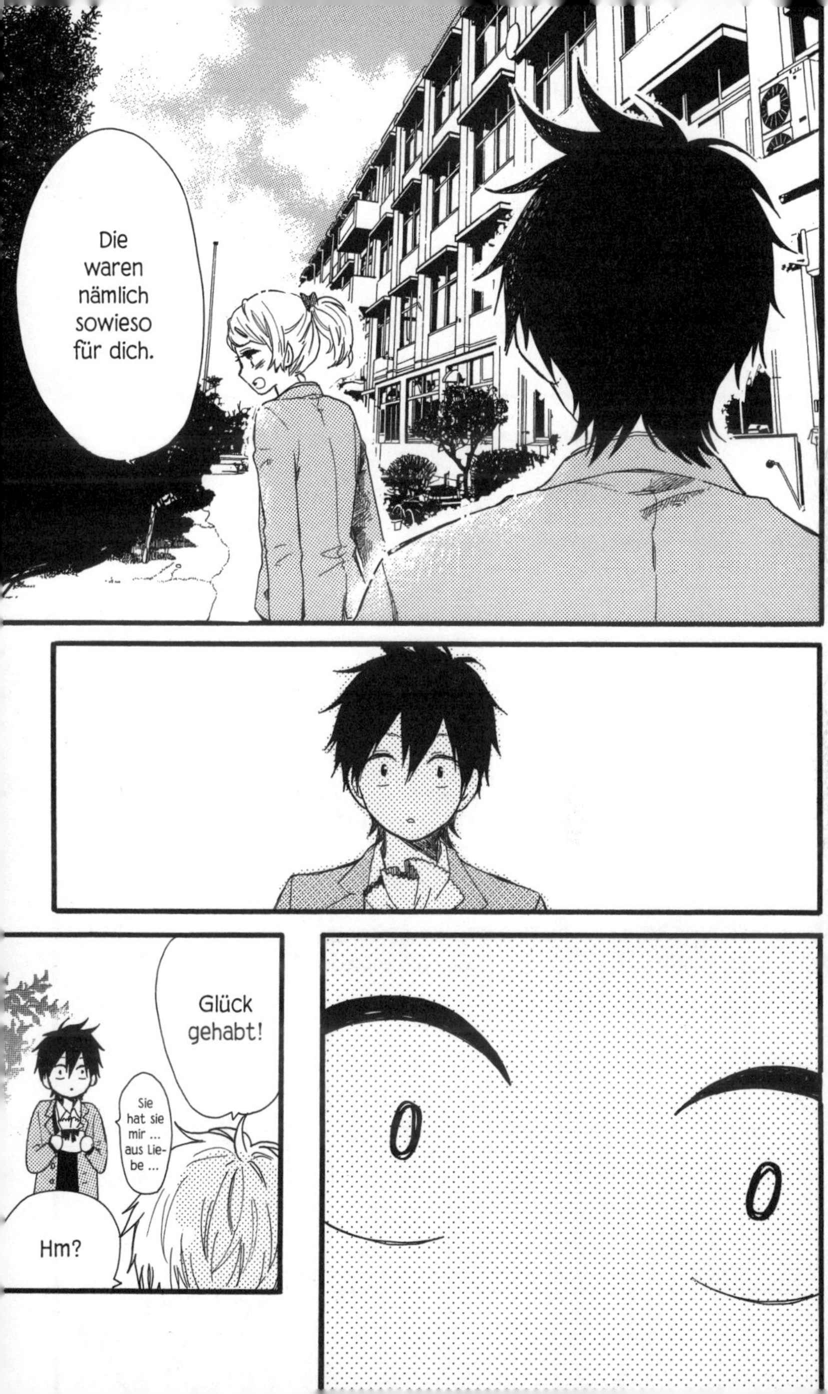

Die waren nämlich sowieso für dich.

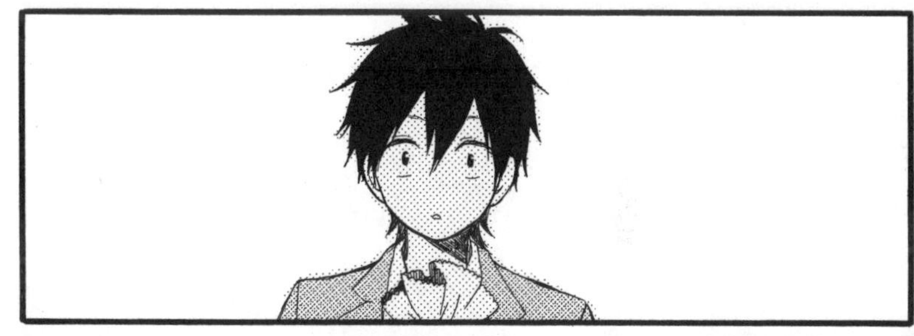

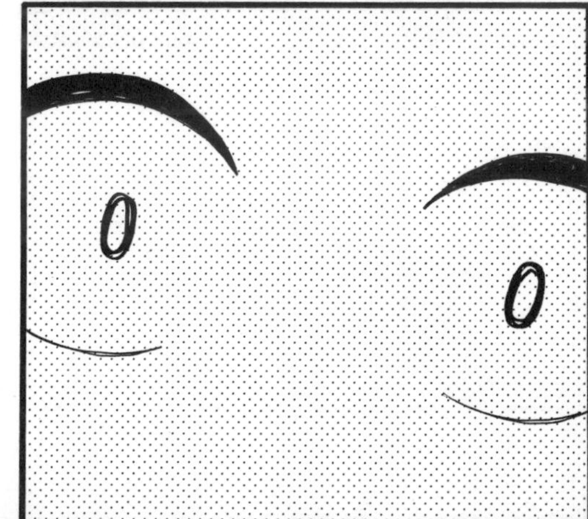

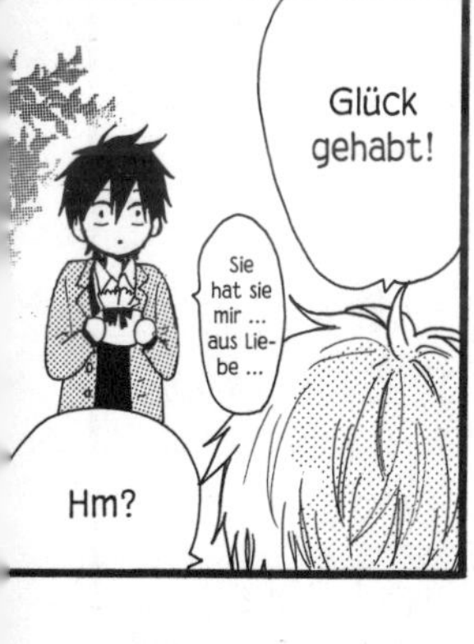

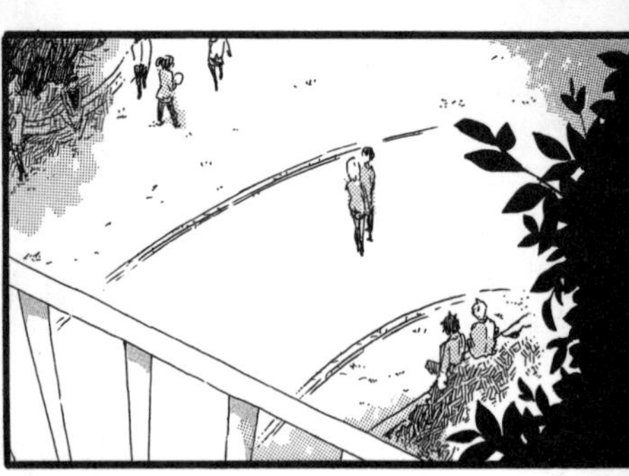
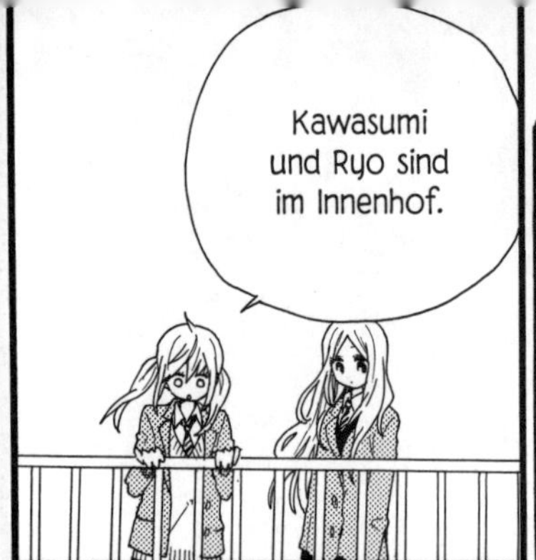
Kawasumi und Ryo sind im Innenhof.
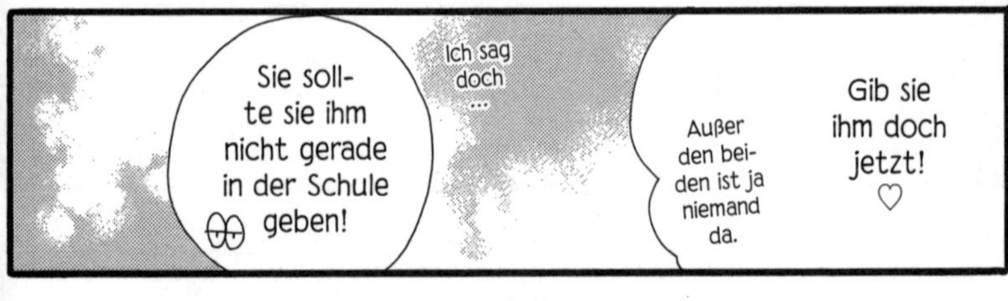
Gib sie ihm doch jetzt! ♡
Außer den beiden ist ja niemand da.
Ich sag doch ...
Sie sollte sie ihm nicht gerade in der Schule geben!
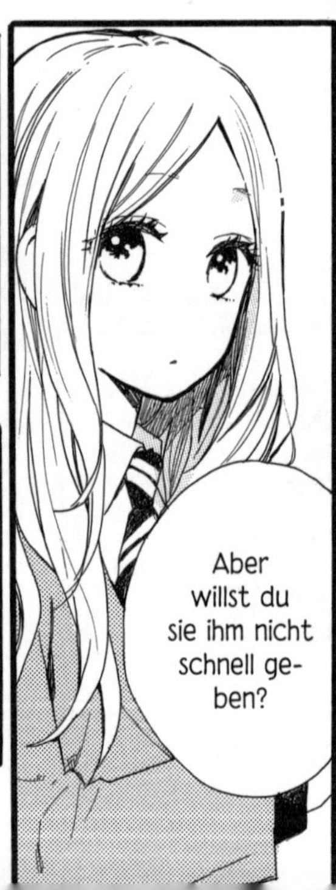
Aber willst du sie ihm nicht schnell geben?
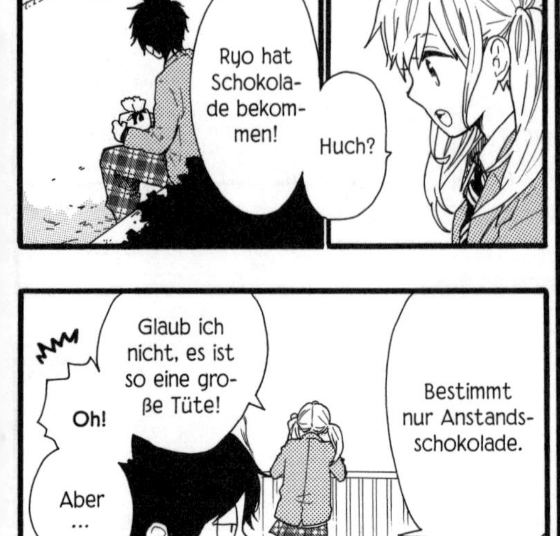
Huch?
Ryo hat Schokolade bekommen!
Bestimmt nur Anstandsschokolade.
Glaub ich nicht, es ist so eine große Tüte!
Oh!
Aber ...

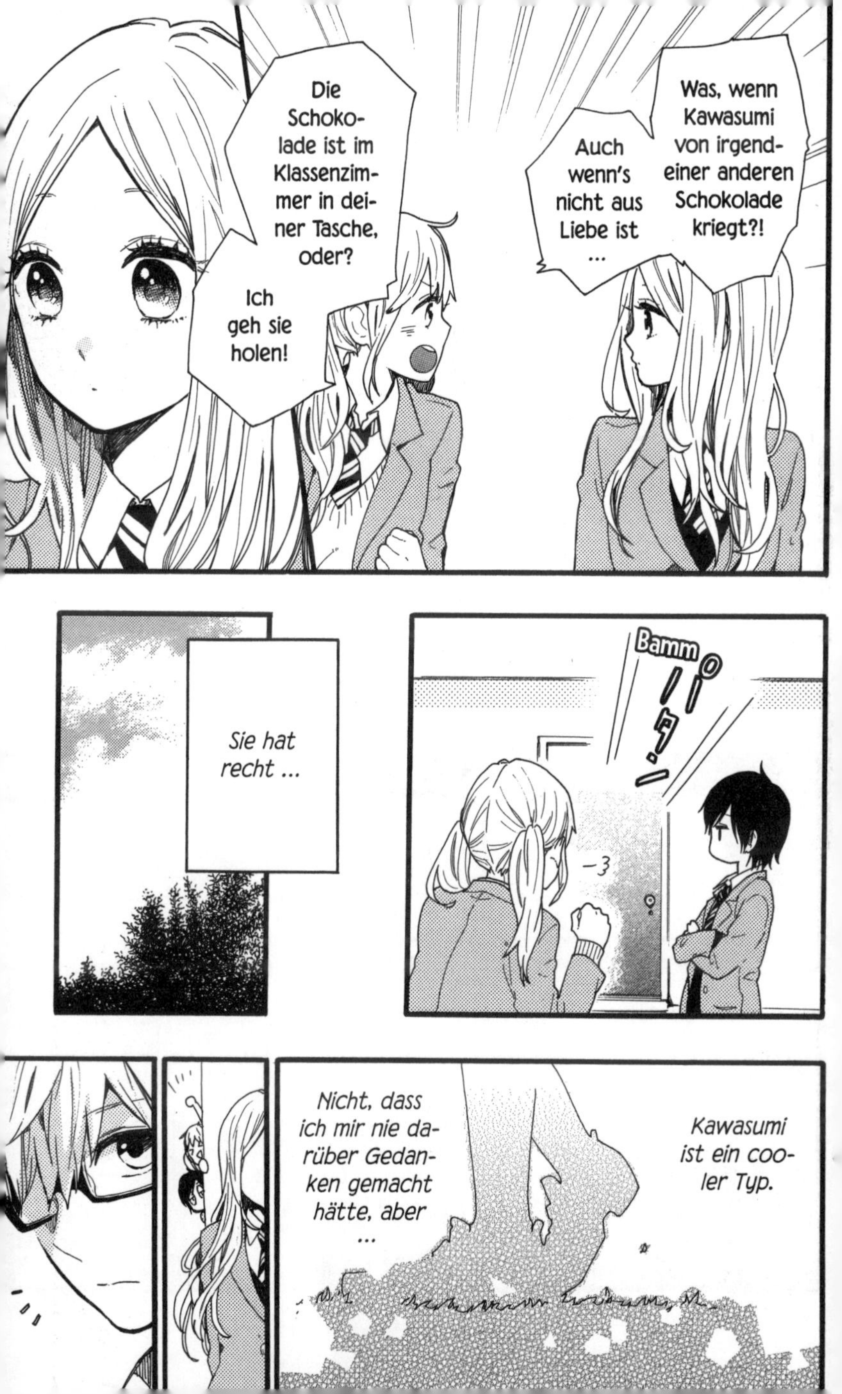

Was, wenn Kawasumi von irgendeiner anderen Schokolade kriegt?!

Auch wenn's nicht aus Liebe ist …

Die Schokolade ist im Klassenzimmer in deiner Tasche, oder?

Ich geh sie holen!

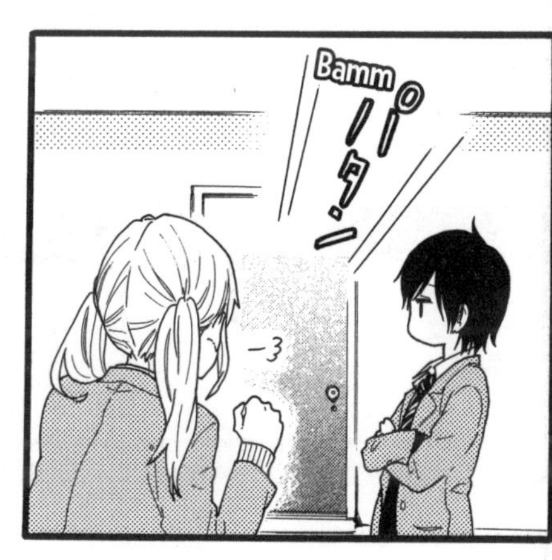

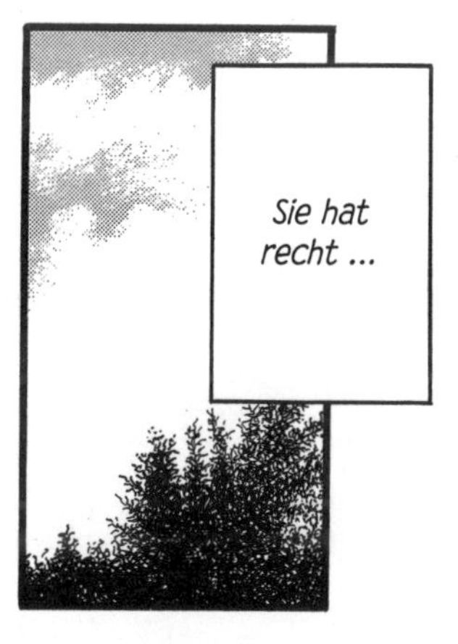

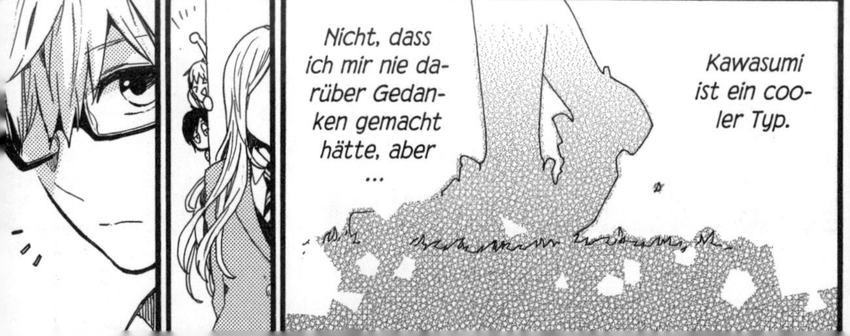

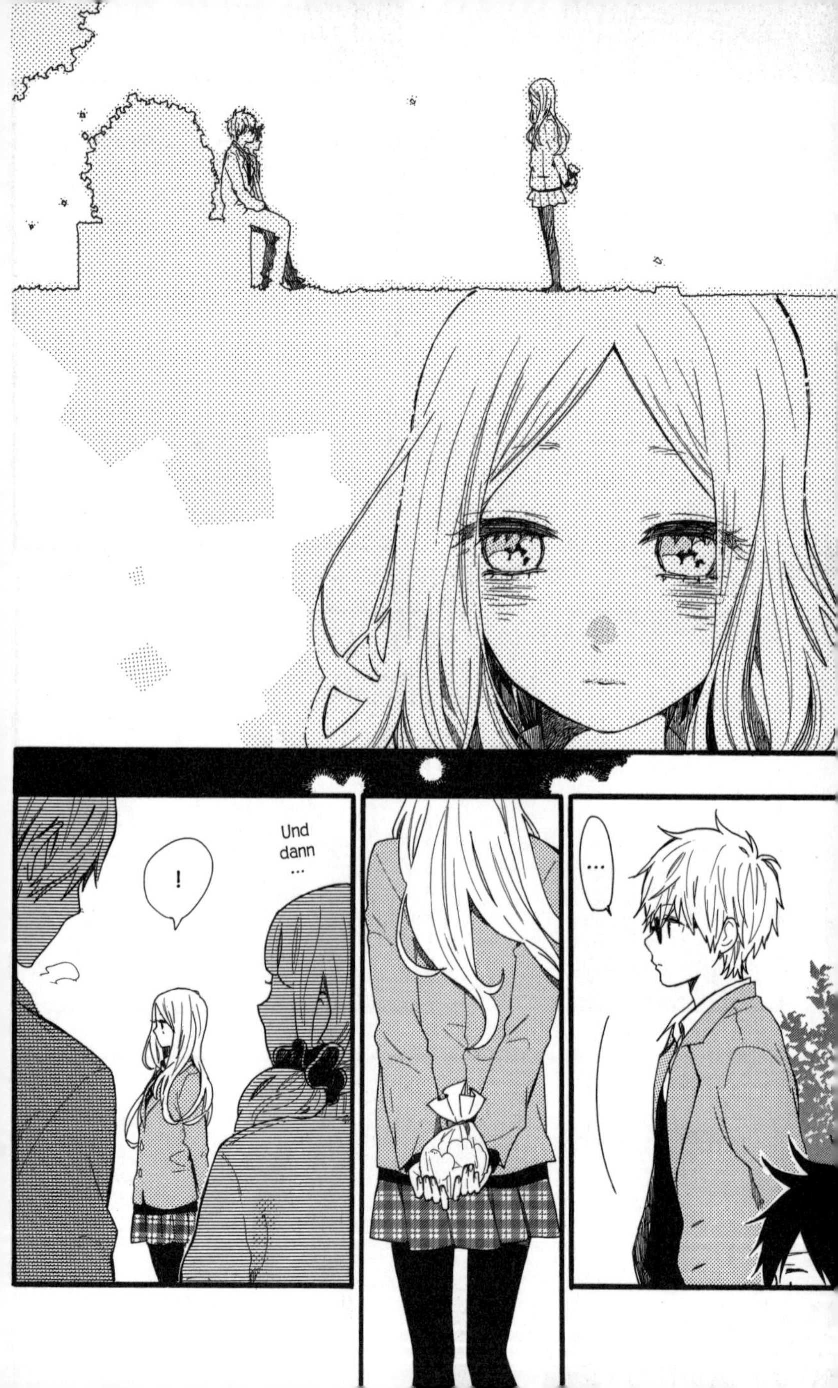
...
Und dann ...
!

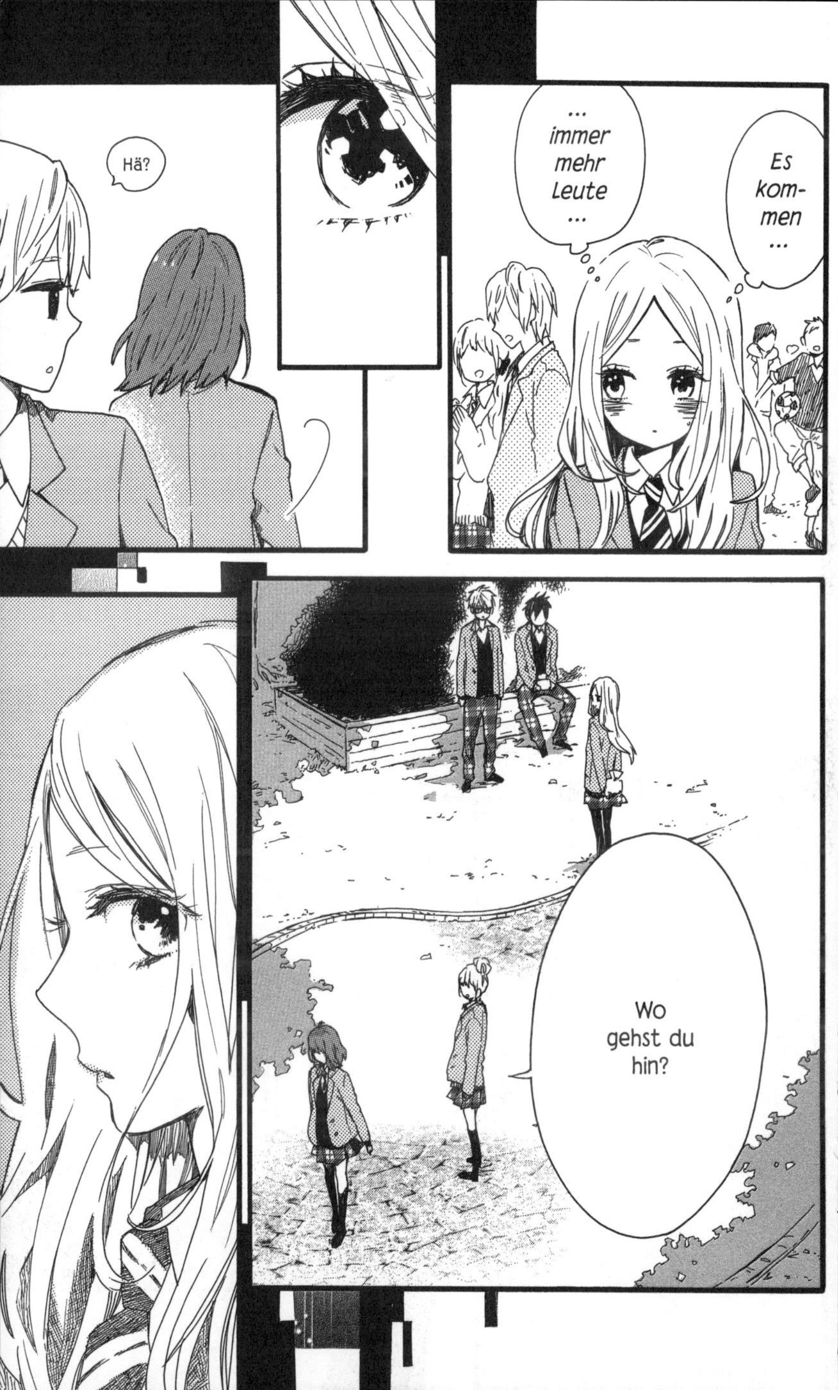
Es kom-men …
… immer mehr Leute …
Hä?
Wo gehst du hin?

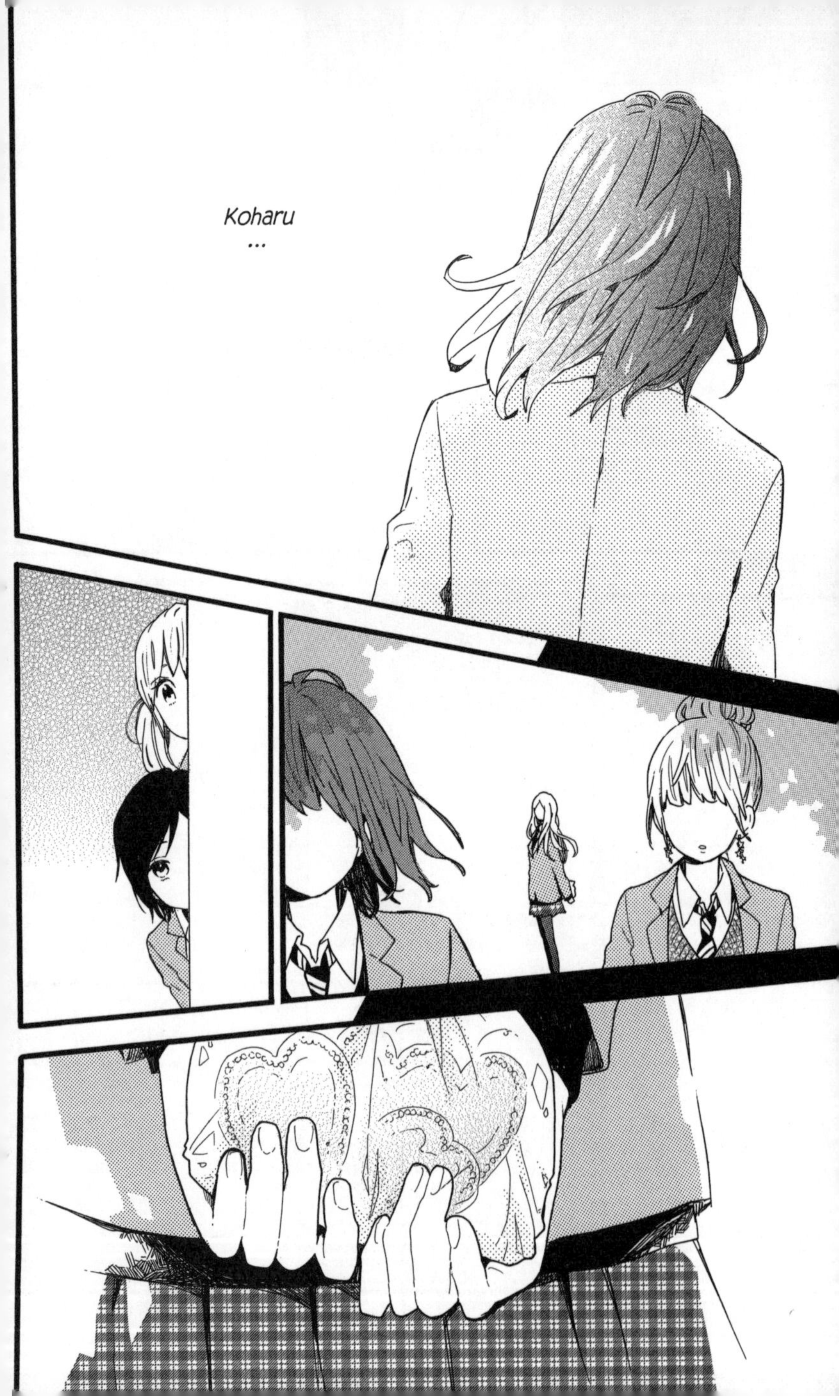
Koharu
...

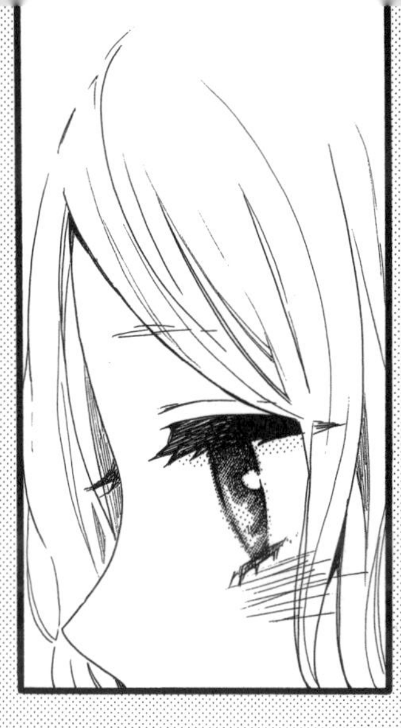
Ich geb sie ihm nur.
Ich geb sie ihm ...
... und dann geh ich sofort wieder.

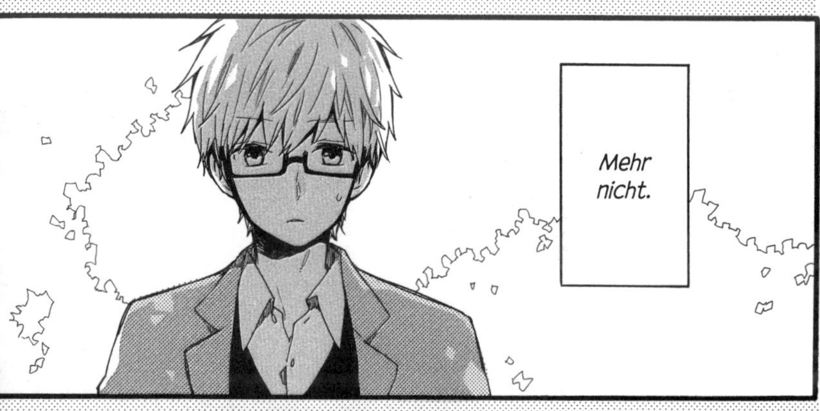
Mehr nicht.

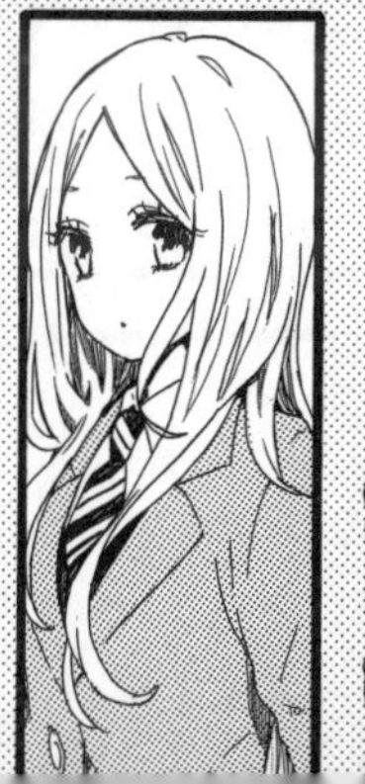
»Das Einzige, was ich für ihn noch tun kann ...
... ist, ihn zu verges-sen.«

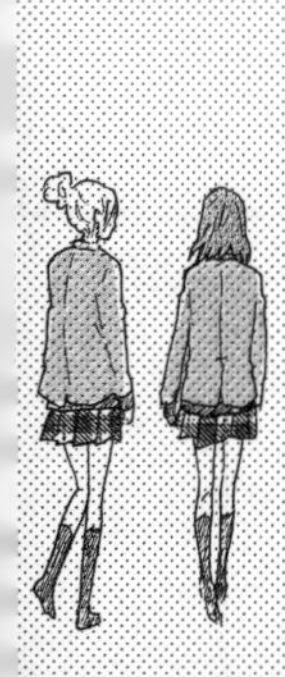

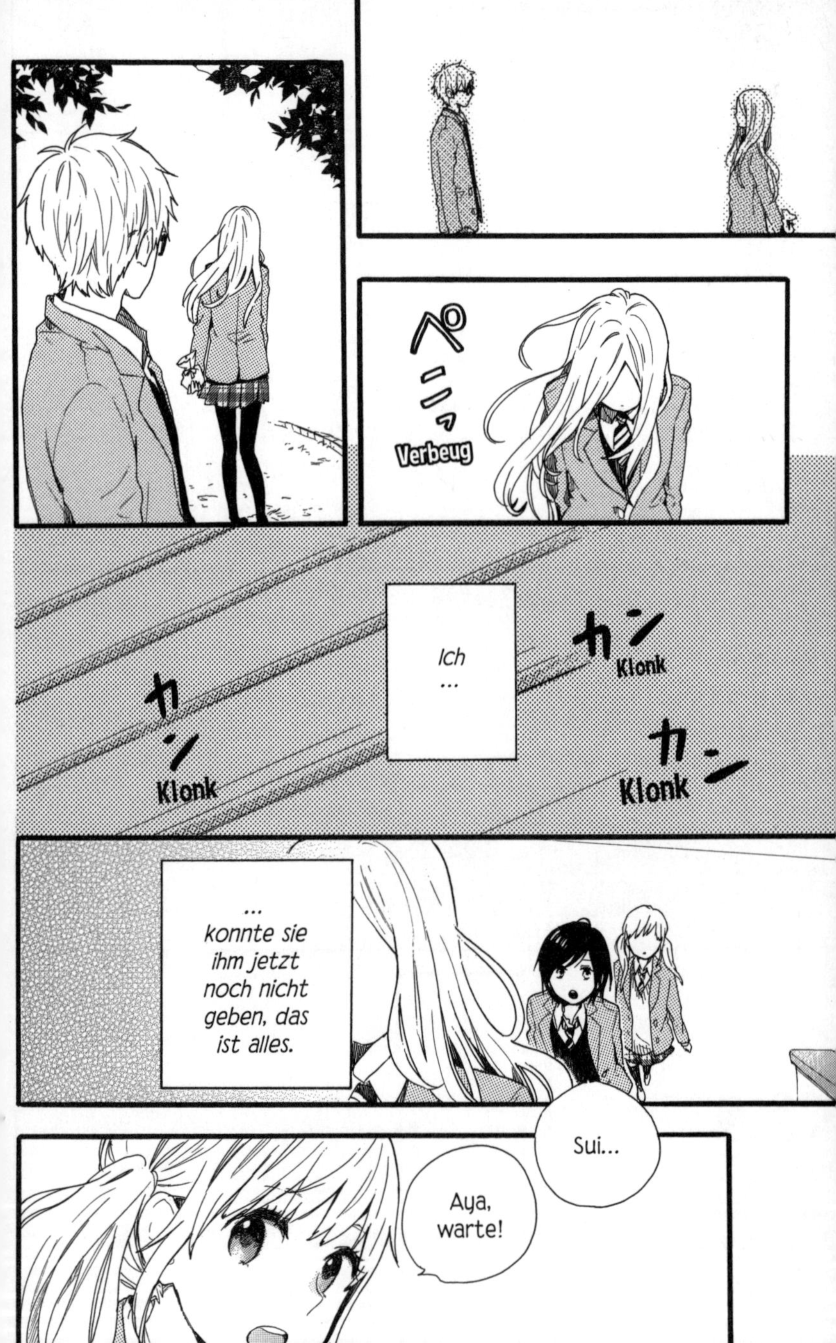
ペニッ
Verbeug
Ich …
カン
Klonk
カン
Klonk
カン
Klonk
… konnte sie ihm jetzt noch nicht geben, das ist alles.
Sui…
Aya, warte!

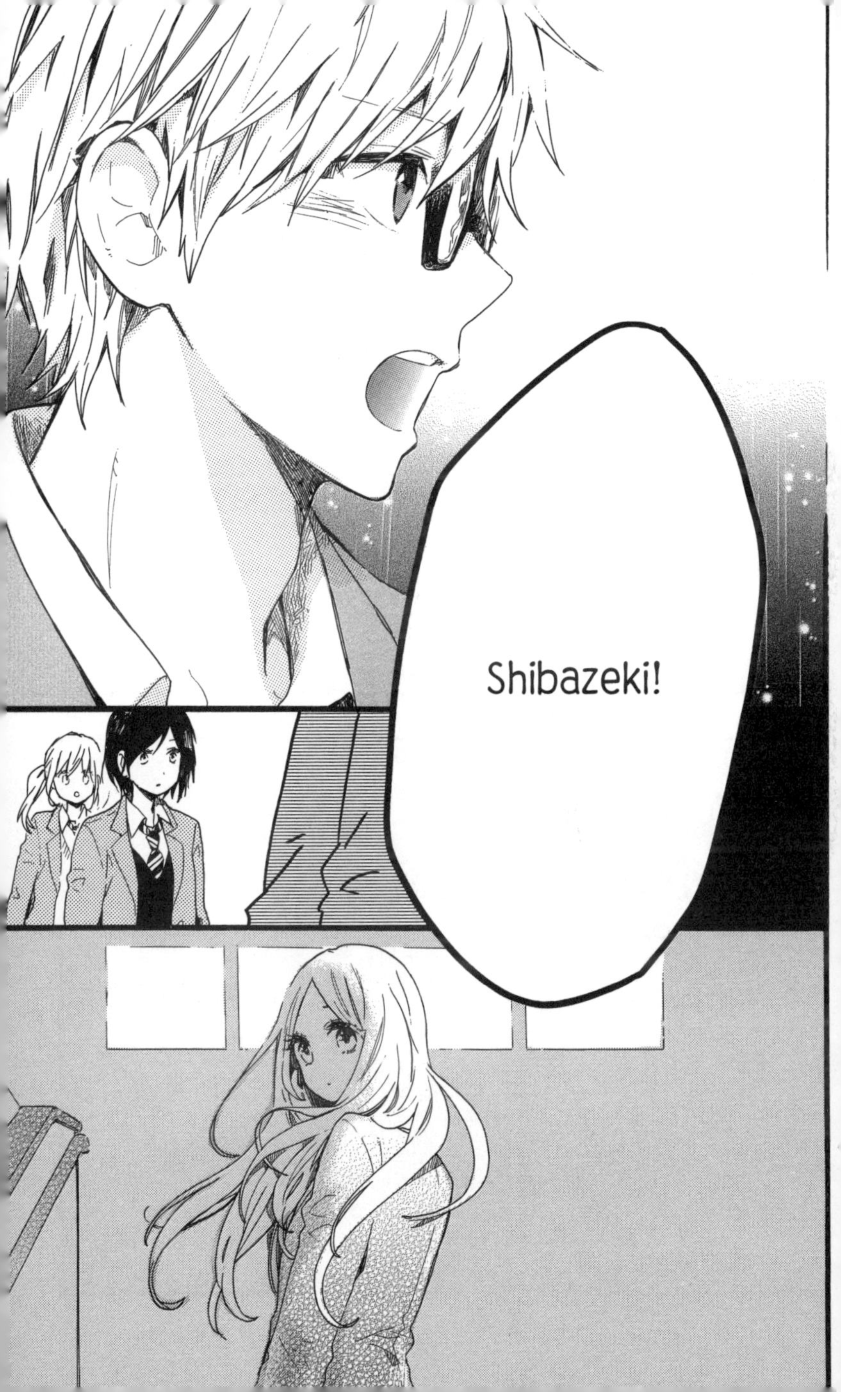
Shibazeki!

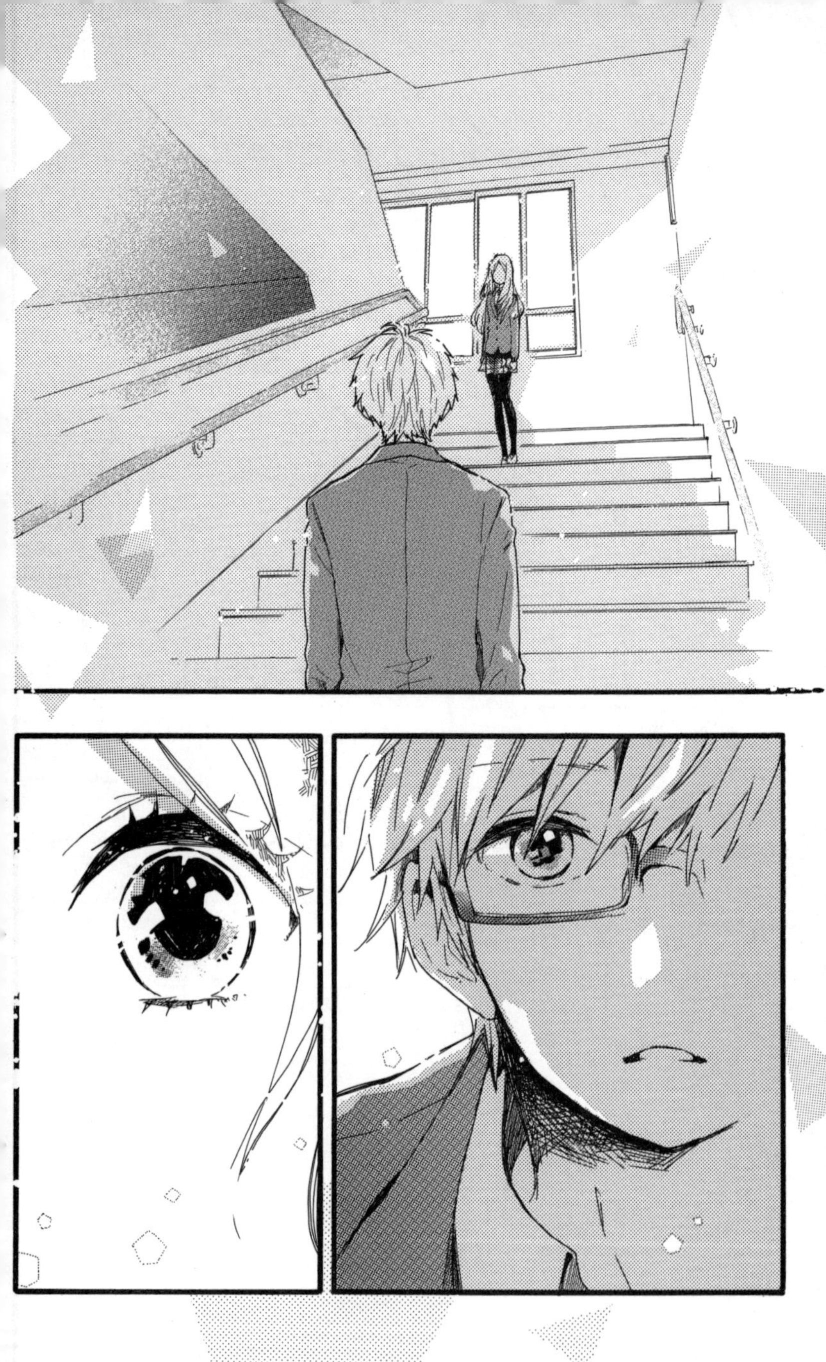

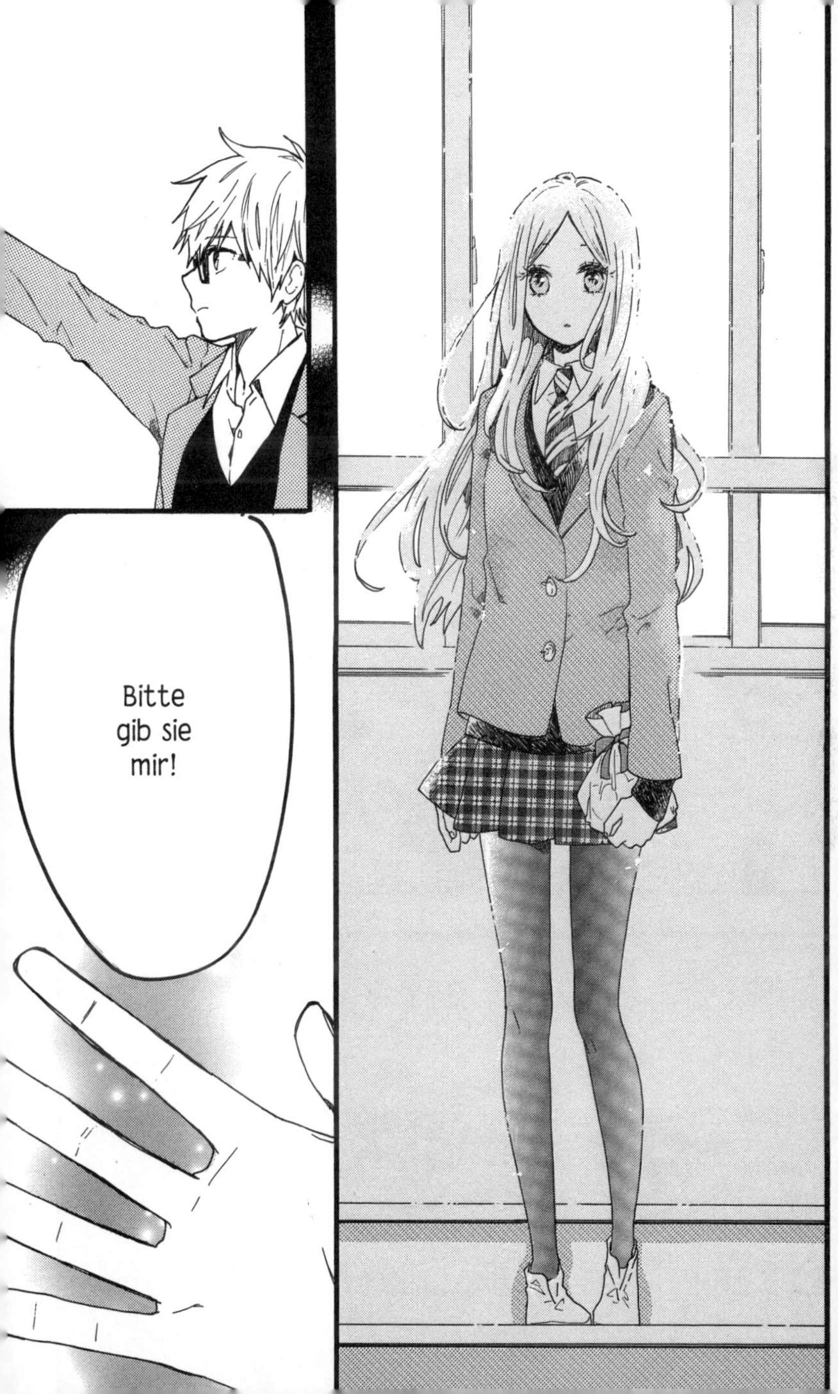
Bitte gib sie mir!

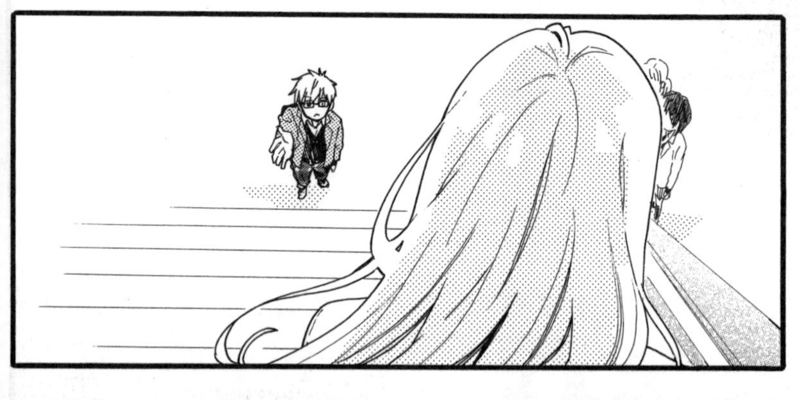

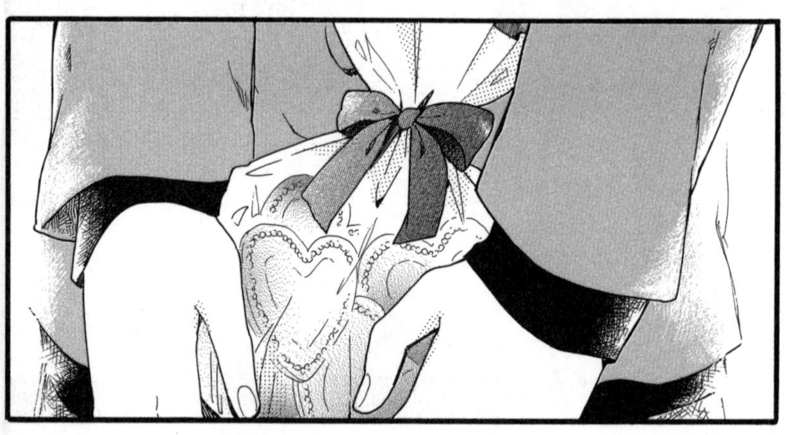

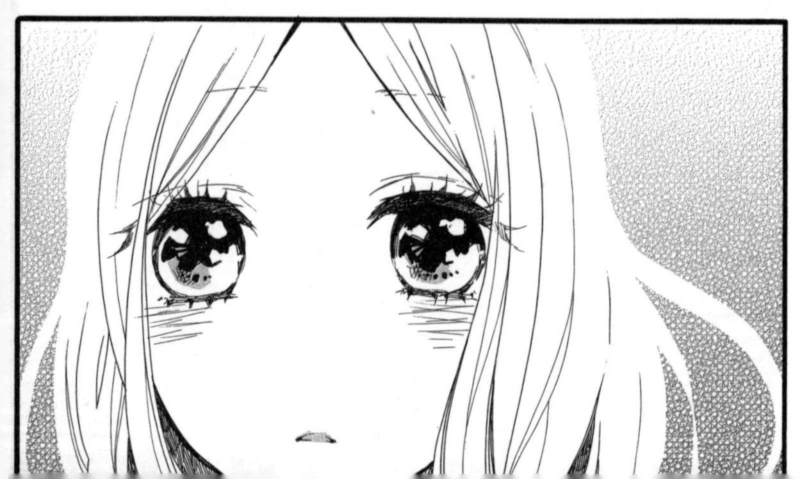

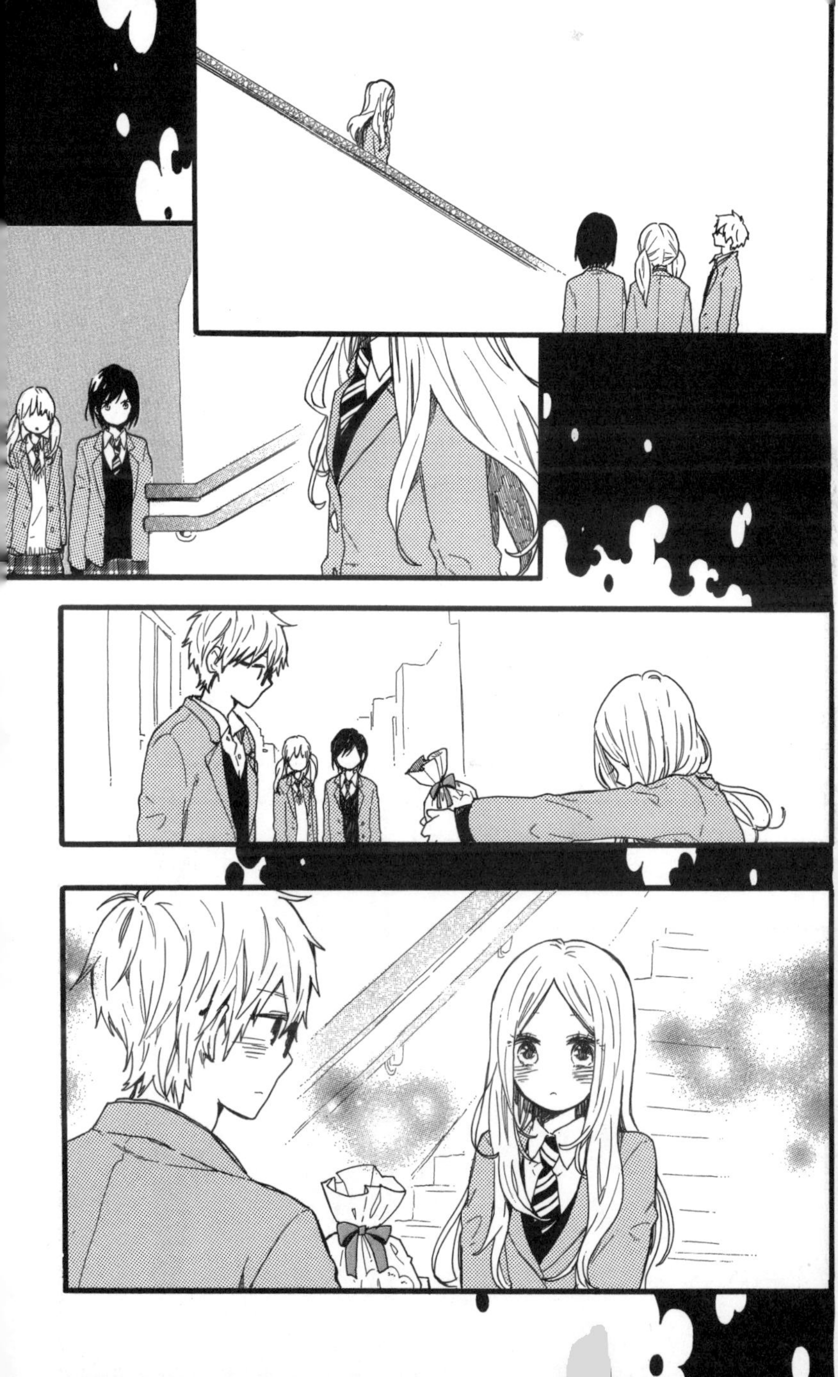

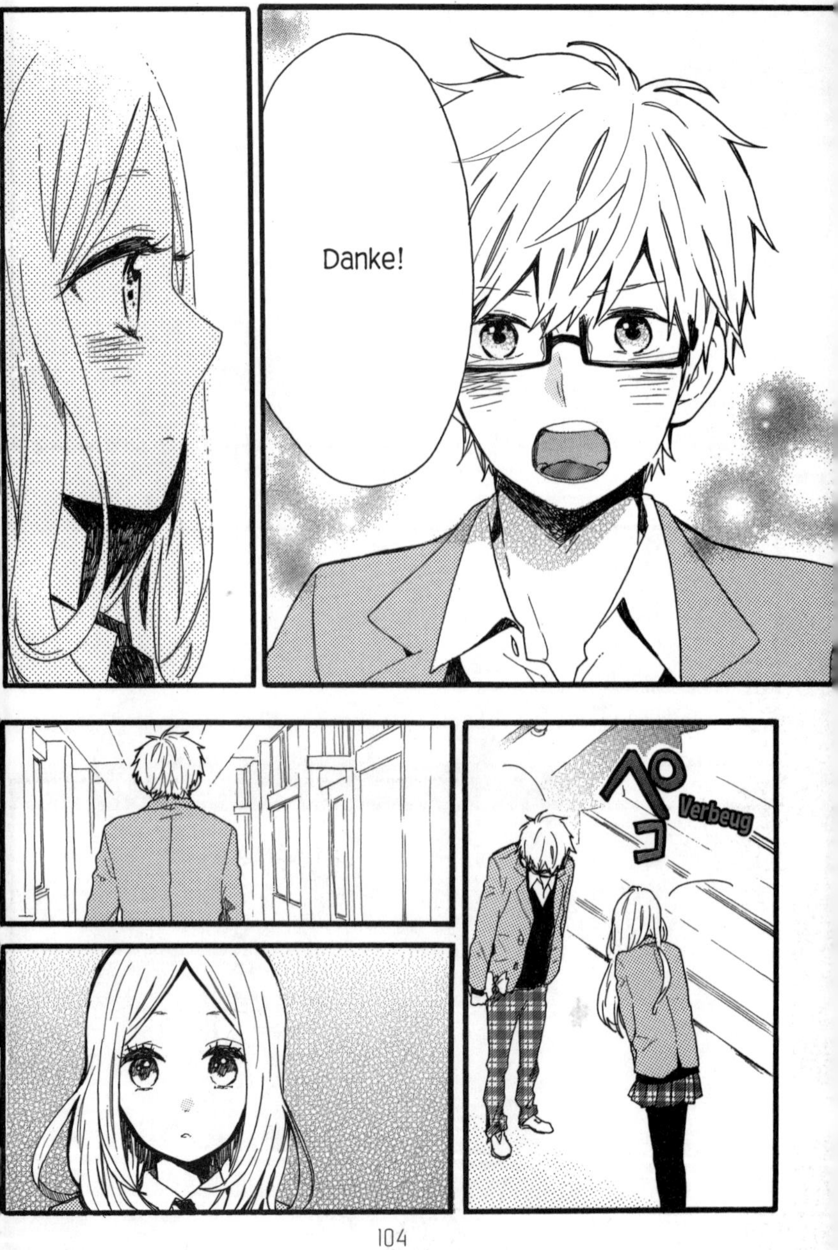

Danke!

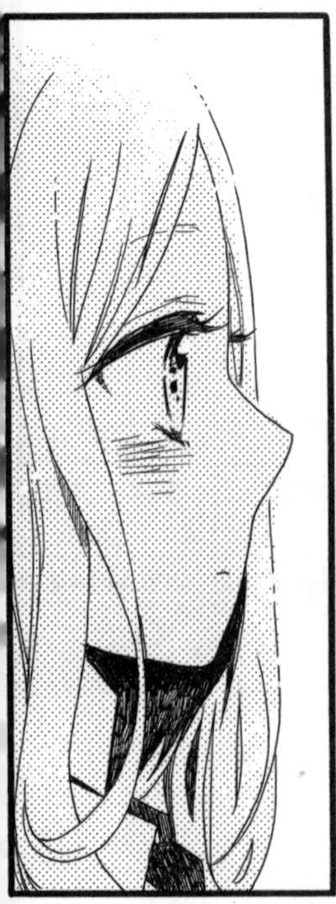

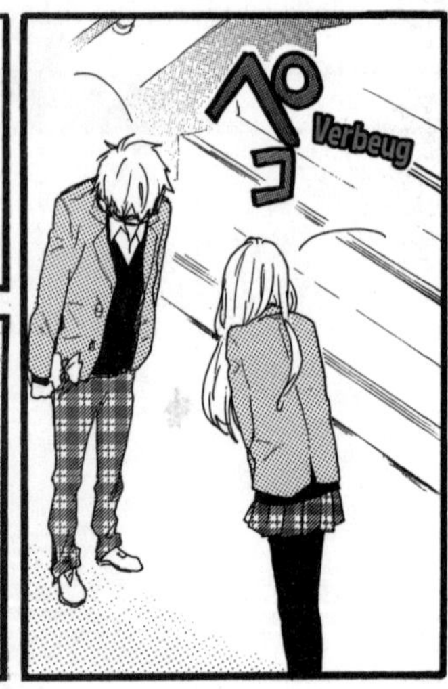

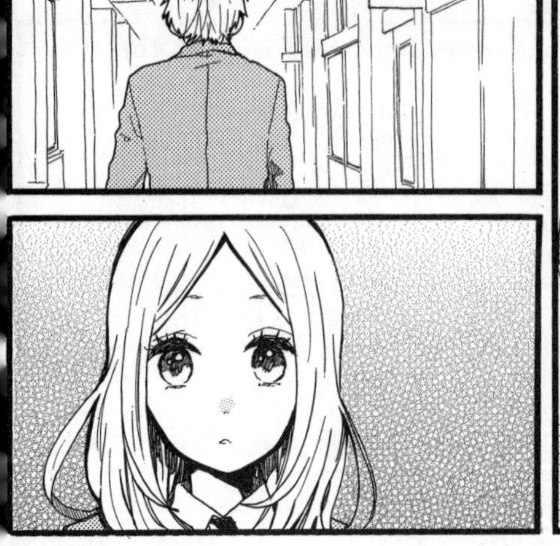

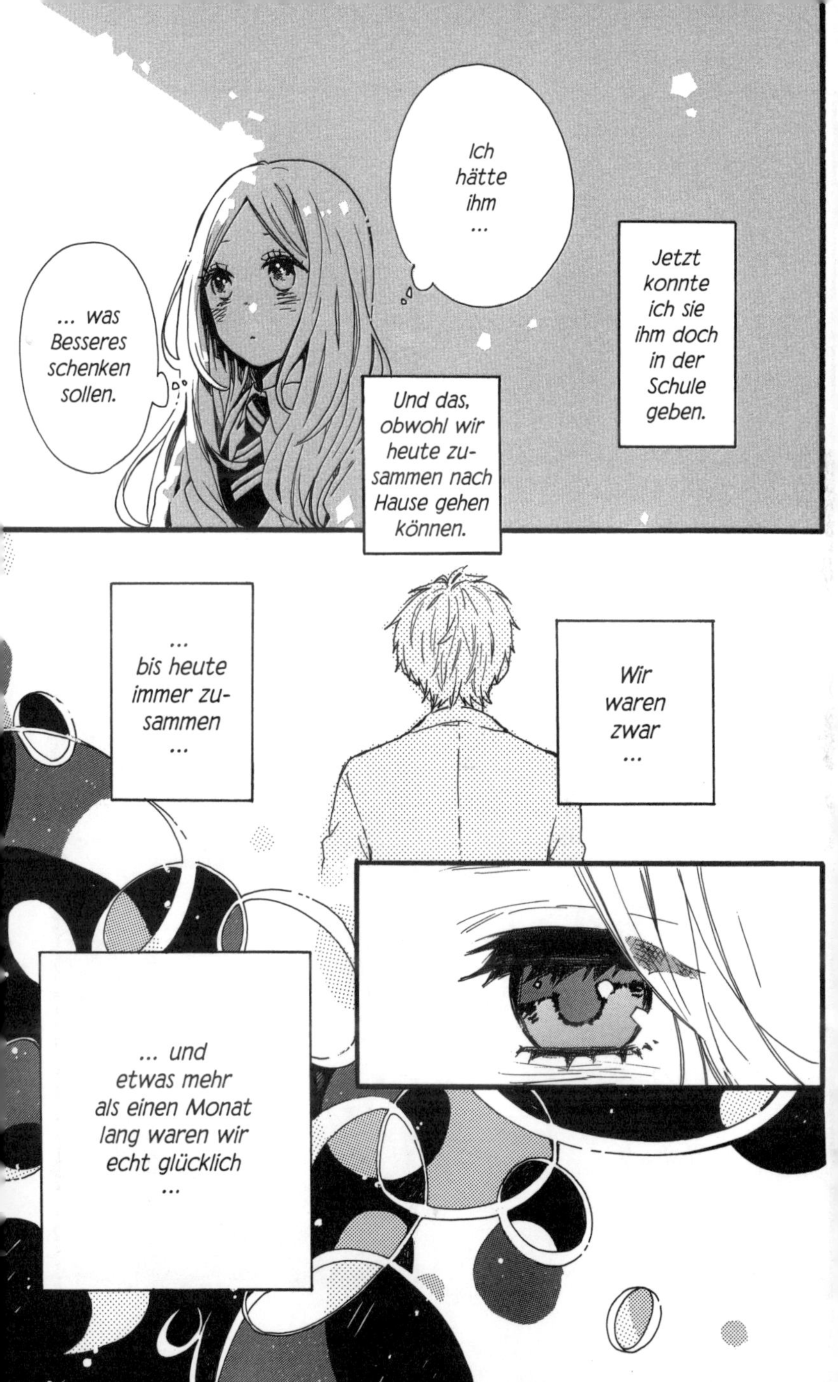
Jetzt konnte ich sie ihm doch in der Schule geben.
Ich hätte ihm ...
Und das, obwohl wir heute zusammen nach Hause gehen können.
... was Besseres schenken sollen.
Wir waren zwar ...
... bis heute immer zusammen ...
... und etwas mehr als einen Monat lang waren wir echt glücklich ...

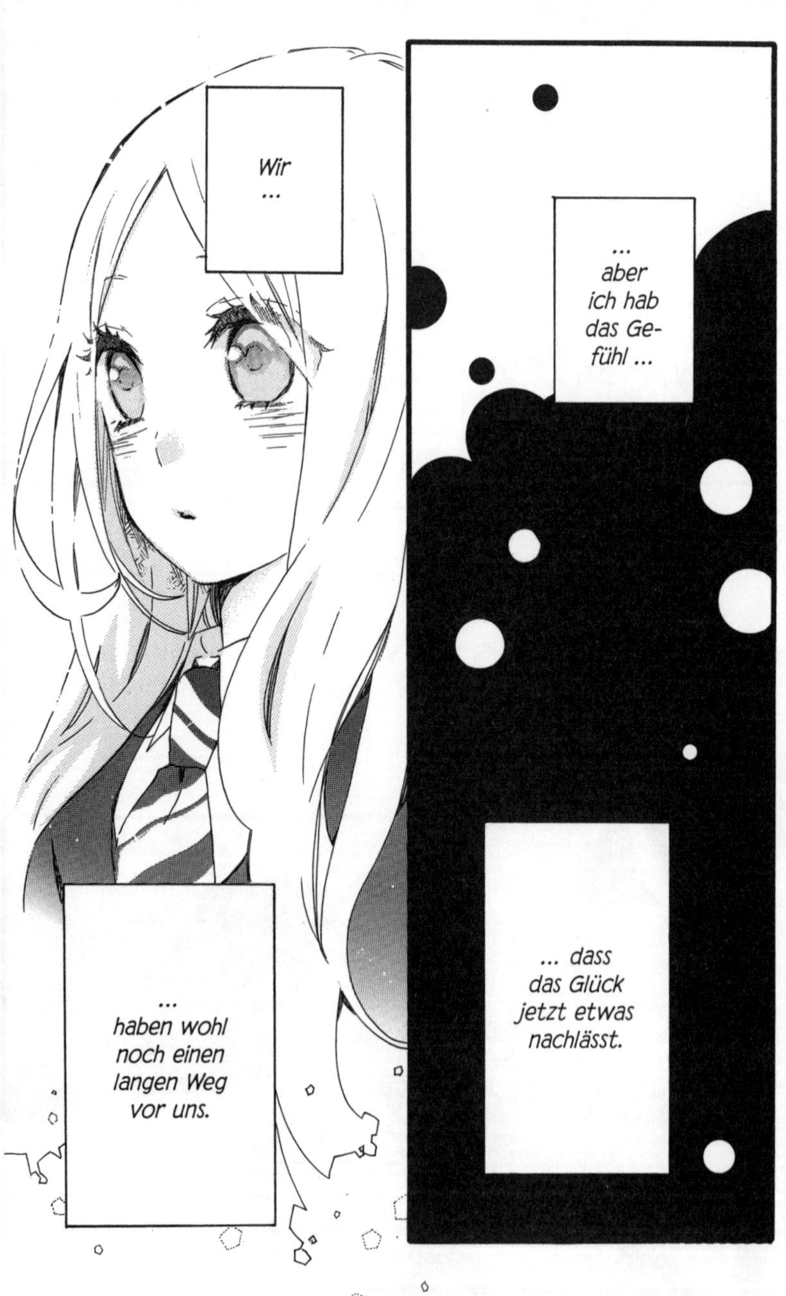
Wir ...
... haben wohl noch einen langen Weg vor uns.
... aber ich hab das Gefühl ...
... dass das Glück jetzt etwas nachlässt.

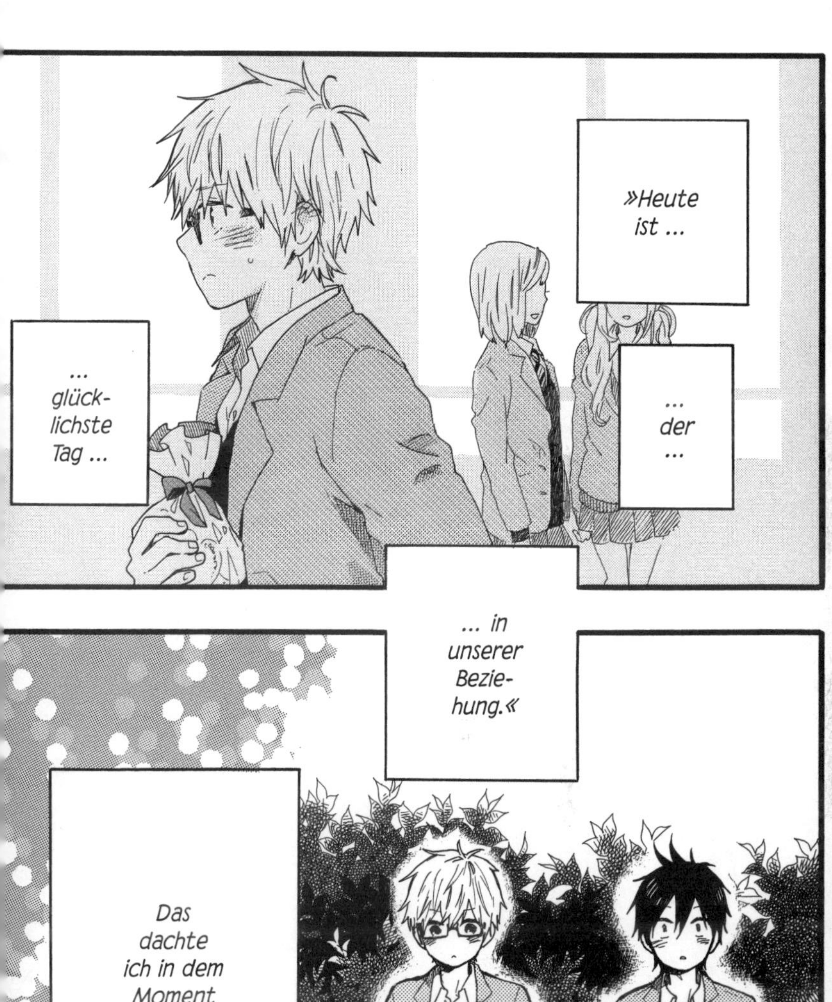

Das dachte ich in dem Moment wirklich.

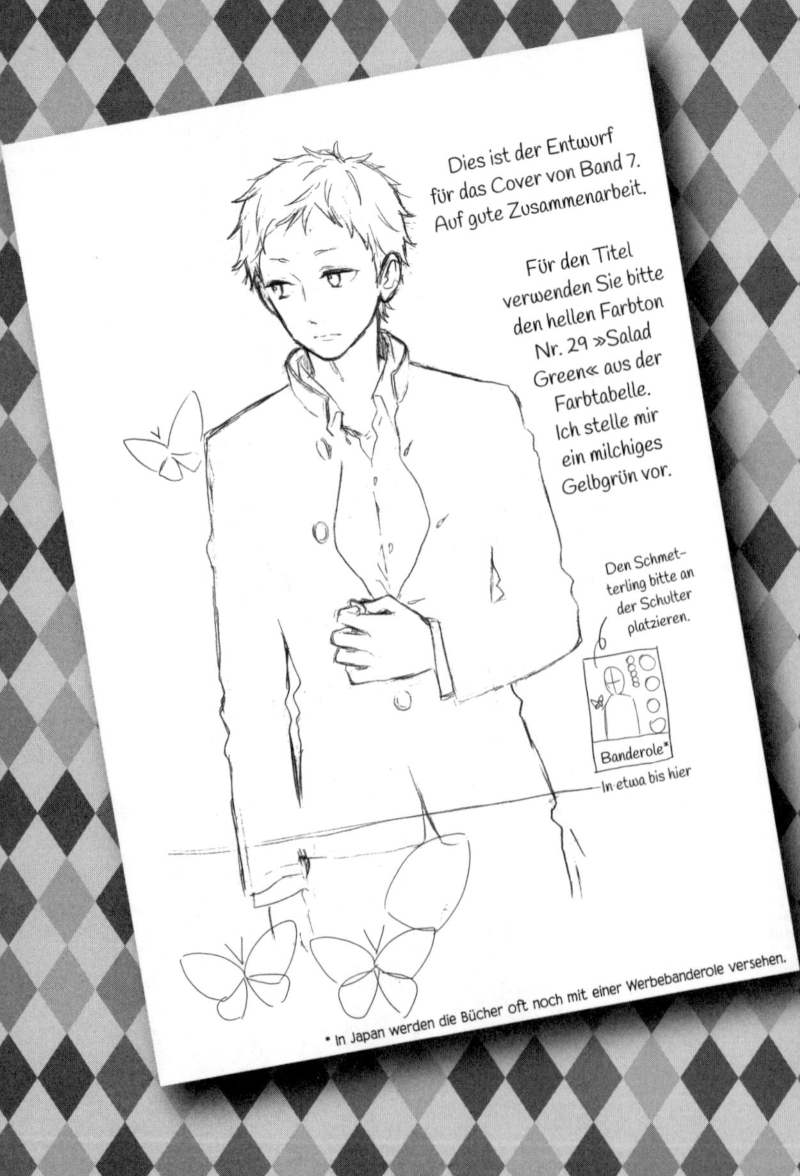
Dies ist der Entwurf
für das Cover von Band 7.
Auf gute Zusammenarbeit.
Für den Titel
verwenden Sie bitte
den hellen Farbton
Nr. 29 »Salad
Green« aus der
Farbtabelle.
Ich stelle mir
ein milchiges
Gelbgrün vor.
Den Schmet-
terling bitte an
der Schulter
platzieren.
Banderole*
In etwa bis hier
* In Japan werden die Bücher oft noch mit einer Werbebanderole versehen.

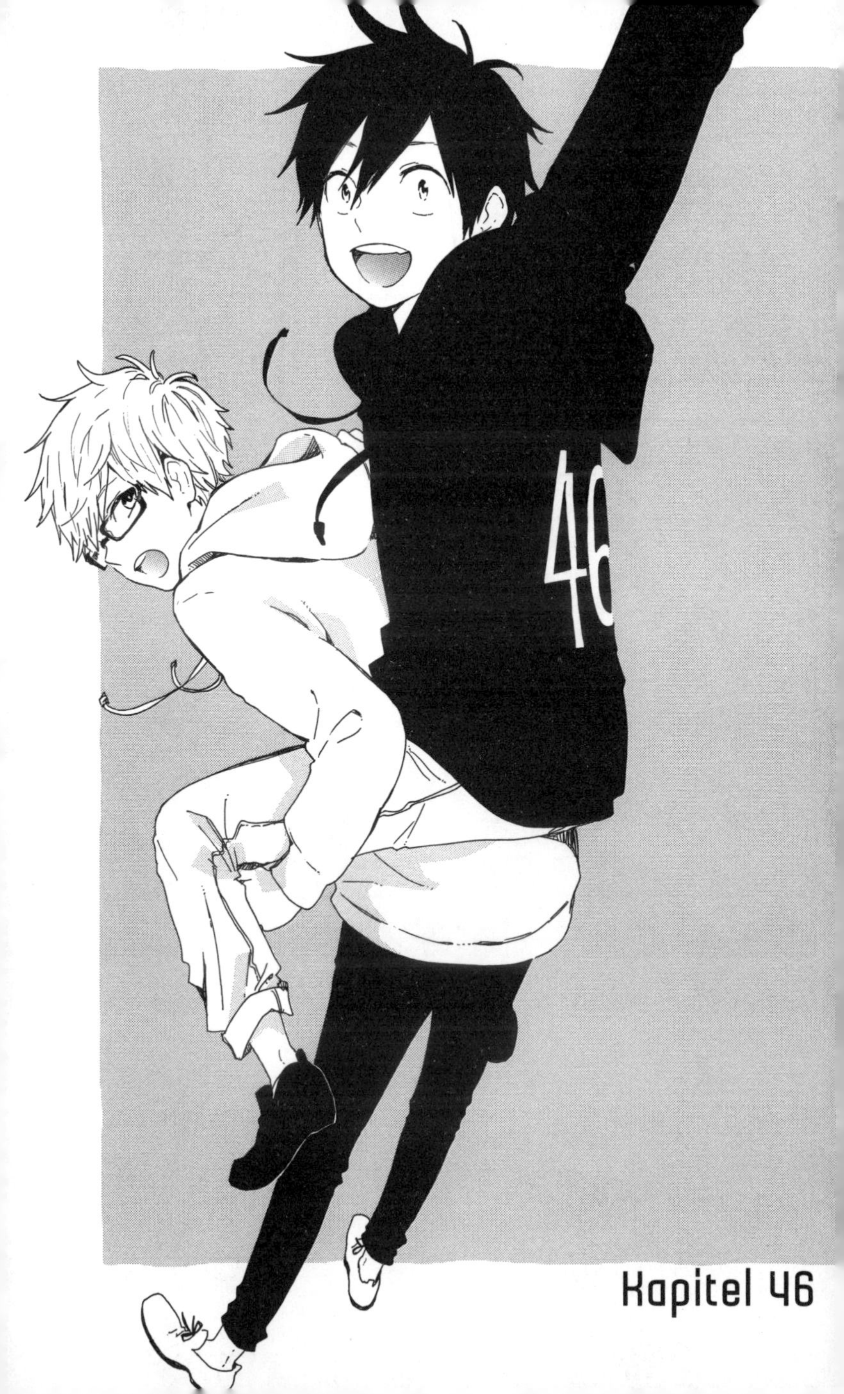
46
Kapitel 46

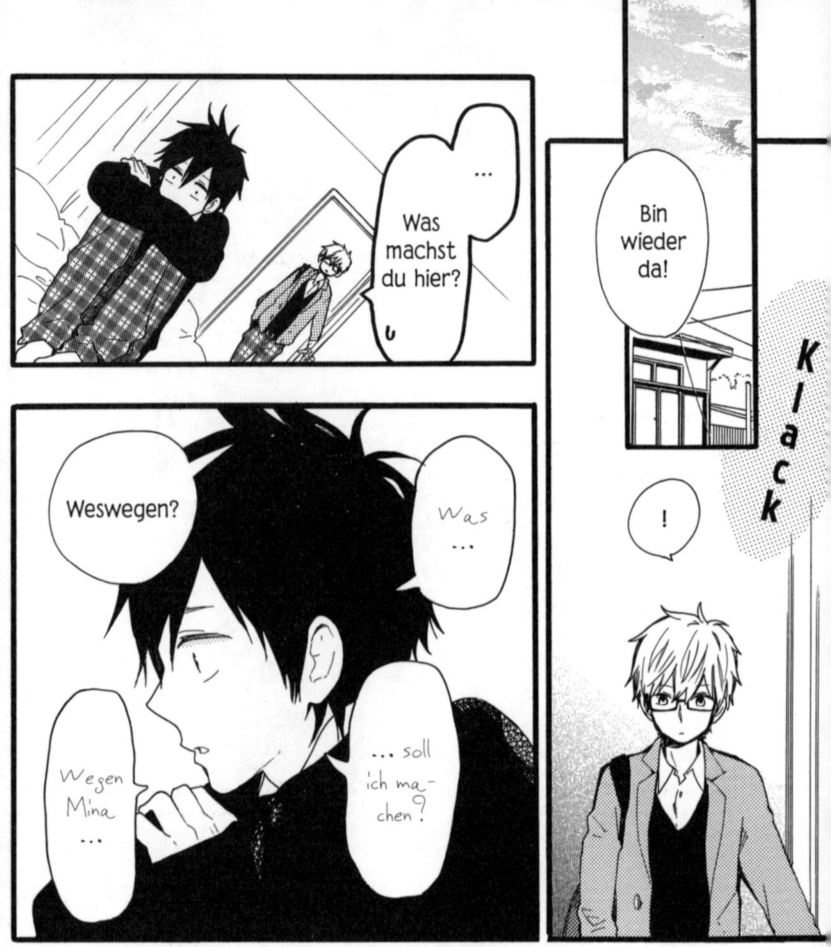

Q. Ist Atohira sein Vor- oder sein Nachname?

A. Atohira ist sein Nachname. Sein Vorname wird im Laufe der Geschichte noch erwähnt werden.

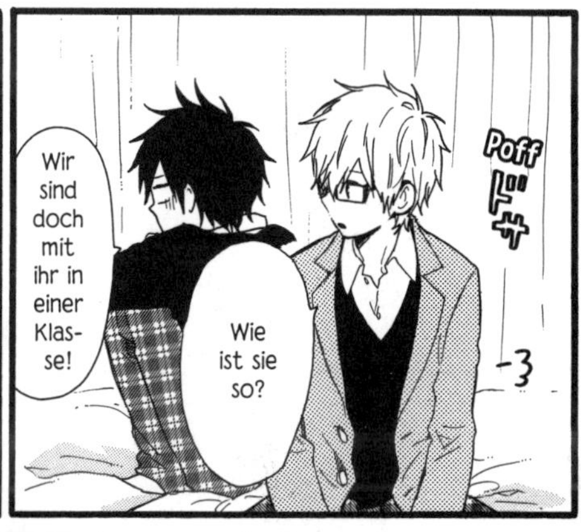
Poff
ドサ
Wie ist sie so?
Wir sind doch mit ihr in einer Klasse!

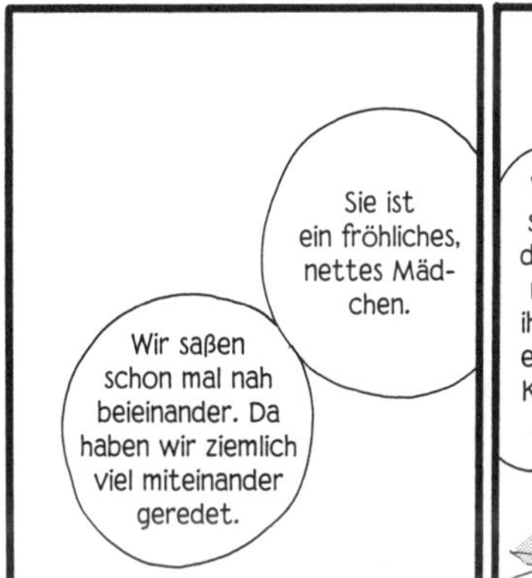
Sie ist ein fröhliches, nettes Mädchen.
Wir saßen schon mal nah beieinander. Da haben wir ziemlich viel miteinander geredet.

…
Ha ha …
Ich hab zum ersten Mal …
… aus Liebe was geschenkt bekommen.

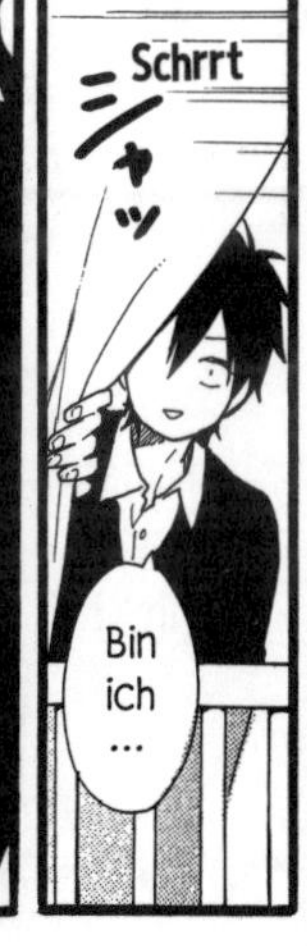
Schrrt
シャッ
Bin ich …

… cool?
Schwupp
キリッ

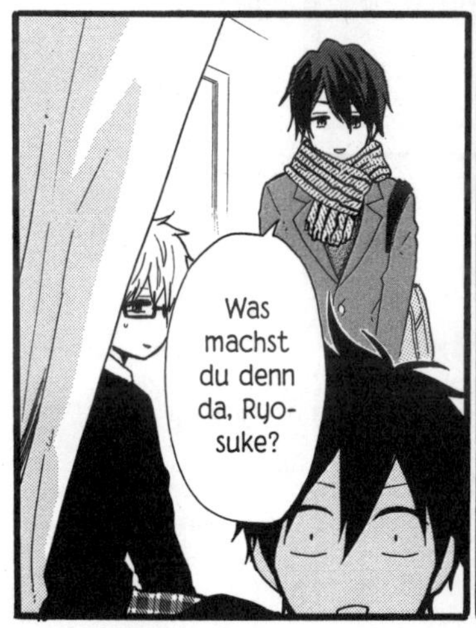
Was machst du denn da, Ryosuke?

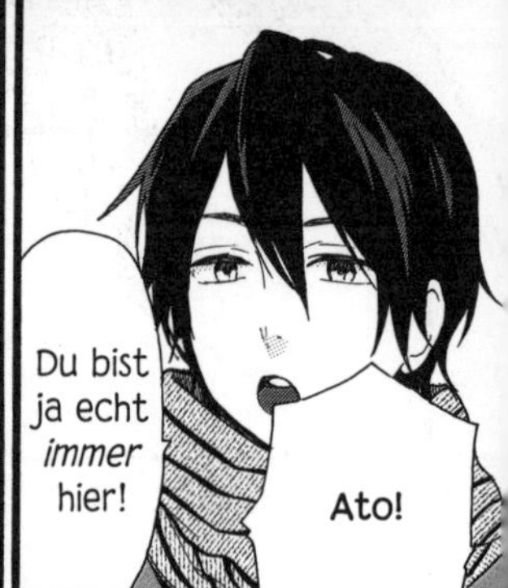
Ato!
Du bist ja echt *immer* hier!

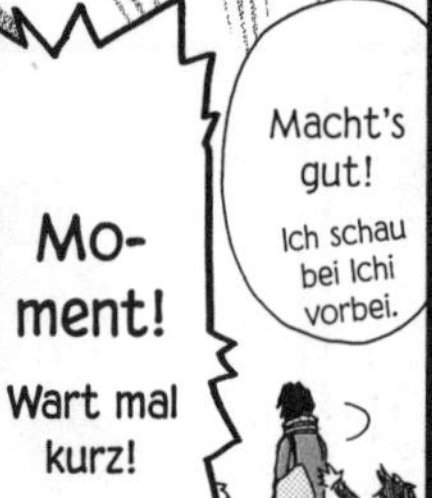
Macht's gut! Ich schau bei Ichi vorbei.
Mo- ment! Wart mal kurz!

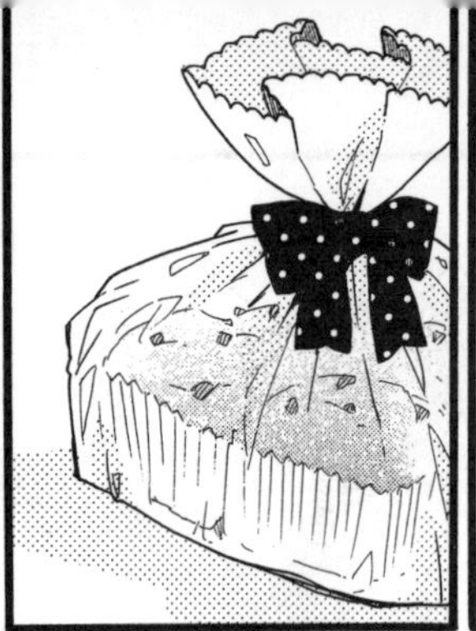

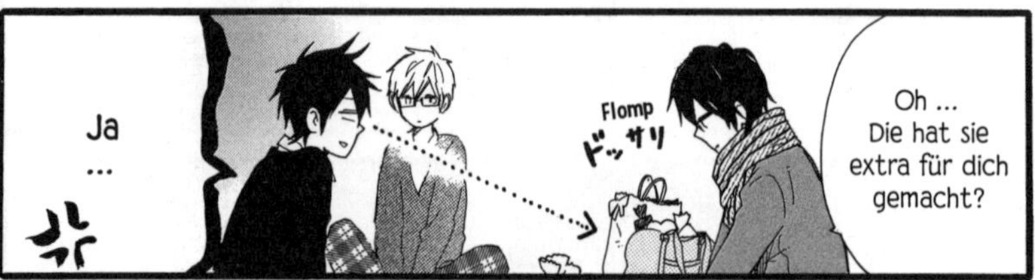
Oh ... Die hat sie extra für dich gemacht?
Flomp
ドッサリ
Ja ...

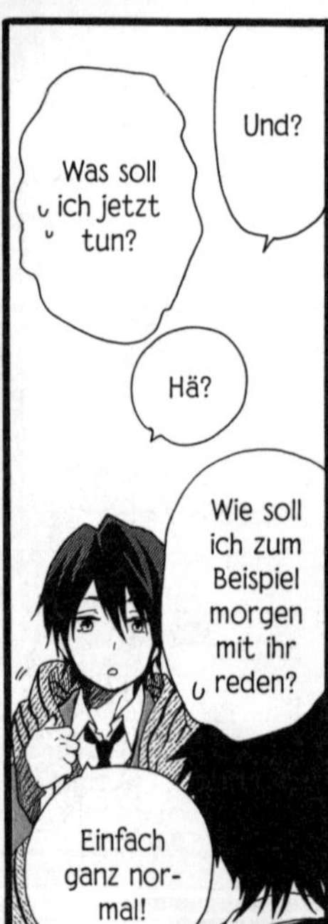
Und?
Was soll ich jetzt tun?
Hä?
Wie soll ich zum Beispiel morgen mit ihr reden?
Einfach ganz nor- mal!

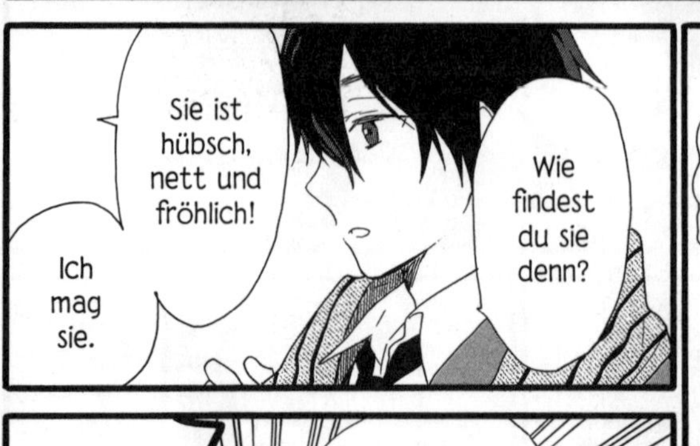
Wie findest du sie denn?
Sie ist hübsch, nett und fröhlich!
Ich mag sie.

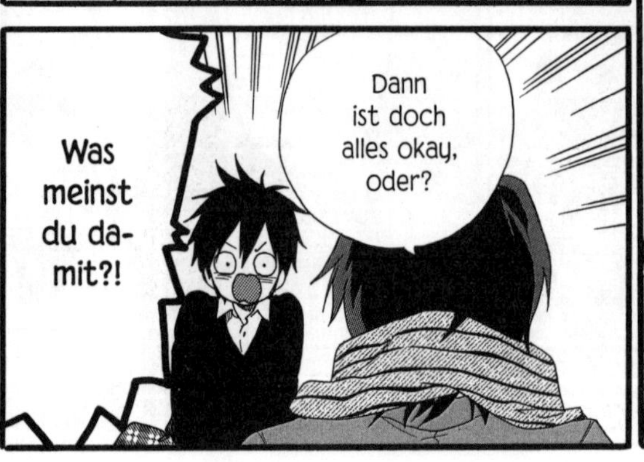
Dann ist doch alles okay, oder?
Was meinst du da- mit?!

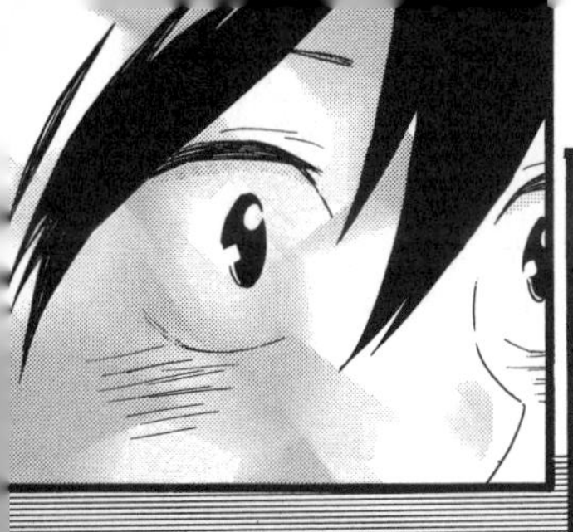
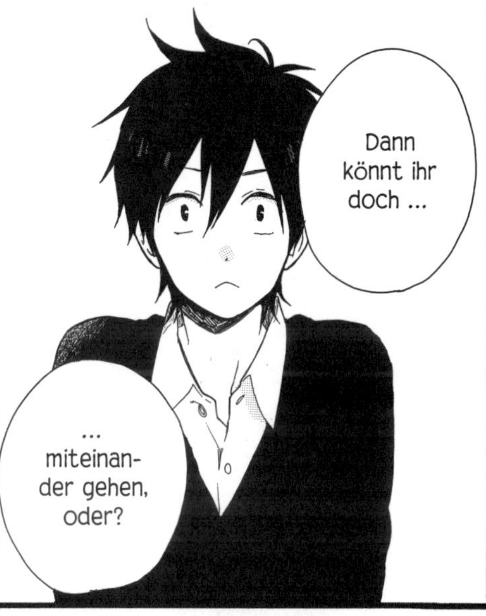
Dann könnt ihr doch ...
... miteinander gehen, oder?
Weiß sie, dass du viel trainieren musst?
Ja! Sie spielt selber Volleyball!
Na ja, sie muss aber nicht so viel trainieren wie ich.
So so ...
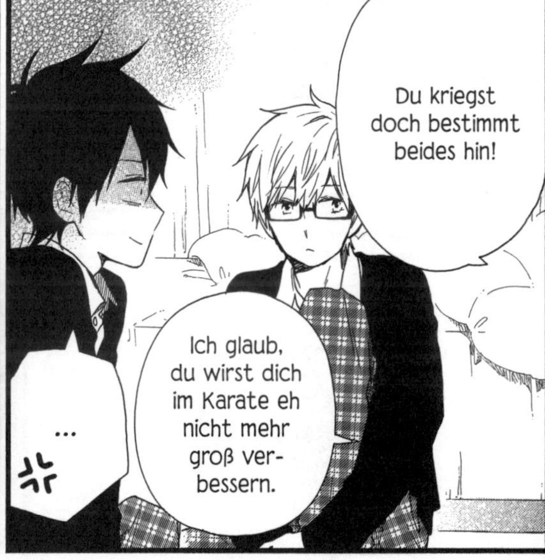
Du kriegst doch bestimmt beides hin!
Ich glaub, du wirst dich im Karate eh nicht mehr groß verbessern.
...
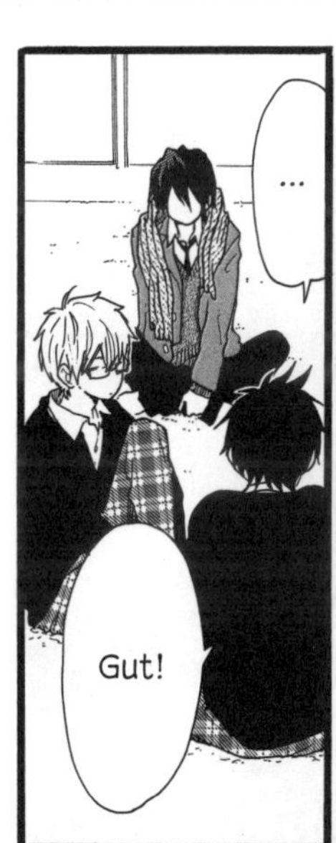
...
Gut!

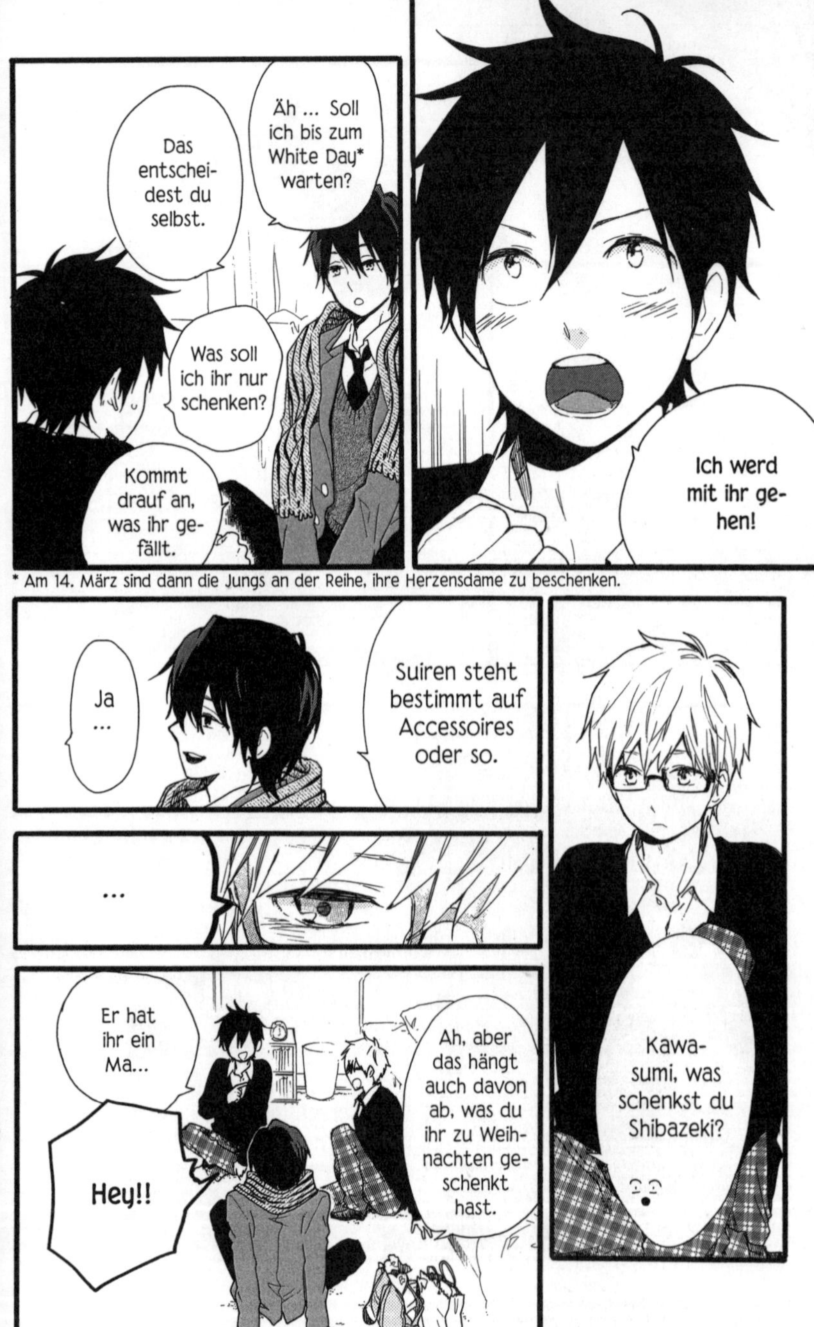

* Am 14. März sind dann die Jungs an der Reihe, ihre Herzensdame zu beschenken.

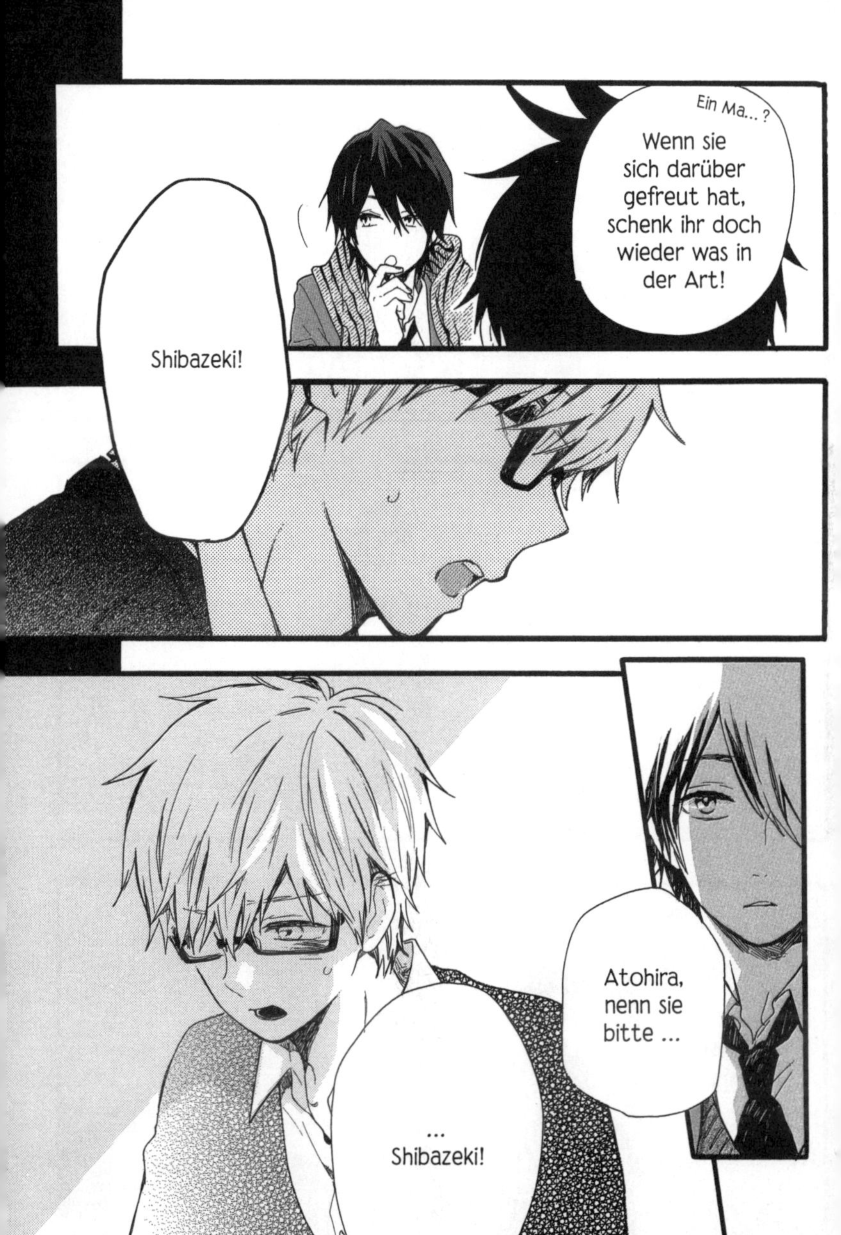
Ein Ma...?
Wenn sie sich darüber gefreut hat, schenk ihr doch wieder was in der Art!
Shibazeki!
Atohira, nenn sie bitte ...
... Shibazeki!

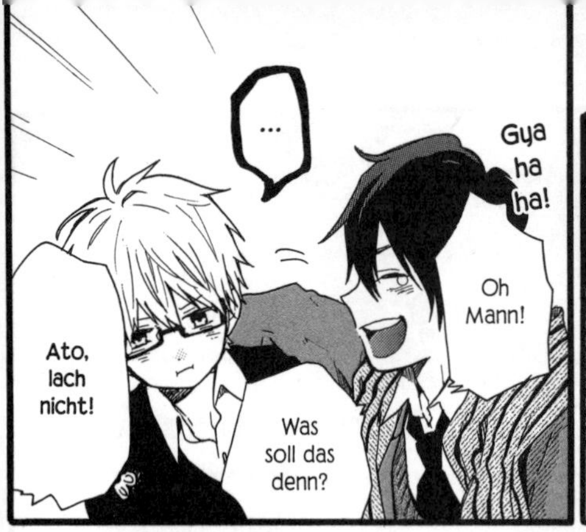
Gya ha ha!
Oh Mann!
...
Was soll das denn?
Ato, lach nicht!

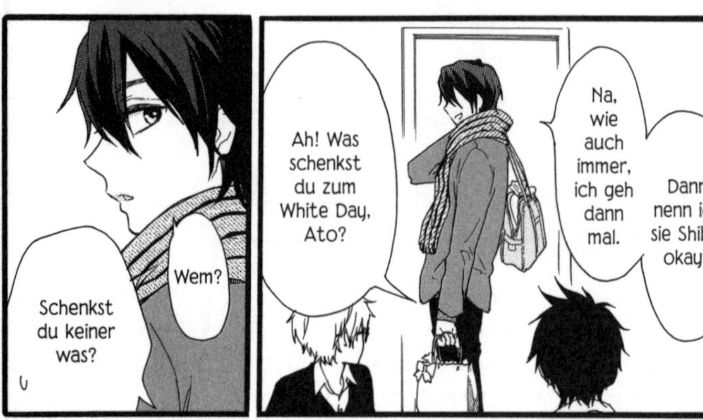
Sorry, sorry.
Dann nenn ich sie Shiba, okay?
Na, wie auch immer, ich geh dann mal.
Ah! Was schenkst du zum White Day, Ato?
Wem?
Schenkst du keiner was?

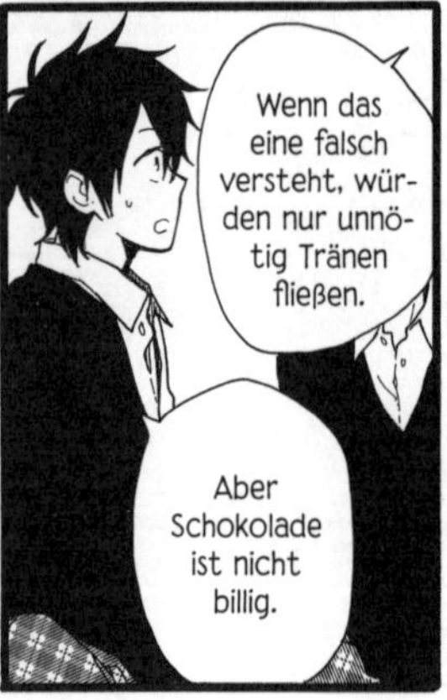
Wenn das eine falsch versteht, würden nur unnötig Tränen fließen.
Aber Schokolade ist nicht billig.

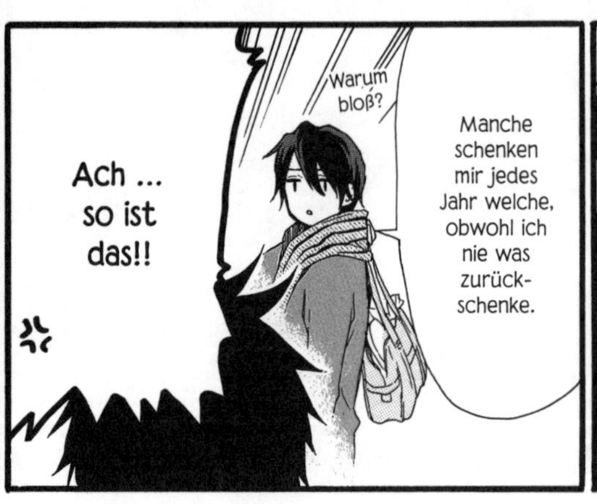
Manche schenken mir jedes Jahr welche, obwohl ich nie was zurückschenke.
Warum bloß?
Ach ... so ist das!!

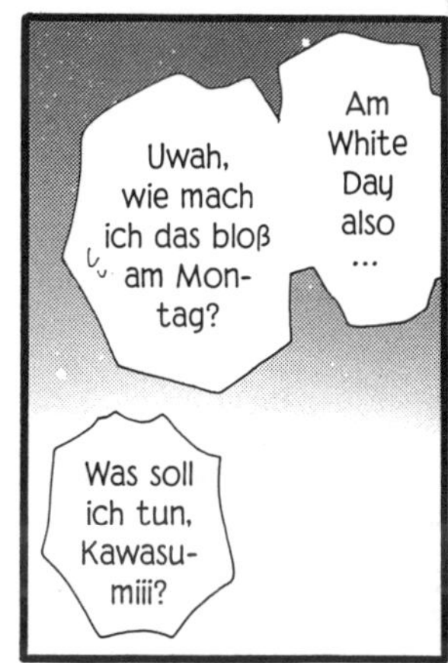
Am White Day also …
Uwah, wie mach ich das bloß am Montag?
Was soll ich tun, Kawasumiii?

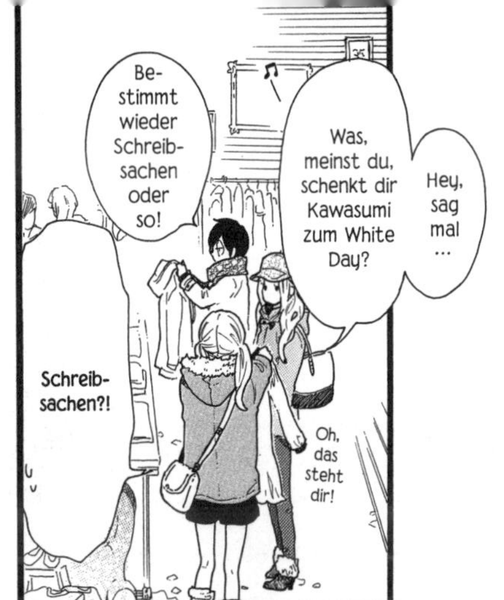
Hey, sag mal …
Was, meinst du, schenkt dir Kawasumi zum White Day?
Bestimmt wieder Schreibsachen oder so!
Schreibsachen?!
Oh, das steht dir!

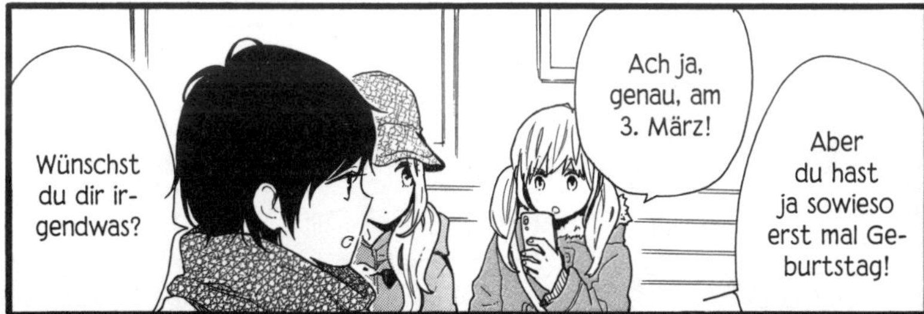
Aber du hast ja sowieso erst mal Geburtstag!
Ach ja, genau, am 3. März!
Wünschst du dir irgendwas?

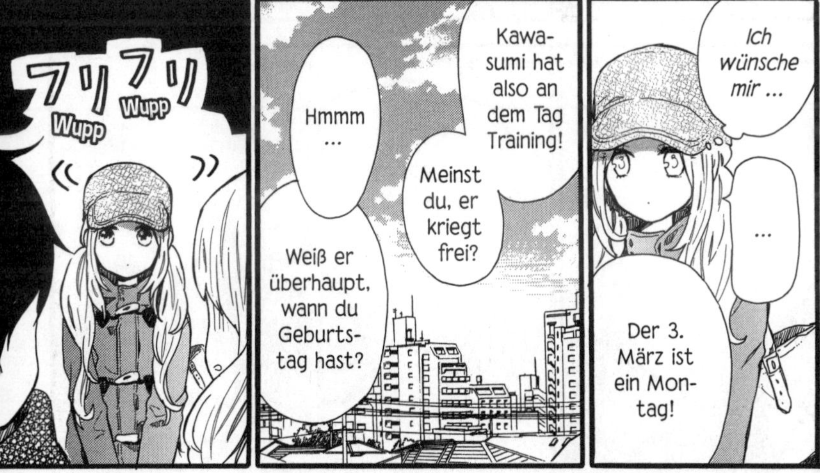
Ich wünsche mir …
…
Der 3. März ist ein Montag!
Kawasumi hat also an dem Tag Training!
Meinst du, er kriegt frei?
Hmmm …
Weiß er überhaupt, wann du Geburtstag hast?
フリフリ
Wupp
Wupp

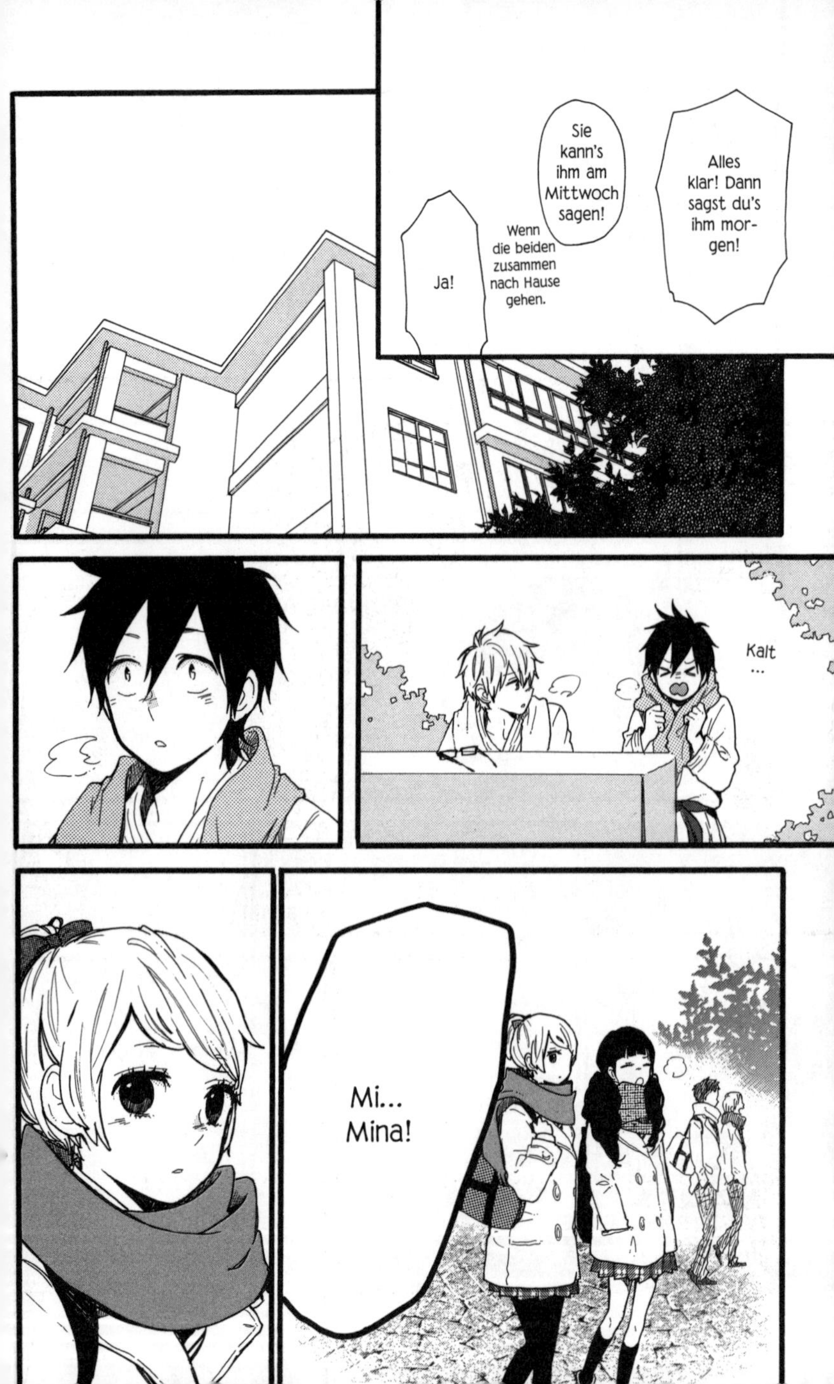
Alles klar! Dann sagst du's ihm mor-gen!
Sie kann's ihm am Mittwoch sagen!
Wenn die beiden zusammen nach Hause gehen.
Ja!
Kalt ...
Mi... Mina!

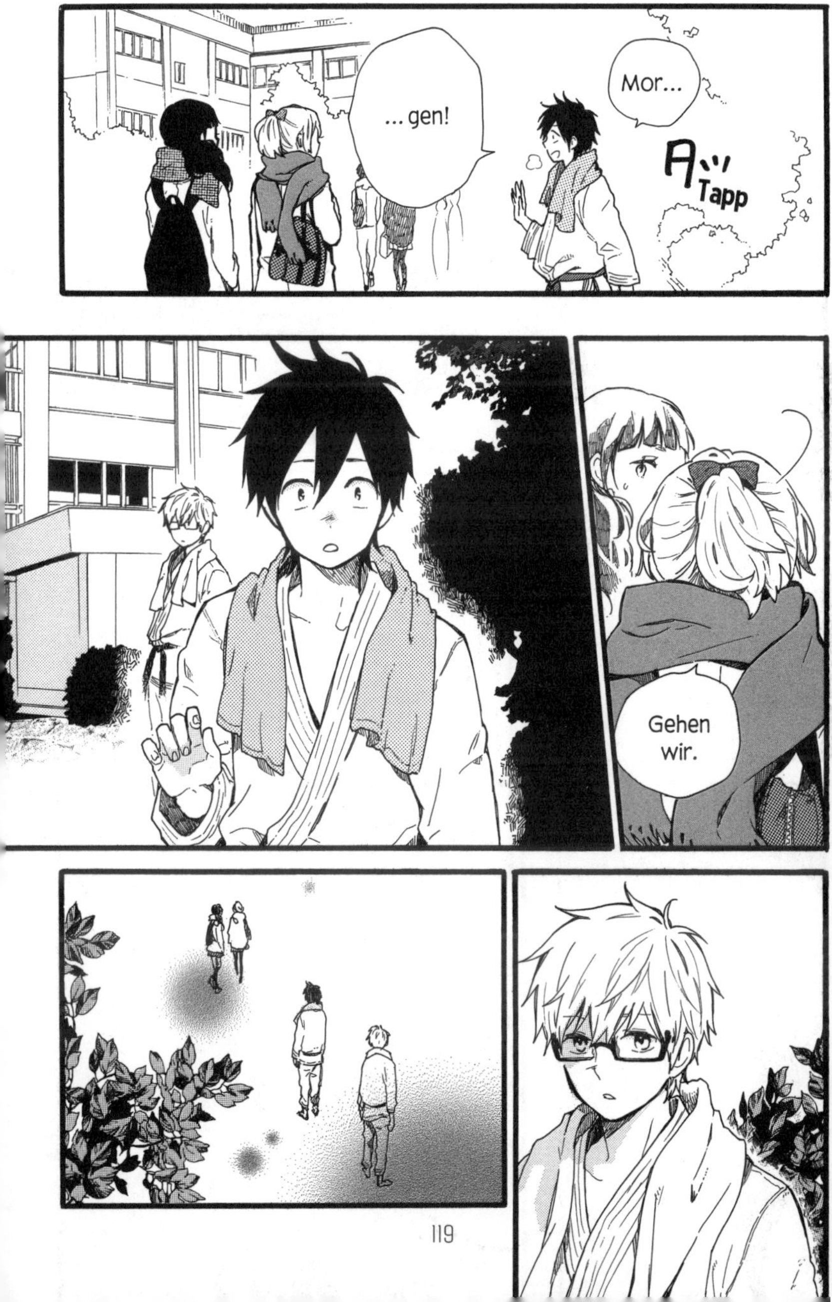

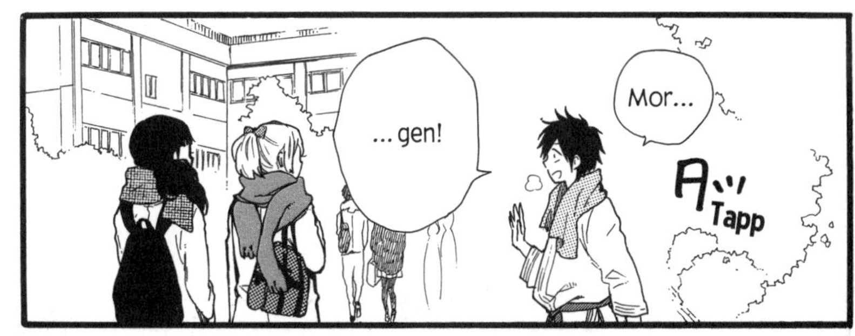

Gehen wir.

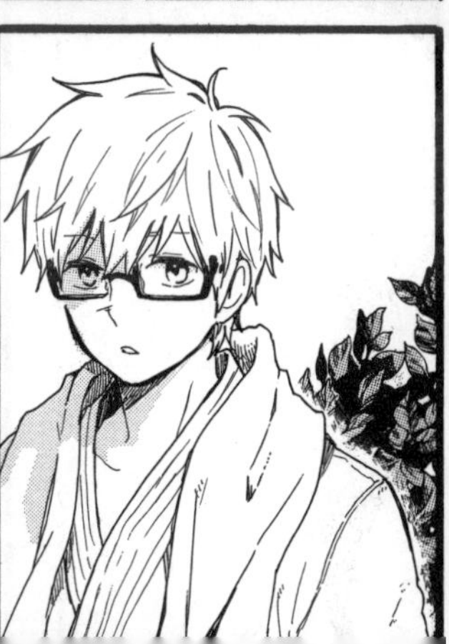

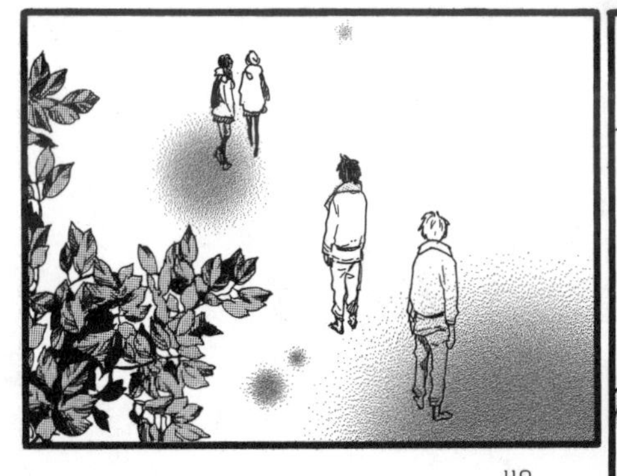

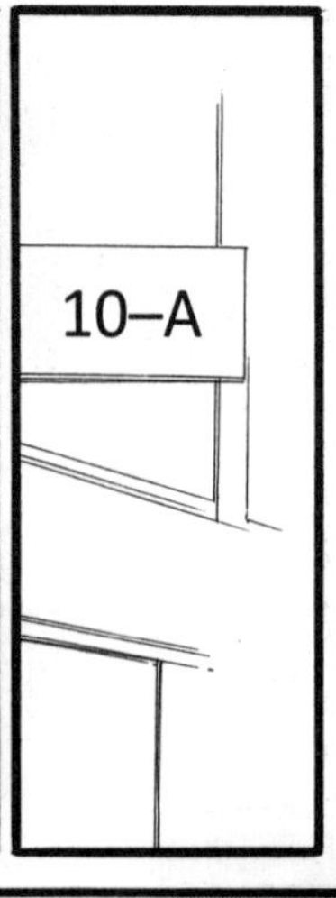

10–A

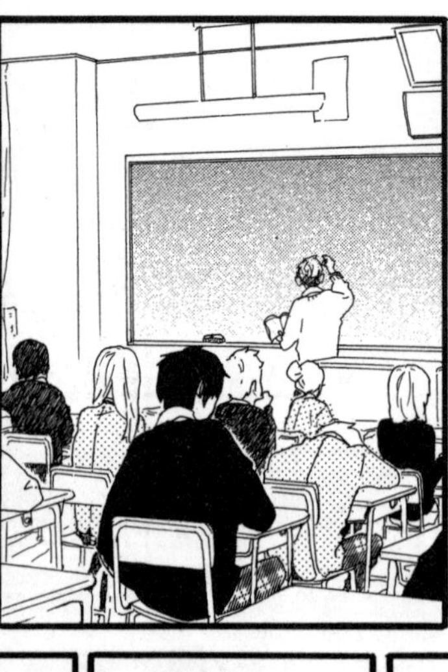

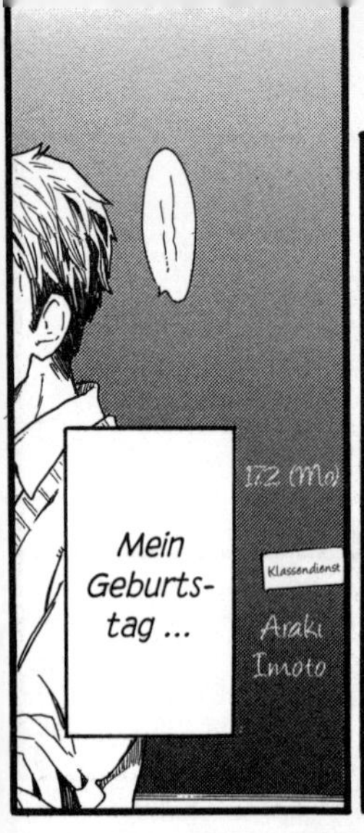

…
Mein Geburtstag …
17.2 (Mo)
Klassendienst
Araki
Imoto

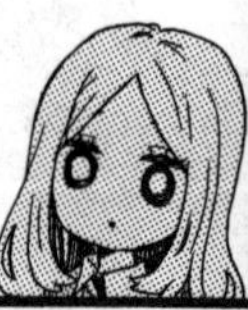

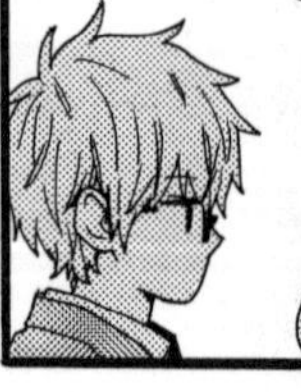

Ist es nicht komisch, wenn ich ihm das plötzlich sage?
Mein Geburtstag ist am 3. März!

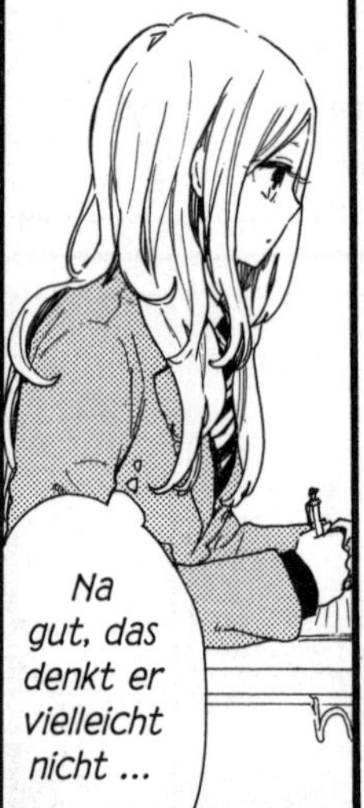

Klingt, als würde ich erwarten, dass er eine Feier organisiert.
Na gut, das denkt er vielleicht nicht …

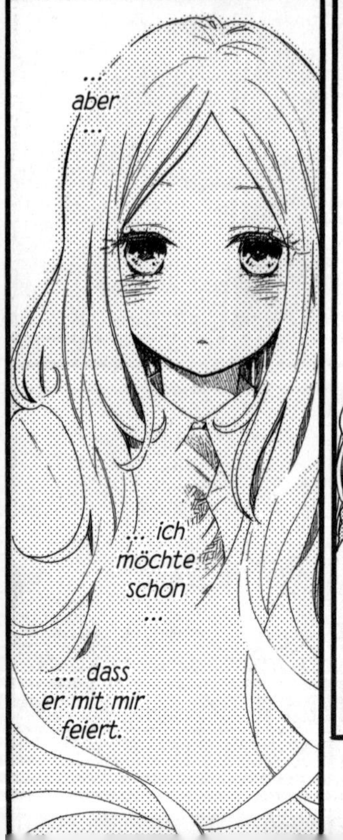

… aber …
… ich möchte schon …
… dass er mit mir feiert.

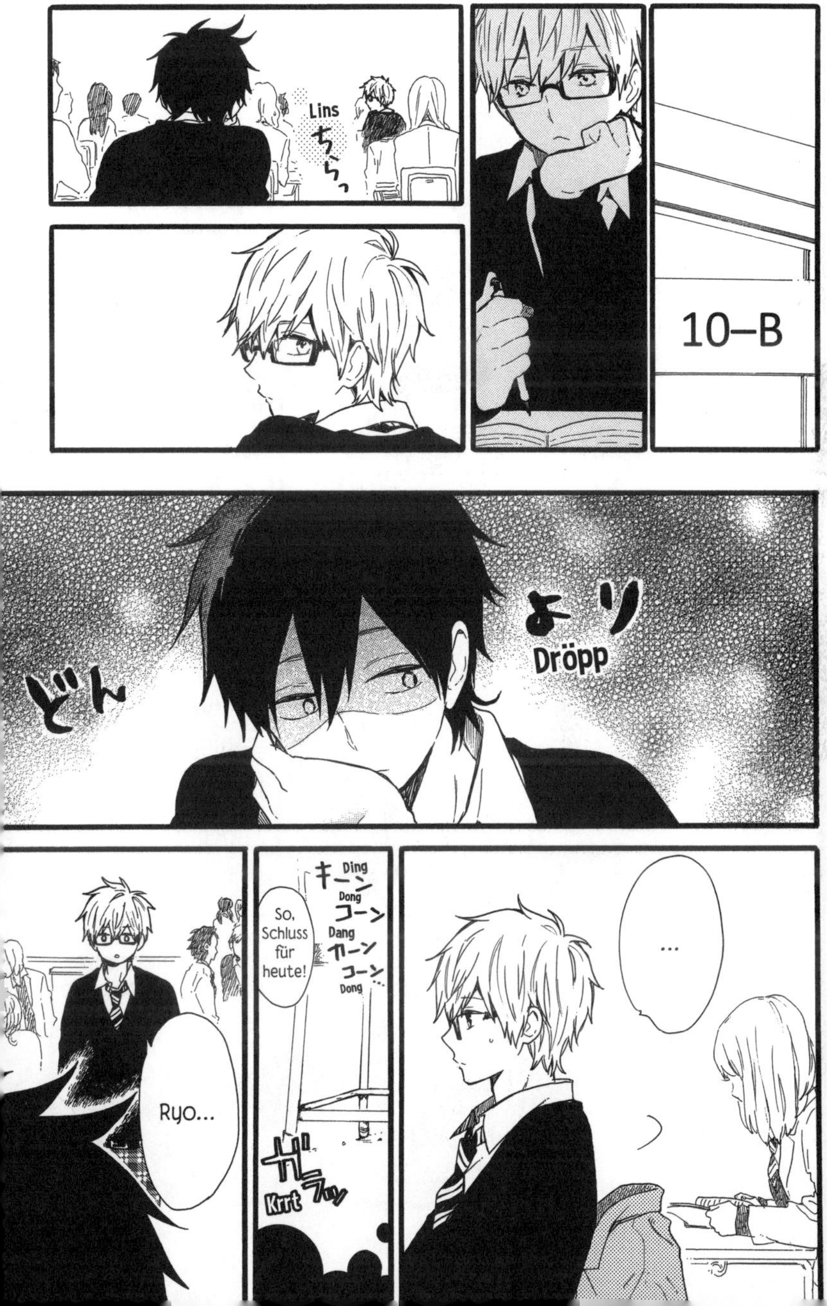

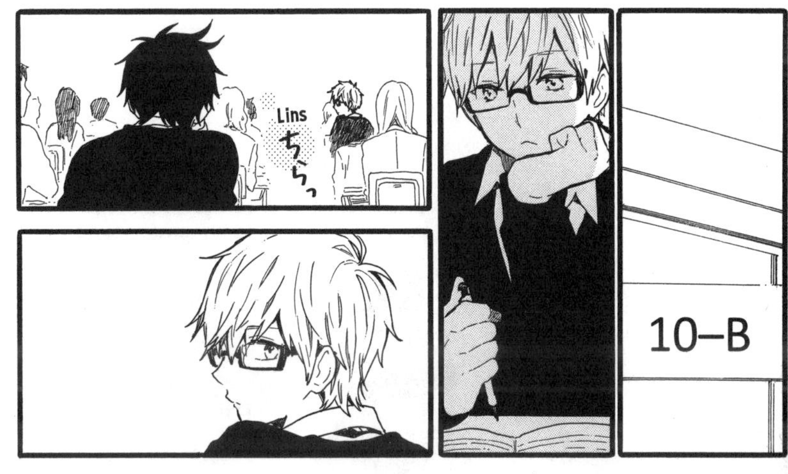

...
Ding
キーン
Dong
コーン
Dang
カーン
コーン
Dong
So, Schluss für heute!
ガラッ
Krrt
Ryo...

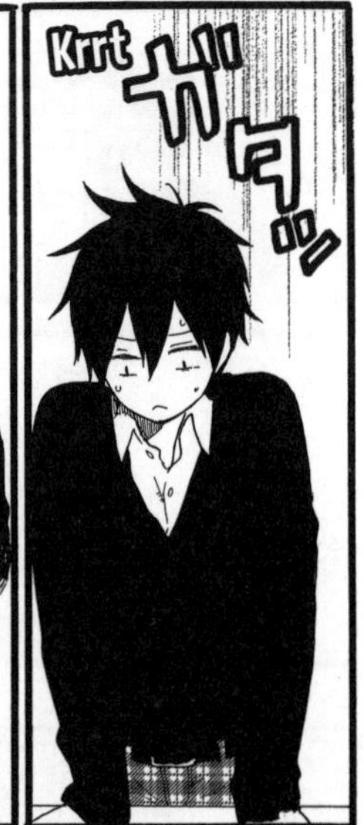
Krrt
ガタ

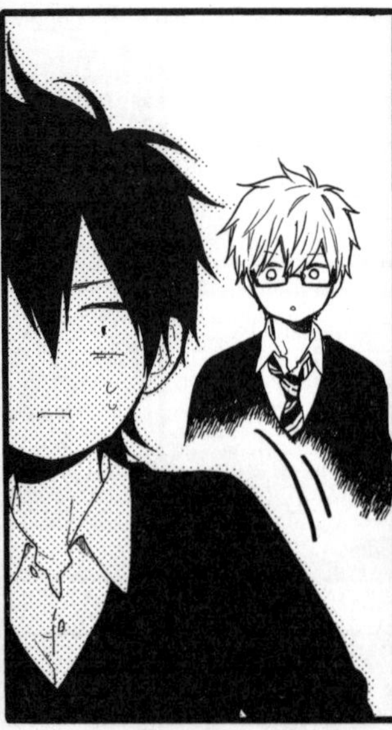

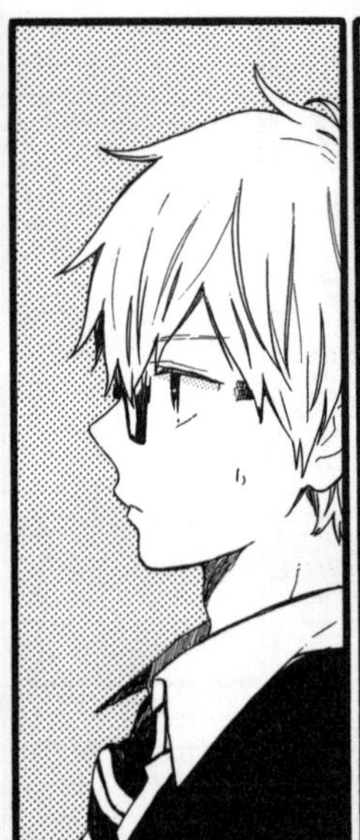

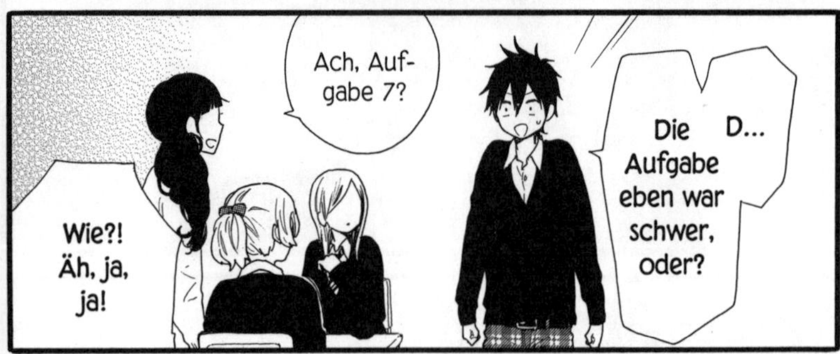
Die Aufgabe eben war schwer, oder?
D...
Ach, Aufgabe 7?
Wie?! Äh, ja, ja!

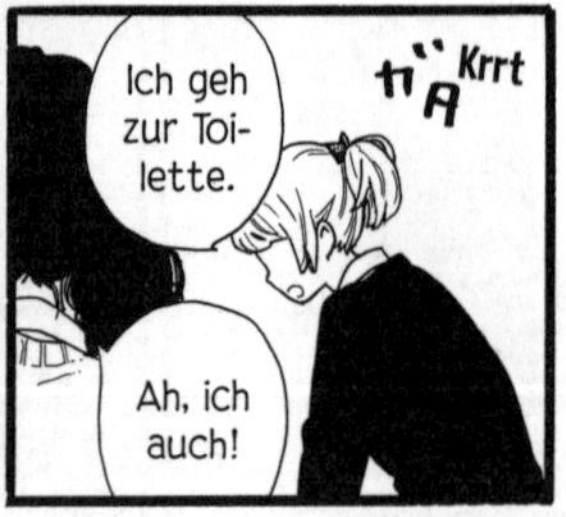
ガタ Krrt
Ich geh zur Toilette.
Ah, ich auch!

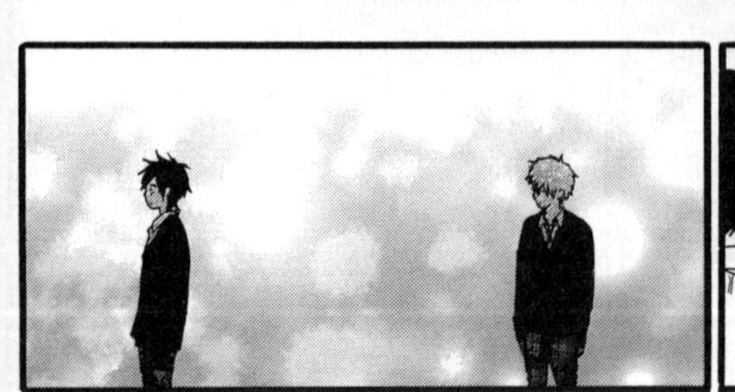

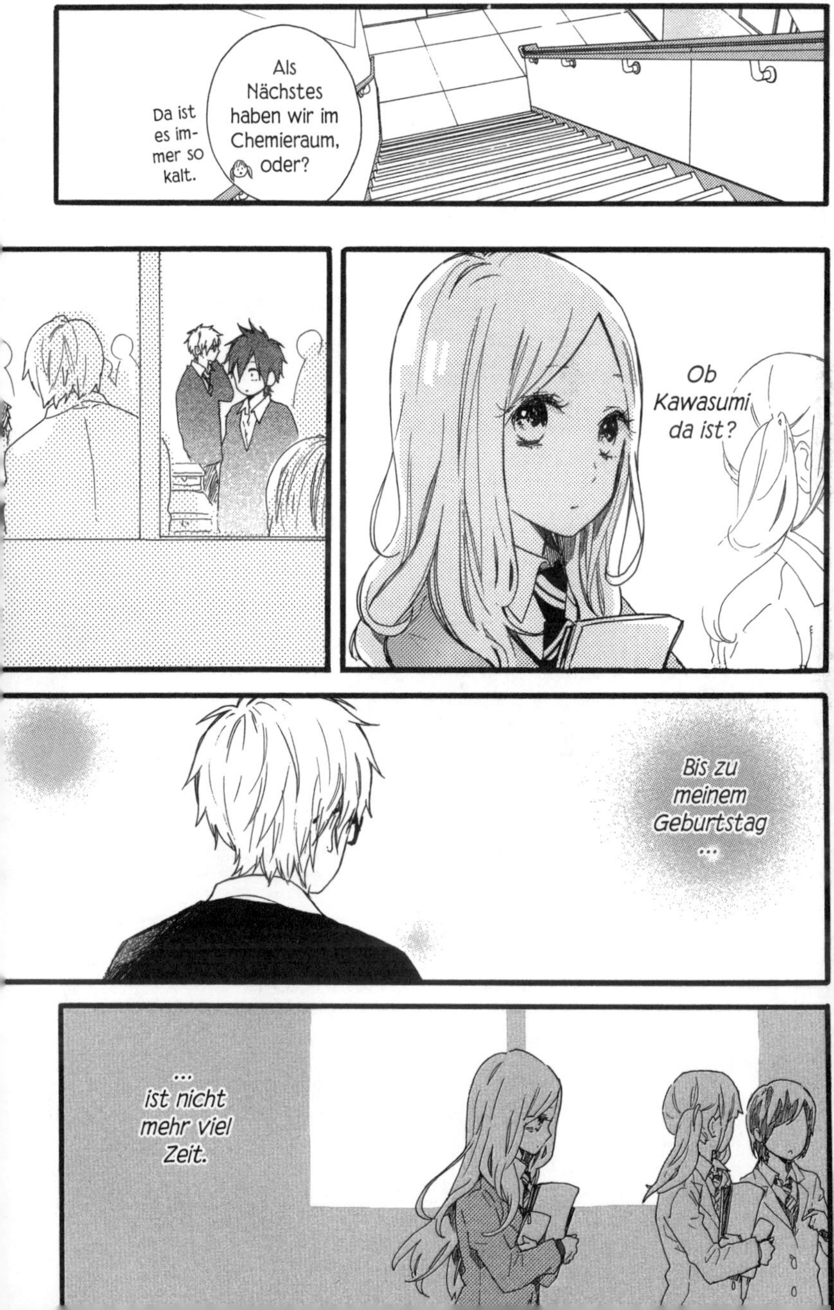

Als Nächstes haben wir im Chemieraum, oder?
Da ist es immer so kalt.
Ob Kawasumi da ist?
Bis zu meinem Geburtstag ...

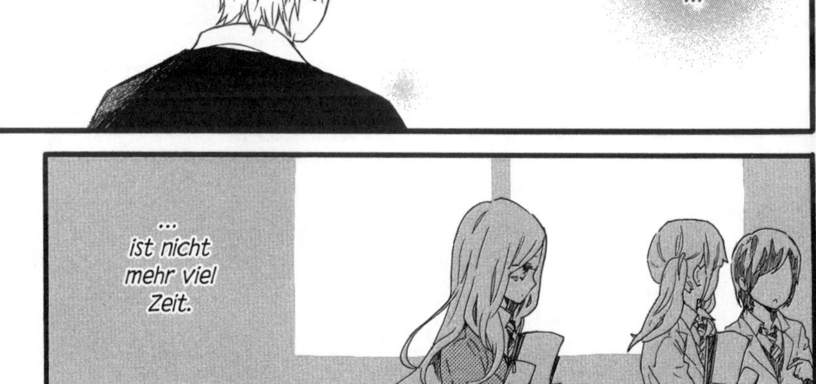

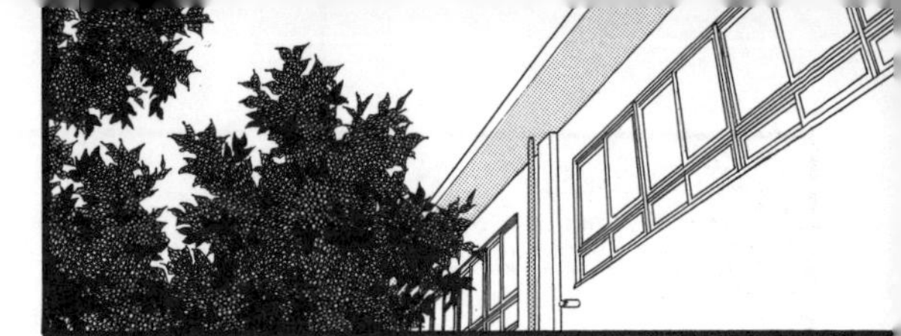
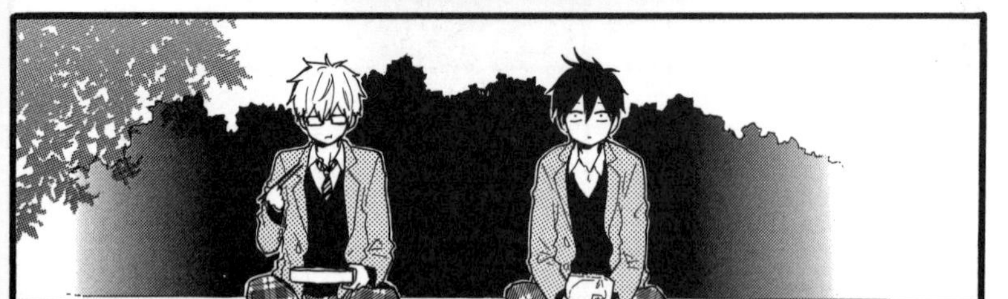
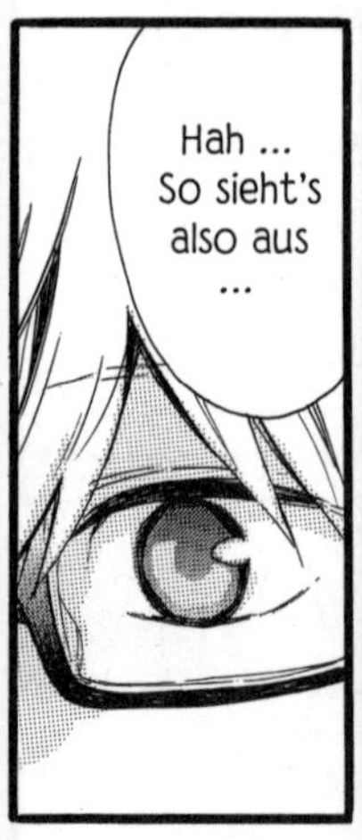
Hah ...
So sieht's
also aus
...
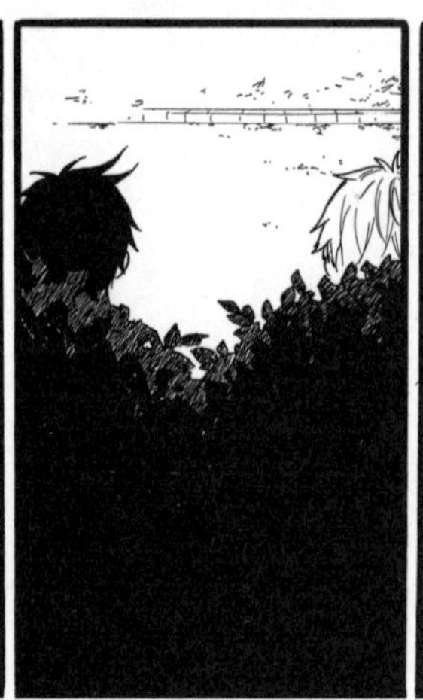
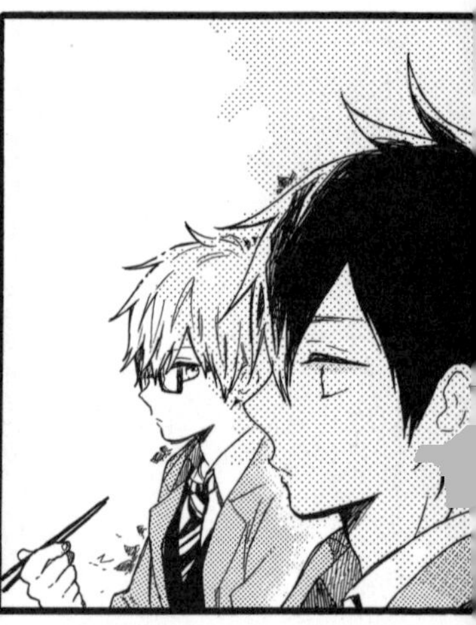
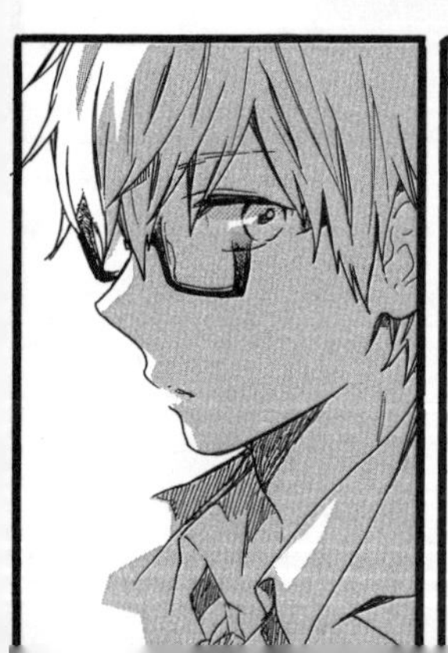
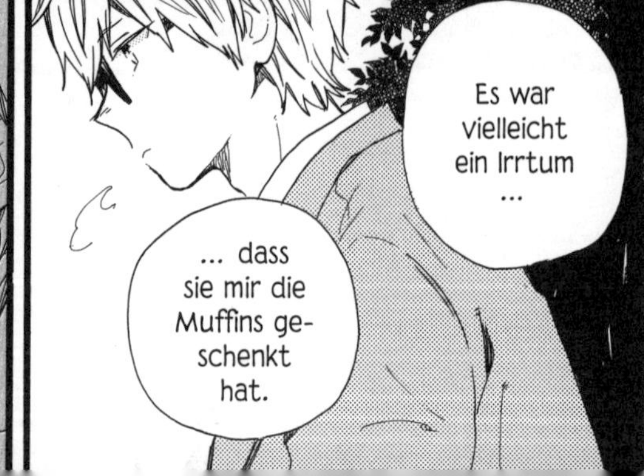
Es war
vielleicht
ein Irrtum
...
... dass
sie mir die
Muffins ge-
schenkt
hat.

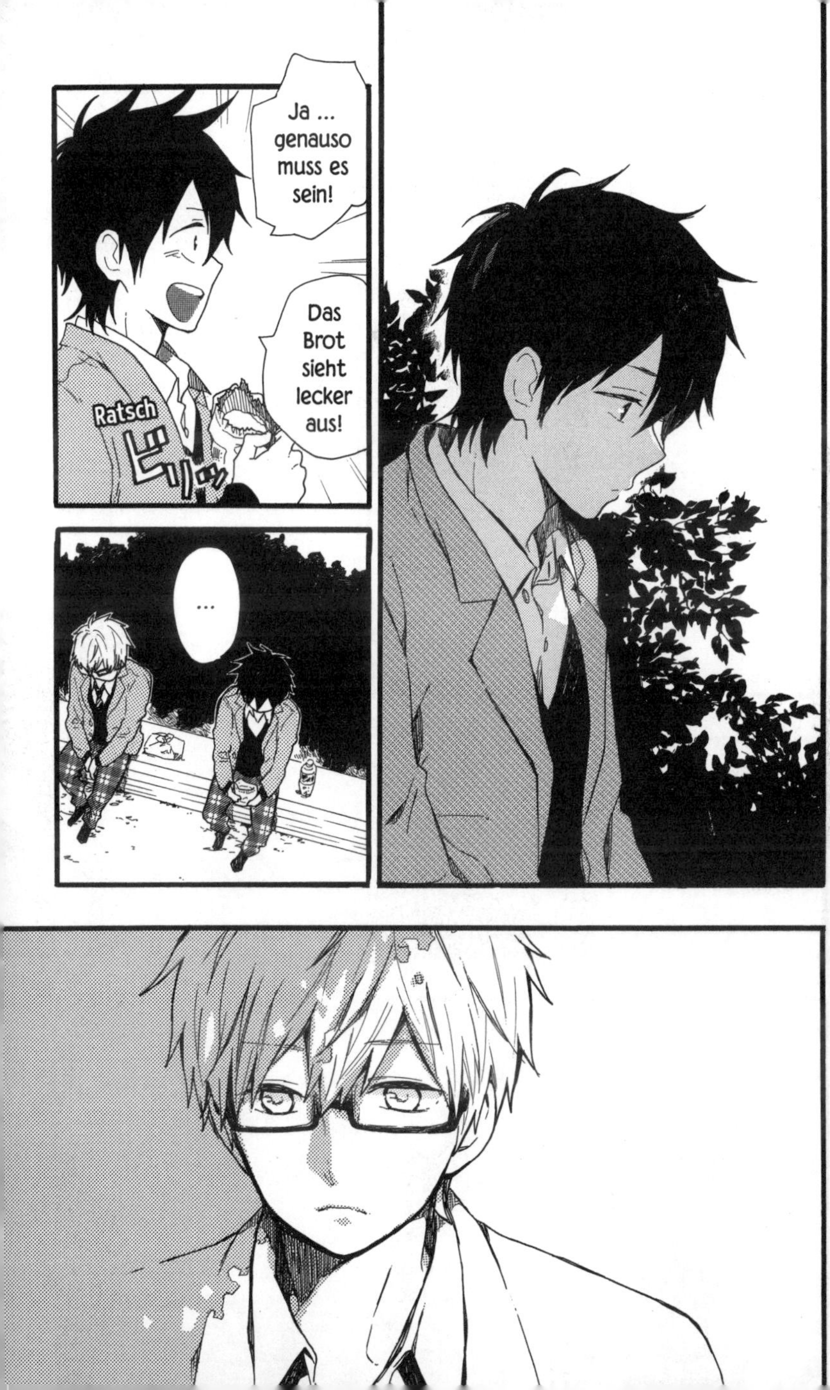

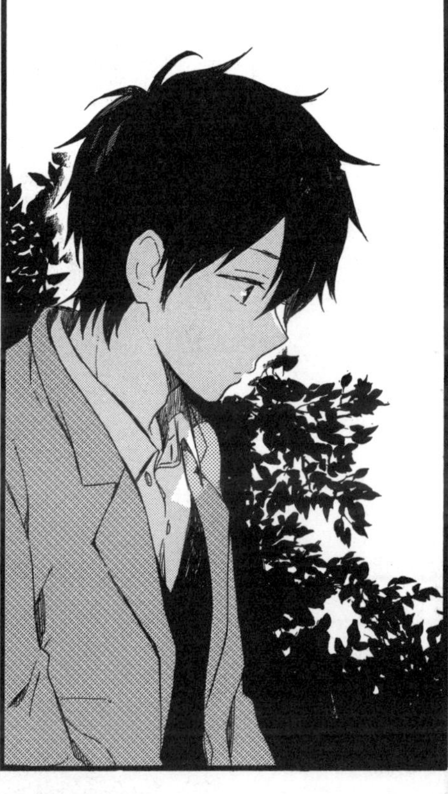

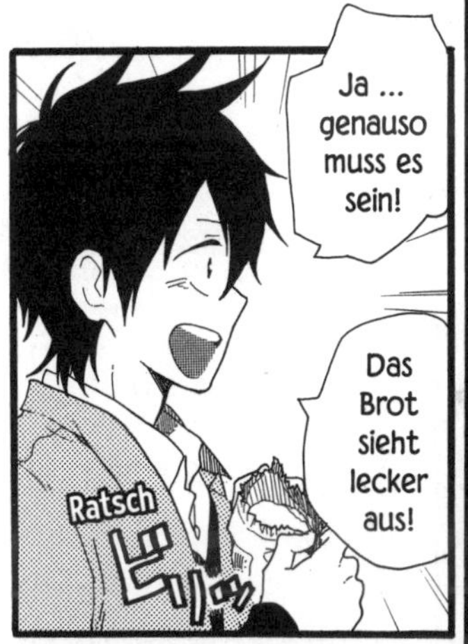
Ja ... genauso muss es sein!
Das Brot sieht lecker aus!
Ratsch

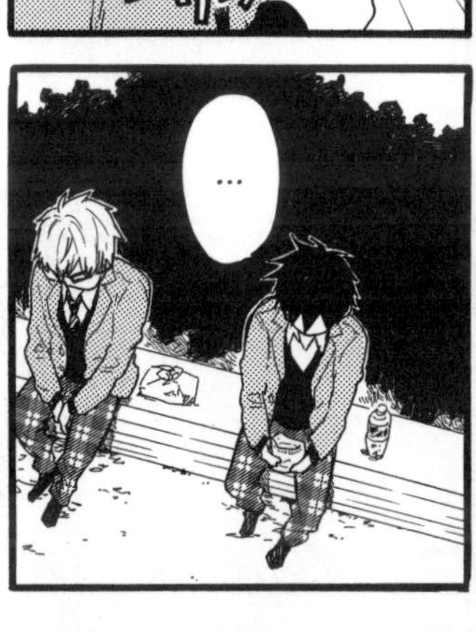
...

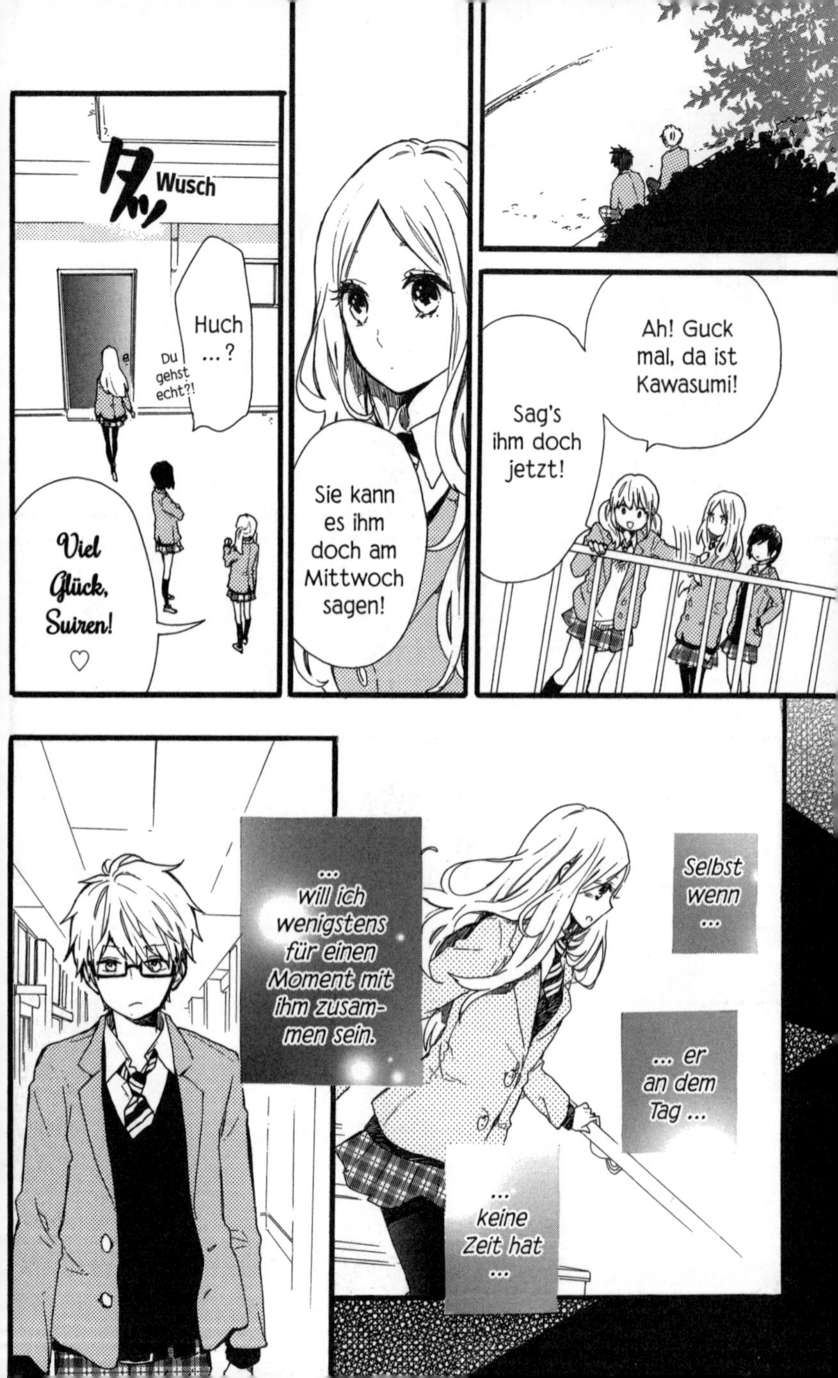
Ah! Guck mal, da ist Kawasumi!
Sag's ihm doch jetzt!
Sie kann es ihm doch am Mittwoch sagen!
Wusch
Huch ...?
Du gehst echt?!
Viel Glück, Suiren! ♡
Selbst wenn ...
... er an dem Tag ...
... keine Zeit hat ...
... will ich wenigstens für einen Moment mit ihm zusammen sein.

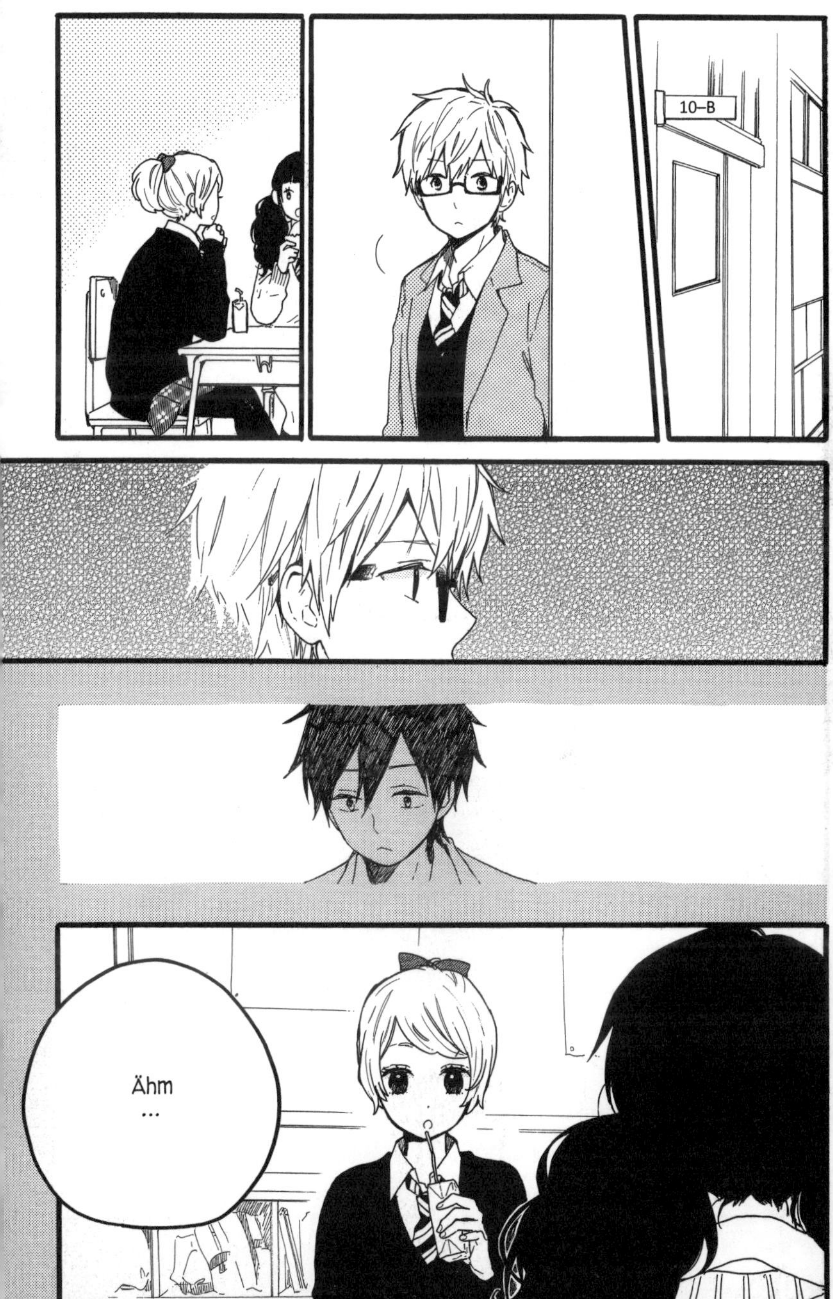
10–B
Ähm
...

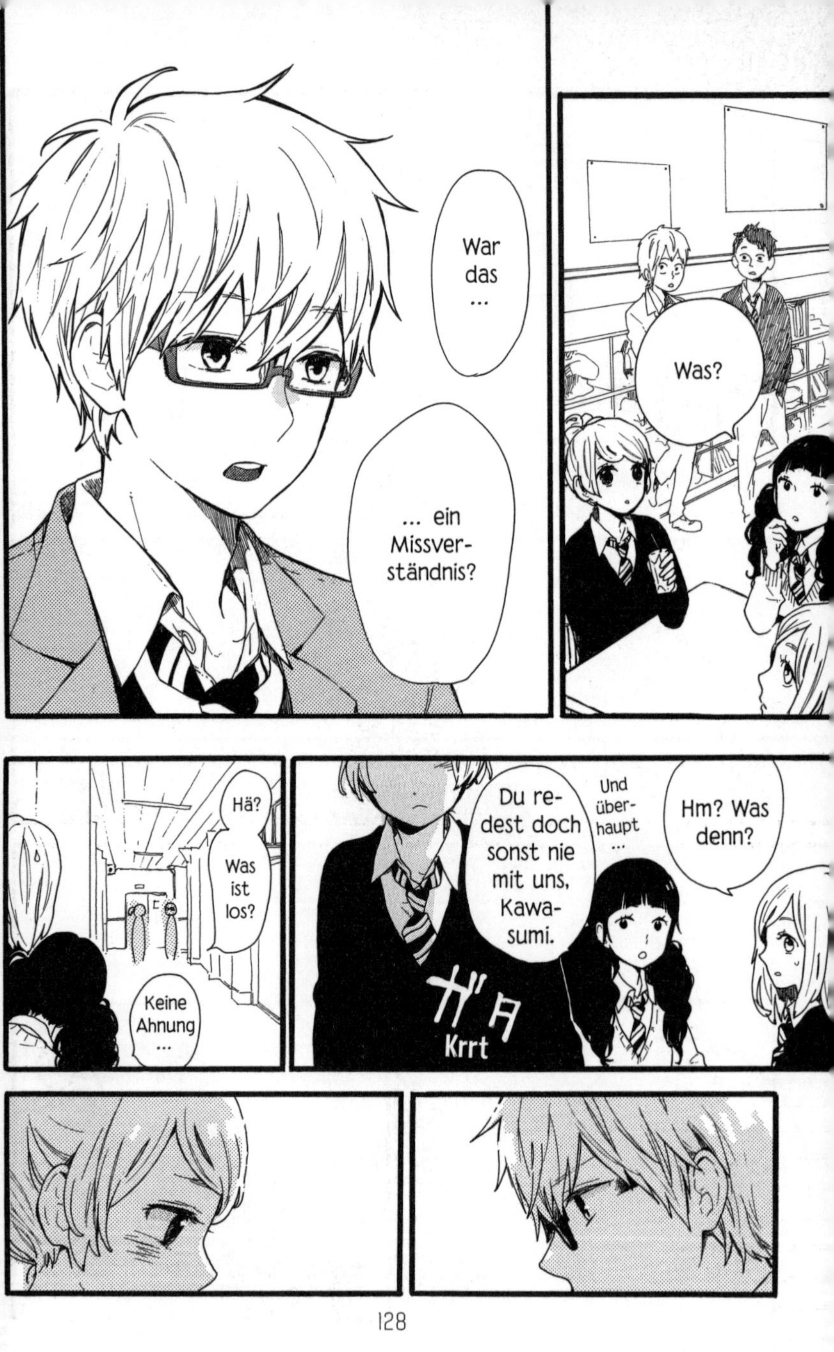

War das ...

... ein Missverständnis?

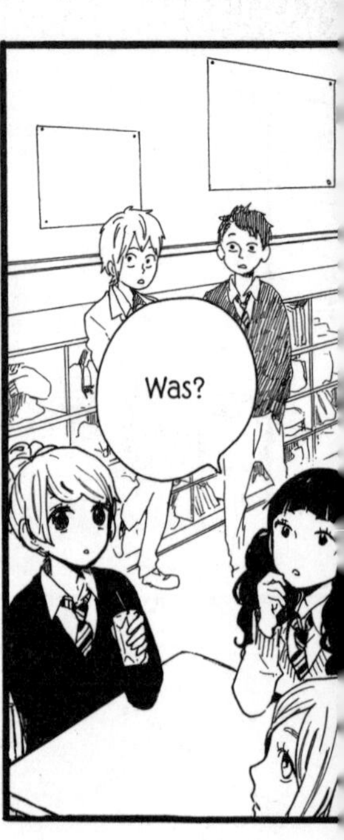

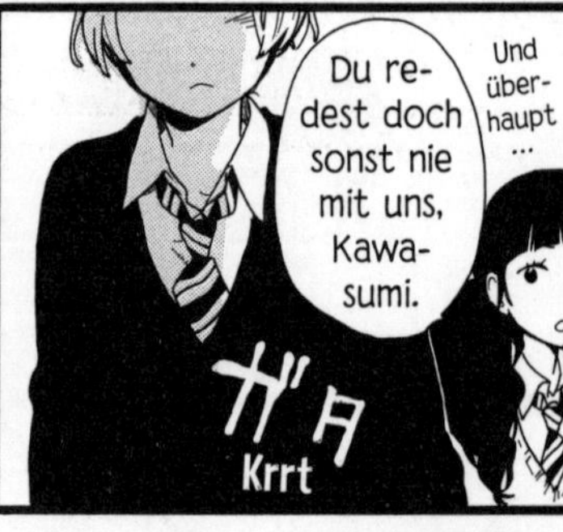

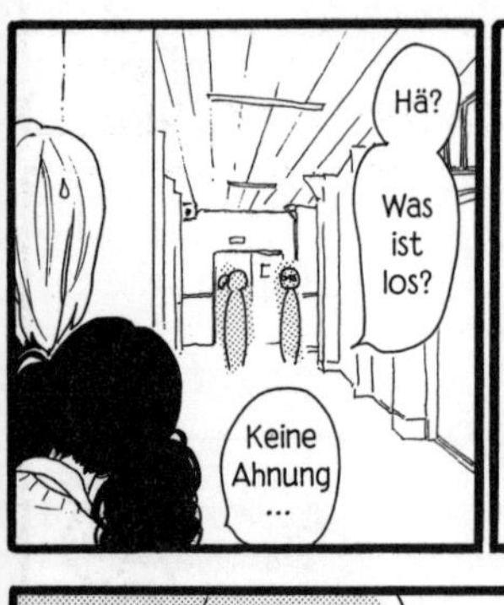

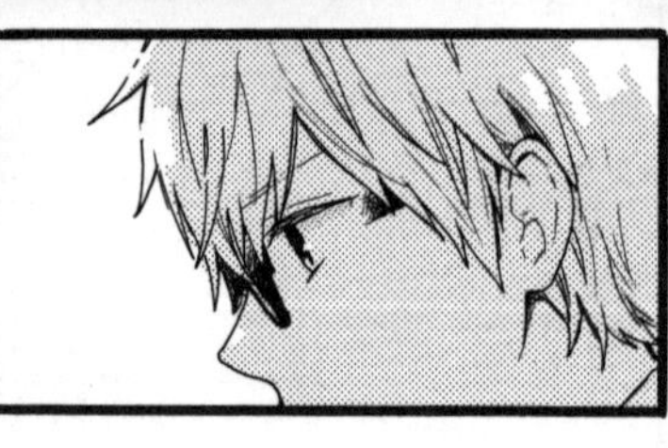

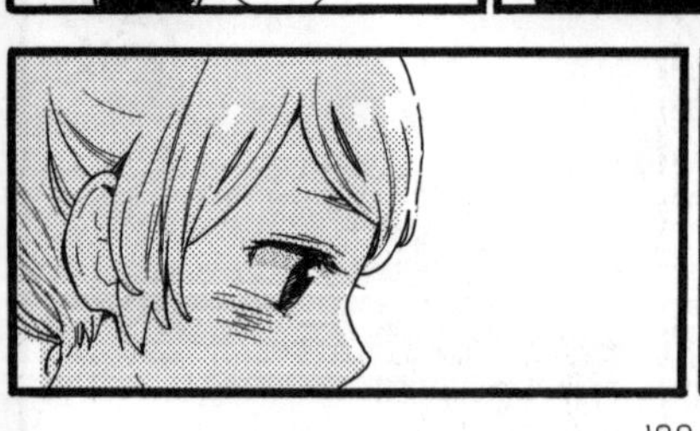

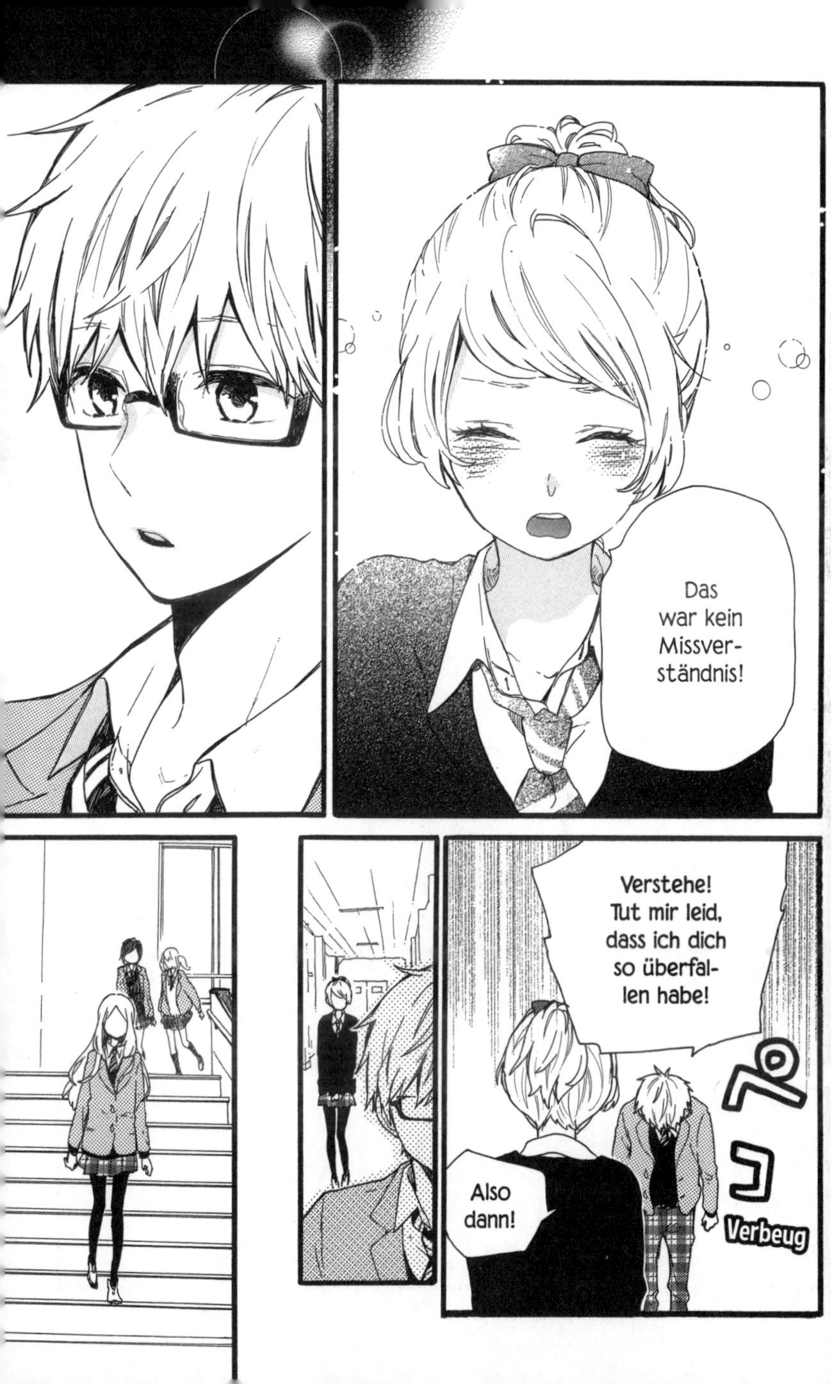

Das war kein Missverständnis!

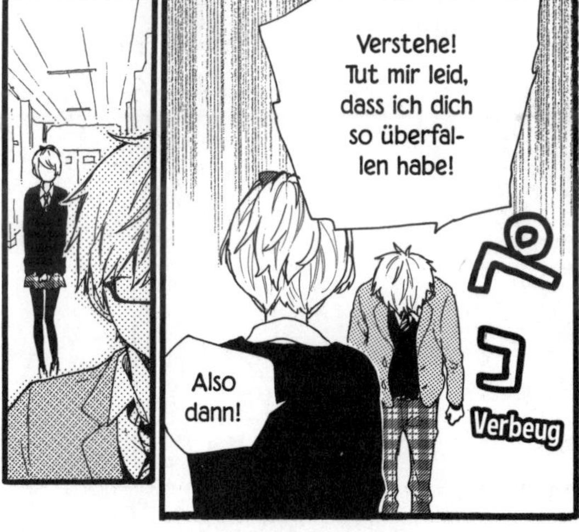

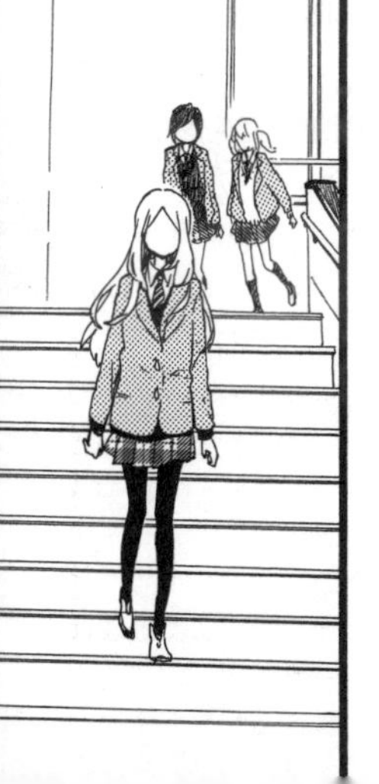

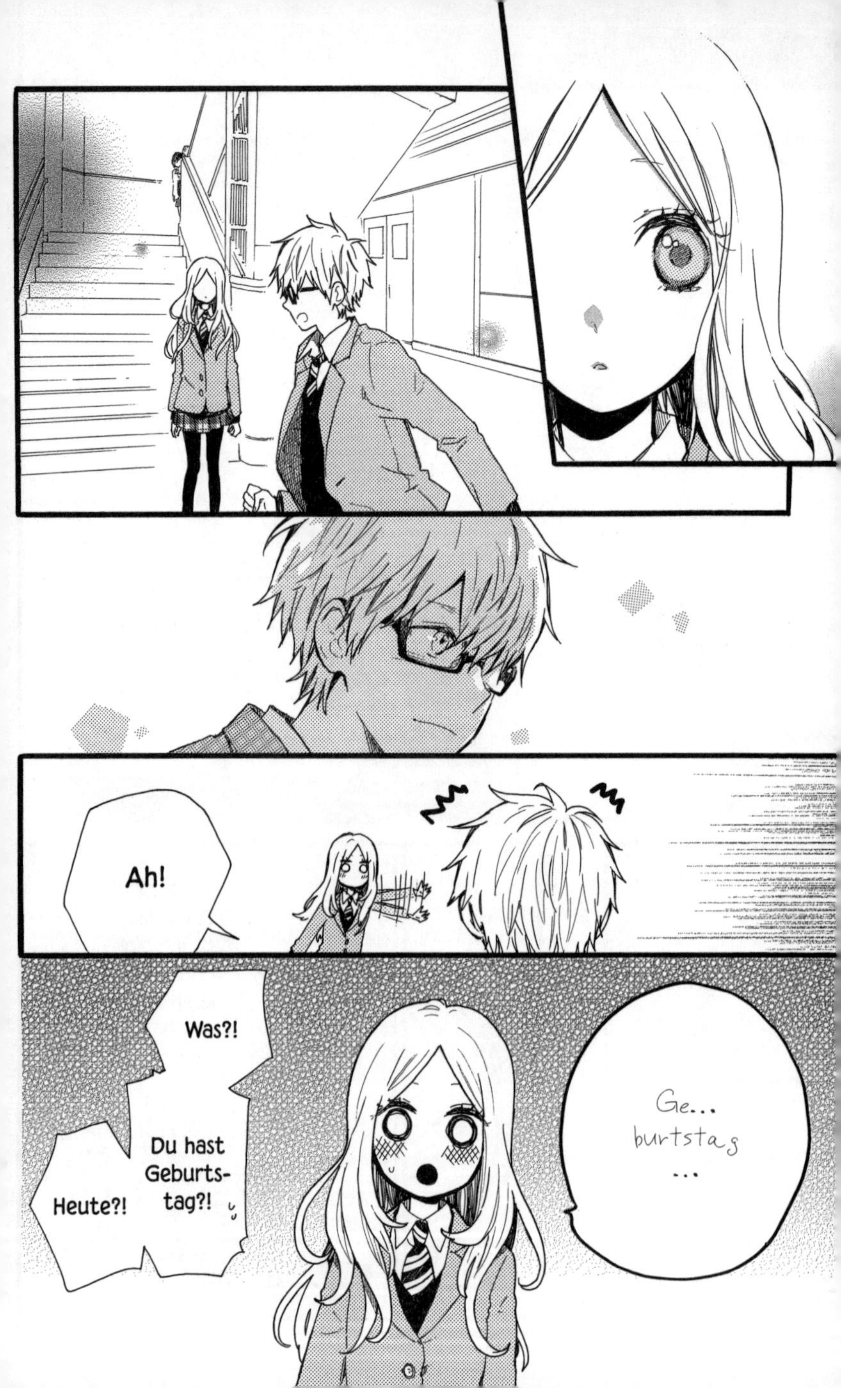

Ah!
Ge... burtstag ...
Was?!
Du hast Geburtstag?!
Heute?!

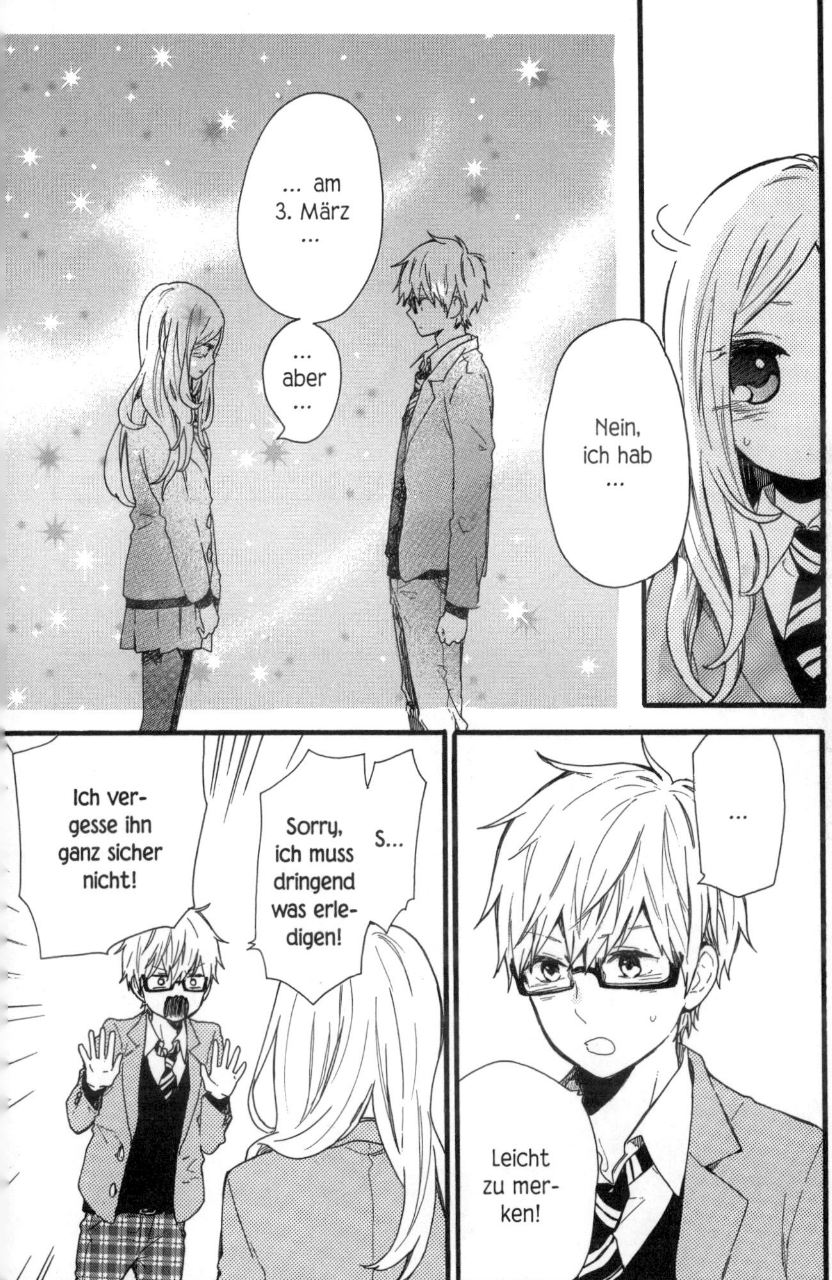
Nein, ich hab ...
... am 3. März ...
... aber ...
...
Leicht zu mer-ken!
S...
Sorry, ich muss dringend was erle-digen!
Ich ver-gesse ihn ganz sicher nicht!

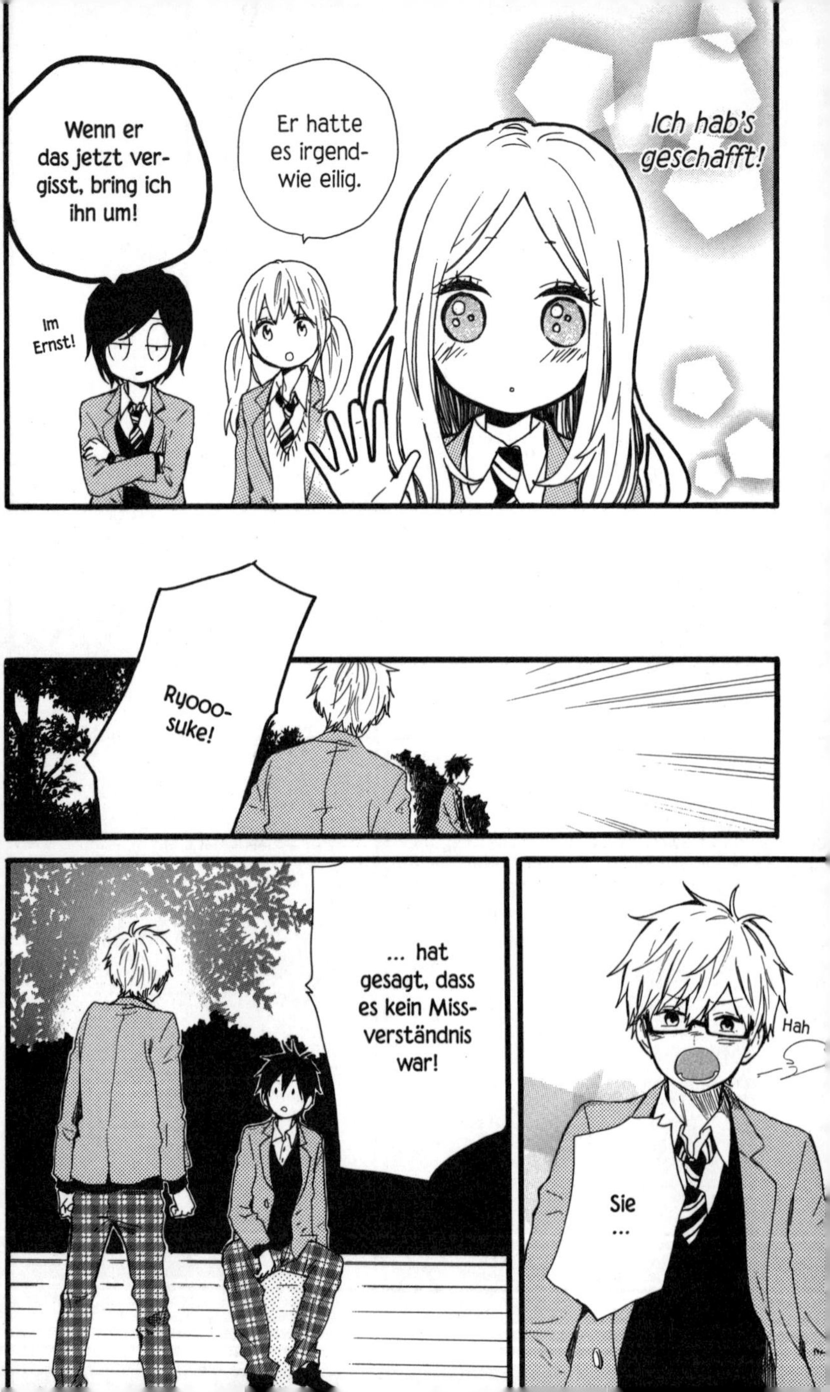

Ich hab's geschafft!

Er hatte es irgendwie eilig.

Wenn er das jetzt vergisst, bring ich ihn um!

Im Ernst!

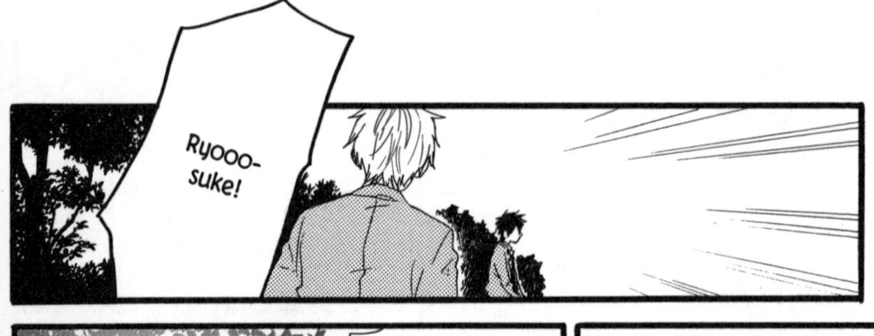

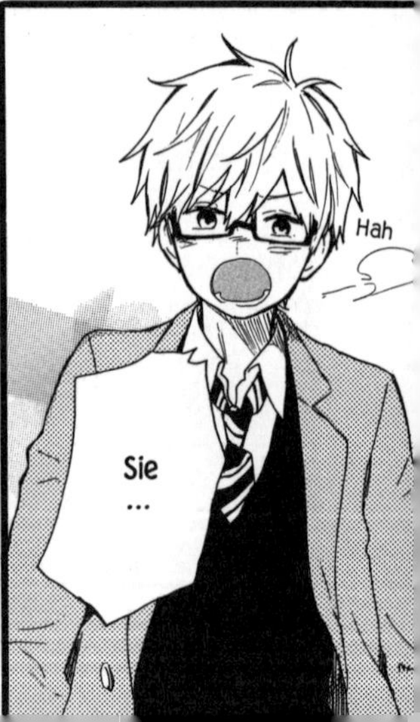

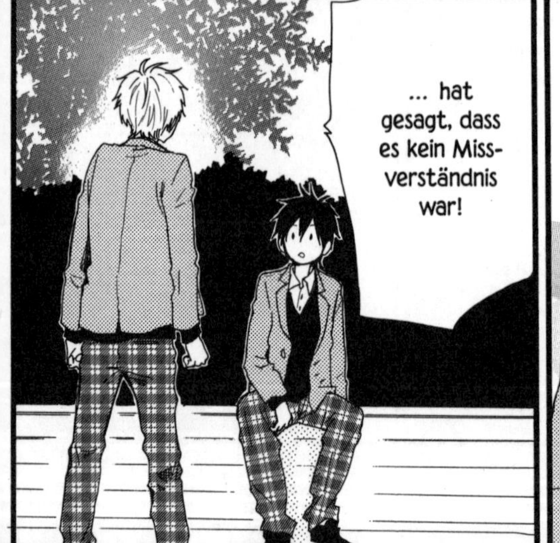

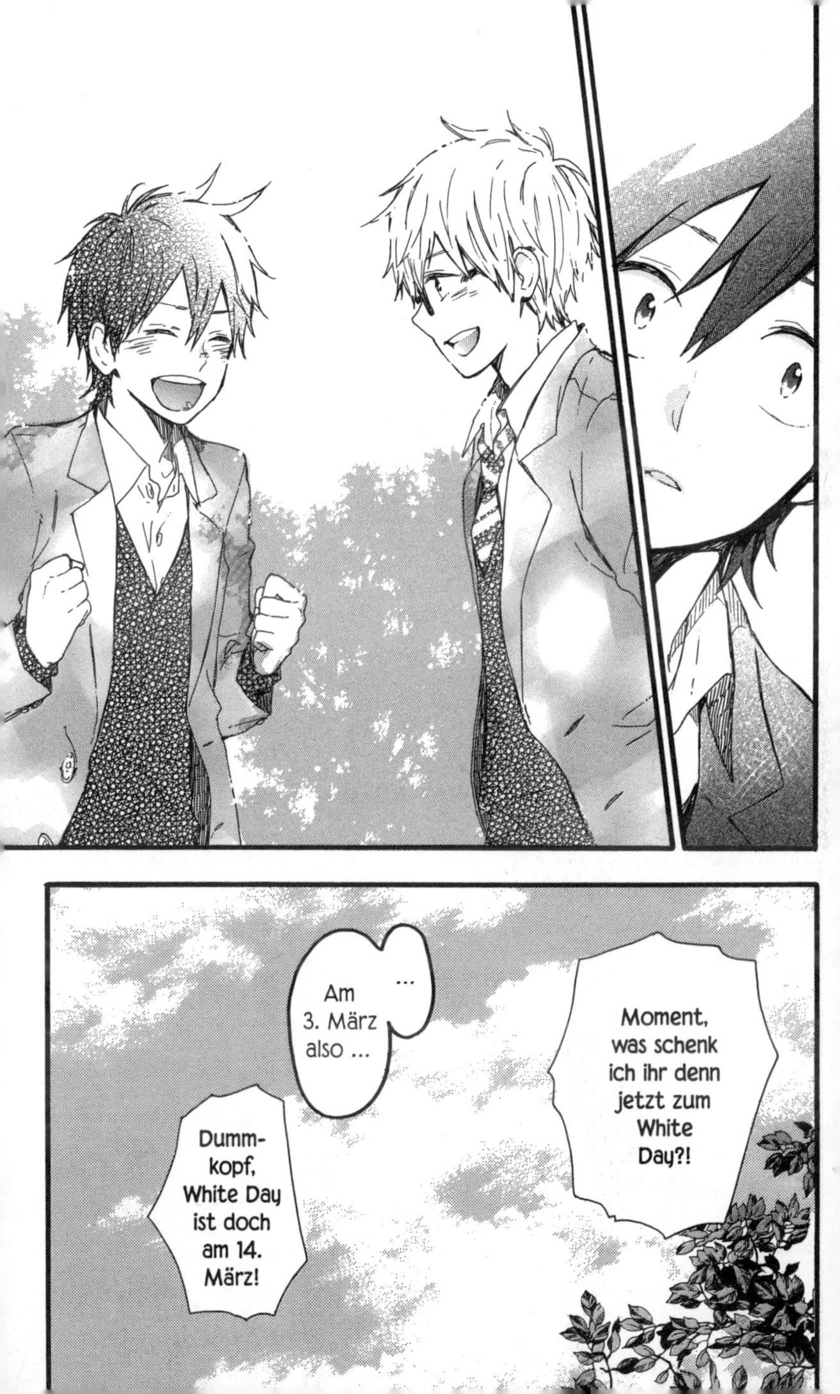

Moment, was schenk ich ihr denn jetzt zum White Day?!

...

Am 3. März also ...

Dummkopf, White Day ist doch am 14. März!

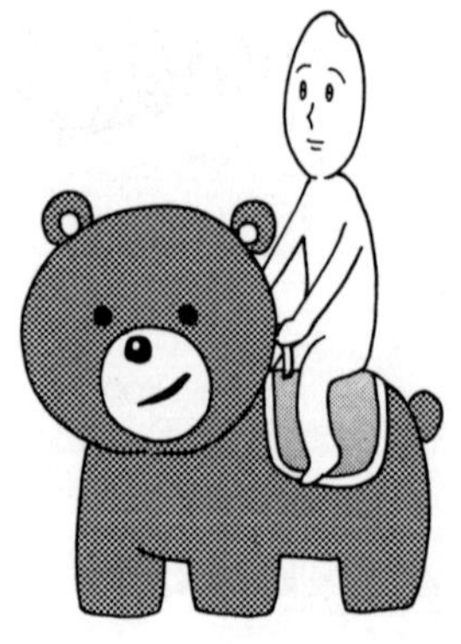

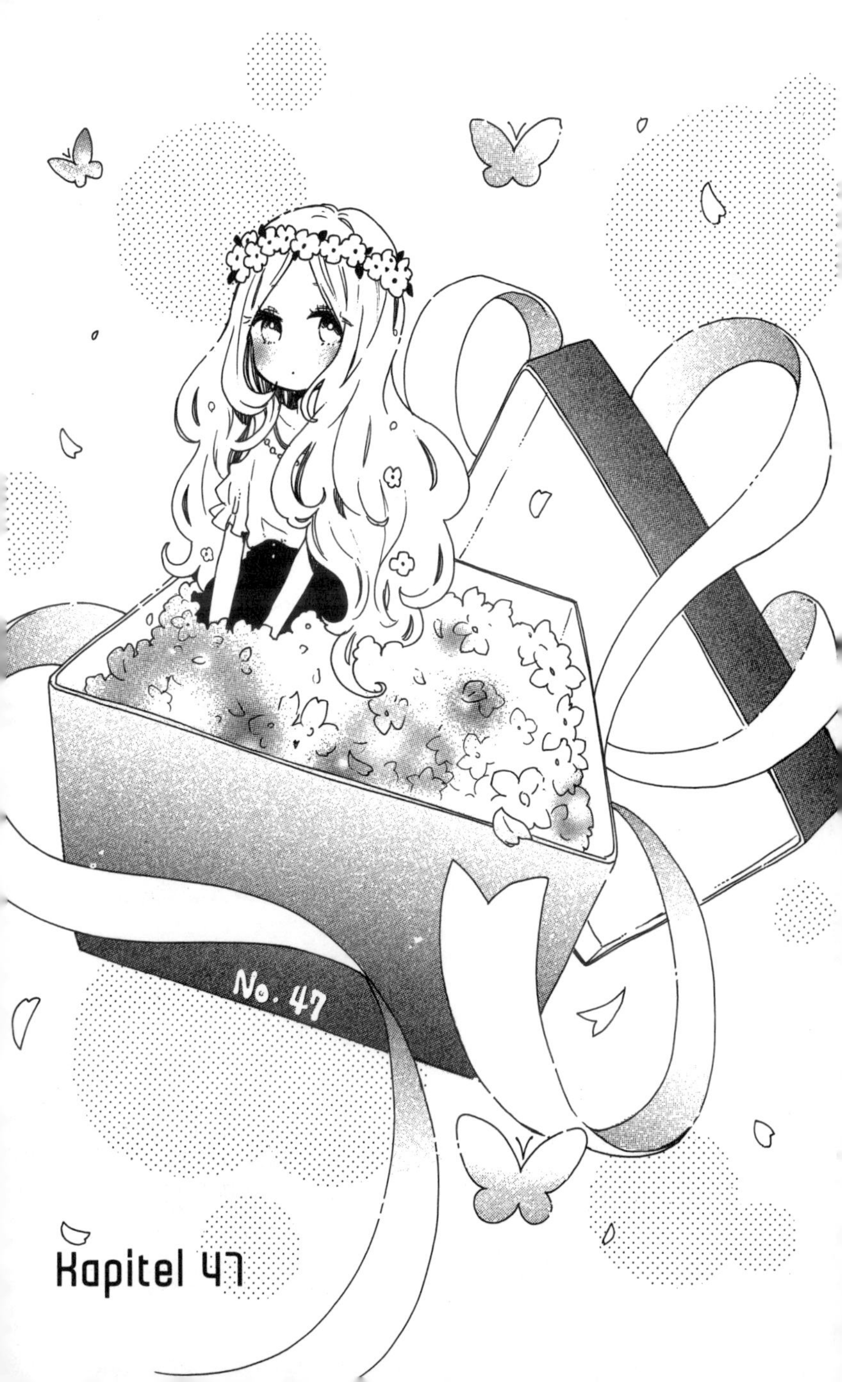

Kapitel 47

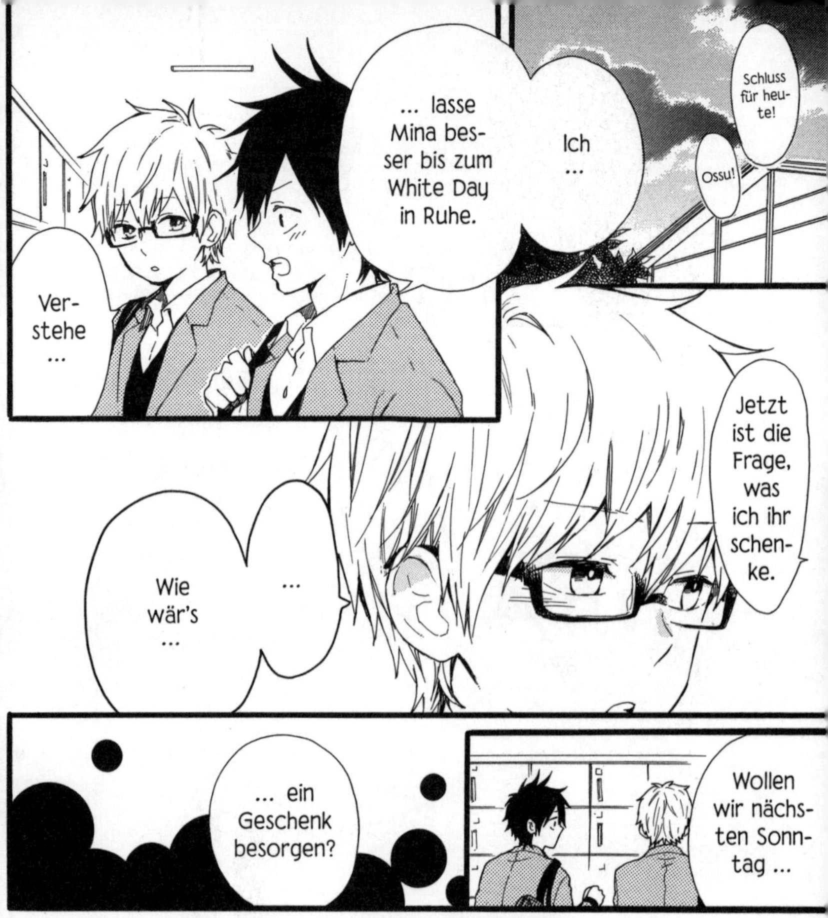

Schluss für heute!

Ossu!

Ich ...

... lasse Mina besser bis zum White Day in Ruhe.

Verstehe ...

Jetzt ist die Frage, was ich ihr schenke.

...

Wie wär's ...

Wollen wir nächsten Sonntag ...

... ein Geschenk besorgen?

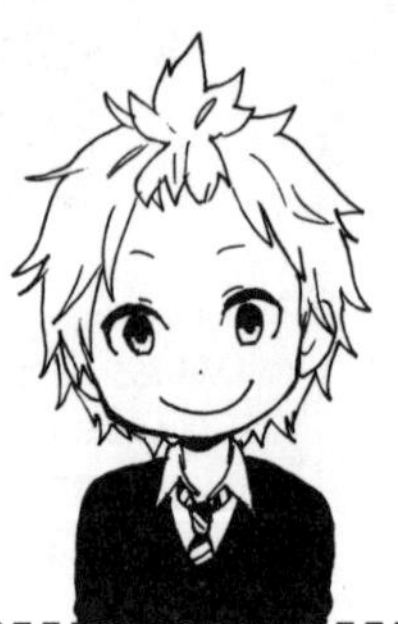

Aki Kawata

Geboren am 30. September
Blutgruppe: 0
Größe: 1,79 m
Lieblingsfächer: Sport und Mathe
Familie: Mutter, kleiner Bruder, kleine Schwester

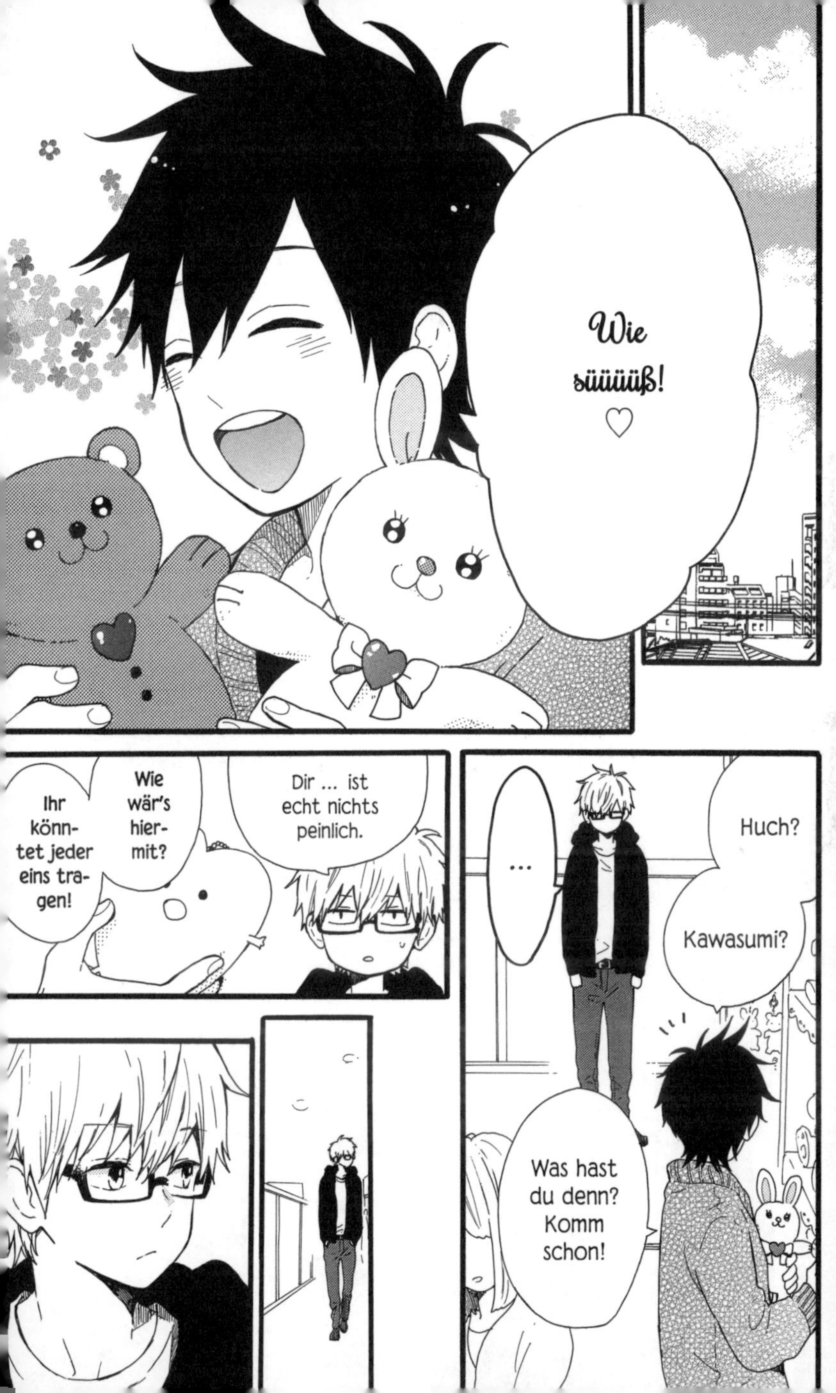
Wie süüüüüß! ♡
Wie wär's hiermit?
Ihr könntet jeder eins tragen!
Dir ... ist echt nichts peinlich.
Huch?
Kawasumi?
...
Was hast du denn? Komm schon!

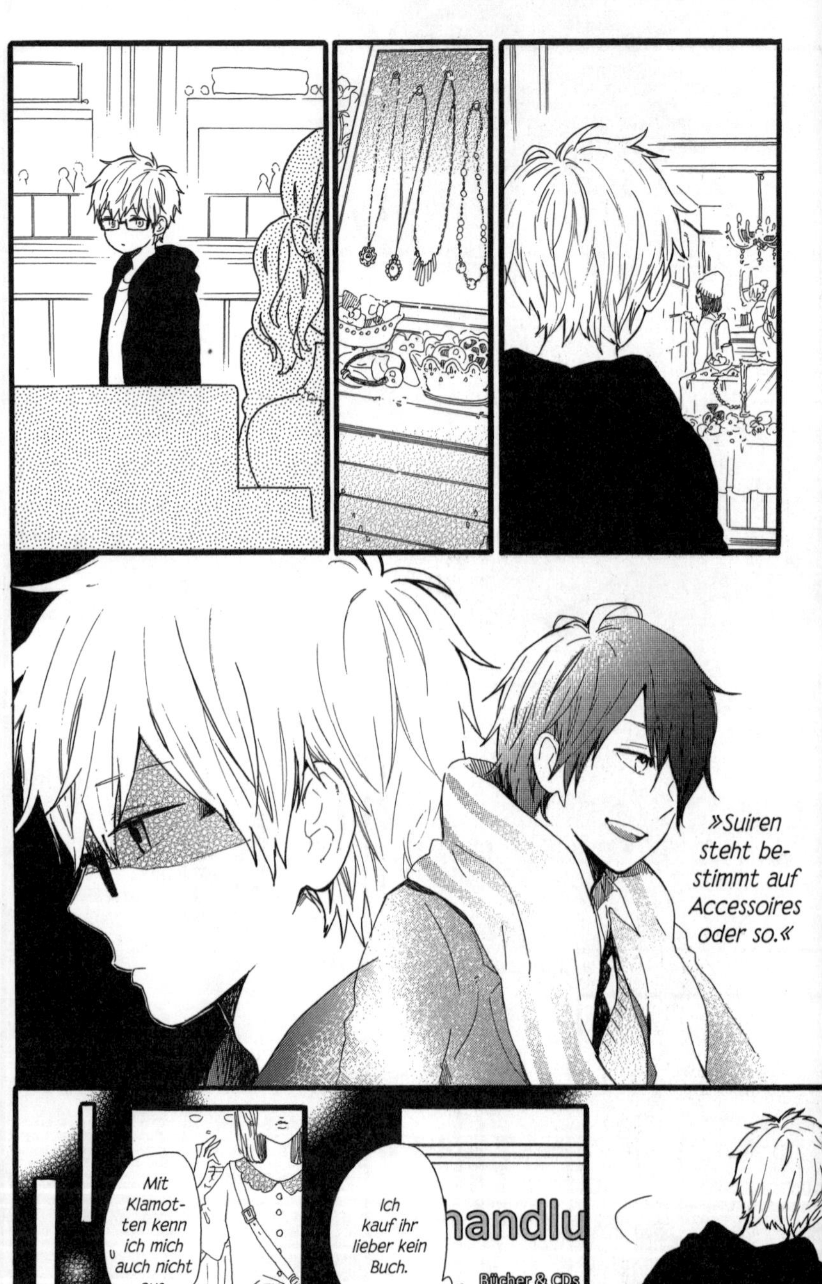
»Suiren steht bestimmt auf Accessoires oder so.«
Mit Klamotten kenn ich mich auch nicht aus.
Ich kauf ihr lieber kein Buch.
handlu
Bücher & CDs

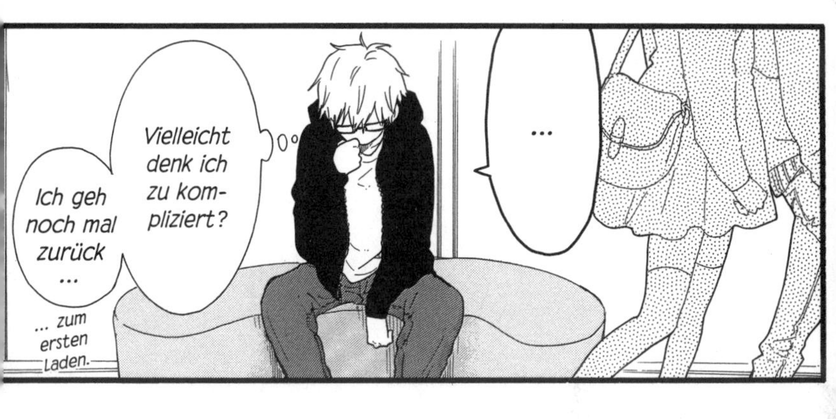

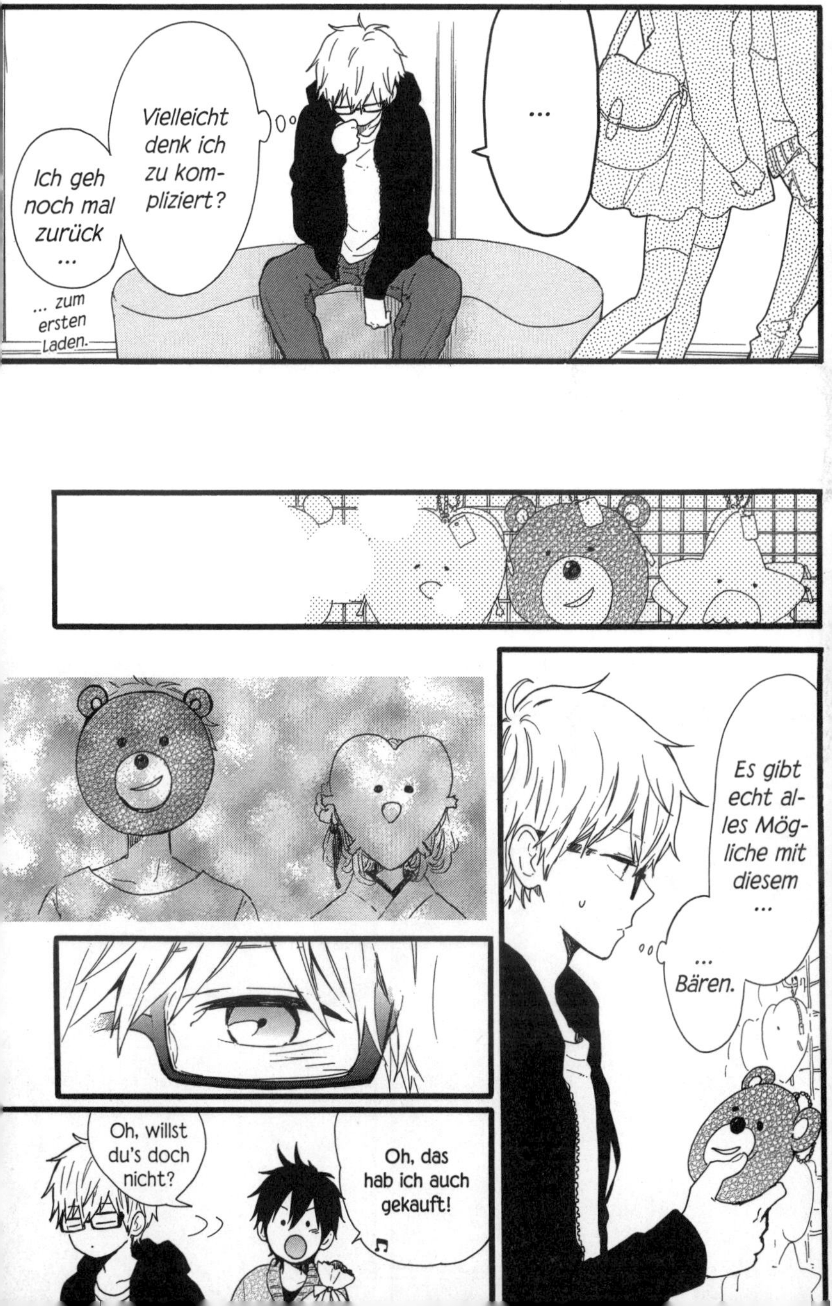

Es gibt echt alles Mögliche mit diesem ...

... Bären.

Oh, das hab ich auch gekauft!

Oh, willst du's doch nicht?

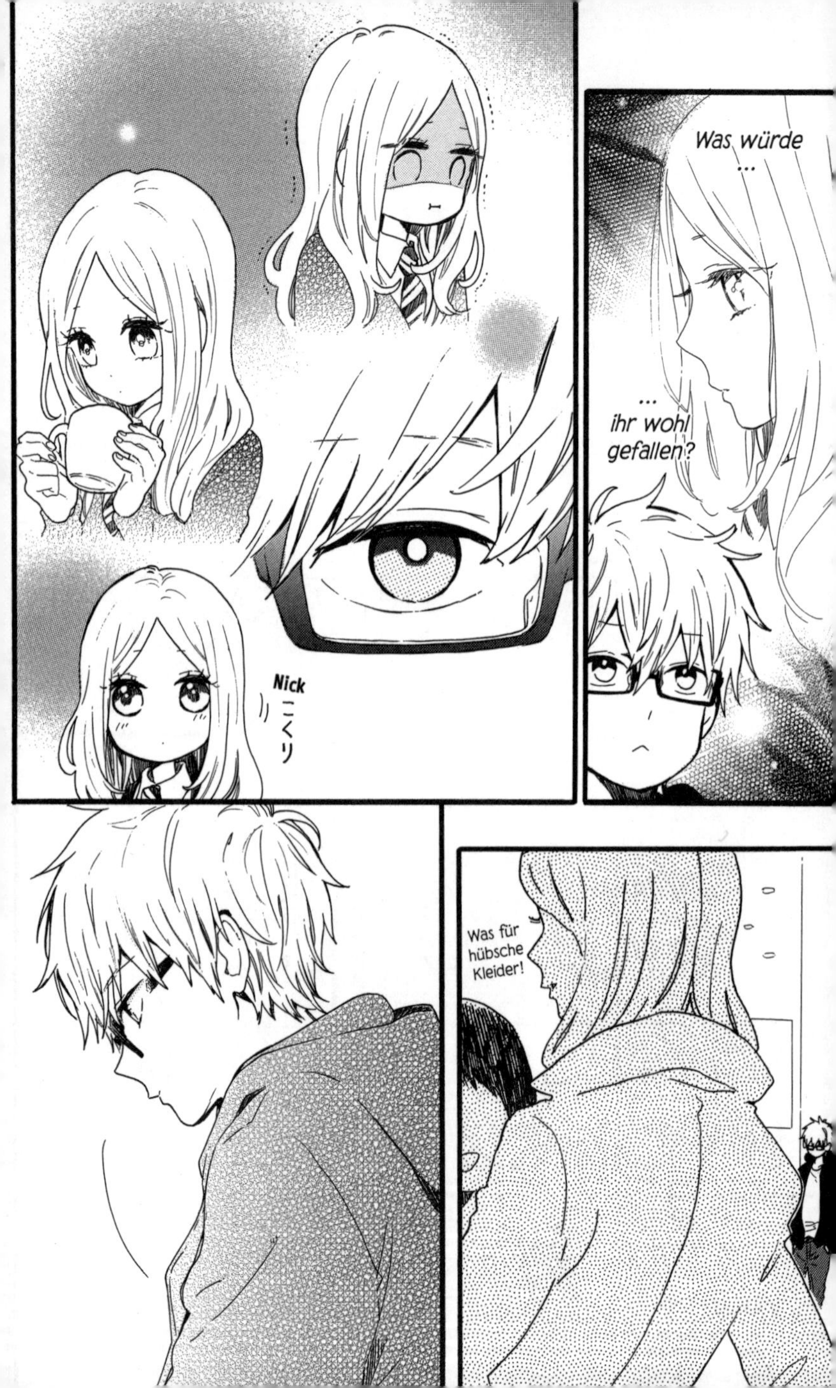
Nick
こくり
Was würde
...
...
ihr wohl
gefallen?
Was für
hübsche
Kleider!

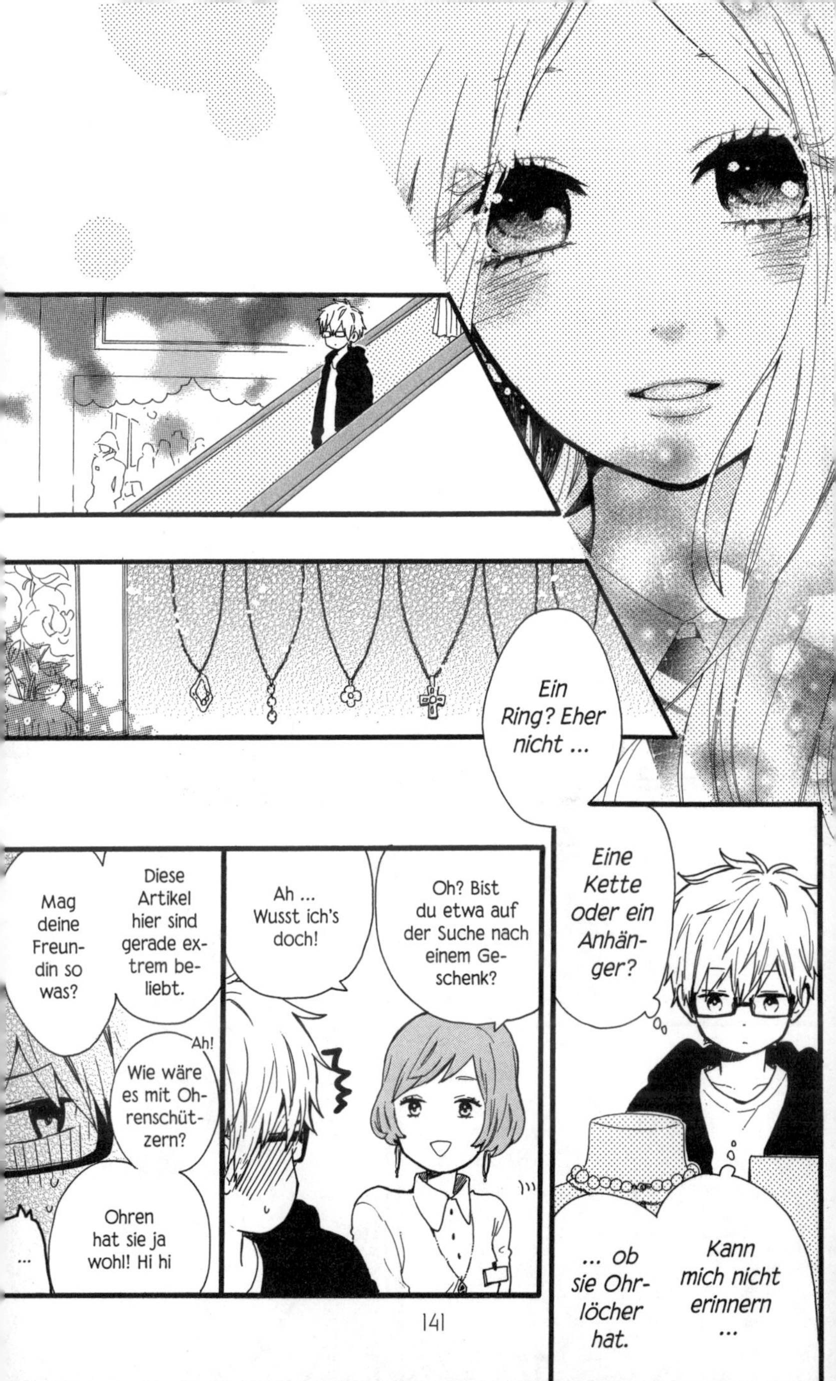
Ein Ring? Eher nicht ...
Eine Kette oder ein Anhänger?
Kann mich nicht erinnern ...
... ob sie Ohrlöcher hat.
Oh? Bist du etwa auf der Suche nach einem Geschenk?
Ah ... Wusst ich's doch!
Diese Artikel hier sind gerade extrem beliebt.
Mag deine Freundin so was?
Ah!
Wie wäre es mit Ohrenschützern?
Ohren hat sie ja wohl! Hi hi
...

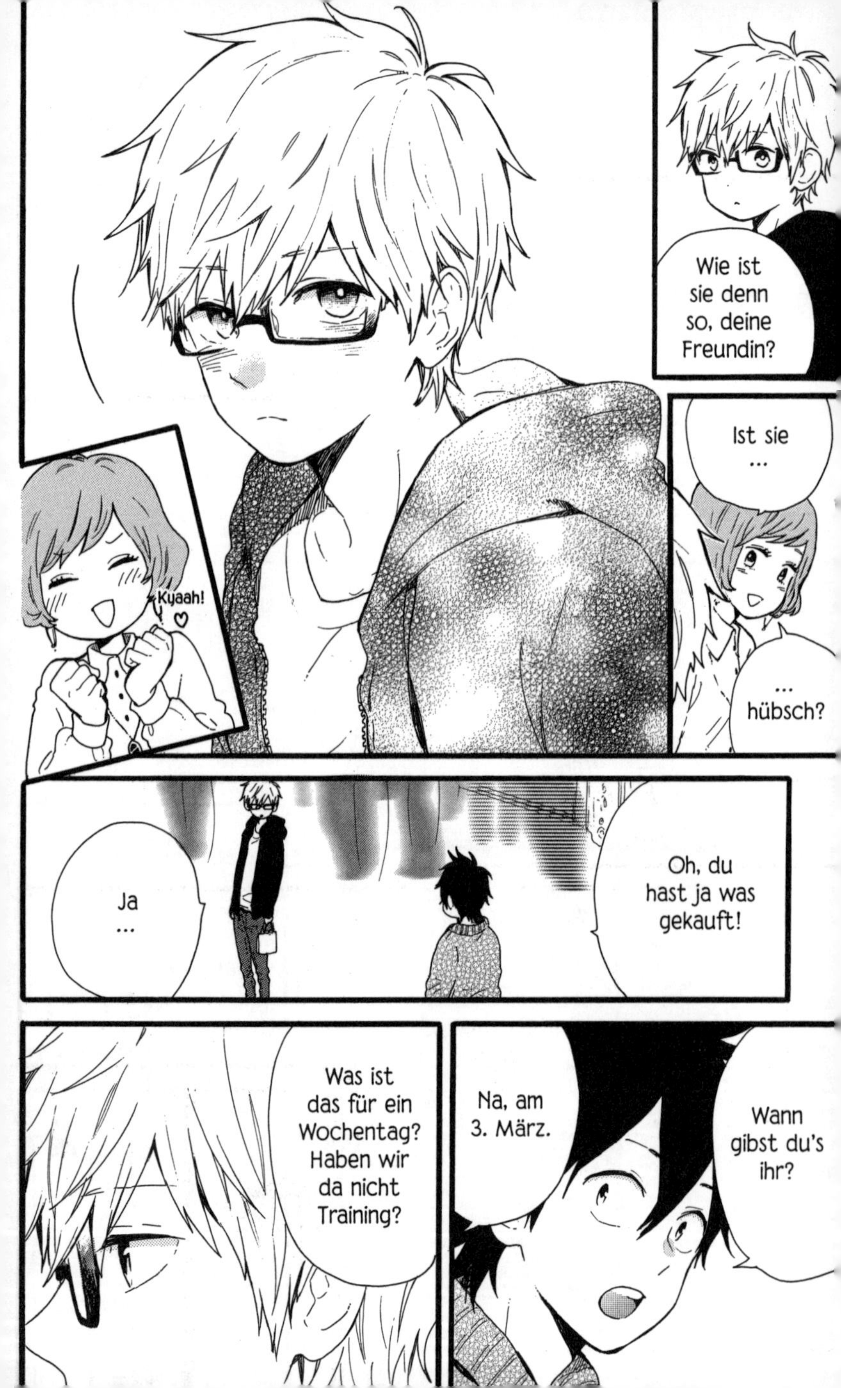

Wie ist sie denn so, deine Freundin?
Ist sie …
… hübsch?
Kyaah!
Oh, du hast ja was gekauft!
Ja …
Wann gibst du's ihr?
Na, am 3. März.
Was ist das für ein Wochentag? Haben wir da nicht Training?

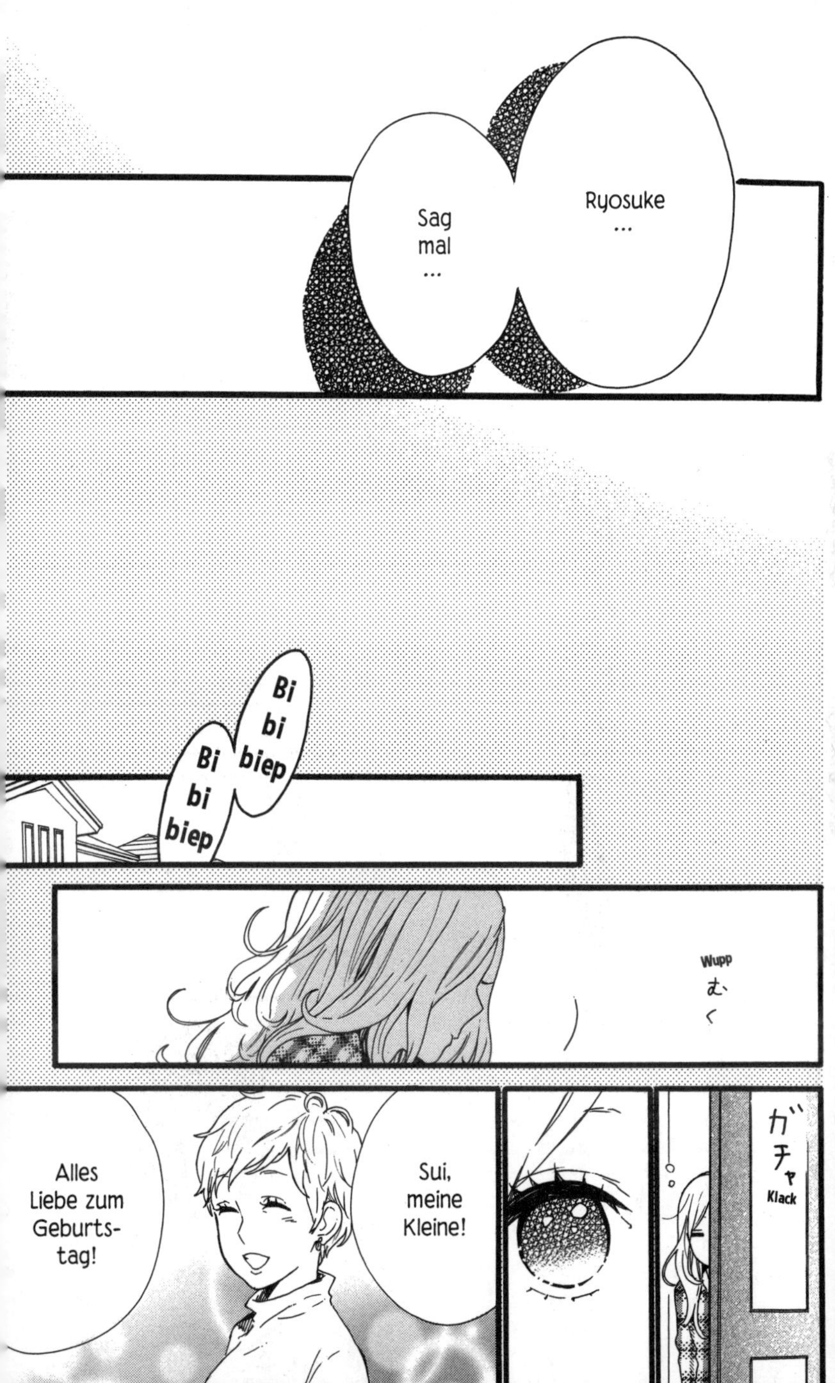
Ryosuke …
Sag mal …
Bi bi biep
Bi bi biep
Wupp むく
ガチャ Klack
Sui, meine Kleine!
Alles Liebe zum Geburts-tag!

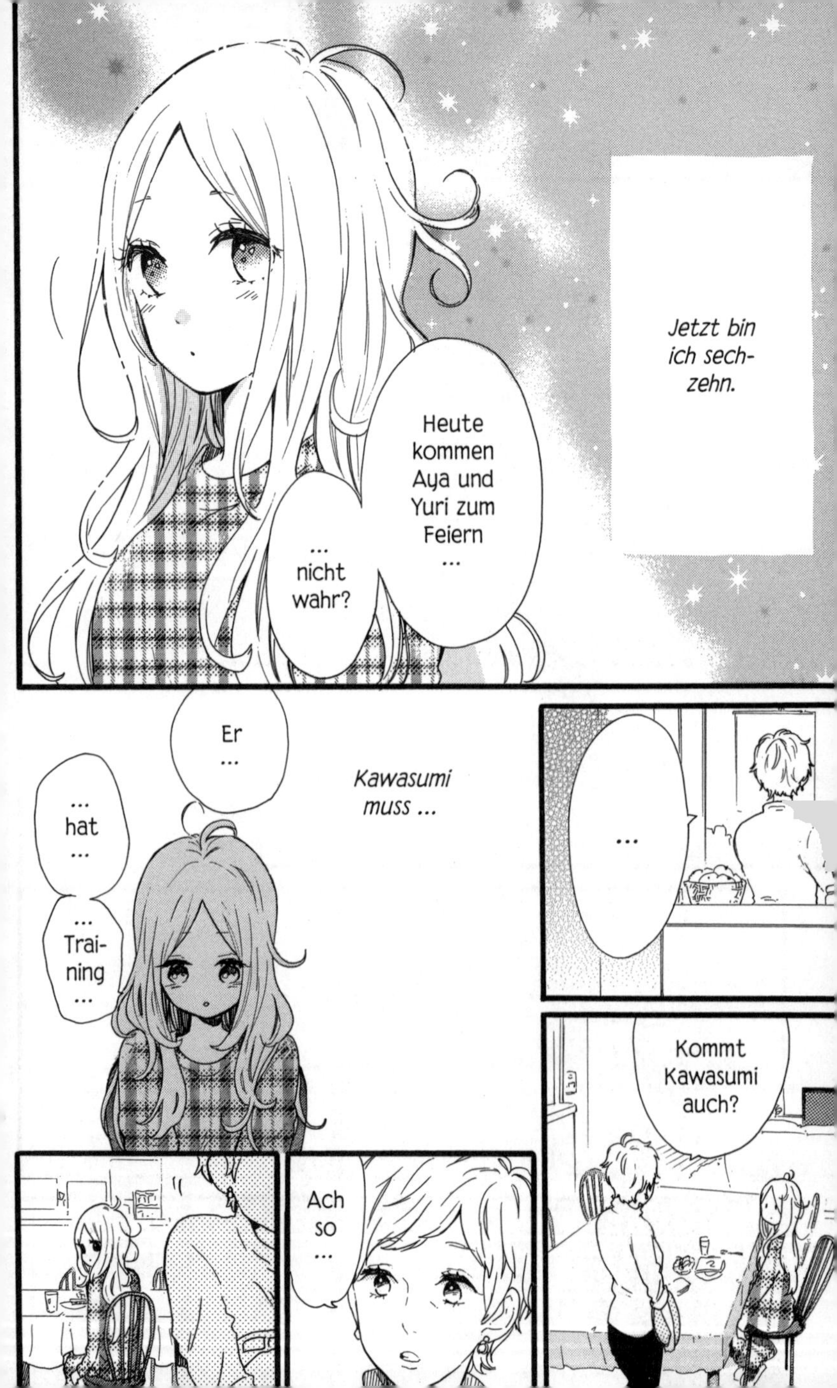
Jetzt bin ich sechzehn.
Heute kommen Aya und Yuri zum Feiern ...
... nicht wahr?
...
Kommt Kawasumi auch?
Kawasumi muss ...
Er ...
... hat ...
... Training ...
Ach so ...

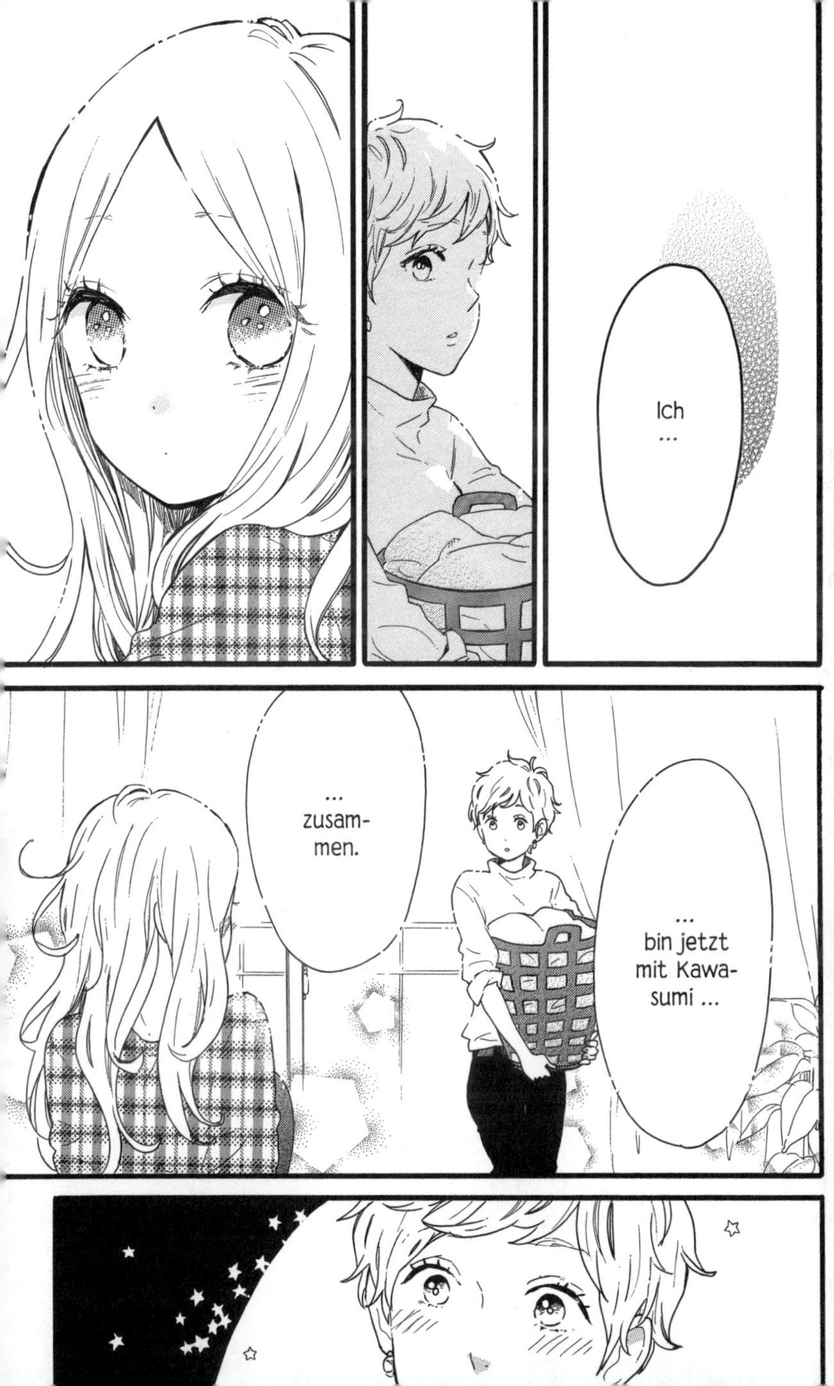
Ich ...
... bin jetzt mit Kawa-sumi ...
... zusam-men.

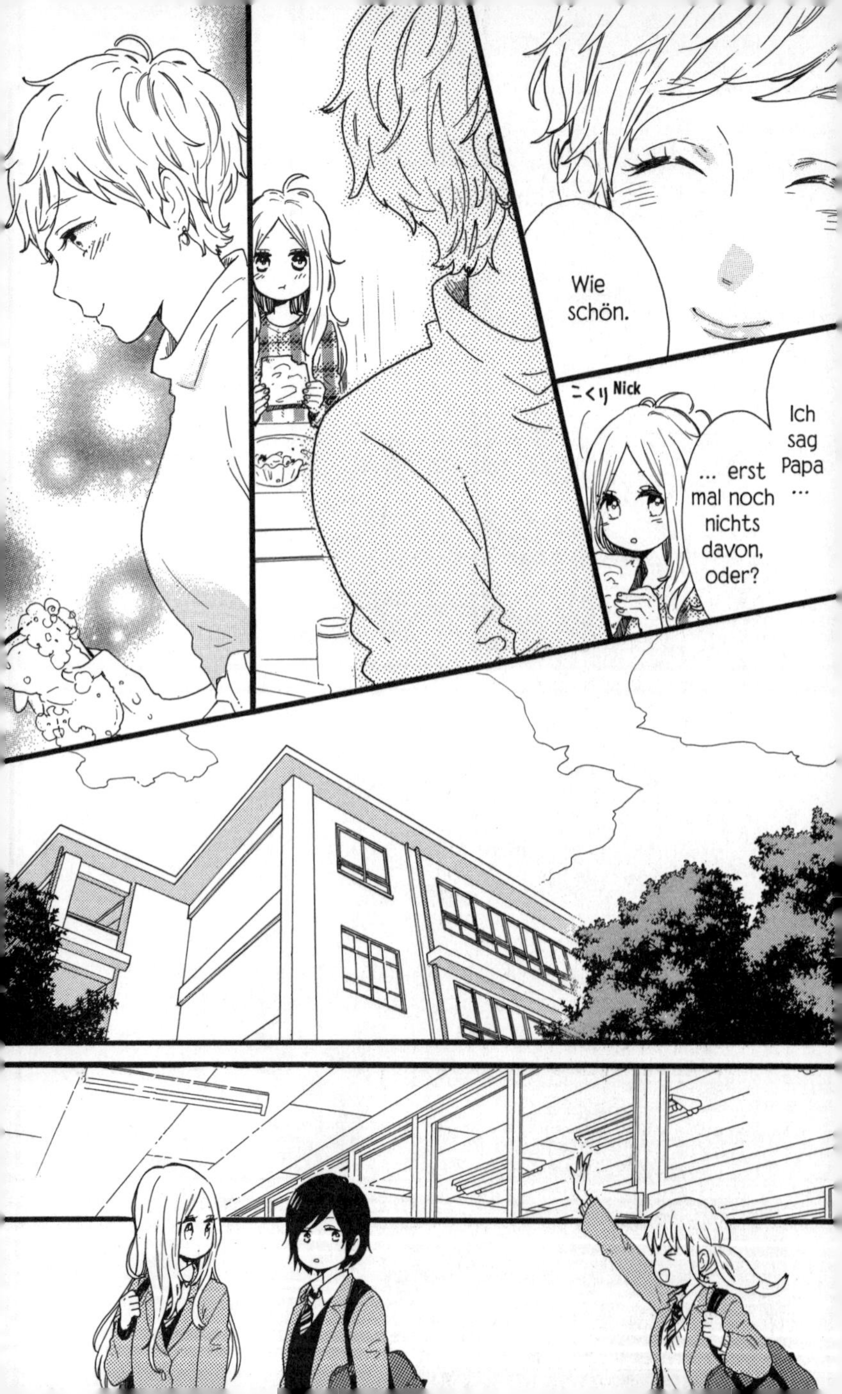
Wie schön.
こくり Nick
Ich sag Papa ...
... erst mal noch nichts davon, oder?

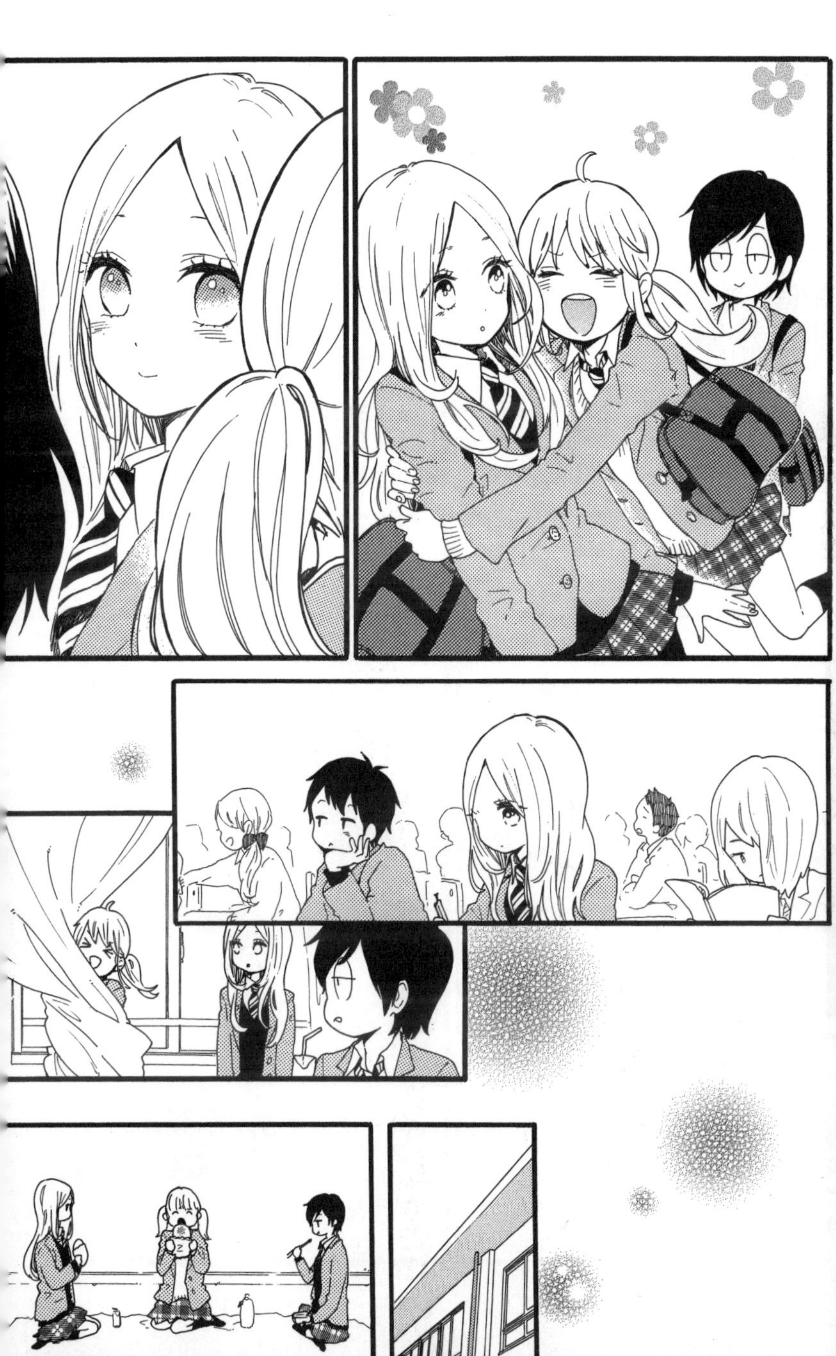

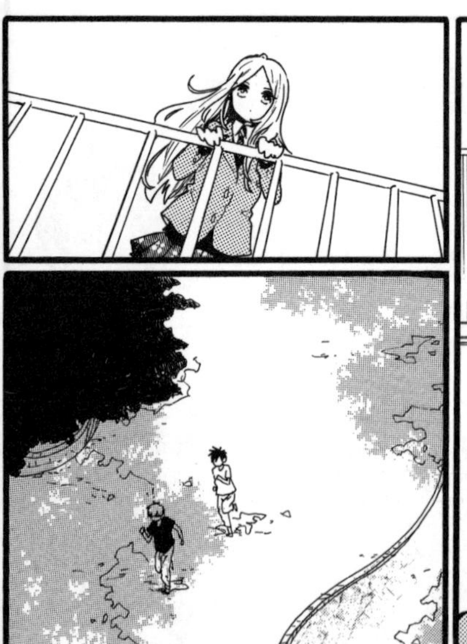

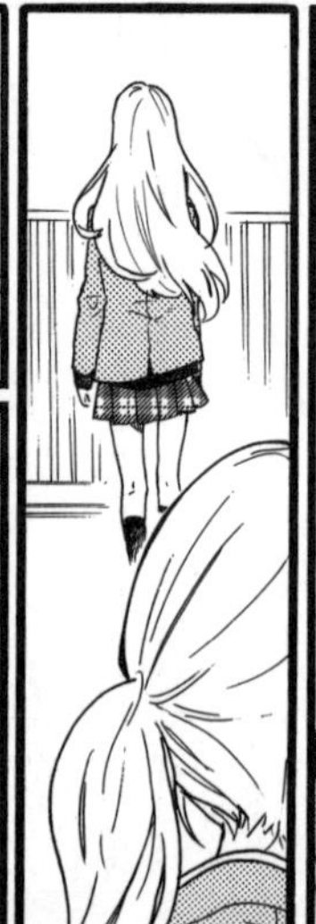

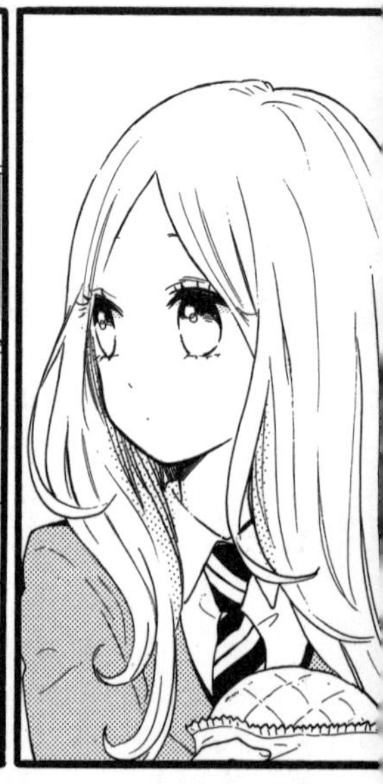

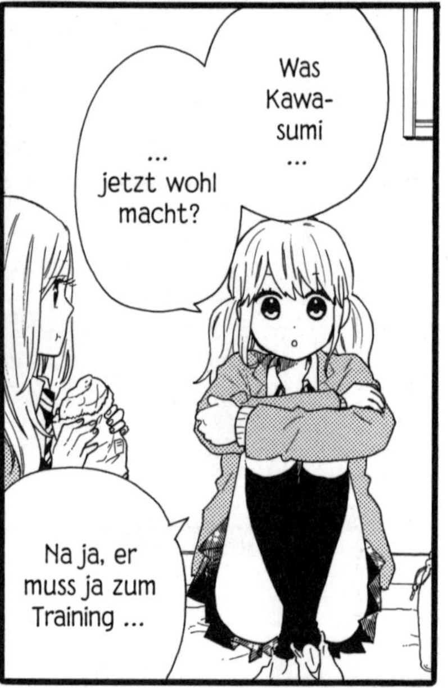
Was Kawa-sumi ...
... jetzt wohl macht?
Na ja, er muss ja zum Training ...

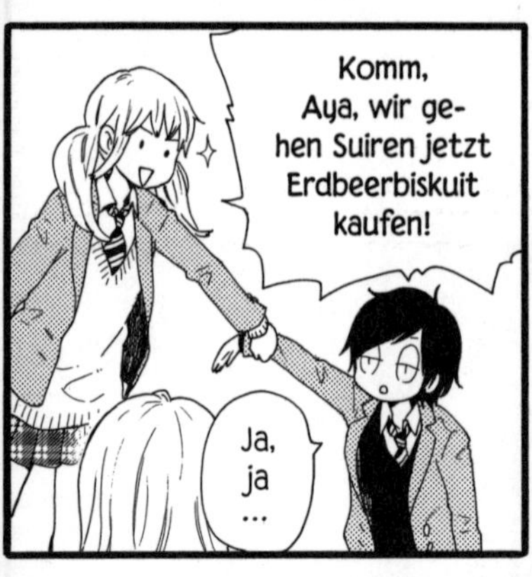
Komm, Aya, wir ge-hen Suiren jetzt Erdbeerbiskuit kaufen!
Ja, ja ...

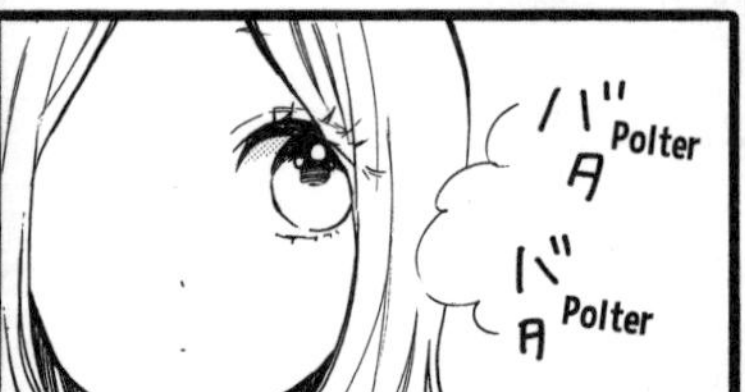
Polter
Polter

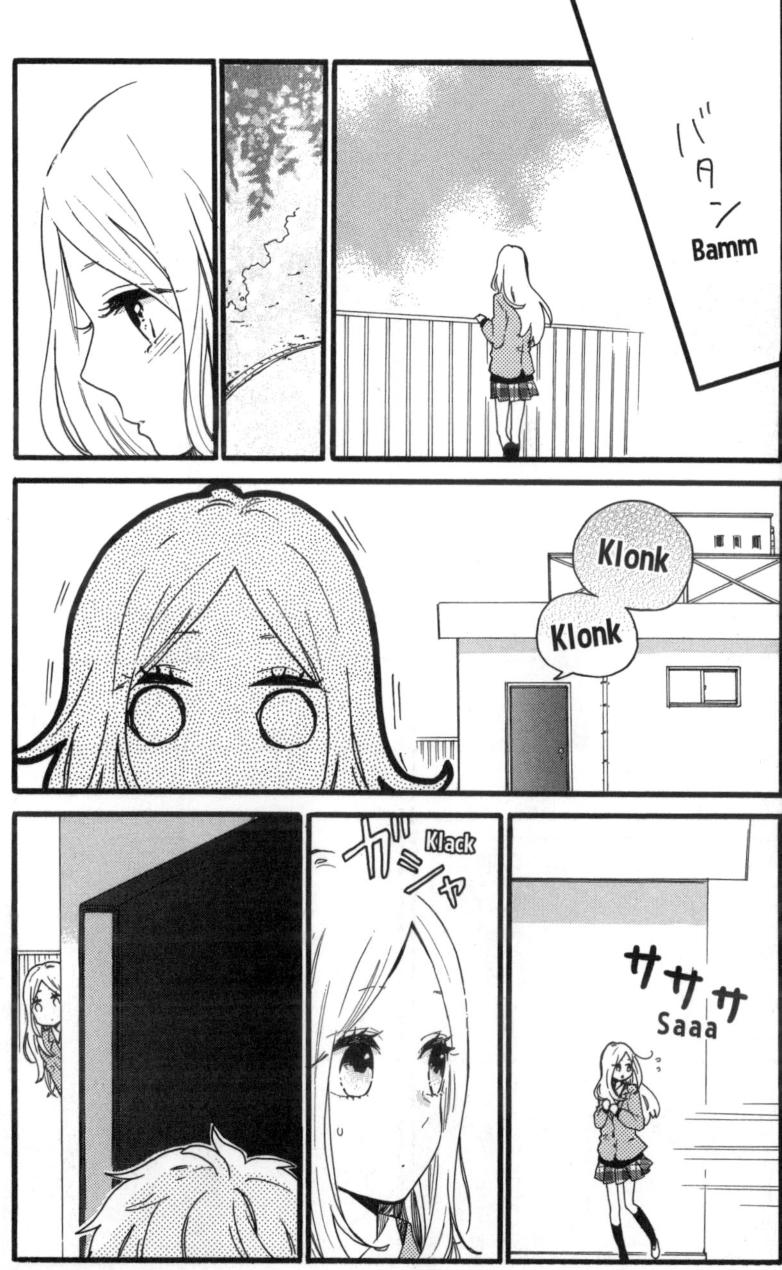
バタン
Bamm
Klonk
Klonk
サササ
Saaa
ガシャ
Klack

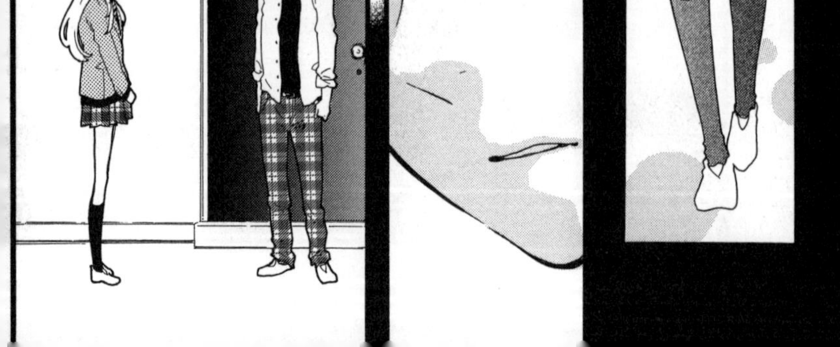

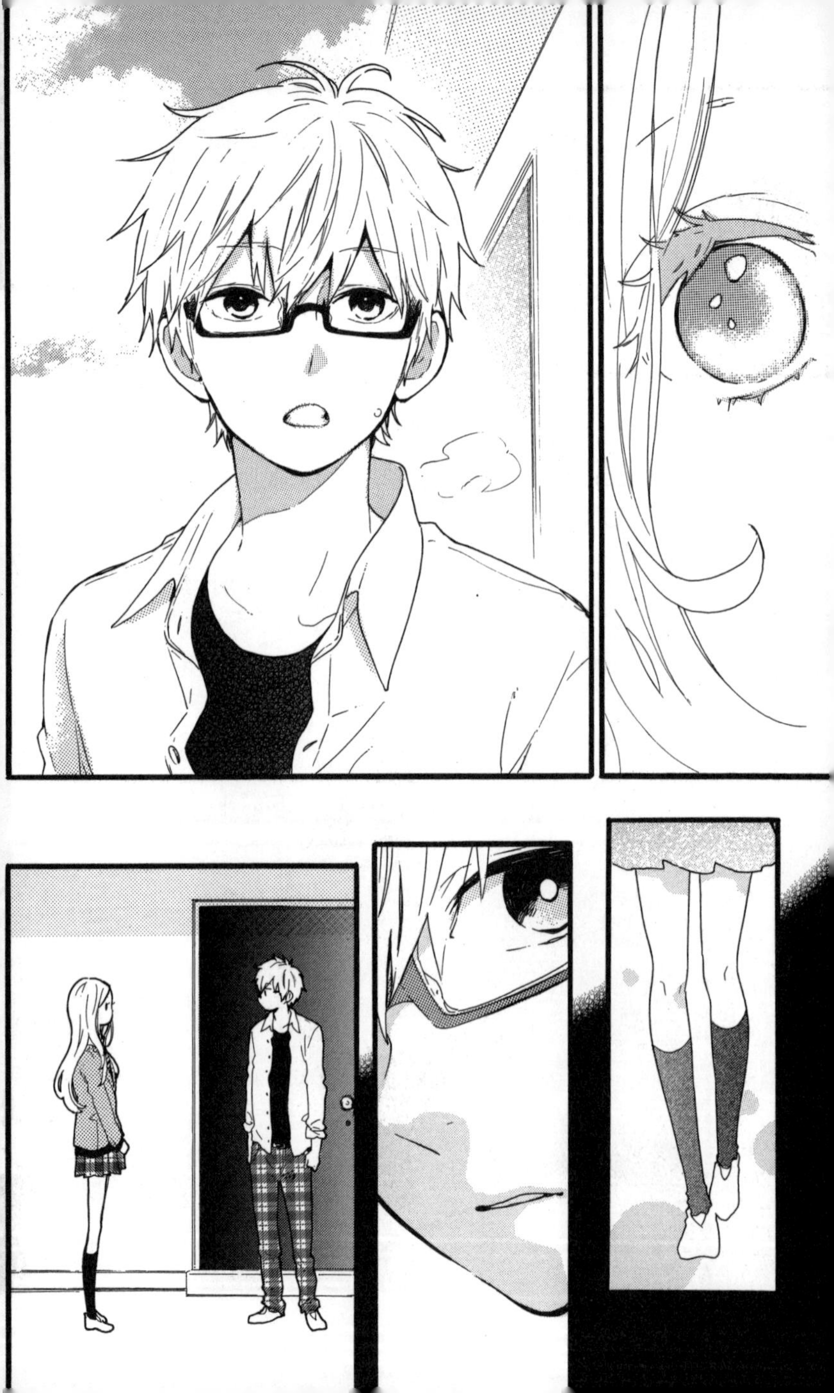

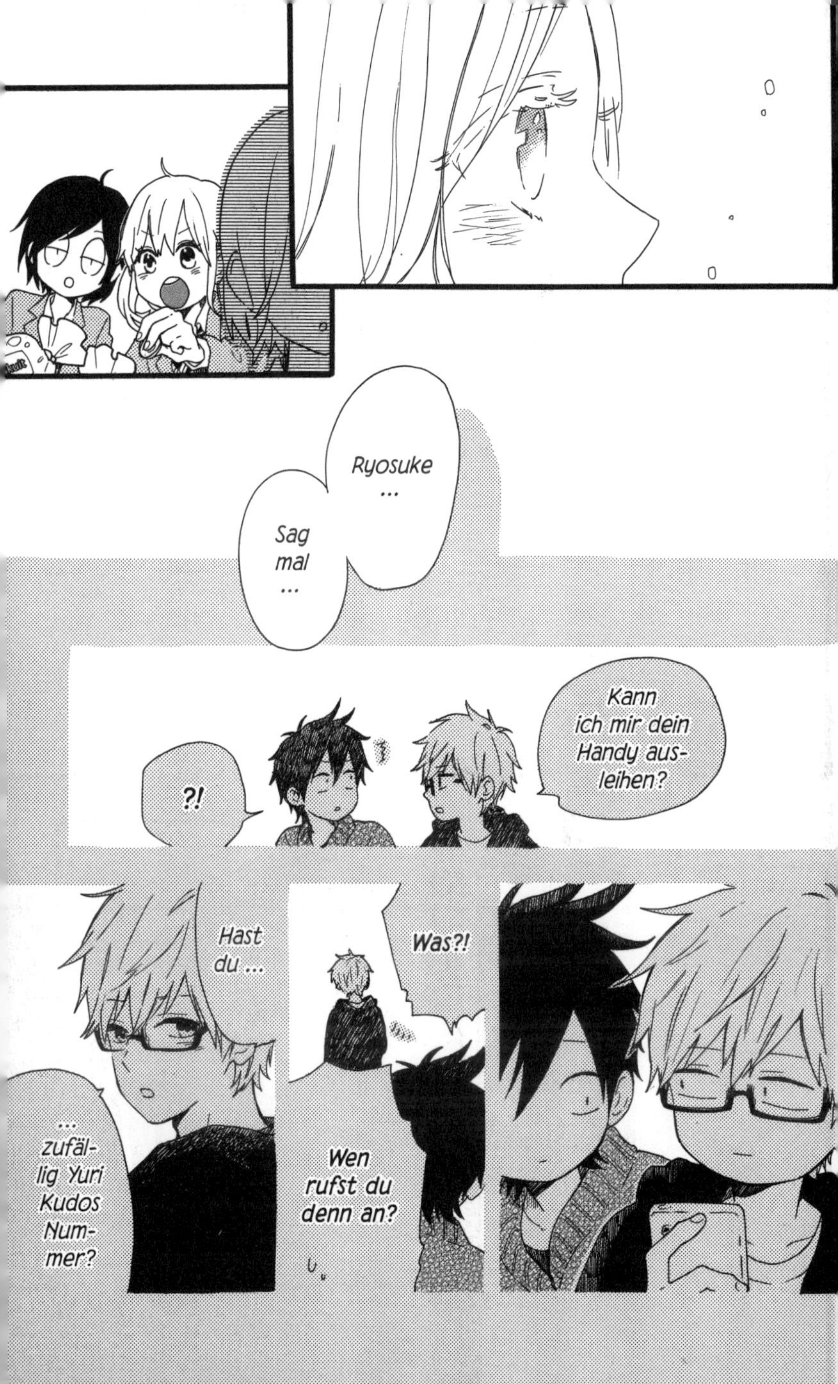
Ryosuke ...
Sag mal ...
Kann ich mir dein Handy aus-leihen?
?!
Was?!
Wen rufst du denn an?
Hast du ...
... zufäl-lig Yuri Kudos Num-mer?

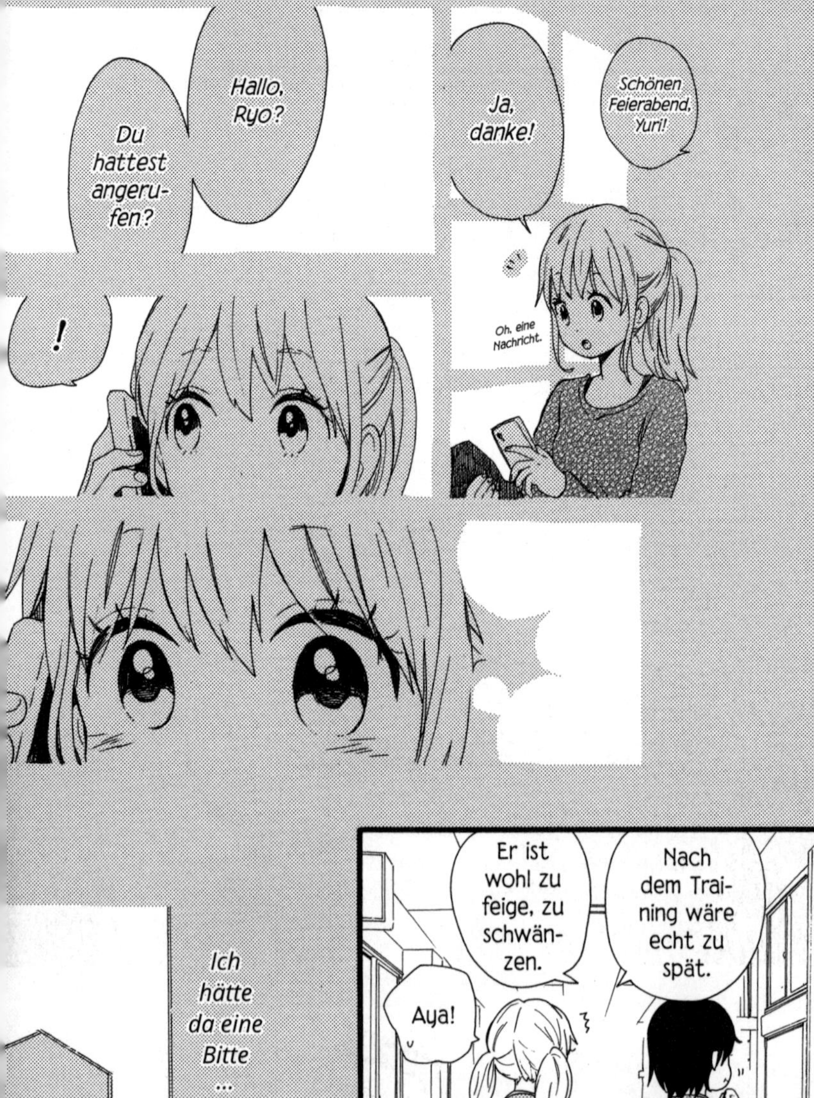
Schönen Feierabend, Yuri!
Ja, danke!
Oh, eine Nachricht.
Hallo, Ryo?
Du hattest angerufen?
!
Nach dem Training wäre echt zu spät.
Er ist wohl zu feige, zu schwänzen.
Aya!
Ich hätte da eine Bitte ...
Könntet ihr uns am 3. März ...

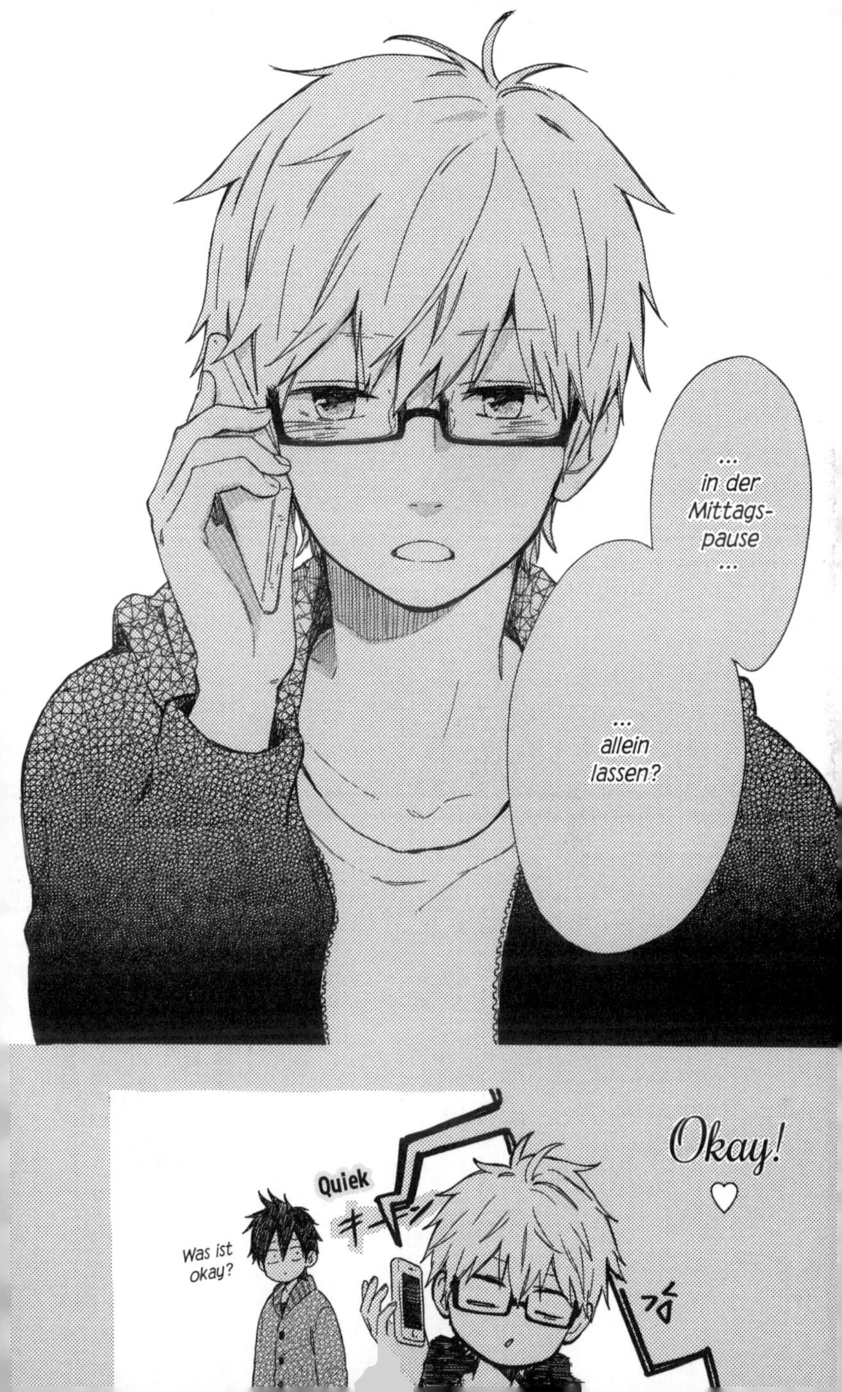

... in der Mittags-pause ...

... allein lassen?

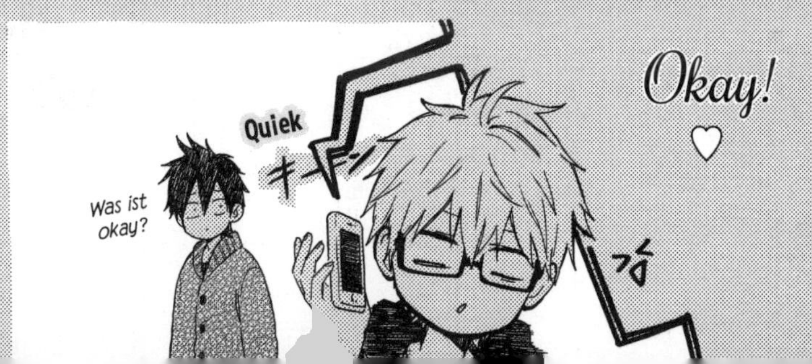

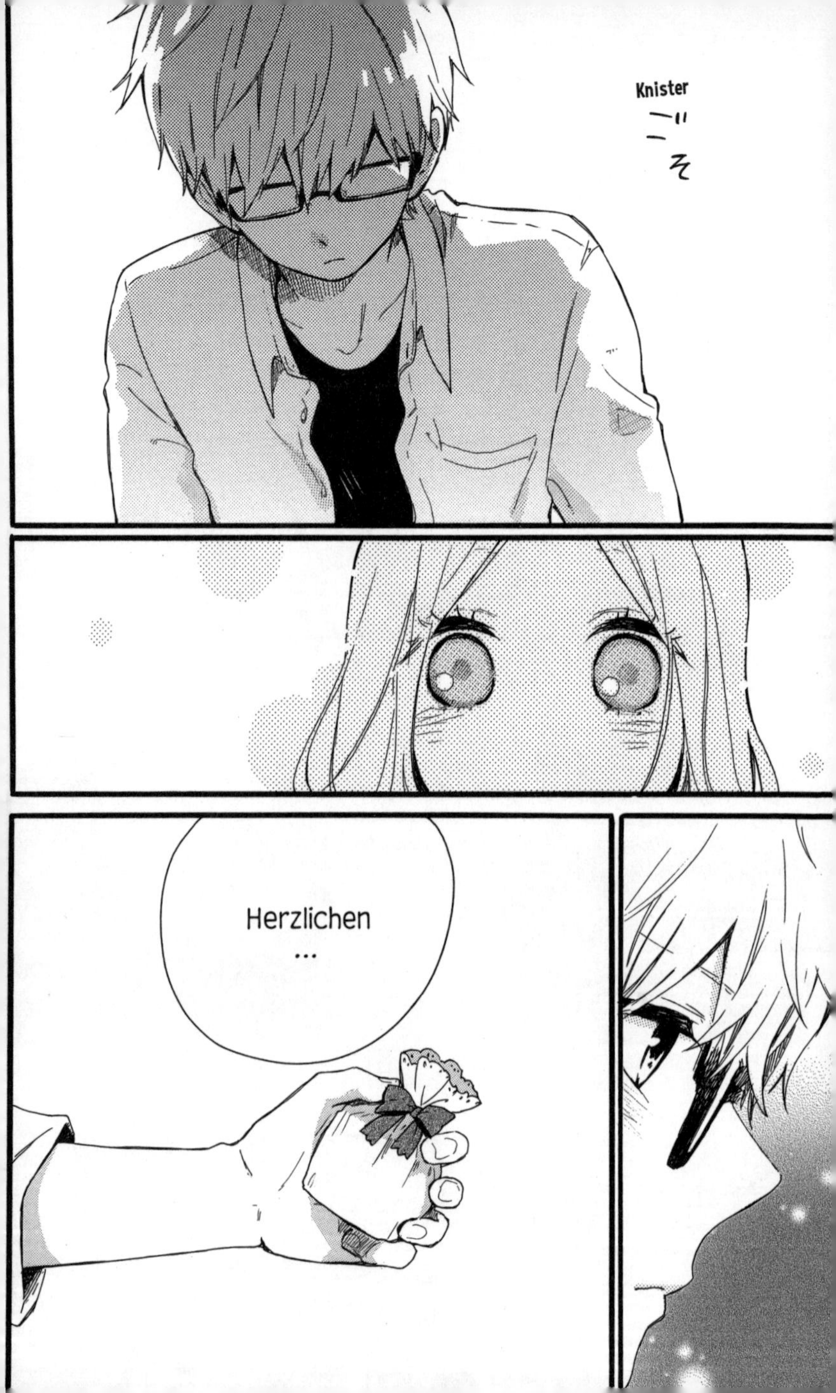
Knister
ごそ
Herzlichen
…

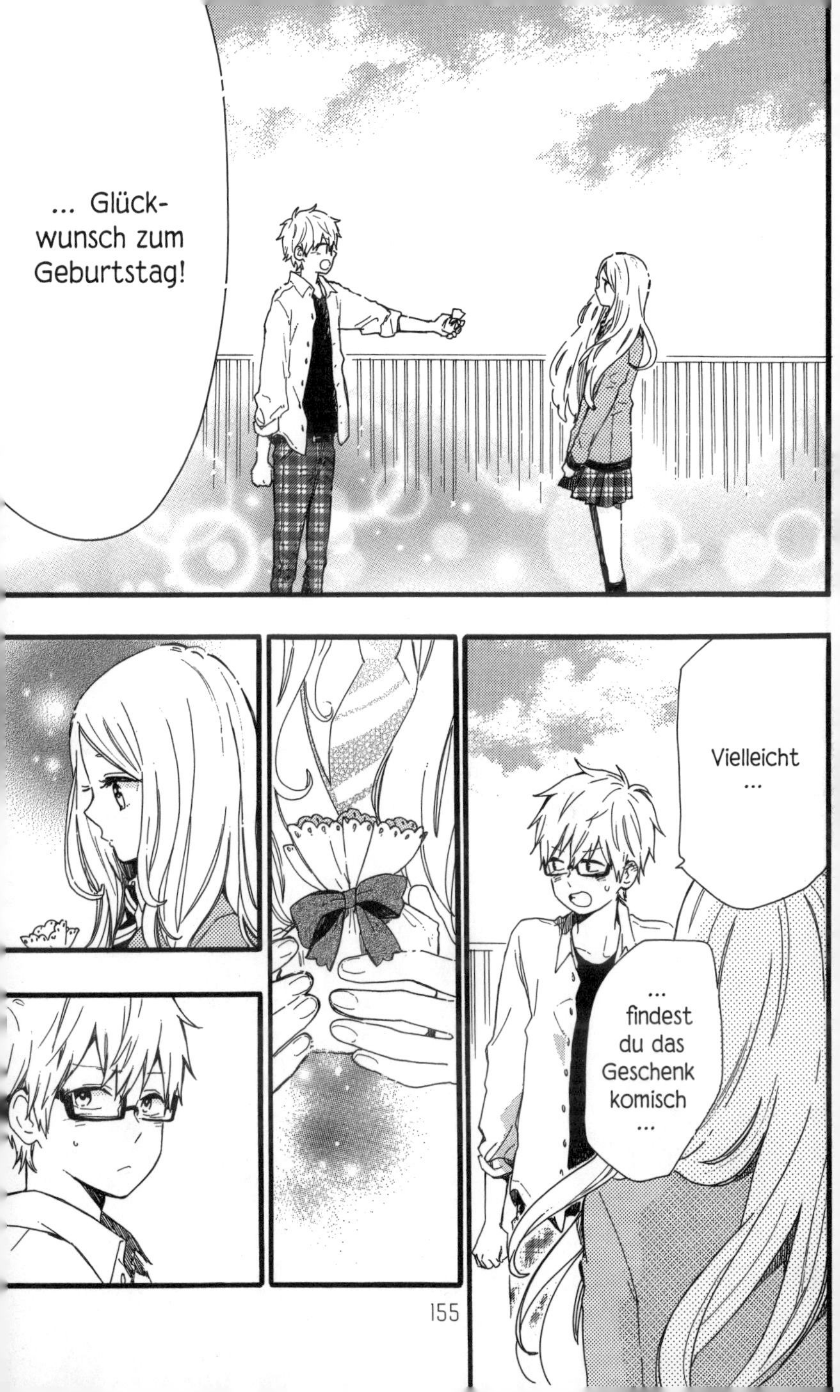

... Glück-
wunsch zum
Geburtstag!

Vielleicht
...

...
findest
du das
Geschenk
komisch
...

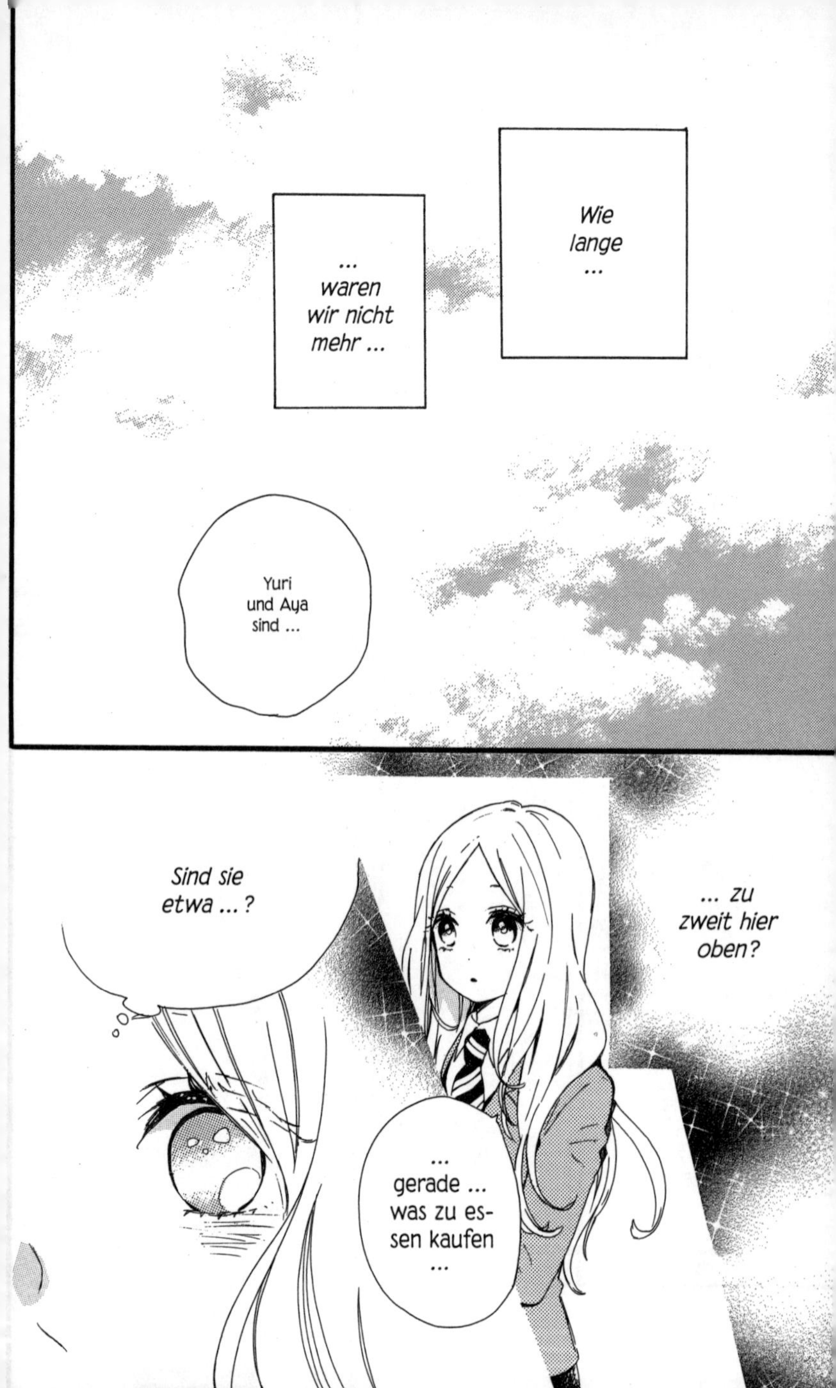
Wie lange ...
... waren wir nicht mehr ...
Yuri und Aya sind ...
... zu zweit hier oben?
Sind sie etwa ...?
... gerade ... was zu es- sen kaufen ...

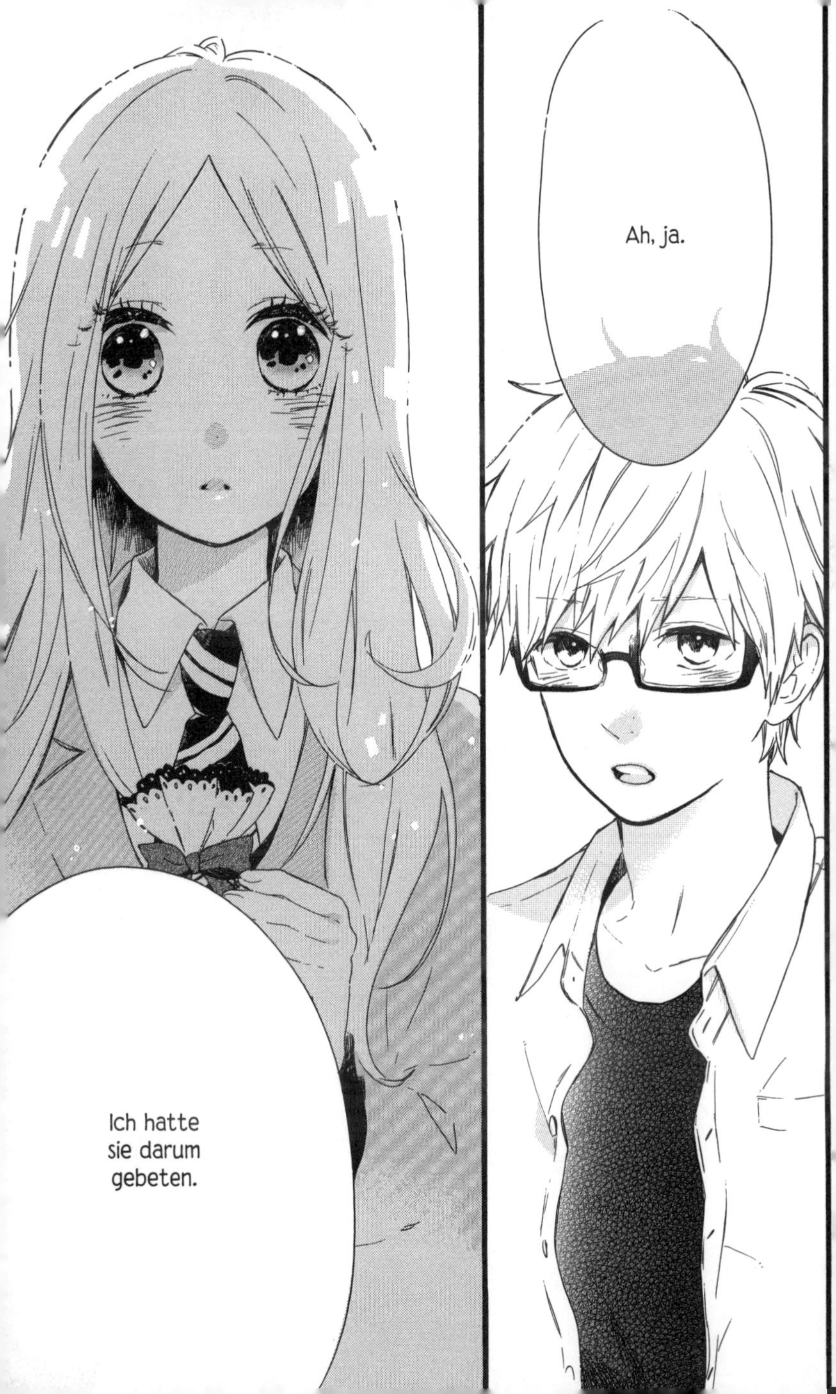
Ah, ja.
Ich hatte sie darum gebeten.

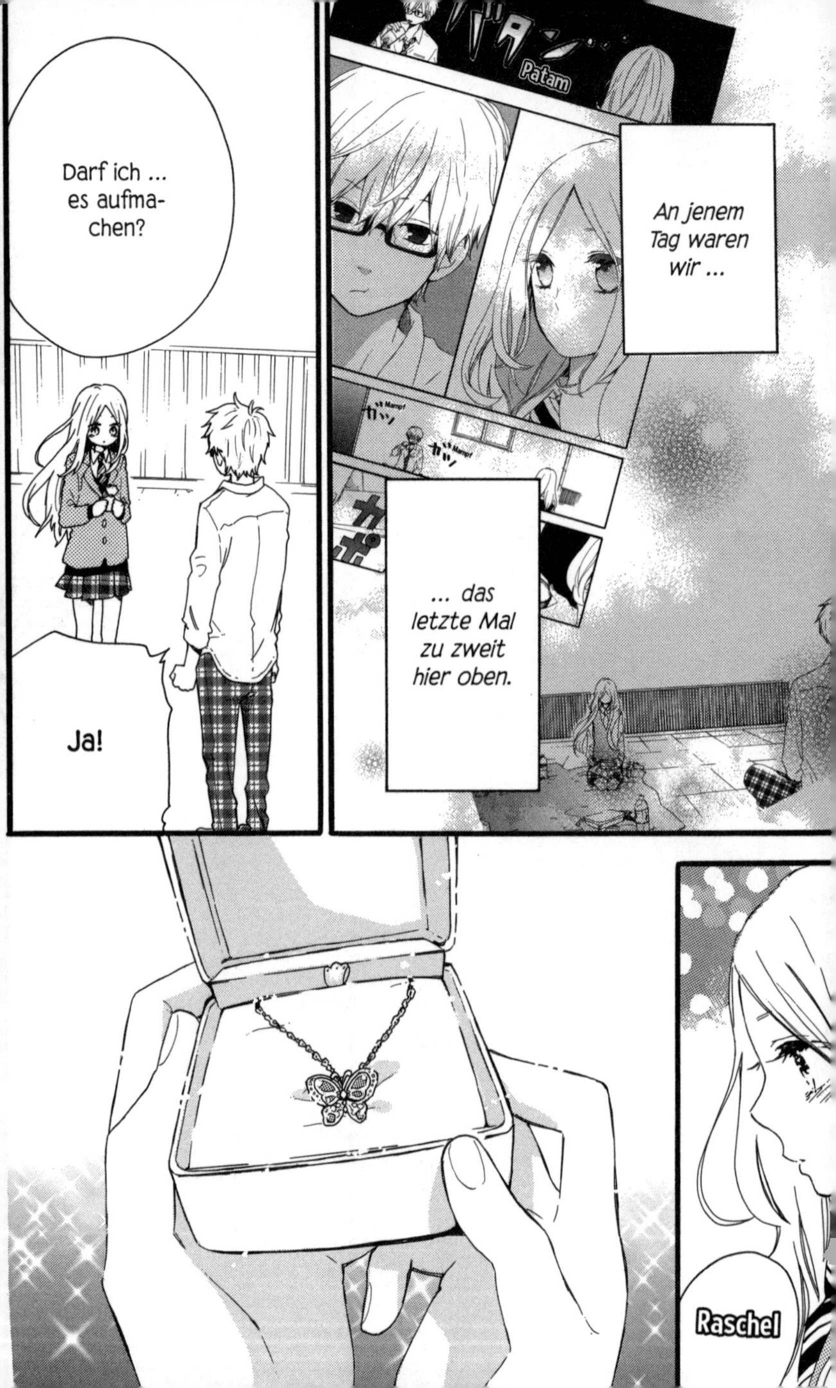
Patam
An jenem Tag waren wir ...
Mampf
Mampf
... das letzte Mal zu zweit hier oben.
Darf ich ... es aufmachen?
Ja!
Raschel

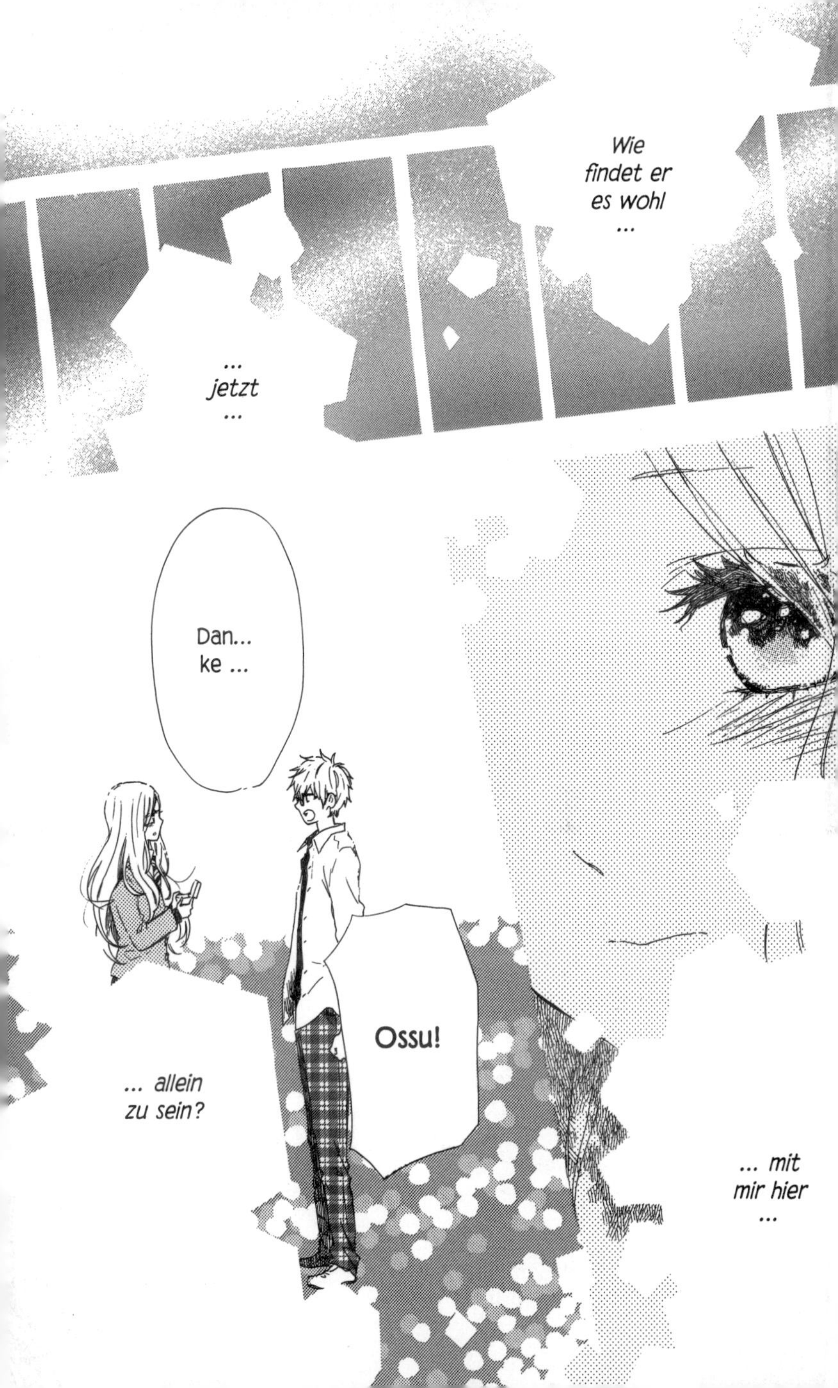
Wie findet er es wohl …
… jetzt …
Dan… ke …
Ossu!
… mit mir hier …
… allein zu sein?

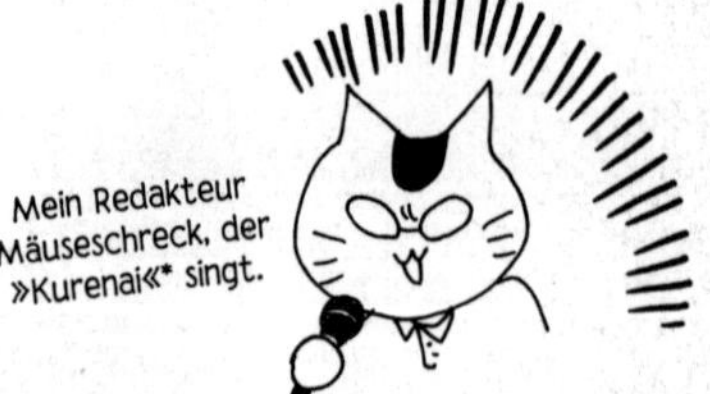

* Rocksong der Band X Japan.

Kapitel 48

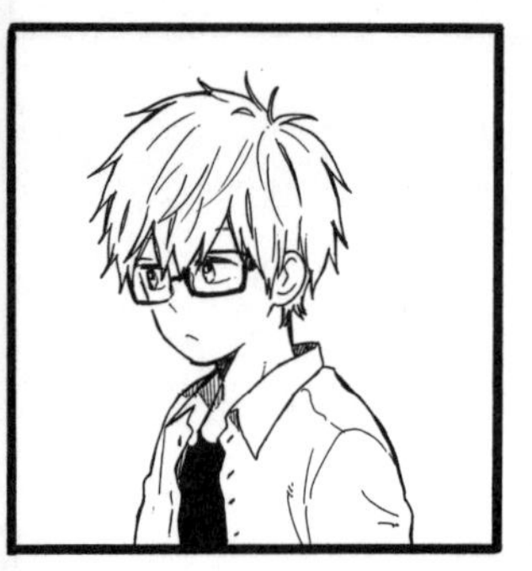

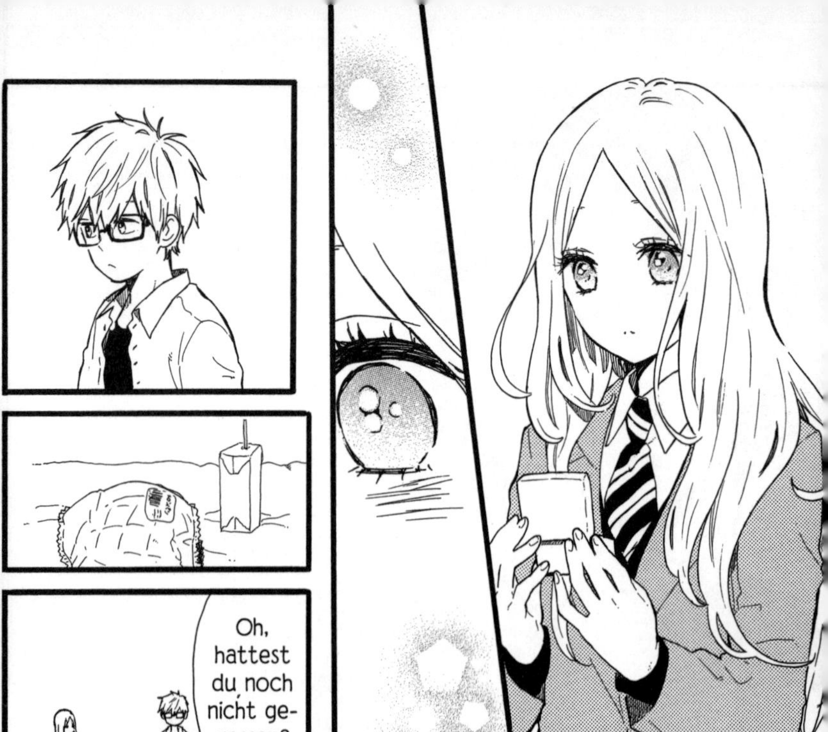

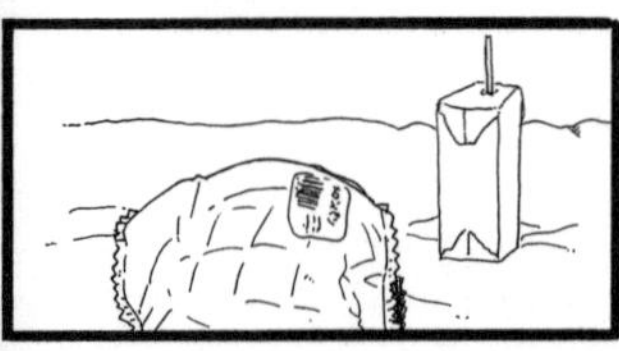

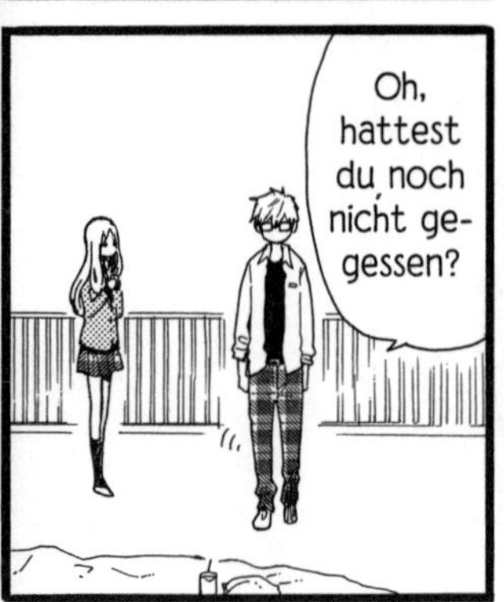

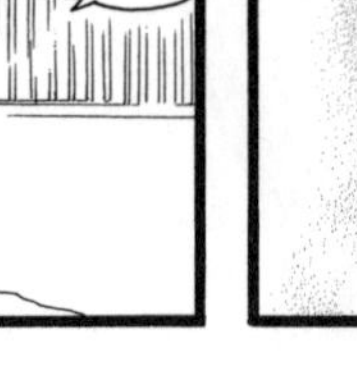

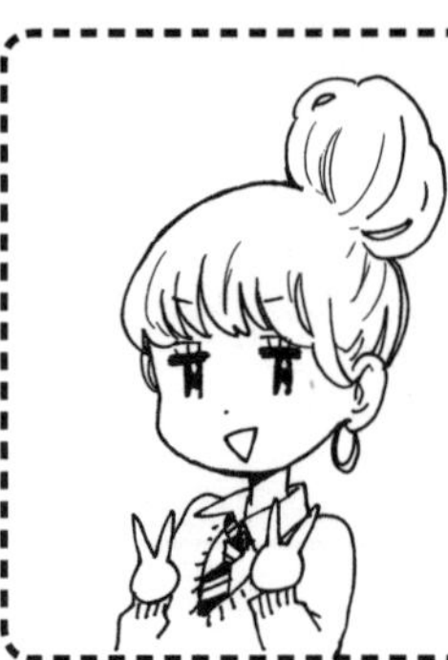

Kome Sasaki

Geboren am 1. Juni
Blutgruppe: B
Größe: 1,62 m
Lieblingsfach: Sport
Familie: Vater, Mutter, großer Bruder

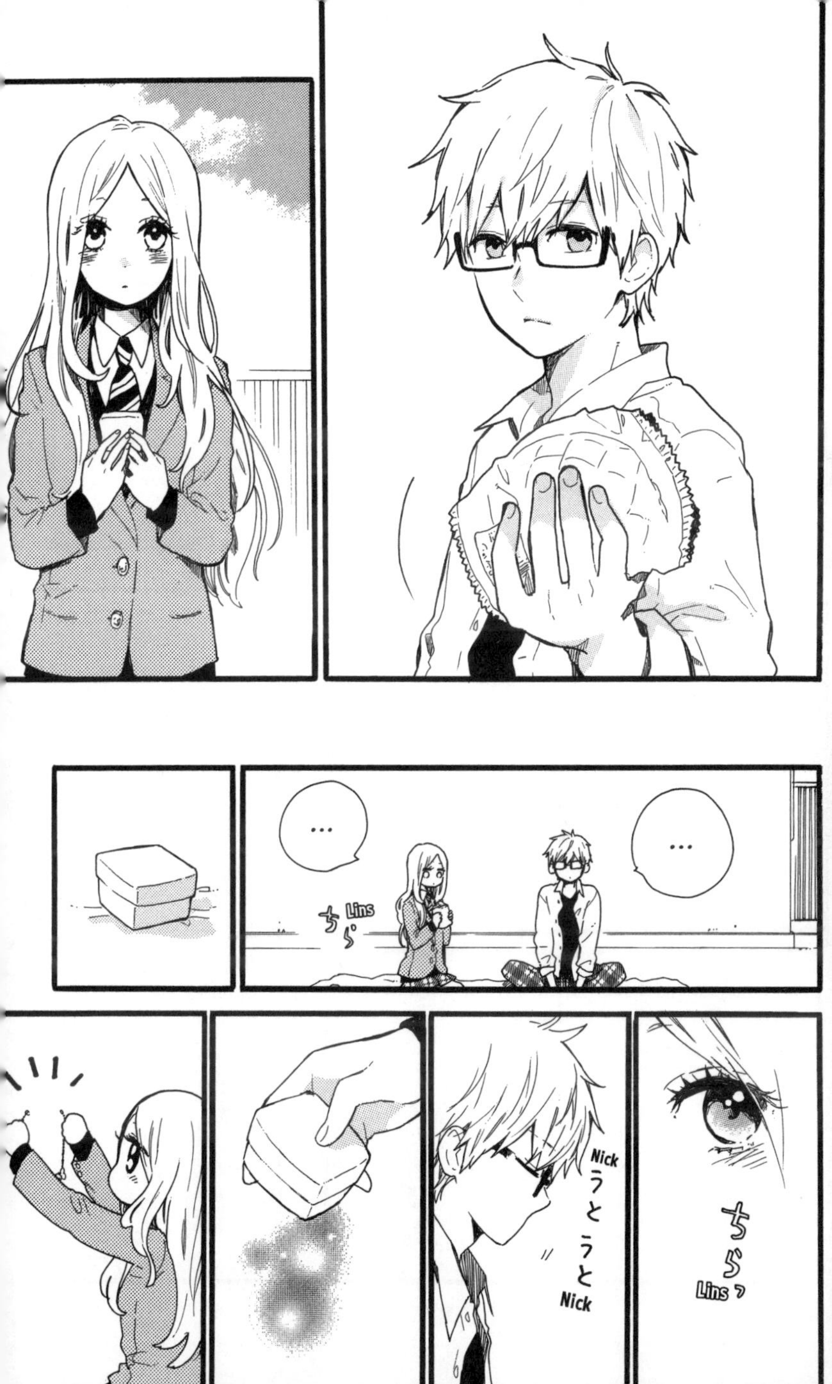
…
…
ちら
Lins
ちら
Lins
Nick
うとうと
Nick

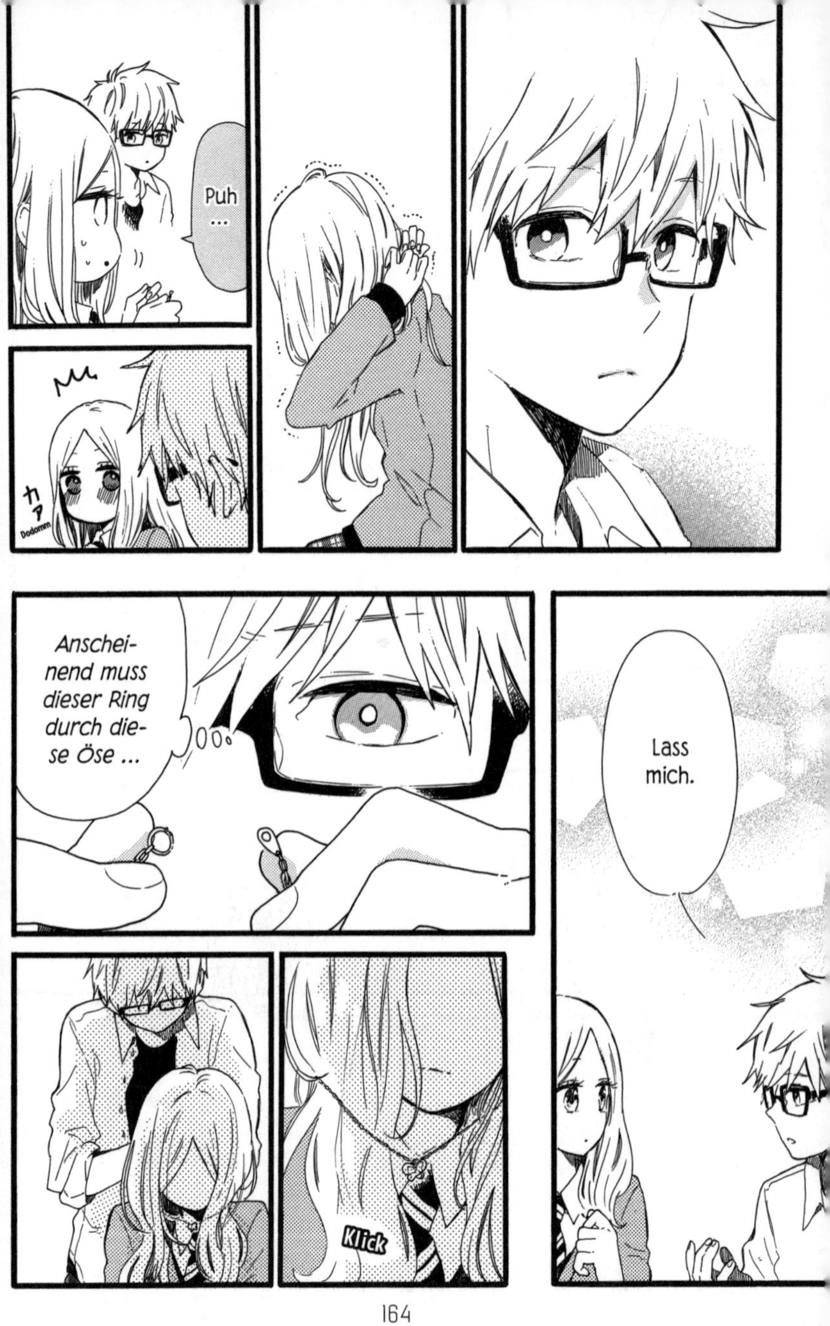

Puh …

Dodomm

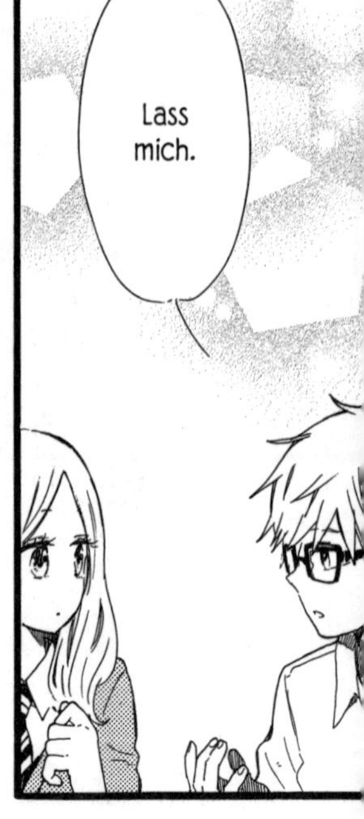

Anschei-nend muss dieser Ring durch die-se Öse …

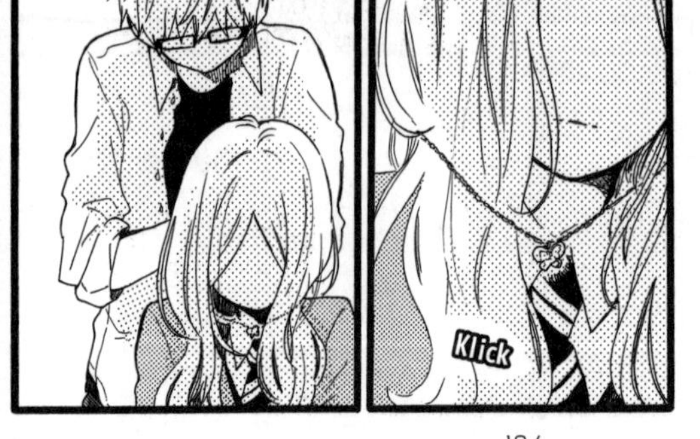

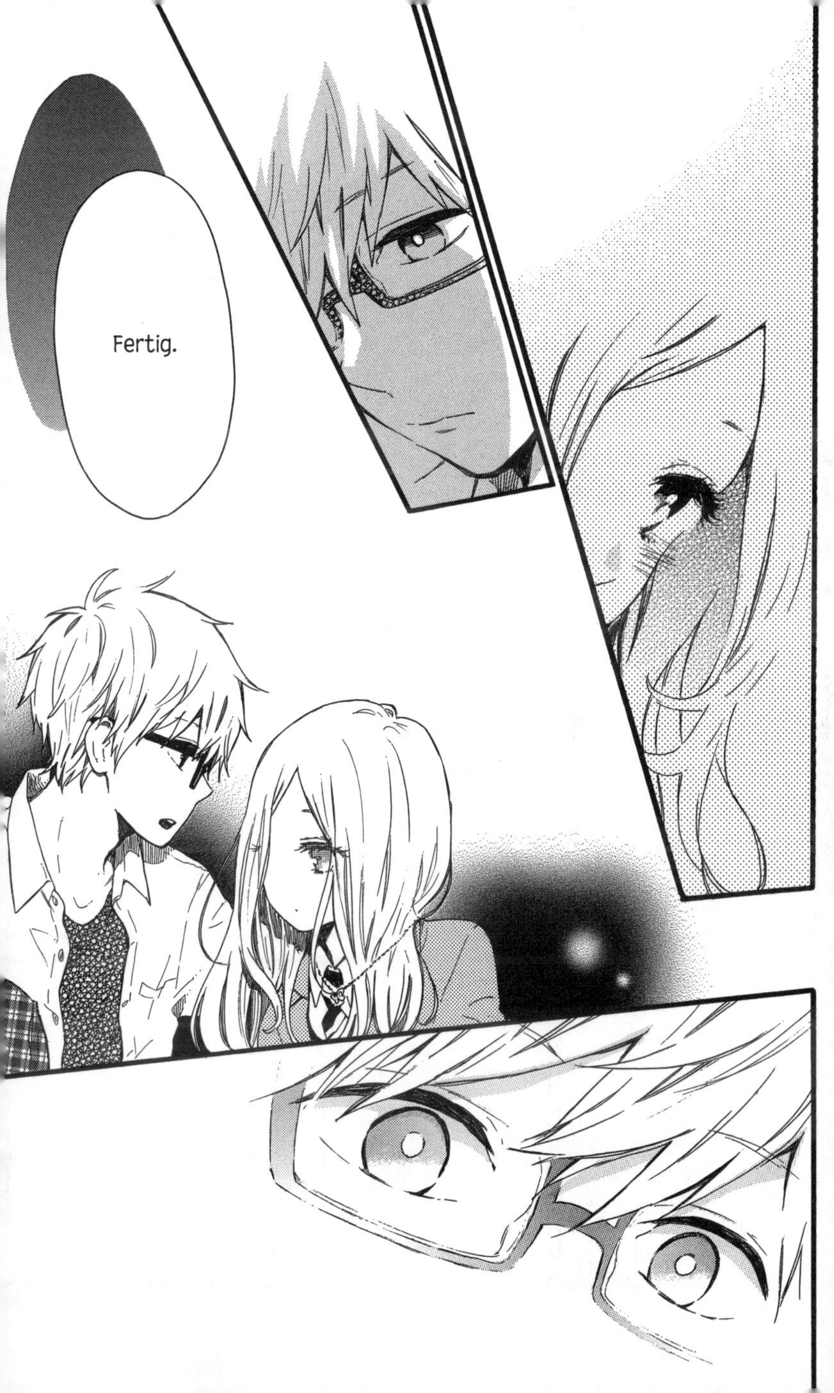
Fertig.

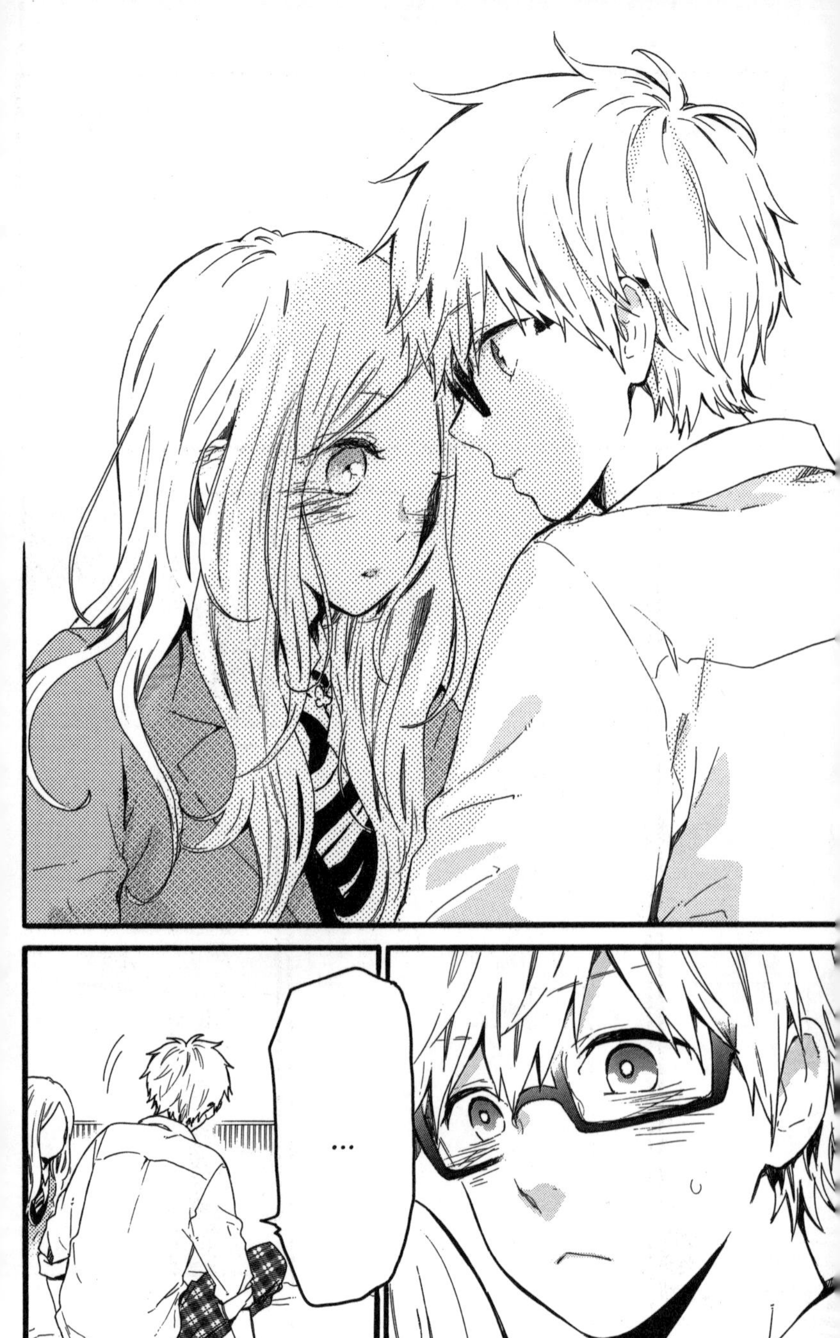

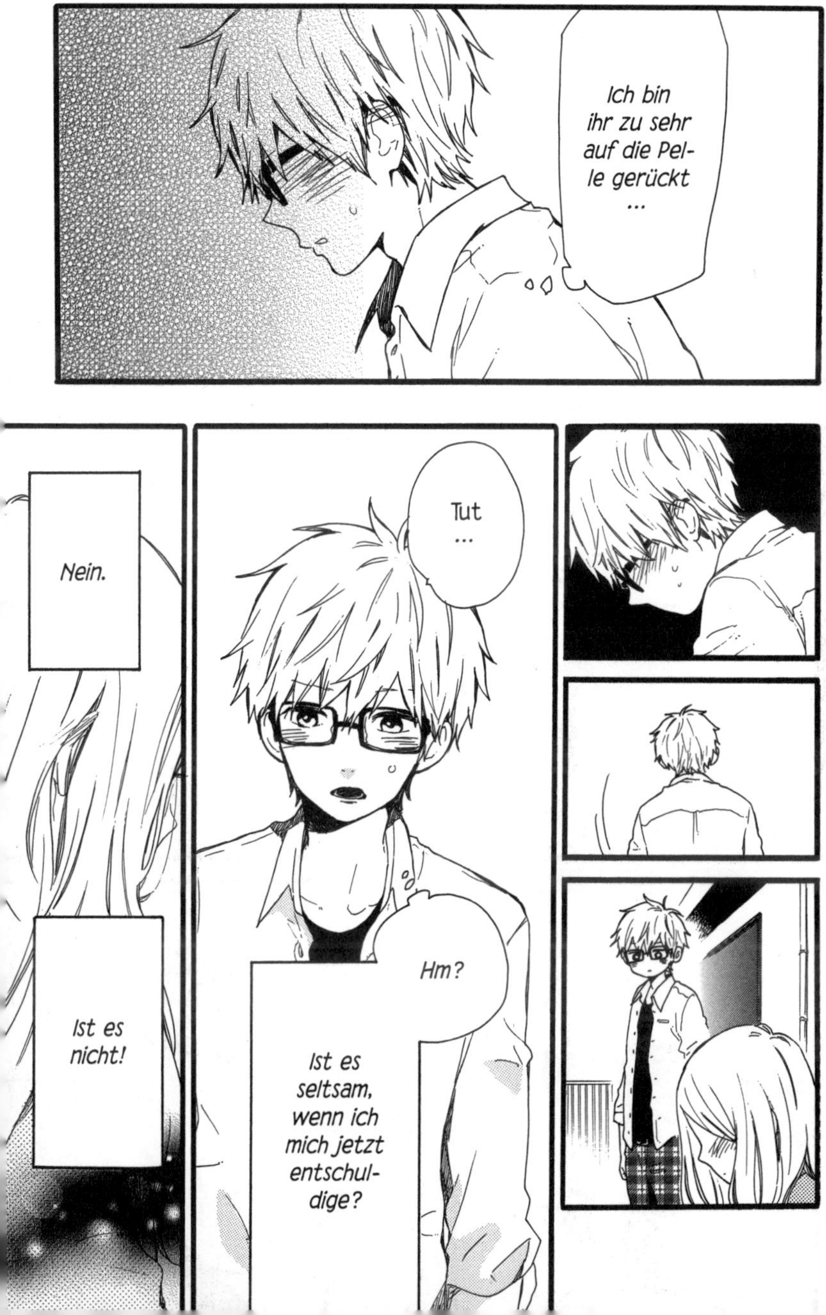

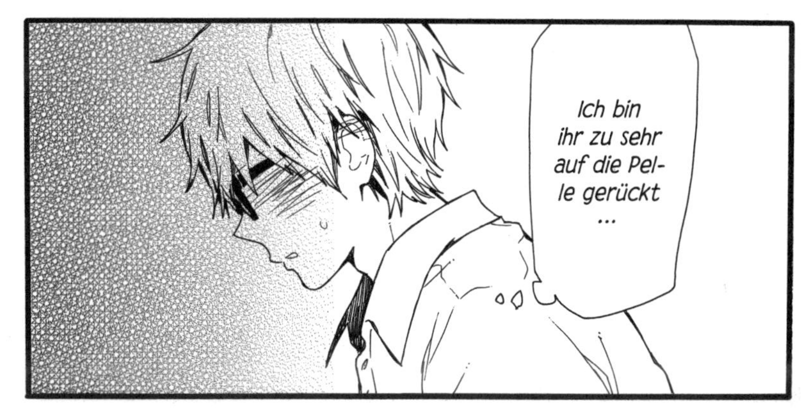
Ich bin ihr zu sehr auf die Pelle gerückt ...

Tut ...
Hm?
Ist es seltsam, wenn ich mich jetzt entschuldige?
Nein.
Ist es nicht!

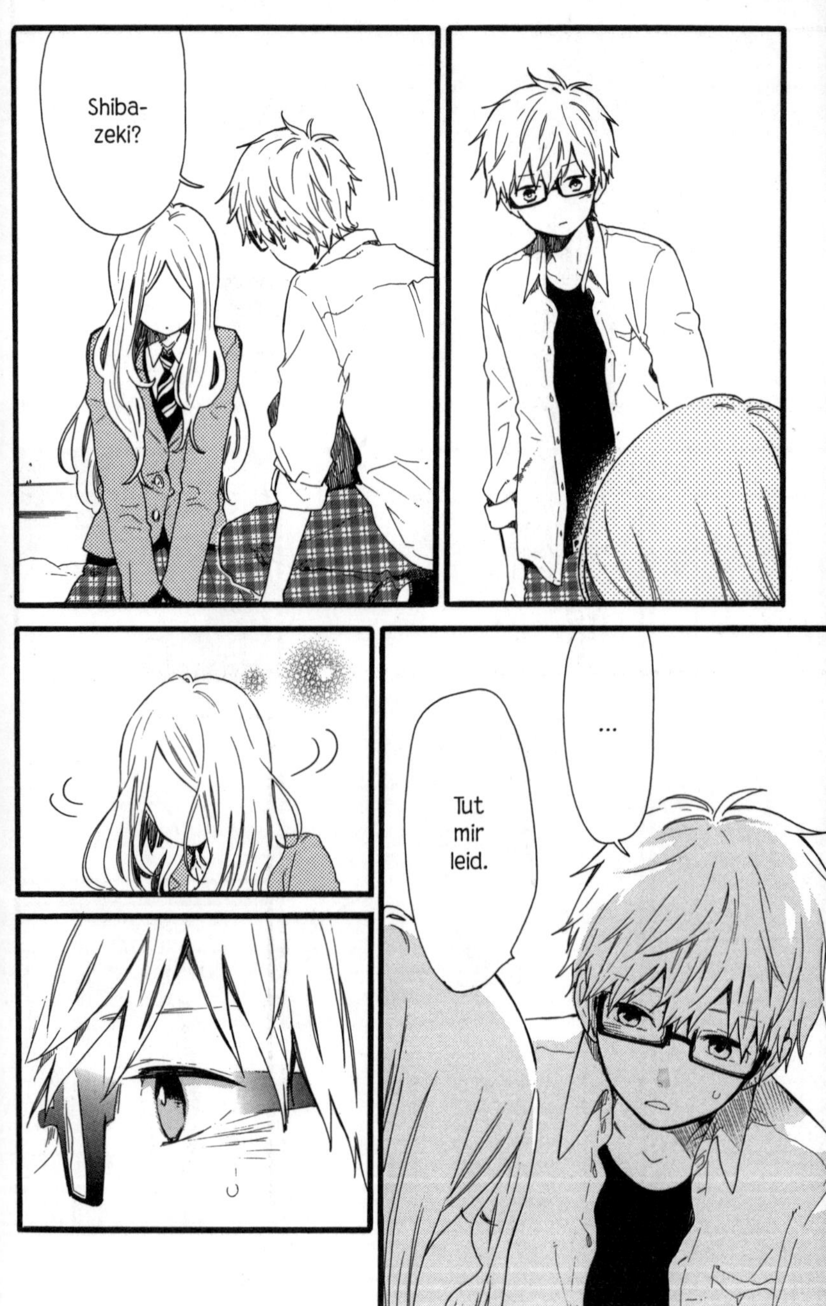
Shiba-
zeki?
...
Tut mir leid.

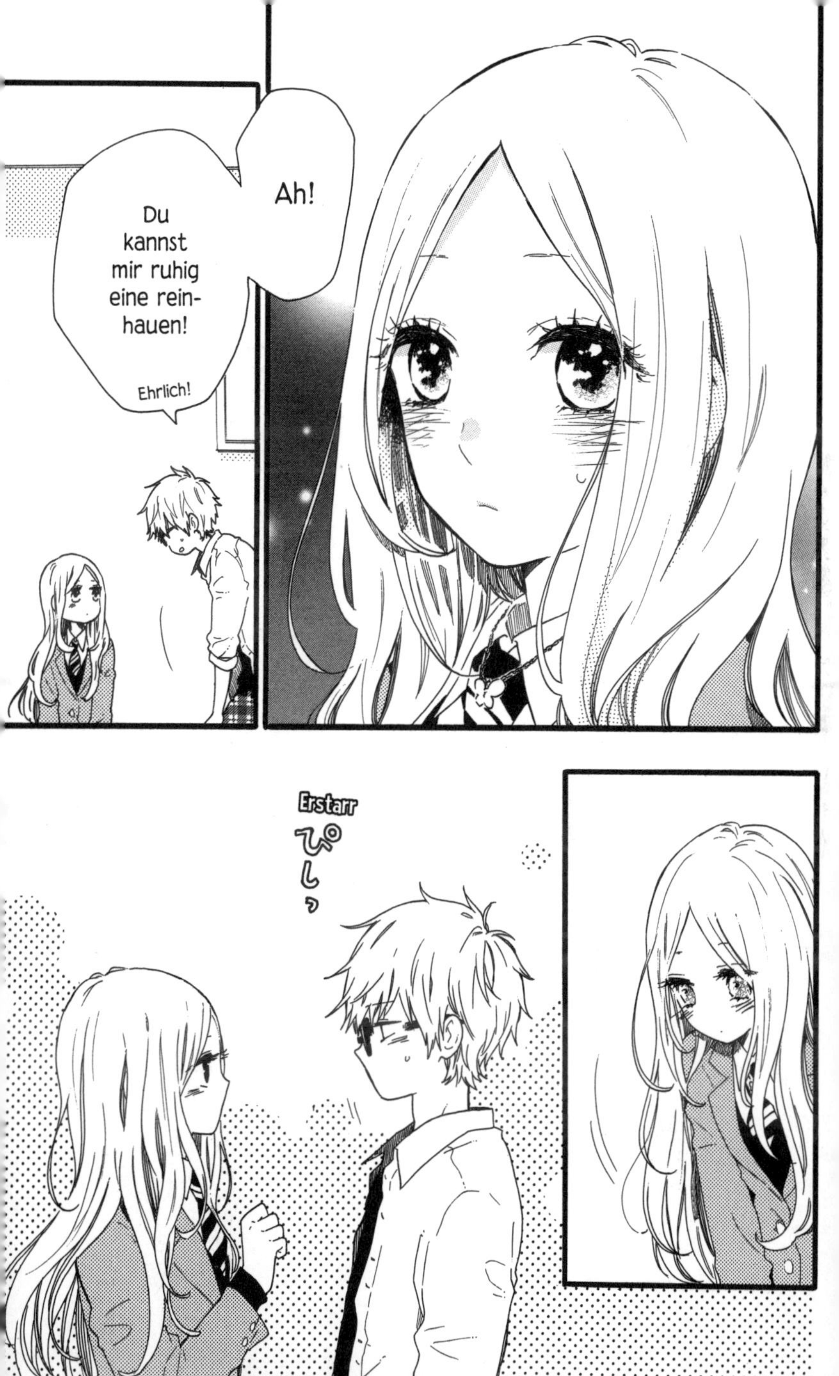
Ah!
Du kannst mir ruhig eine rein-hauen!
Ehrlich!
Erstarr
ぴしっ

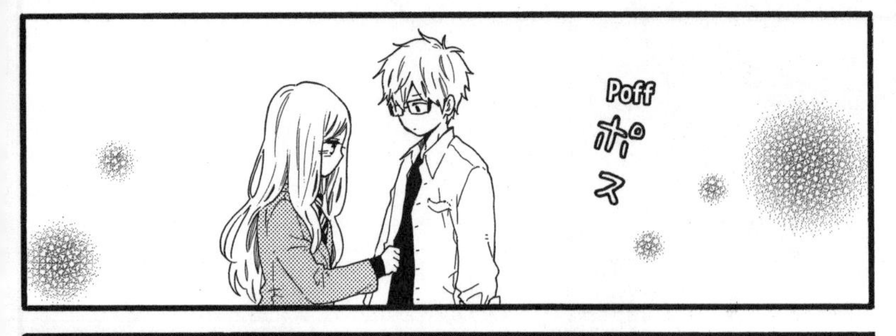
Poff
ポス

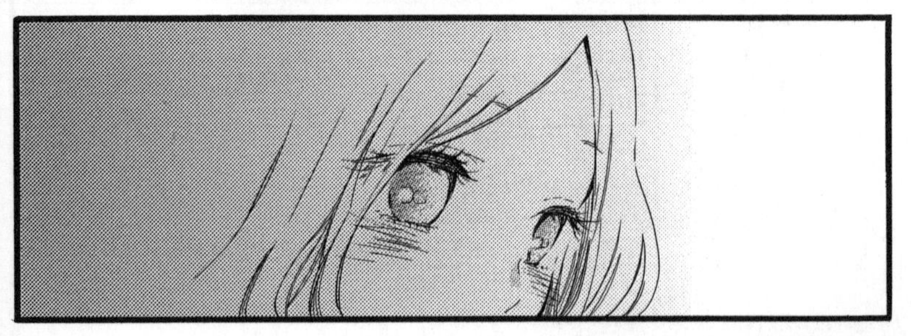

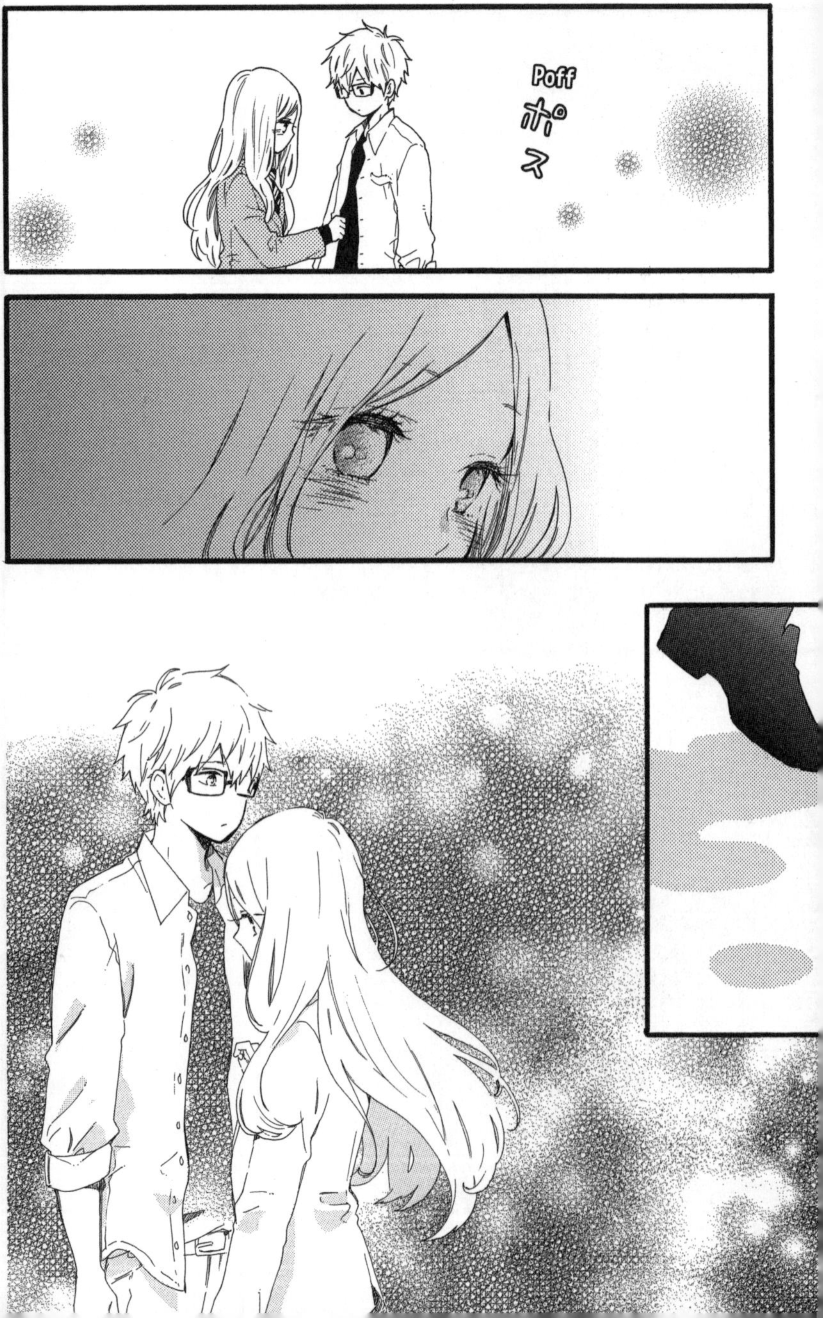

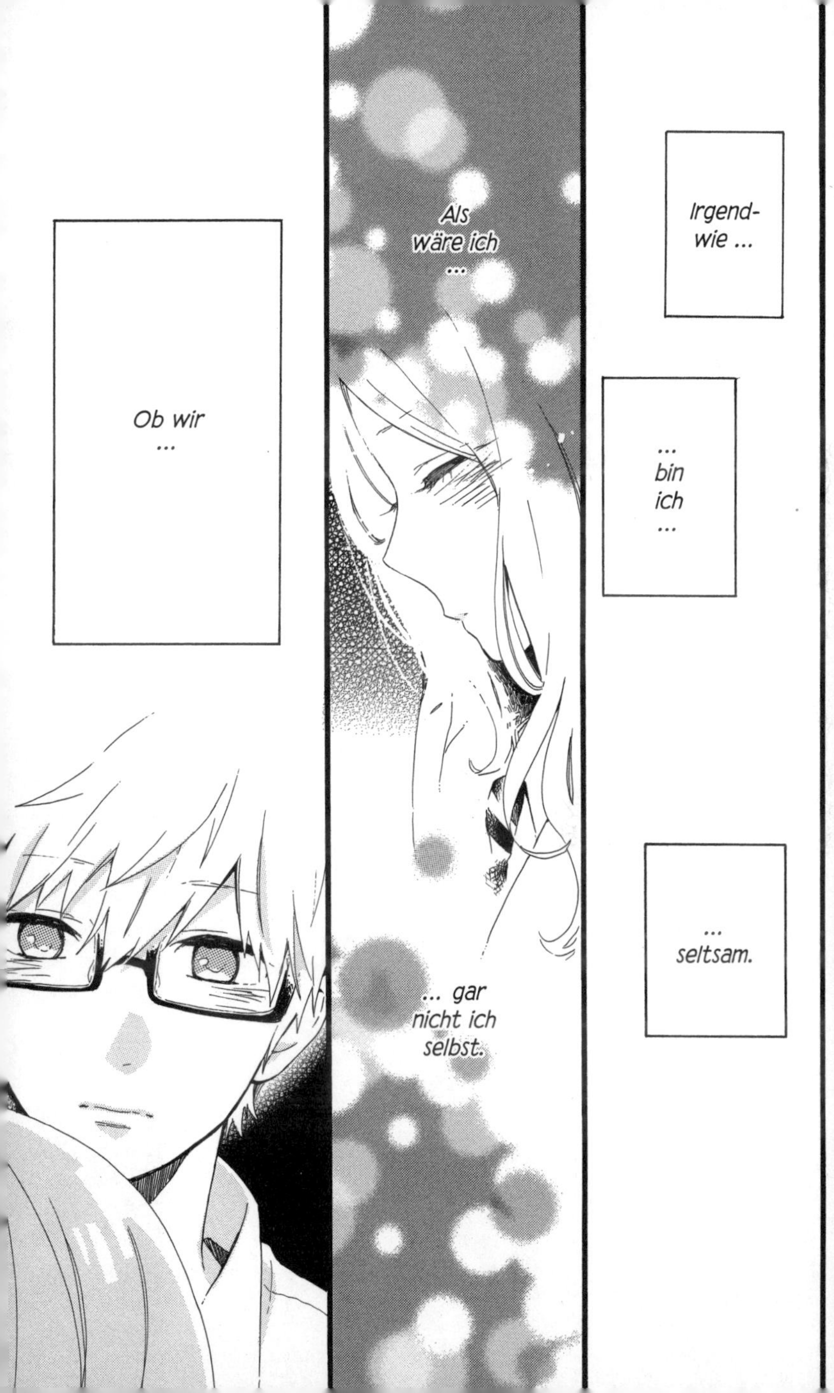
Irgend-
wie ...
... bin ich ...
... seltsam.
Als wäre ich ...
... gar nicht ich selbst.
Ob wir ...

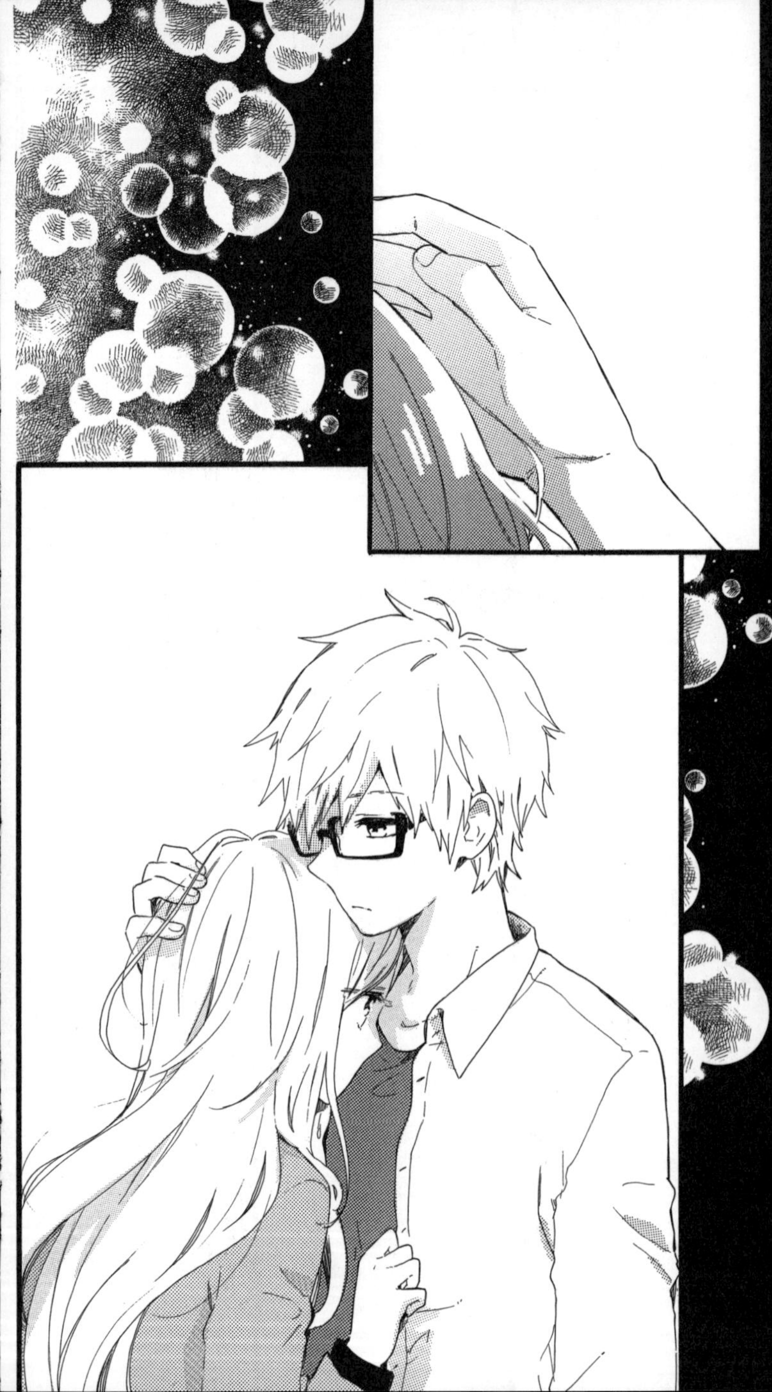

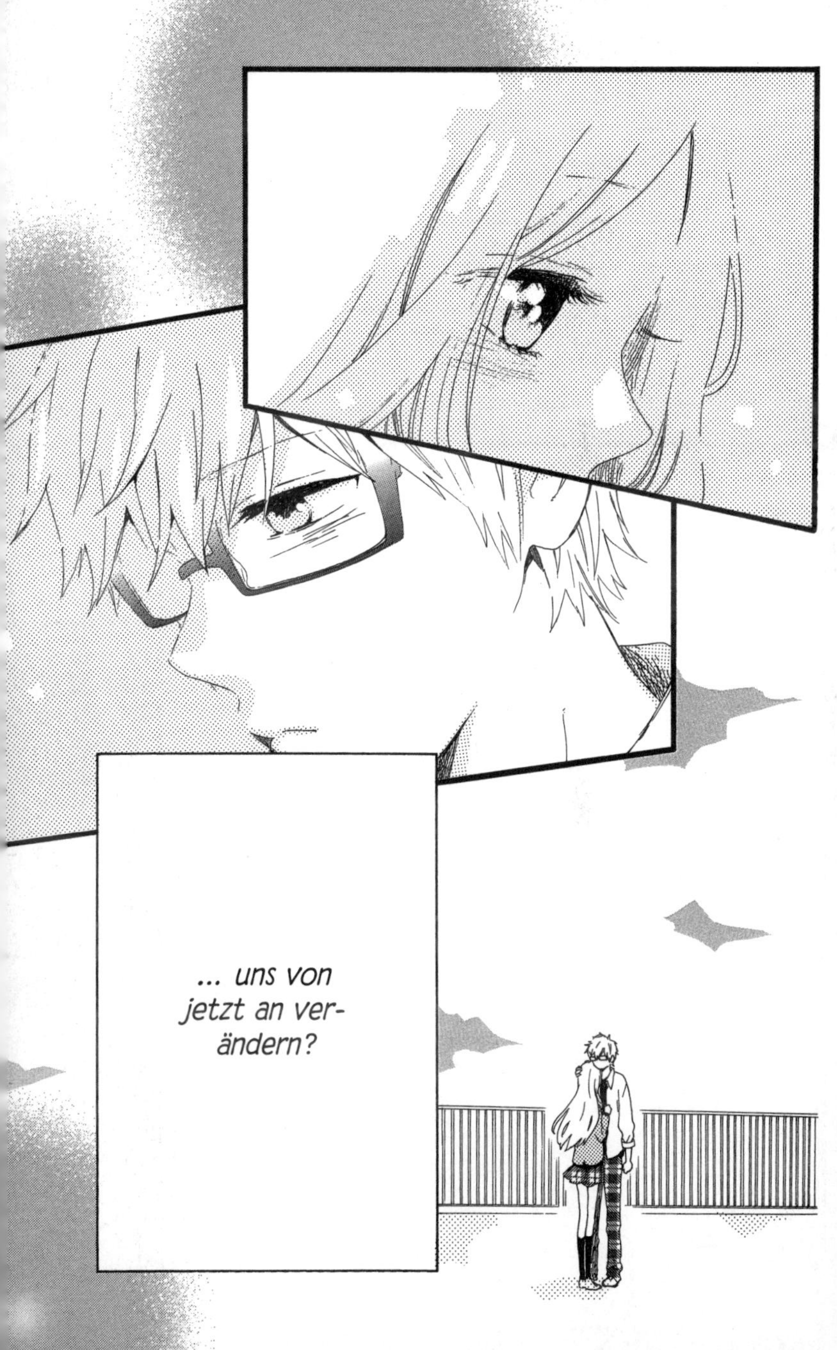
... uns von
jetzt an ver-
ändern?

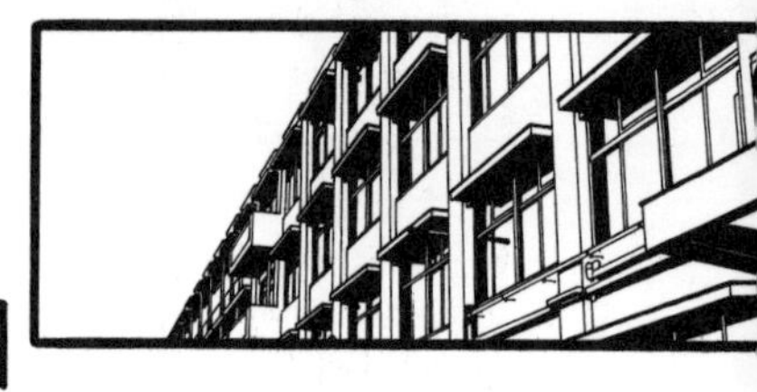

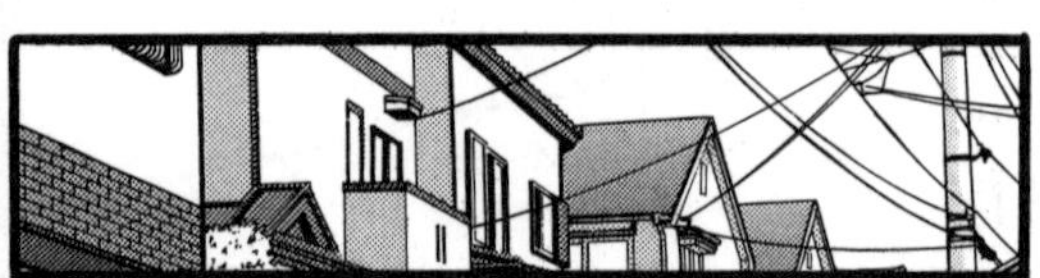

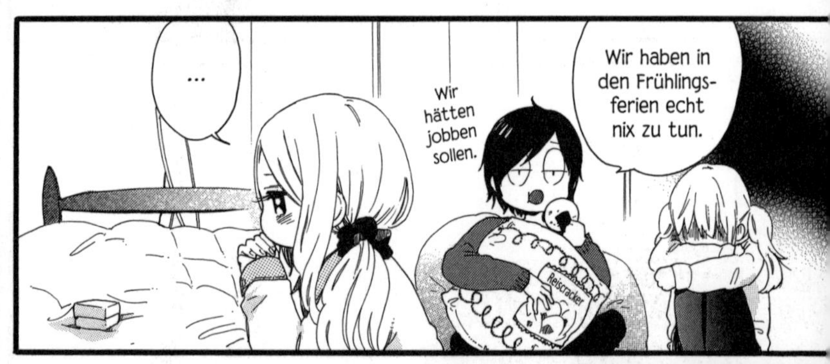

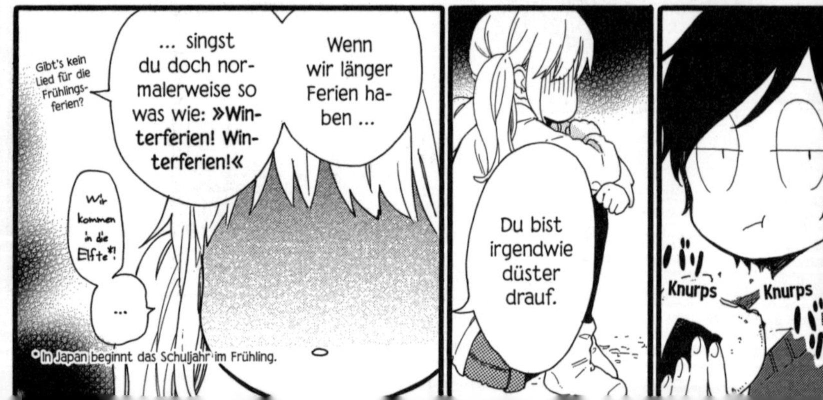

* In Japan beginnt das Schuljahr im Frühling.

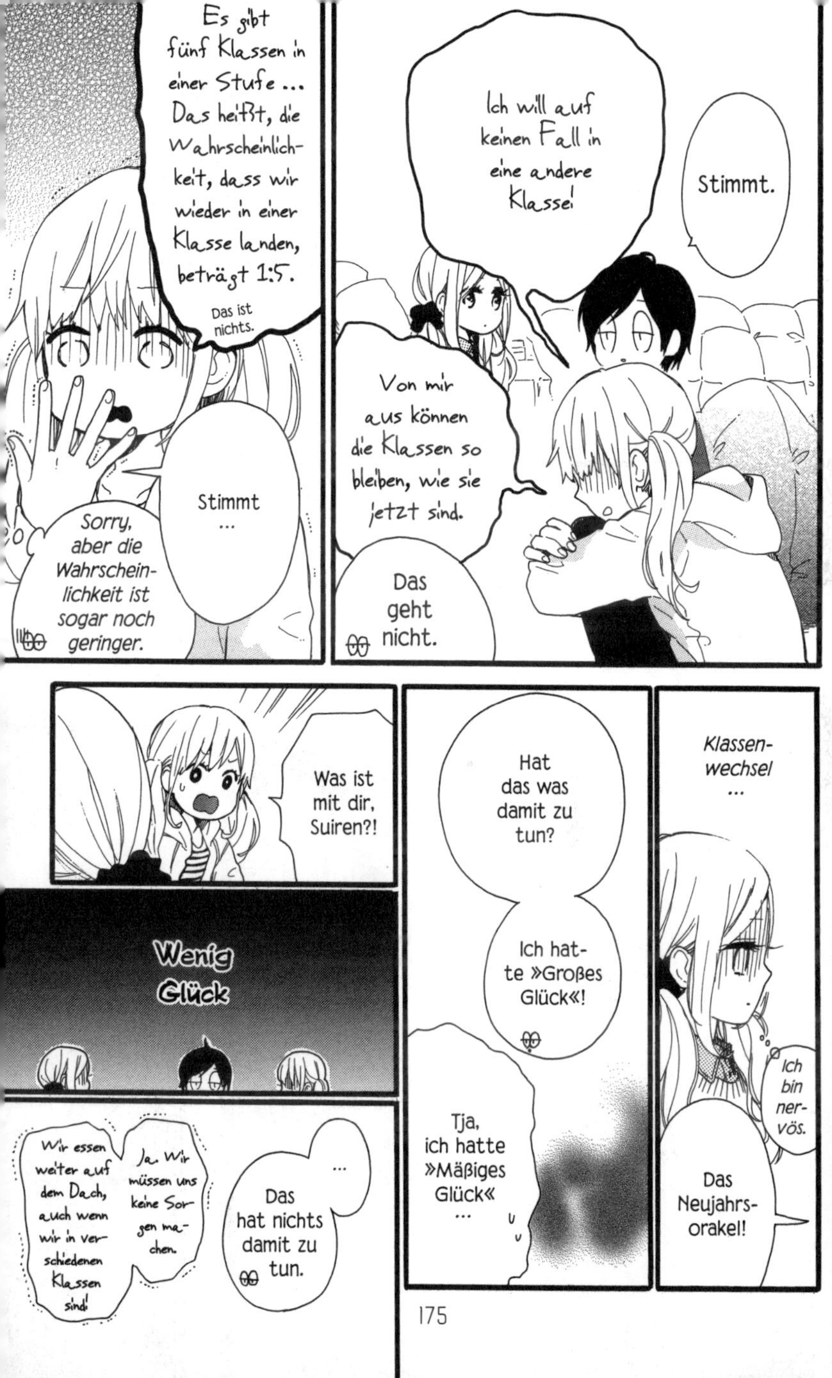
Ich will auf keinen Fall in eine andere Klasse!
Stimmt.
Von mir aus können die Klassen so bleiben, wie sie jetzt sind.
Das geht nicht.
Es gibt fünf Klassen in einer Stufe … Das heißt, die Wahrscheinlichkeit, dass wir wieder in einer Klasse landen, beträgt 1:5.
Das ist nichts.
Stimmt …
Sorry, aber die Wahrscheinlichkeit ist sogar noch geringer.
Klassenwechsel …
Ich bin nervös.
Das Neujahrsorakel!
Hat das was damit zu tun?
Ich hatte »Großes Glück«!
Tja, ich hatte »Mäßiges Glück« …
Was ist mit dir, Suiren?!
Wenig Glück
…
Das hat nichts damit zu tun.
Ja. Wir müssen uns keine Sorgen machen.
Wir essen weiter auf dem Dach, auch wenn wir in verschiedenen Klassen sind!

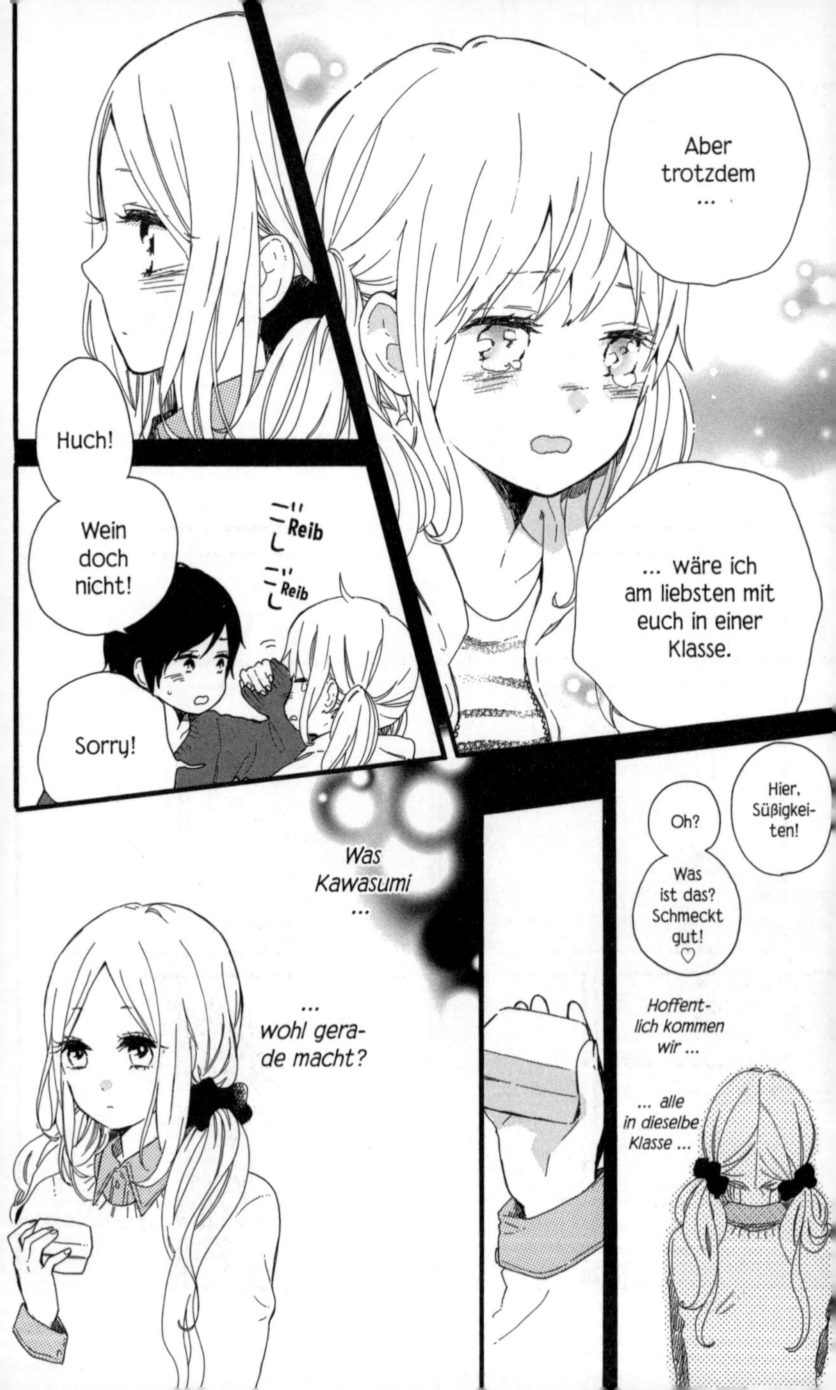
Aber trotzdem ...
... wäre ich am liebsten mit euch in einer Klasse.
Huch!
Wein doch nicht!
Reib
Reib
Sorry!
Hier, Süßigkei-ten!
Oh?
Was ist das? Schmeckt gut! ♡
Hoffent-lich kommen wir ...
... alle in dieselbe Klasse ...
Was Kawasumi ...
... wohl gera-de macht?

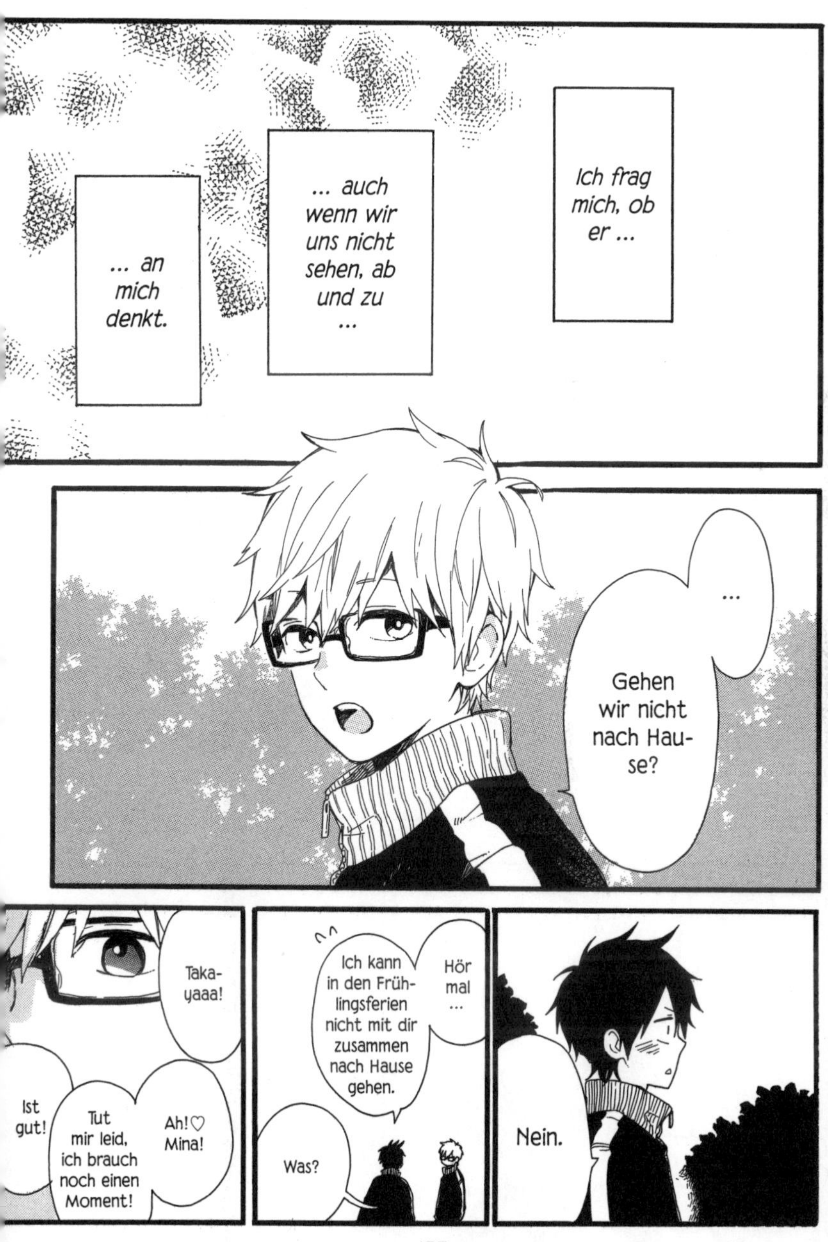

Ich frag mich, ob er ...
... auch wenn wir uns nicht sehen, ab und zu ...
... an mich denkt.
... Gehen wir nicht nach Hause?
Nein.
Hör mal ...
Ich kann in den Frühlingsferien nicht mit dir zusammen nach Hause gehen.
Was?
Taka-yaaa!
Ah!♡ Mina!
Tut mir leid, ich brauch noch einen Moment!
Ist gut!

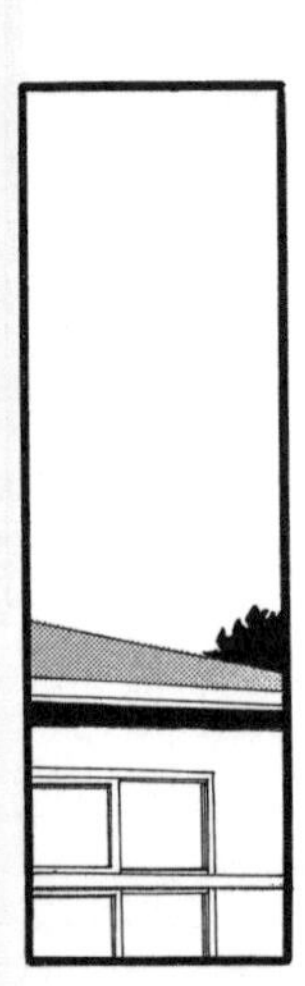

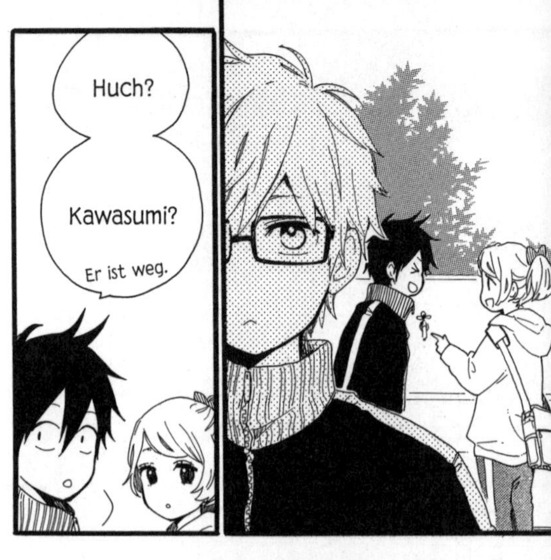

Huch?
Kawasumi?
Er ist weg.

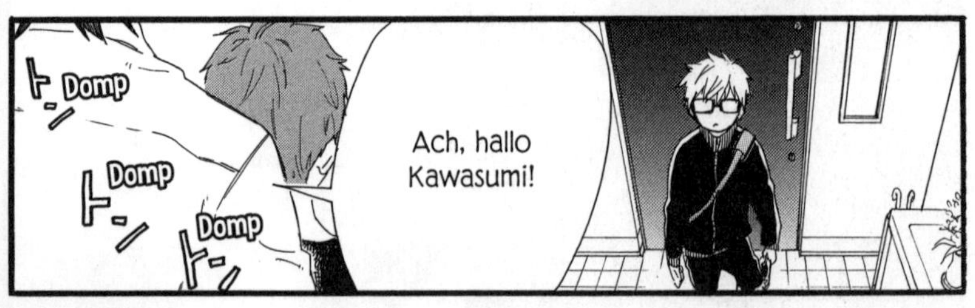

Ach, hallo Kawasumi!
Domp
Domp
Domp

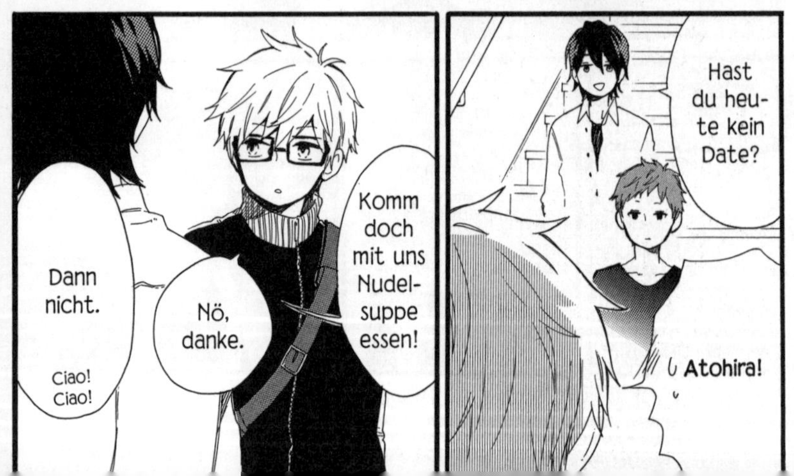

Atohira!
Hast du heute kein Date?
Komm doch mit uns Nudelsuppe essen!
Nö, danke.
Dann nicht.
Ciao! Ciao!

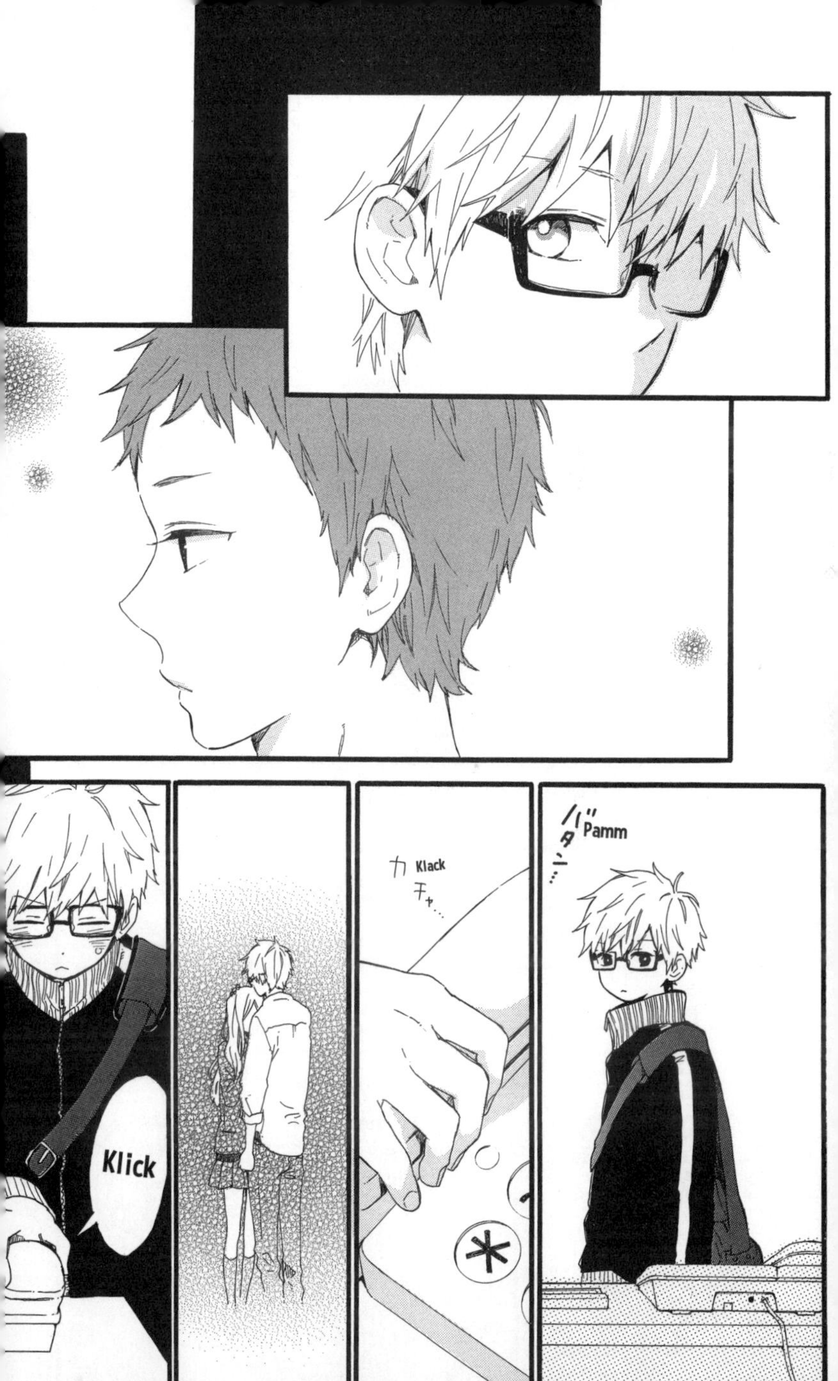

バタン…
Pamm
カチャ…
Klack
Klick

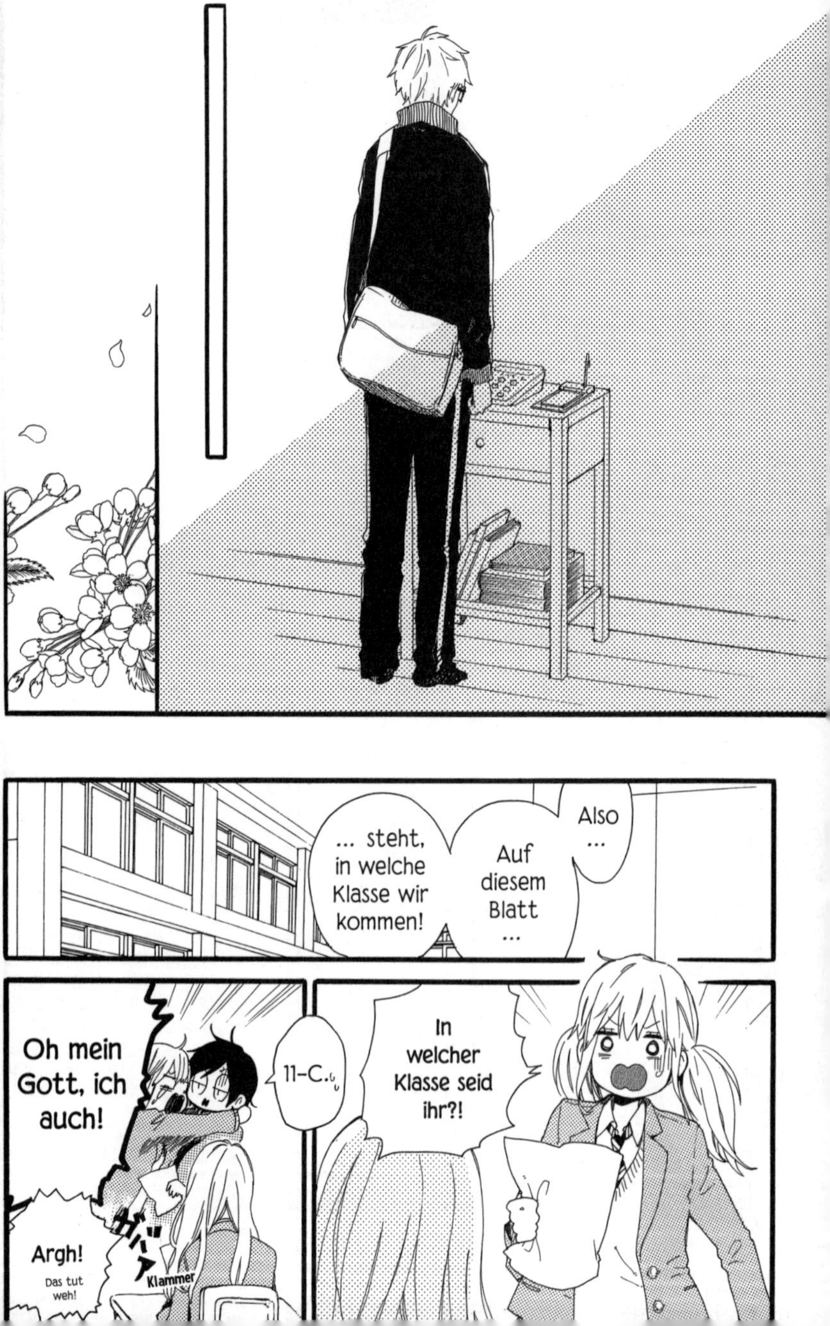

Also ...

Auf diesem Blatt ...

... steht, in welche Klasse wir kommen!

In welcher Klasse seid ihr?!

11-C.

Oh mein Gott, ich auch!

Klammer

Argh!

Das tut weh!

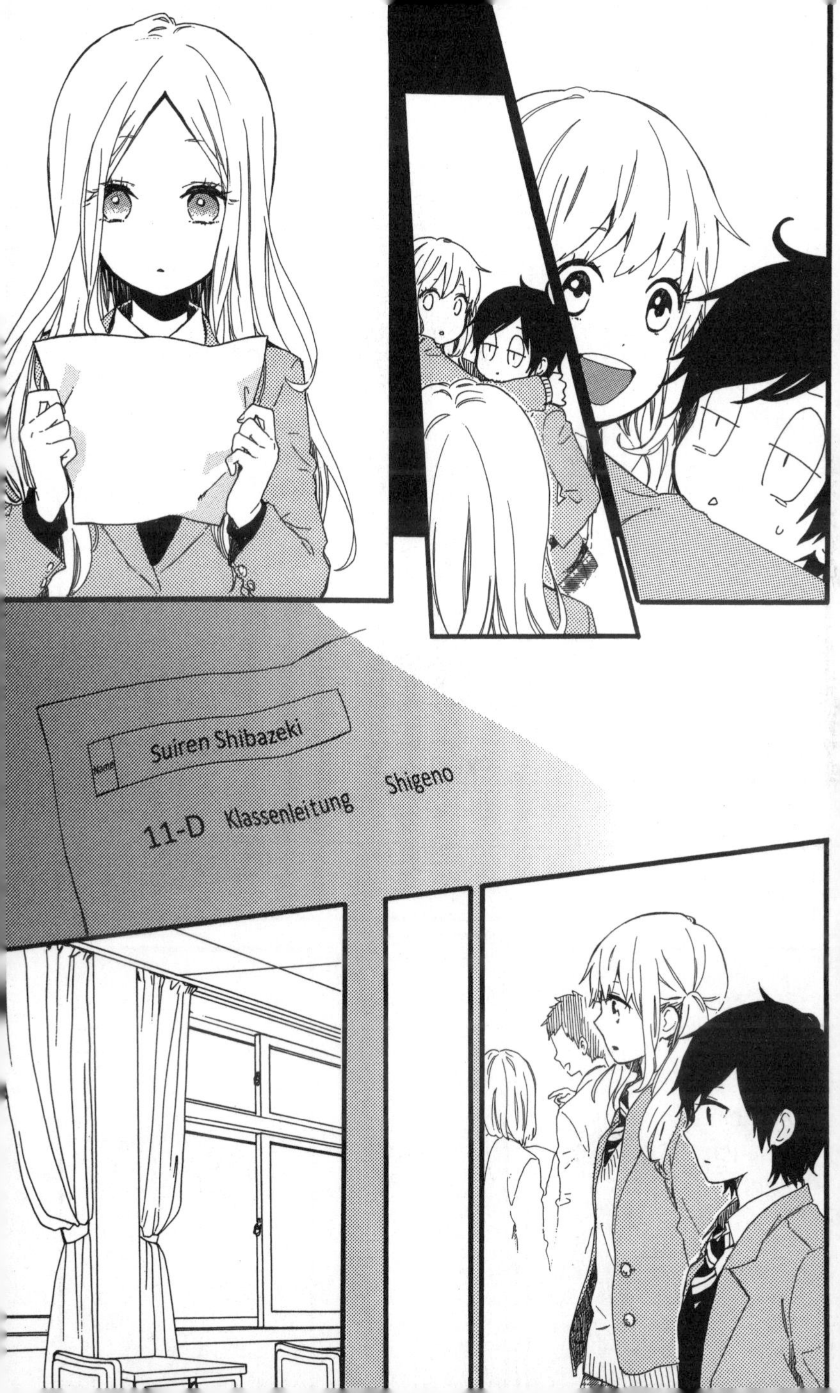
Name
Suiren Shibazeki
11-D Klassenleitung Shigeno

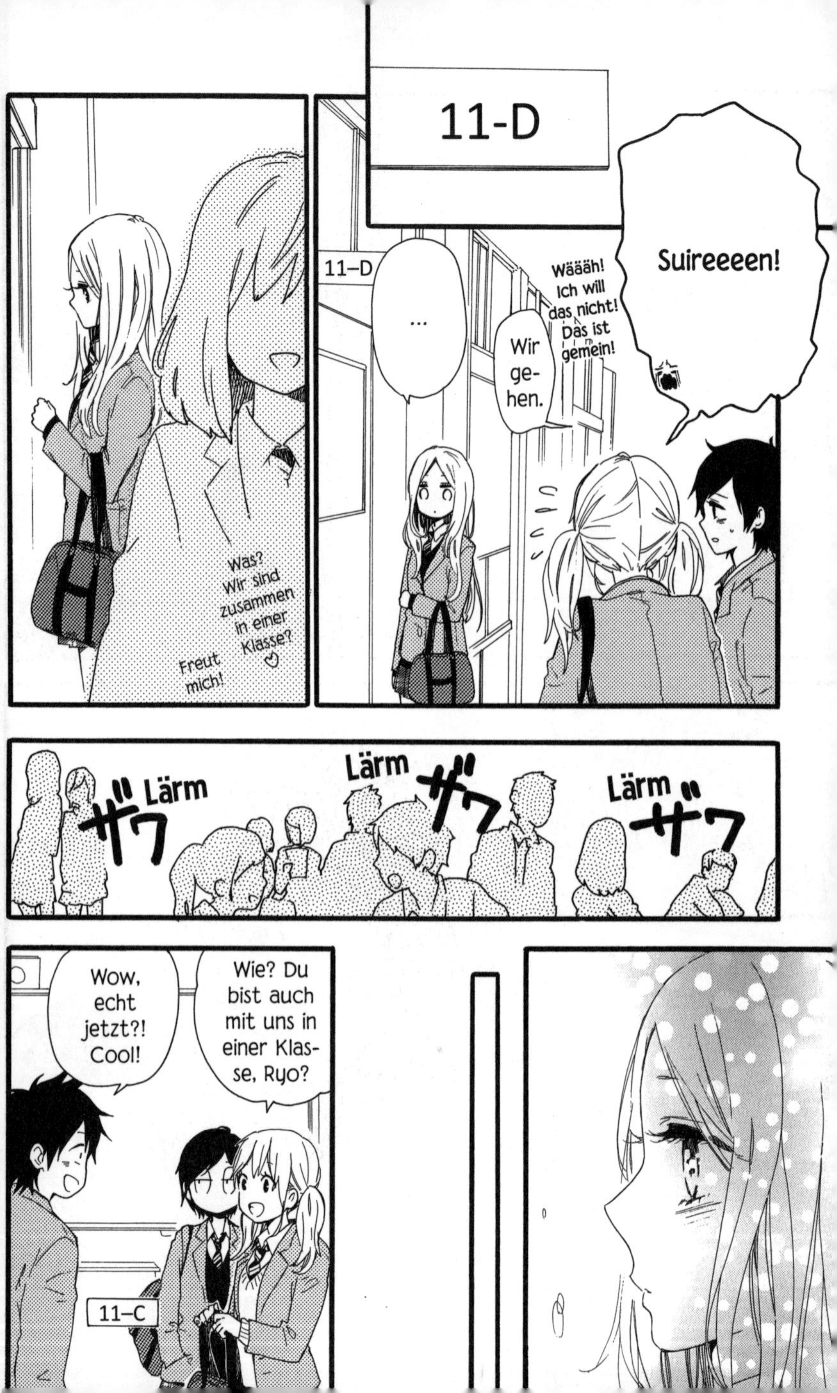

11-D

Suireeeen!

Wäääh! Ich will das nicht! Das ist gemein!

Wir gehen.

...

11–D

Was? Wir sind zusammen in einer Klasse?

Freut mich!

Lärm ザワ

Lärm ザワ

Lärm ザワ

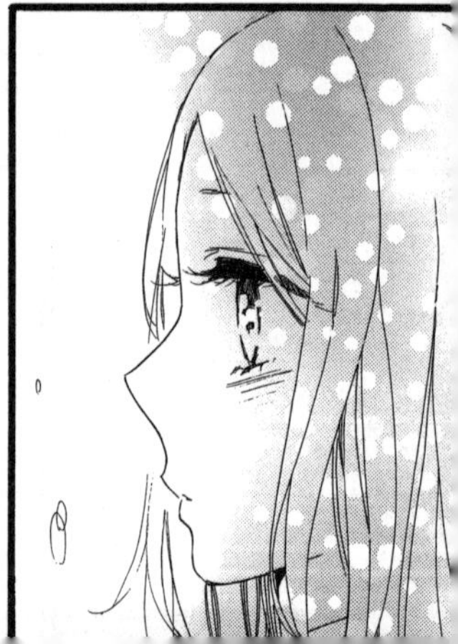

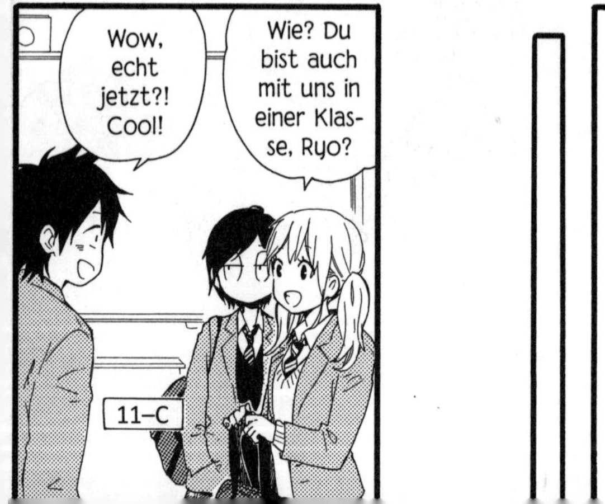

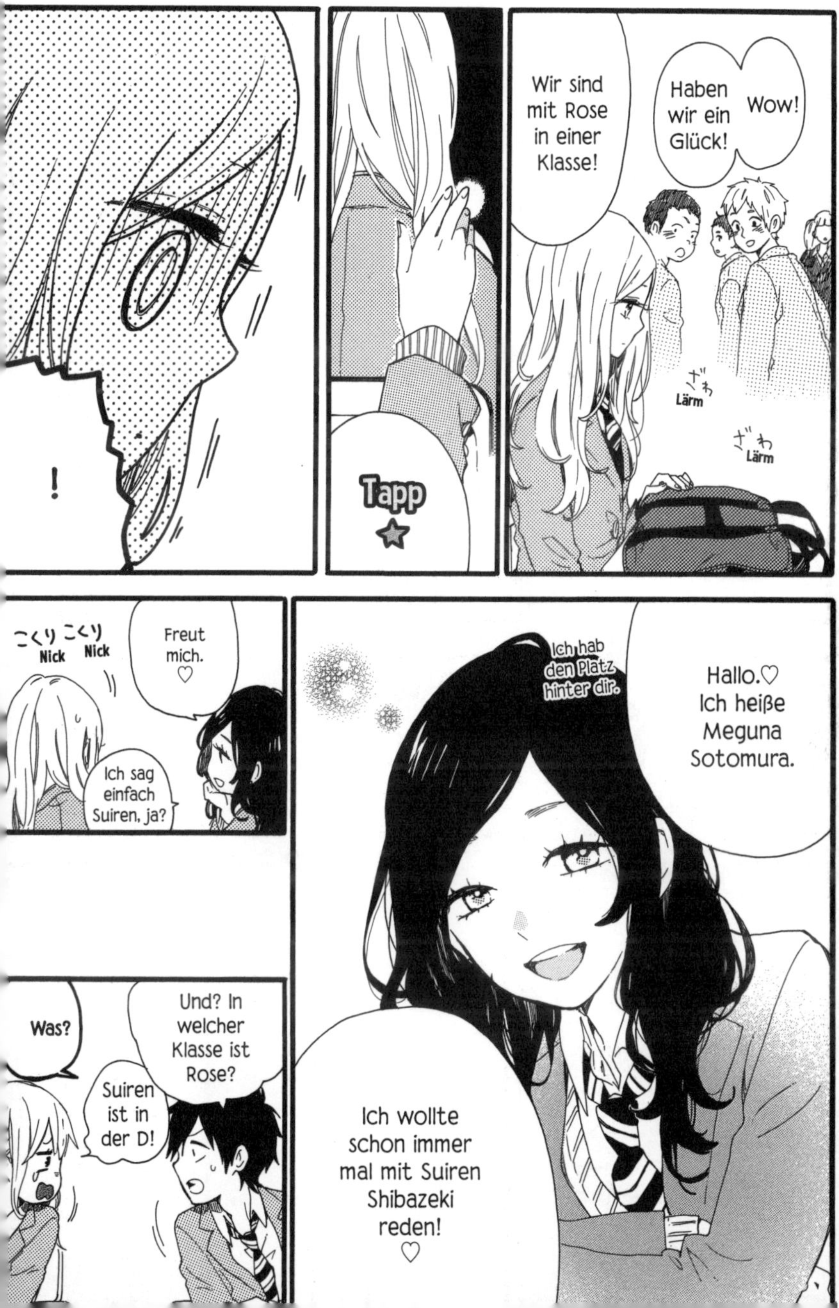

Wow!
Haben wir ein Glück!
Wir sind mit Rose in einer Klasse!
ざわ Lärm
ざわ Lärm
Tapp ☆
!
Hallo.♡ Ich heiße Meguna Sotomura.
Ich hab den Platz hinter dir.
Ich wollte schon immer mal mit Suiren Shibazeki reden! ♡
Freut mich. ♡
Ich sag einfach Suiren, ja?
こくり Nick
こくり Nick
Und? In welcher Klasse ist Rose?
Suiren ist in der D!
Was?

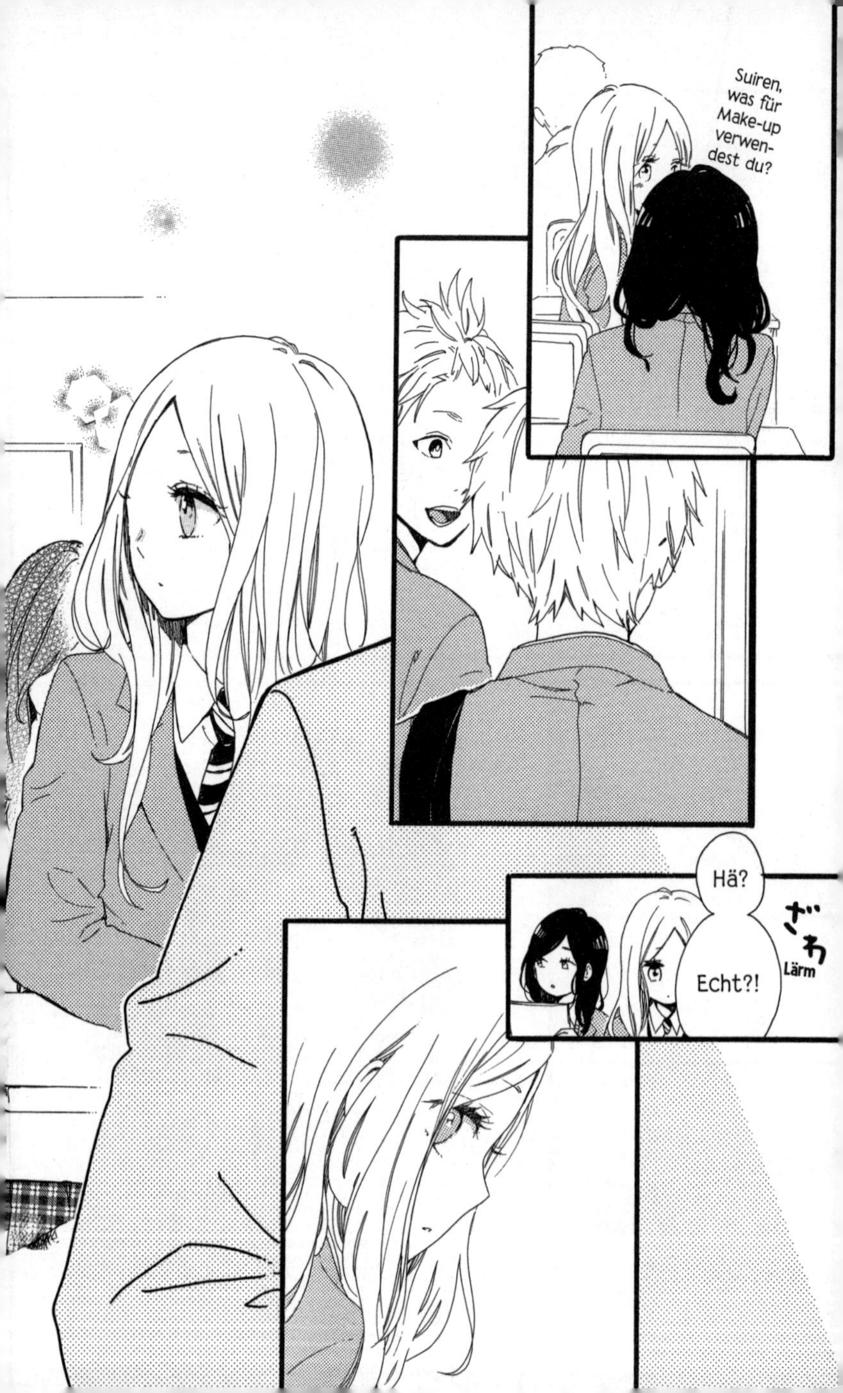
Suiren, was für Make-up verwendest du?
Hä?
ざわ
Lärm
Echt?!

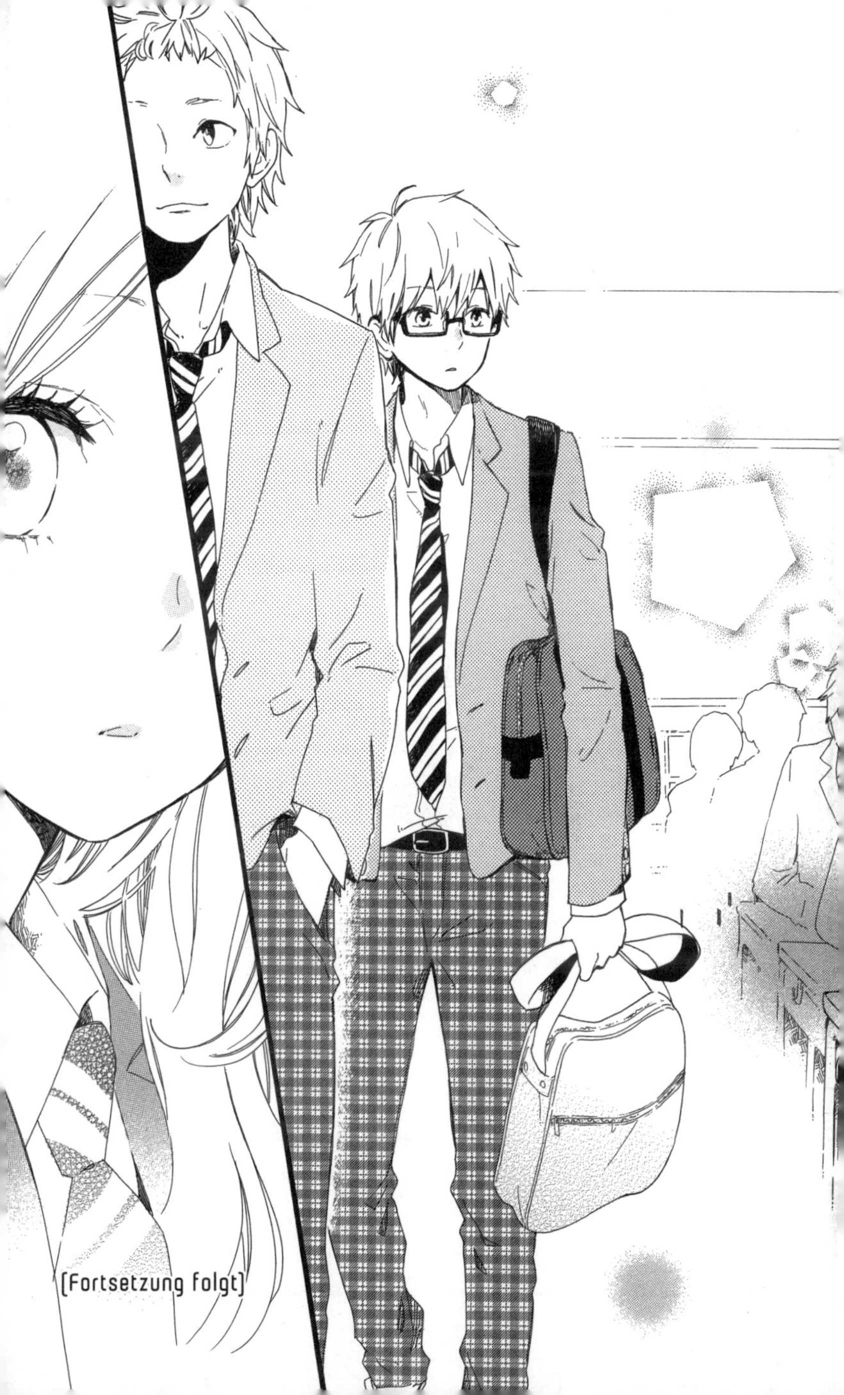

(Fortsetzung folgt)

Hallo!

Genau einen Tag bevor dieser Text entstand, habe ich dem *Margaret*-Magazin ein Interview gegeben und einiges über mich erzählen dürfen.

Da in den Leserbriefen häufig nach meinem Profil gefragt wird, habe ich für interessierte Leser eines erstellt.

suu Morishita

Geburtsort: Präfektur Miyazaki
Geburtstag: 21. Mai
Blutgruppe: A

Bis jetzt hatte ich das außer im *Margaret*-Magazin noch nicht verraten, aber: Bei suu Morishita handelt es sich um ein Duo. Wir waren zusammen auf der Oberschule*!

Da wir beide vor unserem Debüt geheiratet haben, wohnen wir heute in verschiedenen Präfekturen. Die Fanbriefe leitet unser Redakteur aber zuverlässig an uns beide weiter. Danke dafür!

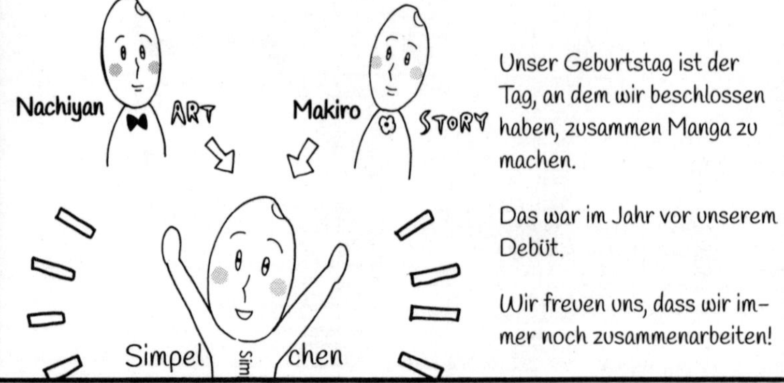

Unser Geburtstag ist der Tag, an dem wir beschlossen haben, zusammen Manga zu machen.

Das war im Jahr vor unserem Debüt.

Wir freuen uns, dass wir immer noch zusammenarbeiten!

* Entspricht unseren Klassen 10–12.

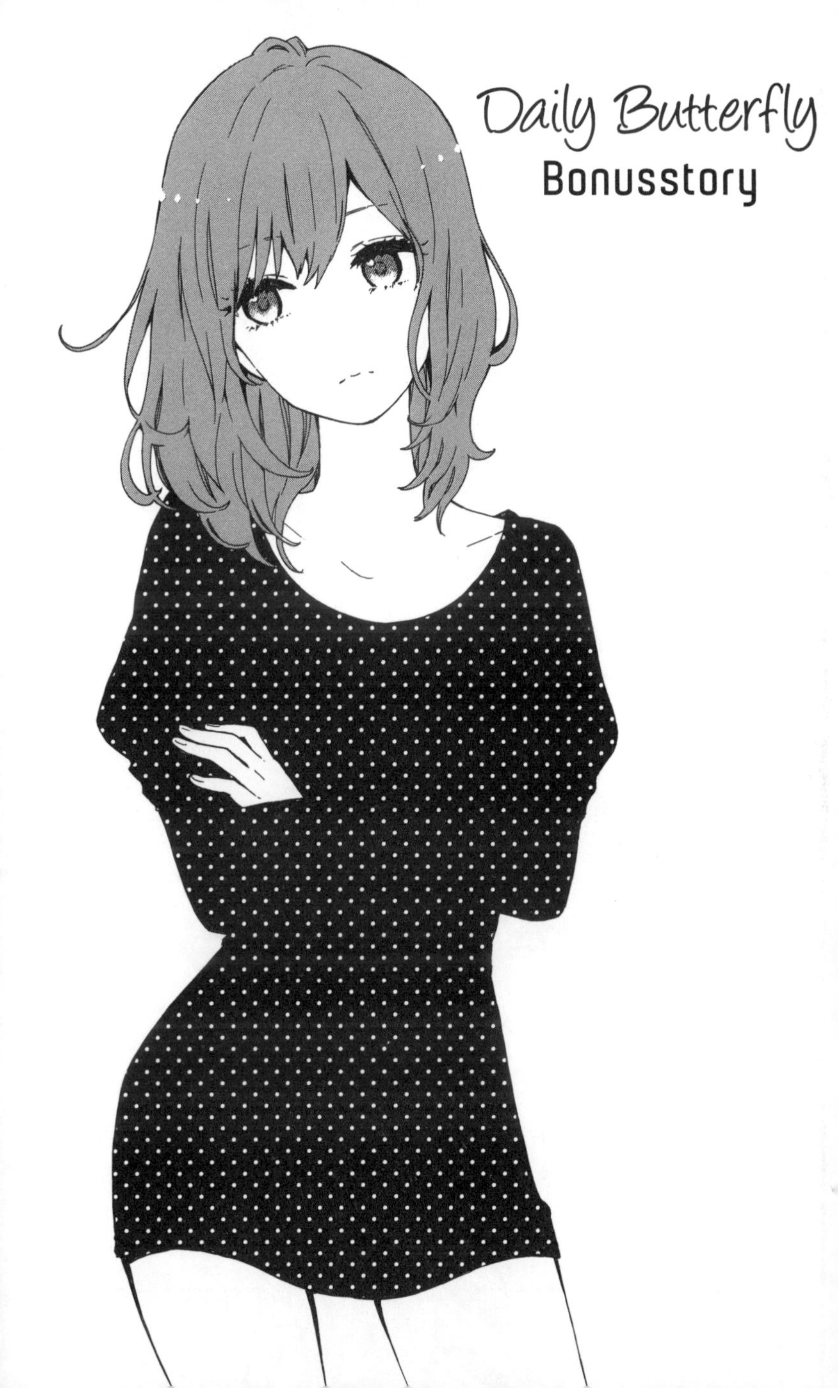
Daily Butterfly
Bonusstory

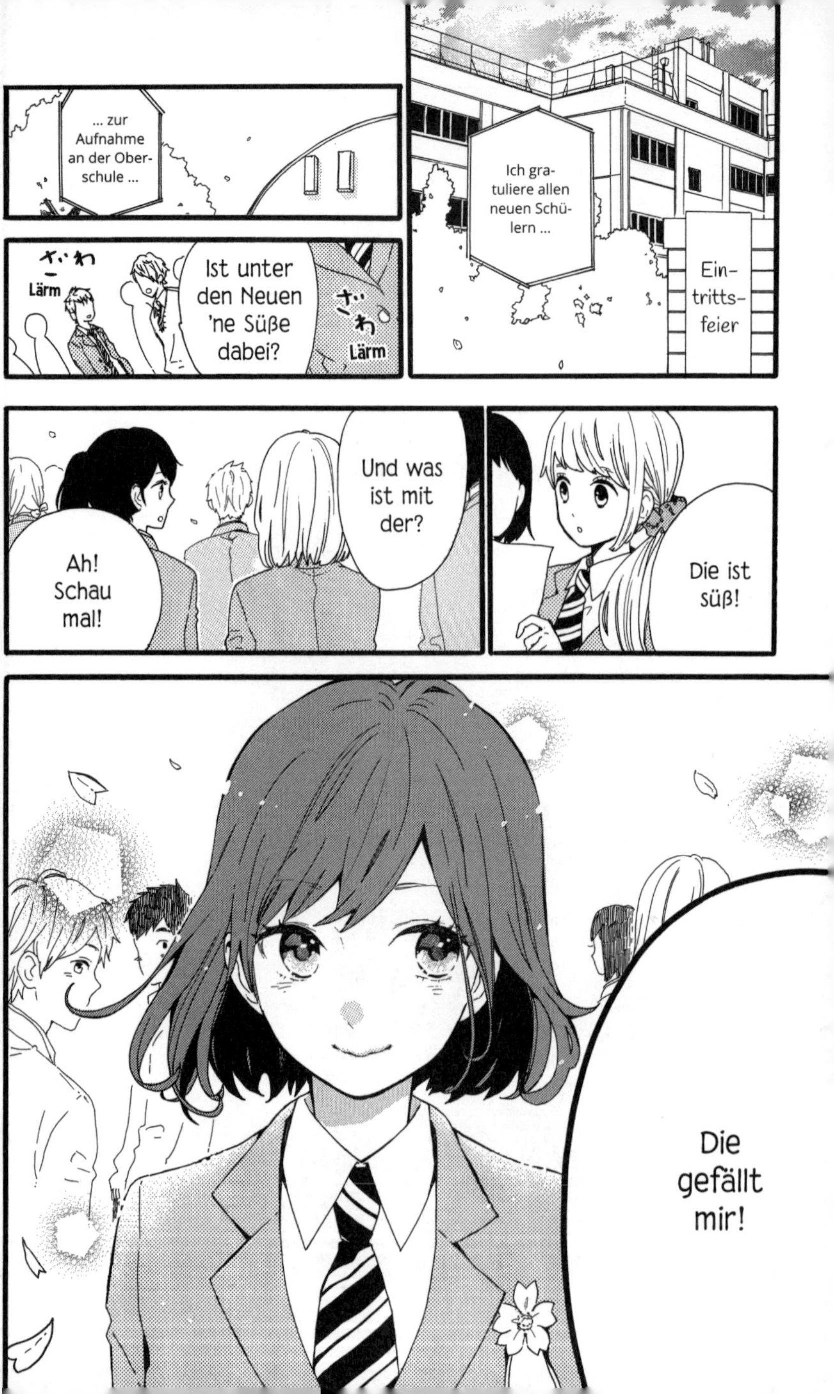

Eintrittsfeier

Ich gratuliere allen neuen Schülern ...

... zur Aufnahme an der Oberschule ...

ざわ
Lärm

Ist unter den Neuen 'ne Süße dabei?

ざわ
Lärm

Die ist süß!

Und was ist mit der?

Ah! Schau mal!

Die gefällt mir!

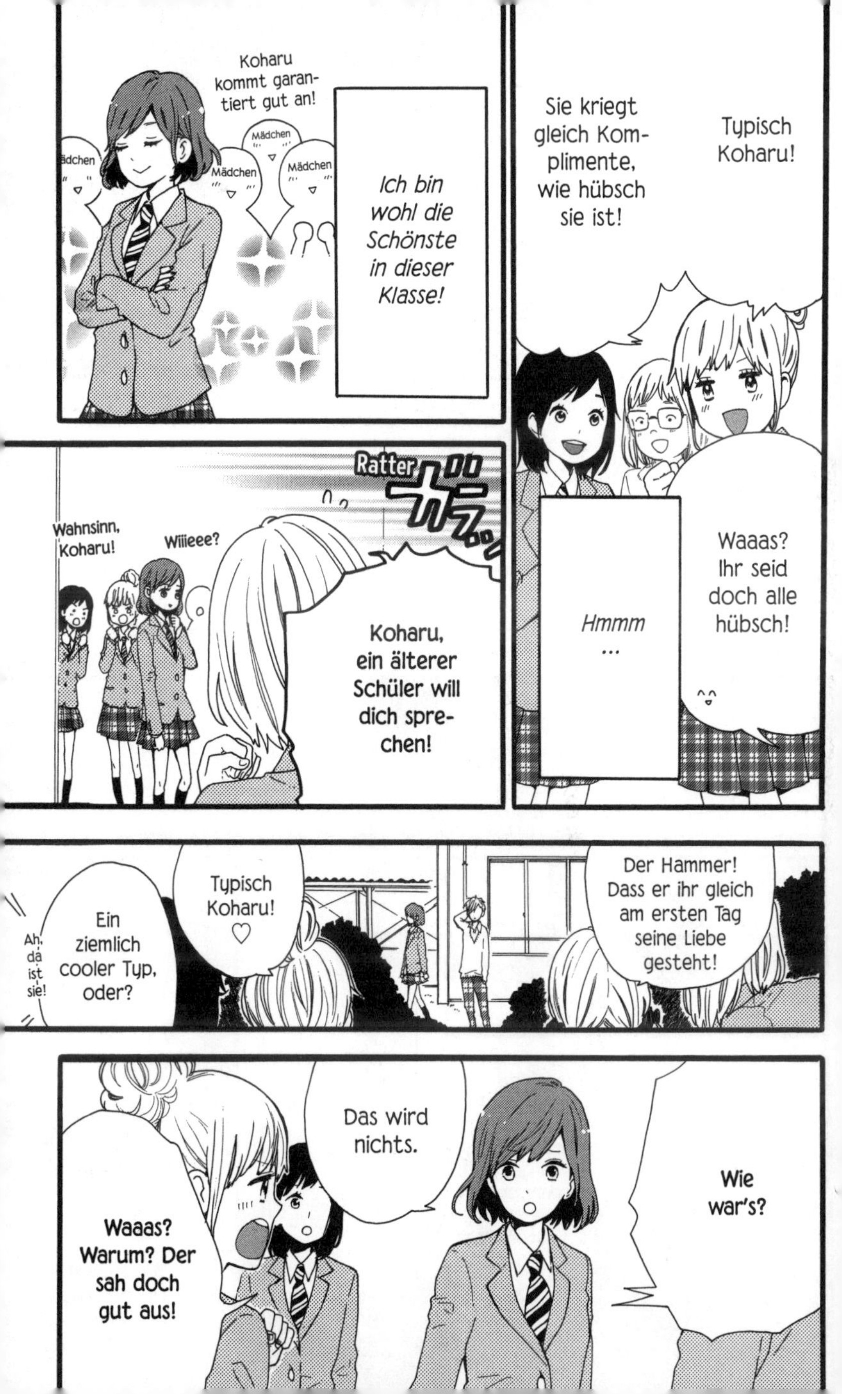

Typisch Koharu!

Sie kriegt gleich Komplimente, wie hübsch sie ist!

Waaas? Ihr seid doch alle hübsch!

Hmmm …

Koharu kommt garantiert gut an!

Mädchen

Mädchen

Mädchen

Mädchen

Ich bin wohl die Schönste in dieser Klasse!

Ratter

Koharu, ein älterer Schüler will dich sprechen!

Wiiieee?

Wahnsinn, Koharu!

Der Hammer! Dass er ihr gleich am ersten Tag seine Liebe gesteht!

Typisch Koharu! ♡

Ein ziemlich cooler Typ, oder?

Ah, da ist sie!

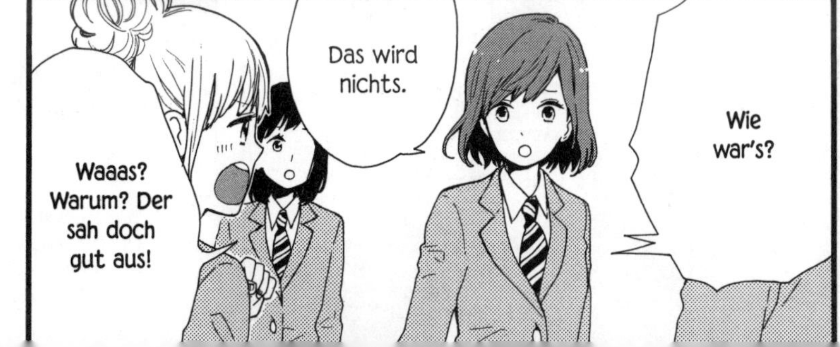

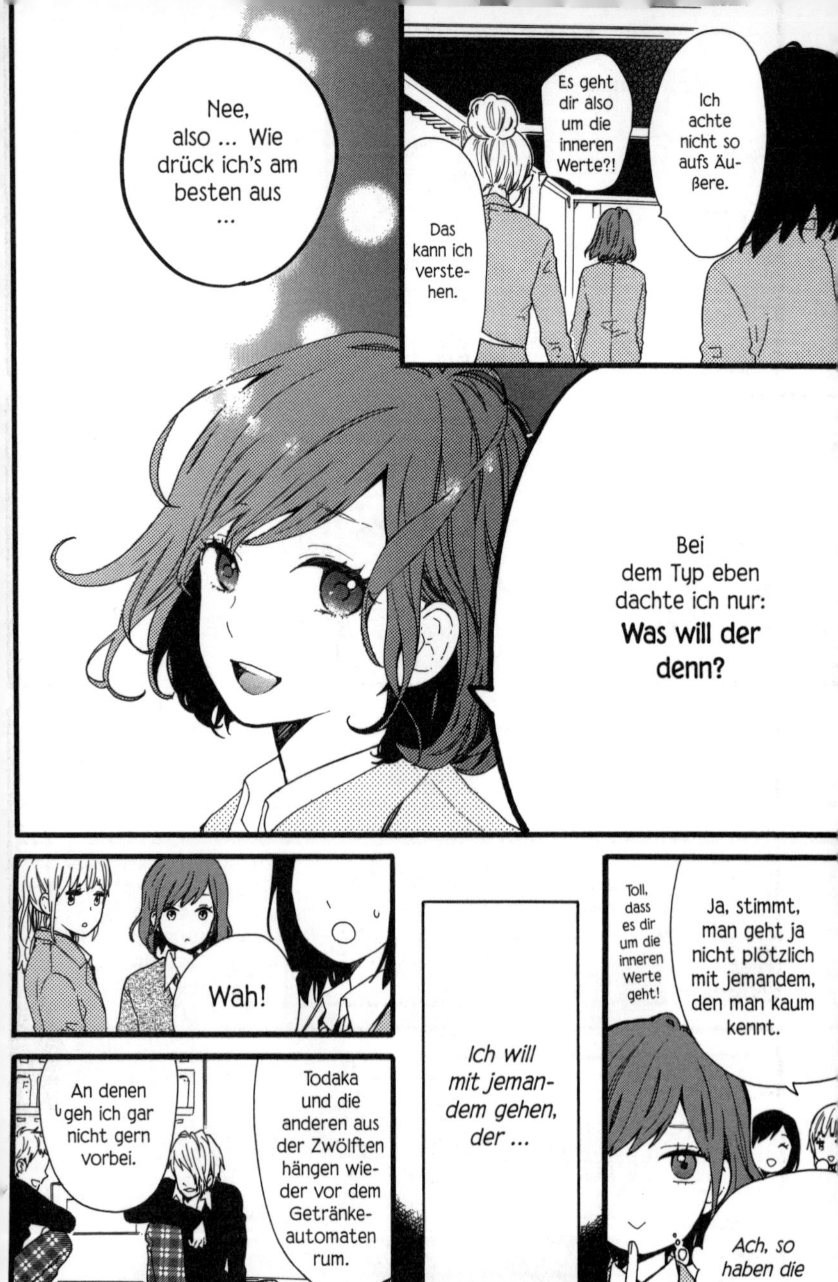

Ich achte nicht so aufs Äußere.
Es geht dir also um die inneren Werte?!
Das kann ich verstehen.
Nee, also ... Wie drück ich's am besten aus ...
Bei dem Typ eben dachte ich nur: **Was will der denn?**
Ja, stimmt, man geht ja nicht plötzlich mit jemandem, den man kaum kennt.
Toll, dass es dir um die inneren Werte geht!
Ach, so haben die das verstanden? Na ja, auch gut.
Ich will mit jemandem gehen, der ...
Wah!
Todaka und die anderen aus der Zwölften hängen wieder vor dem Getränkeautomaten rum.
An denen geh ich gar nicht gern vorbei.

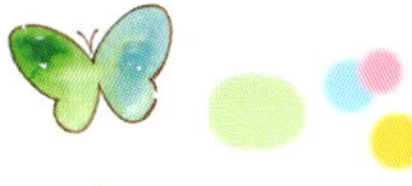

Juli

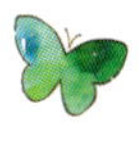

1	2	3	4
5	6	7	8
9	10	11	12
13	14	15	16
17	18	19	20
21	22	23	24
25	26	27	28
29	30	31	

Daily Butterfly

suu Morishita

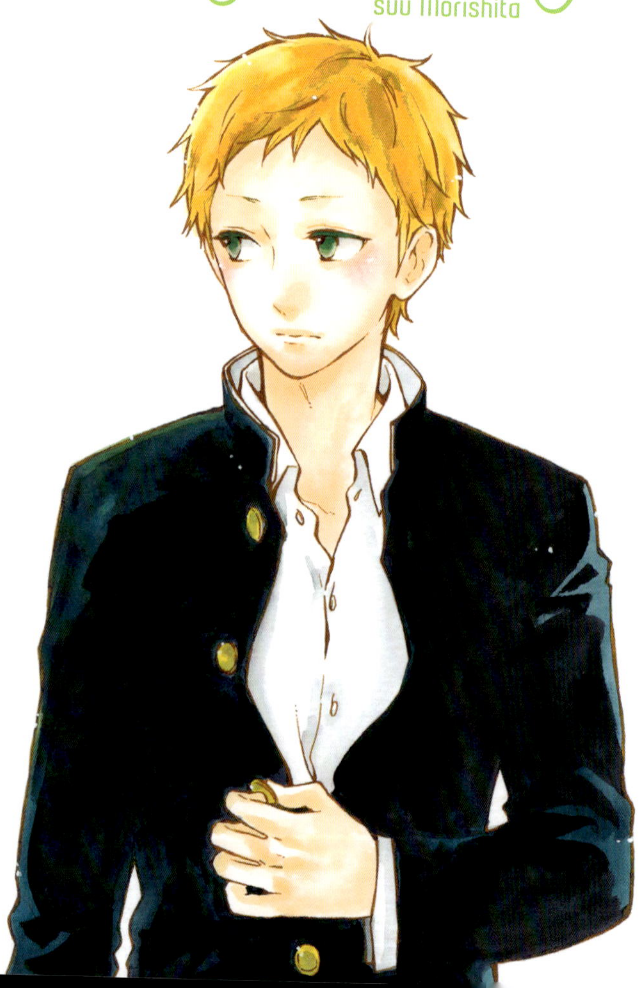

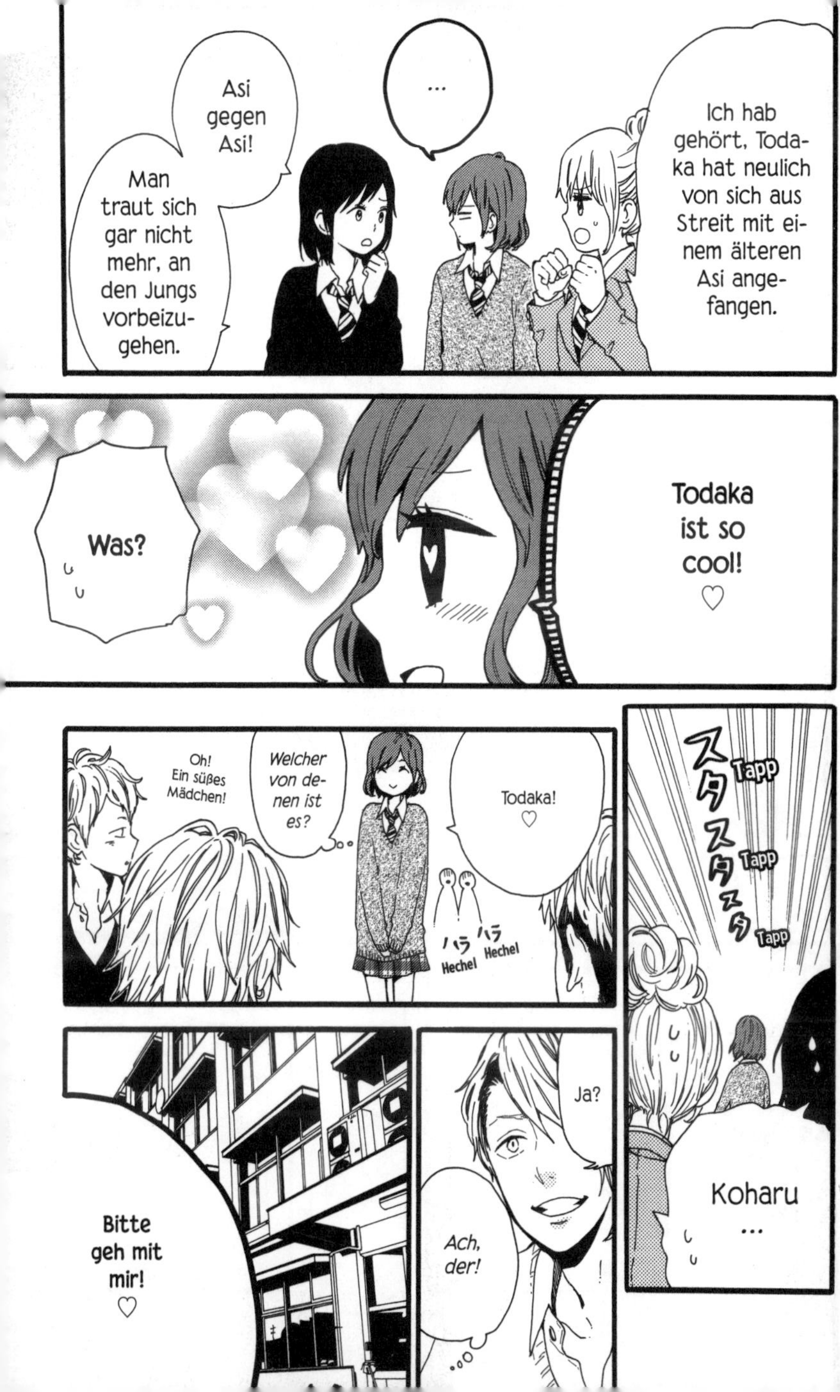

Ich hab gehört, Todaka hat neulich von sich aus Streit mit einem älteren Asi angefangen.

...

Asi gegen Asi!

Man traut sich gar nicht mehr, an den Jungs vorbeizugehen.

Todaka ist so cool! ♡

Was?

スタ Tapp
スタ Tapp
スタ Tapp

Koharu ...

Todaka! ♡

ハラ Hechel ハラ Hechel

Welcher von denen ist es?

Oh! Ein süßes Mädchen!

Ja?

Ach, der!

Bitte geh mit mir! ♡

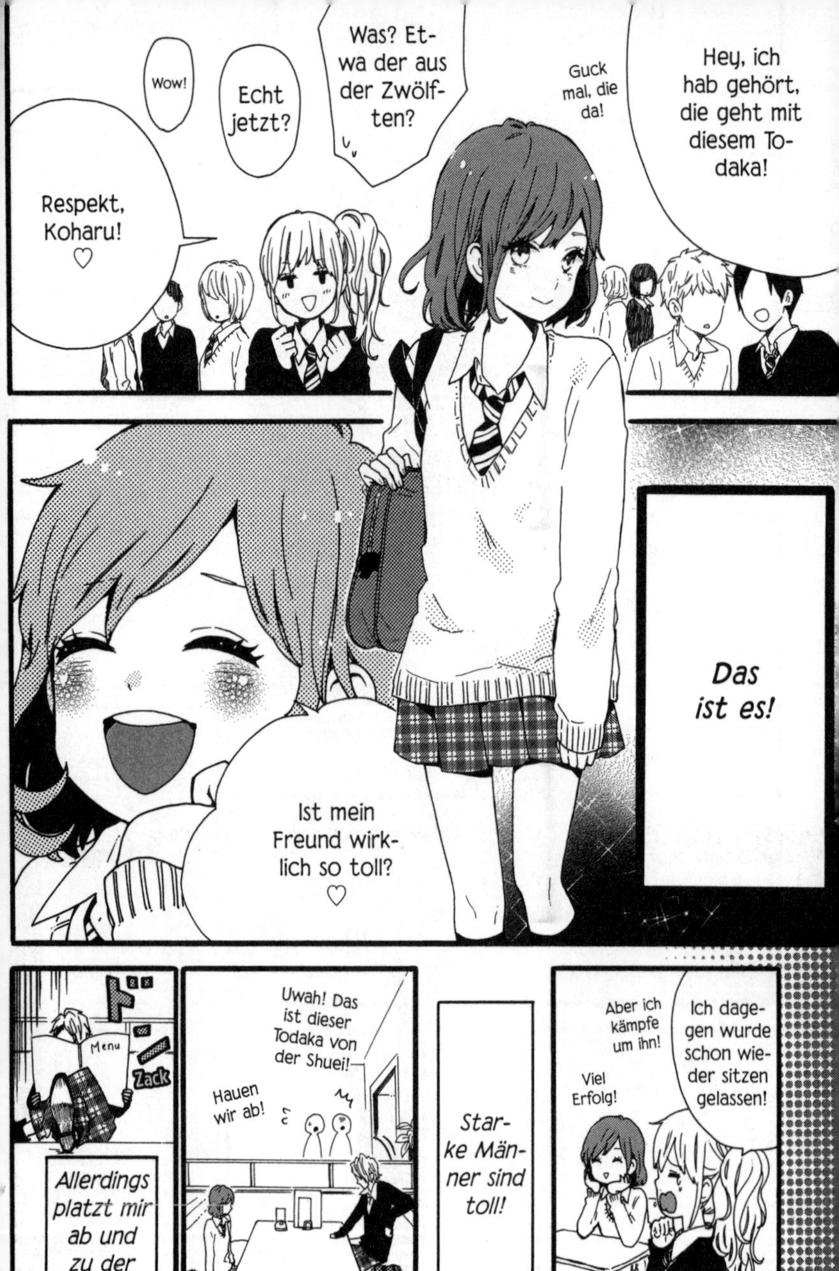
Hey, ich hab gehört, die geht mit diesem Todaka!
Guck mal, die da!
Was? Etwa der aus der Zwölften?
Echt jetzt?
Wow!
Respekt, Koharu! ♡
Das ist es!
Ist mein Freund wirklich so toll? ♡
Ich dagegen wurde schon wieder sitzen gelassen!
Aber ich kämpfe um ihn!
Viel Erfolg!
Starke Männer sind toll!
Uwah! Das ist dieser Todaka von der Shuei!
Hauen wir ab!
Menu
Zack
Allerdings platzt mir ab und zu der Kragen.

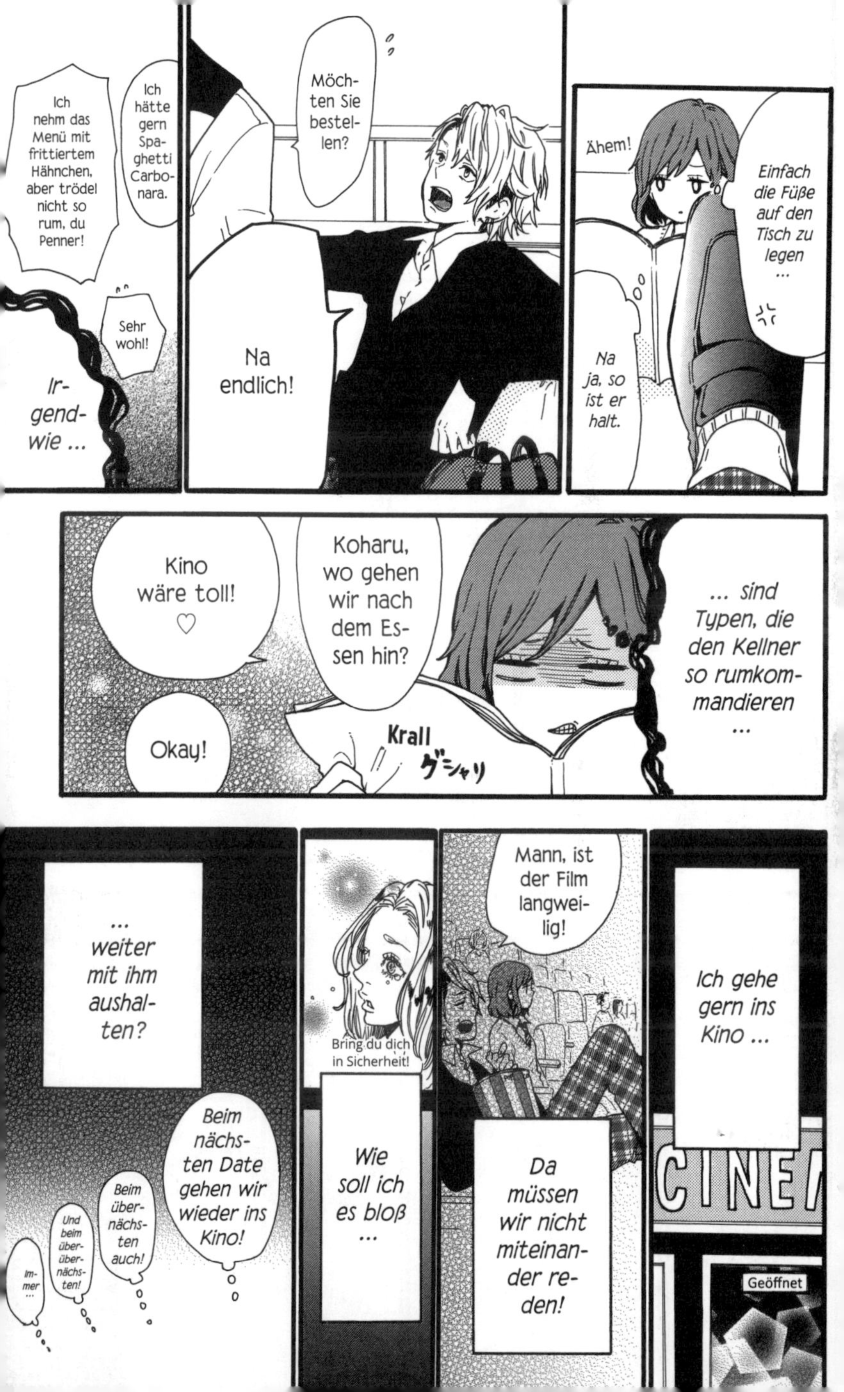

Ähem!
Einfach die Füße auf den Tisch zu legen ...
Na ja, so ist er halt.
Möchten Sie bestellen?
Na endlich!
Ich hätte gern Spaghetti Carbonara.
Ich nehm das Menü mit frittiertem Hähnchen, aber trödel nicht so rum, du Penner!
Sehr wohl!
Irgendwie ...
... sind Typen, die den Kellner so rumkommandieren ...
Krall
グシャリ
Koharu, wo gehen wir nach dem Essen hin?
Kino wäre toll! ♡
Okay!
Ich gehe gern ins Kino ...
CINEM
Geöffnet
Mann, ist der Film langweilig!
Da müssen wir nicht miteinander reden!
Bring du dich in Sicherheit!
Wie soll ich es bloß ...
... weiter mit ihm aushalten?
Beim nächsten Date gehen wir wieder ins Kino!
Beim übernächsten auch!
Und beim überübernächsten!
Immer ...

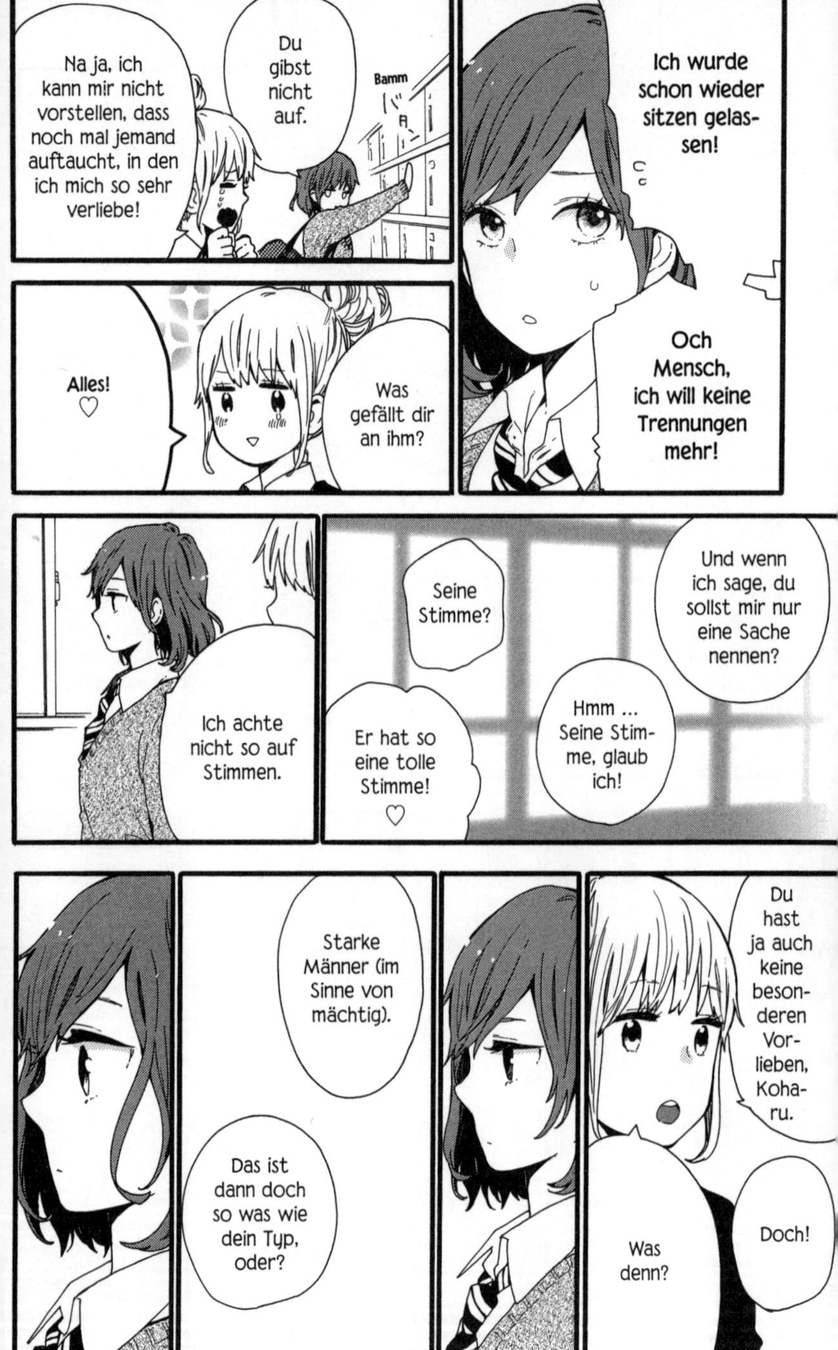

Ich wurde schon wieder sitzen gelassen!
Och Mensch, ich will keine Trennungen mehr!
Bamm
Du gibst nicht auf.
Na ja, ich kann mir nicht vorstellen, dass noch mal jemand auftaucht, in den ich mich so sehr verliebe!
Was gefällt dir an ihm?
Alles! ♡
Und wenn ich sage, du sollst mir nur eine Sache nennen?
Hmm ... Seine Stimme, glaub ich!
Seine Stimme?
Er hat so eine tolle Stimme! ♡
Ich achte nicht so auf Stimmen.
Du hast ja auch keine besonderen Vorlieben, Koharu.
Doch!
Was denn?
Starke Männer (im Sinne von mächtig).
Das ist dann doch so was wie dein Typ, oder?

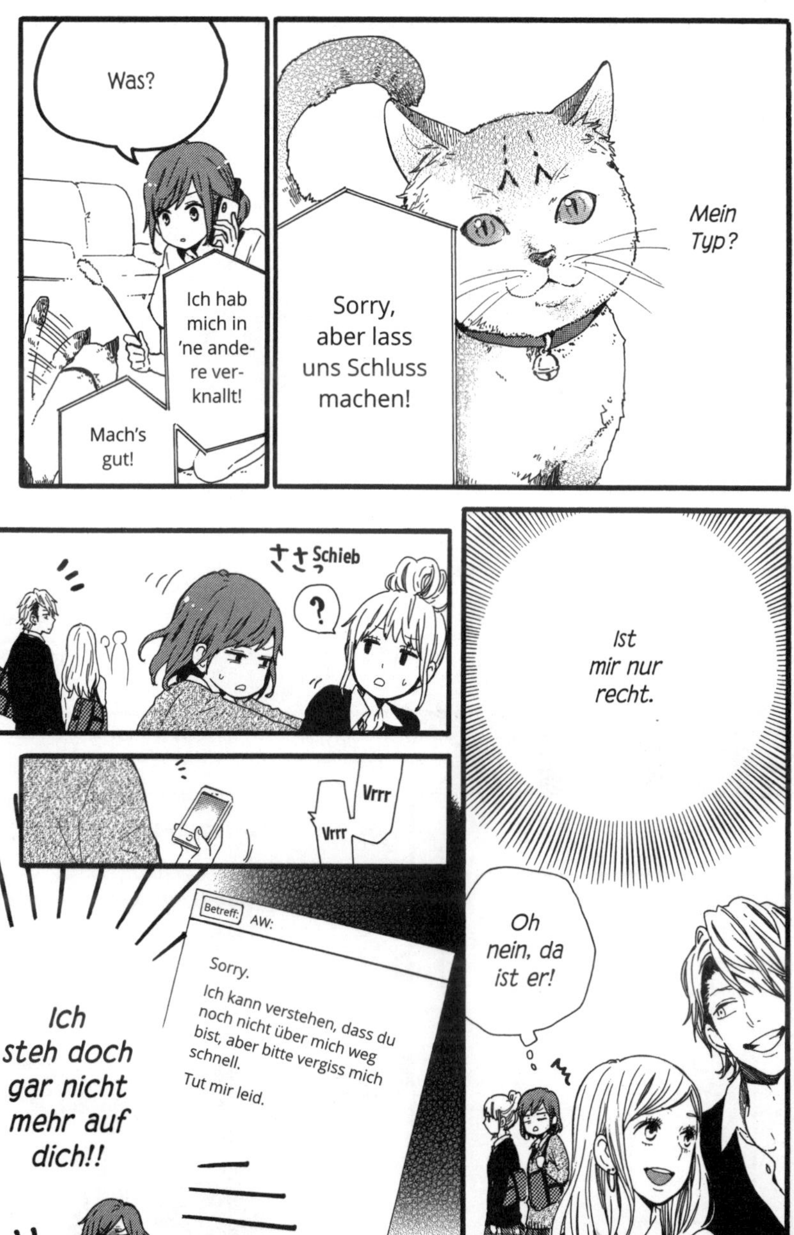

Mein Typ?
Sorry, aber lass uns Schluss machen!
Was?
Ich hab mich in 'ne andere verknallt!
Mach's gut!
Ist mir nur recht.
ささっ Schieb
?
Vrrr
Vrrr
Betreff: AW:
Sorry.
Ich kann verstehen, dass du noch nicht über mich weg bist, aber bitte vergiss mich schnell.
Tut mir leid.
Ich steh doch gar nicht mehr auf dich!!
Oh nein, da ist er!

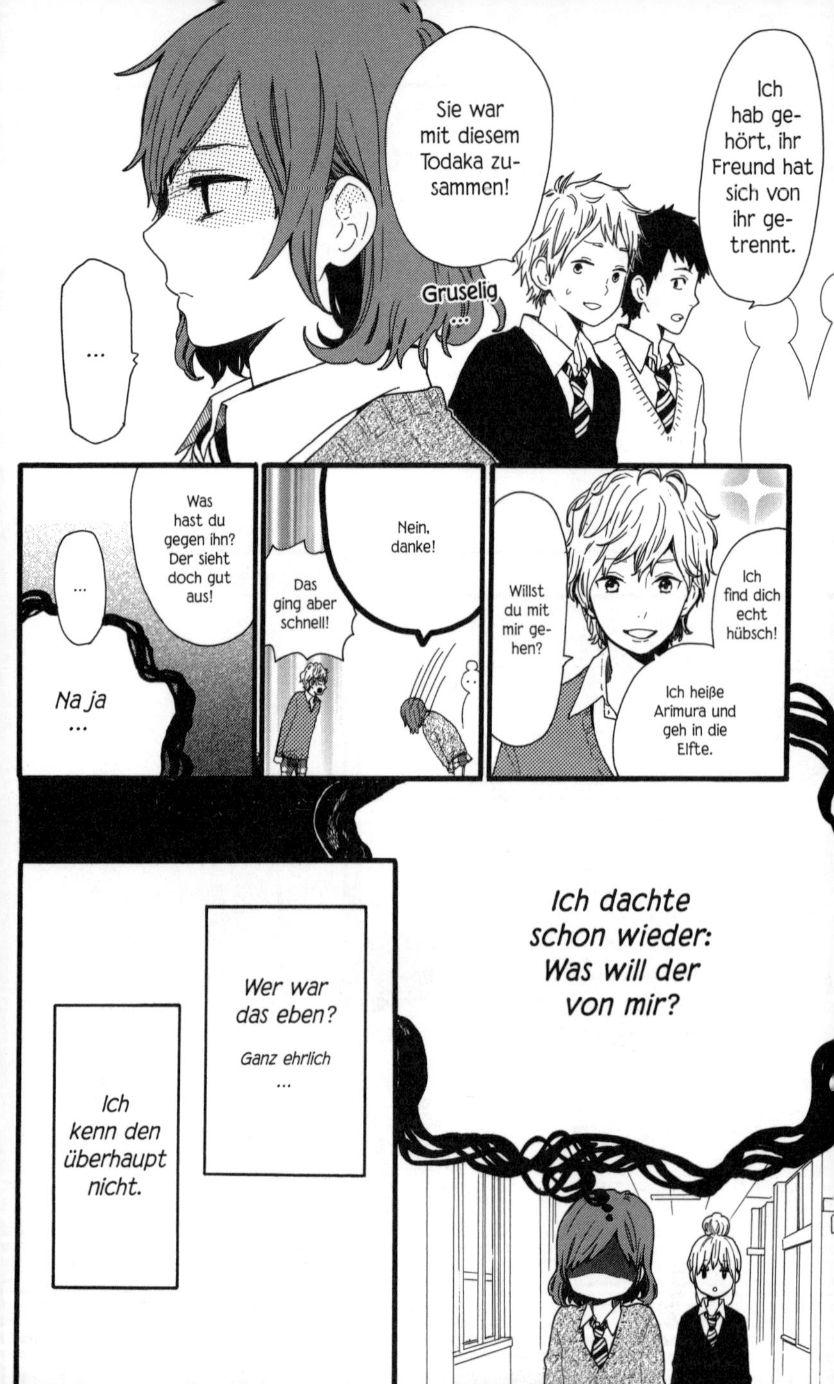
Ich hab gehört, ihr Freund hat sich von ihr getrennt.
Sie war mit diesem Todaka zusammen!
Gruselig …
…
Ich find dich echt hübsch!
Willst du mit mir gehen?
Ich heiße Arimura und geh in die Elfte.
Nein, danke!
Das ging aber schnell!
Was hast du gegen ihn? Der sieht doch gut aus!
…
Na ja …
Ich dachte schon wieder: Was will der von mir?
Wer war das eben?
Ganz ehrlich …
Ich kenn den überhaupt nicht.

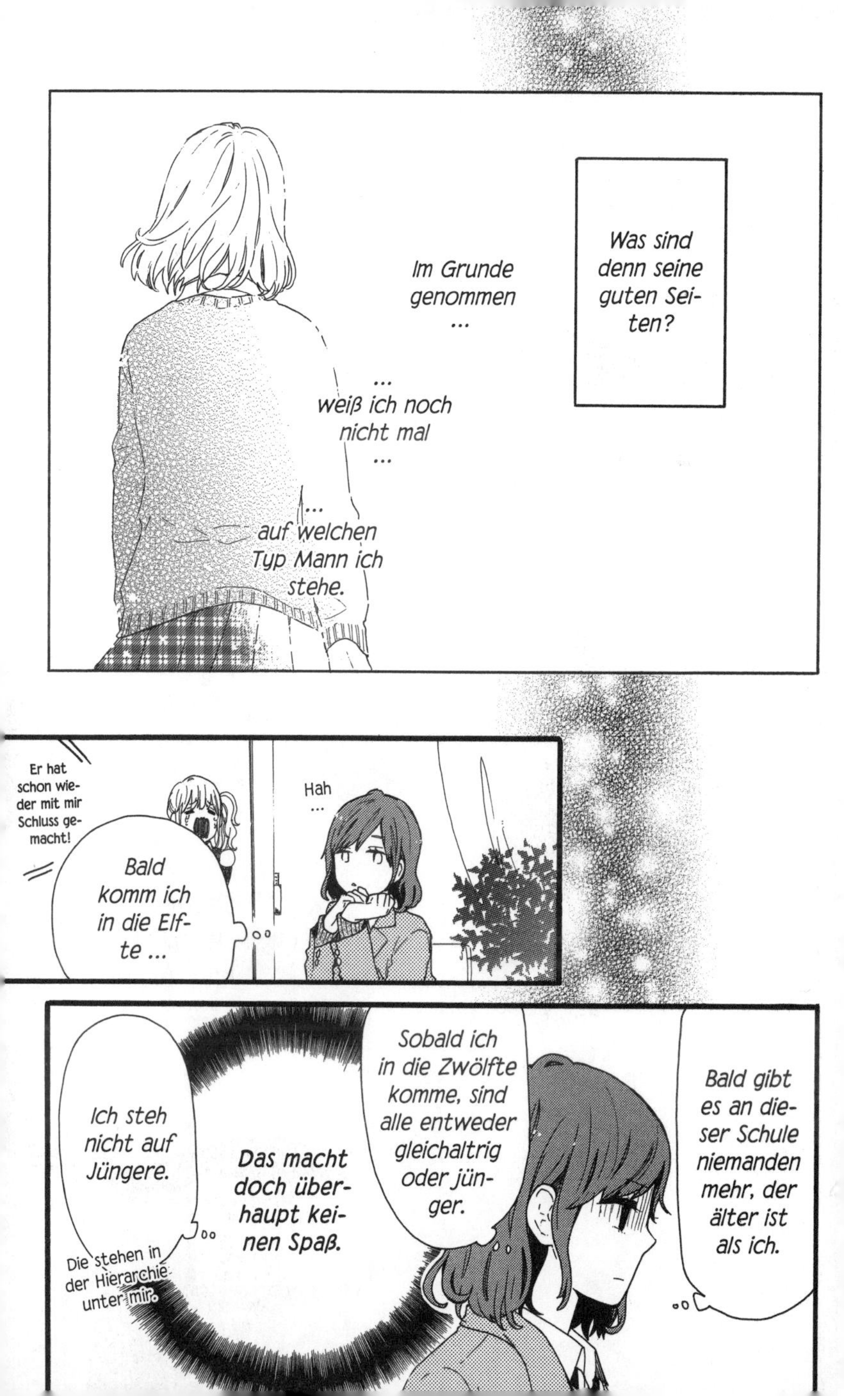

Was sind denn seine guten Seiten?

Im Grunde genommen ...

... weiß ich noch nicht mal ...

... auf welchen Typ Mann ich stehe.

Hah ...

Bald komm ich in die Elfte ...

Er hat schon wieder mit mir Schluss gemacht!

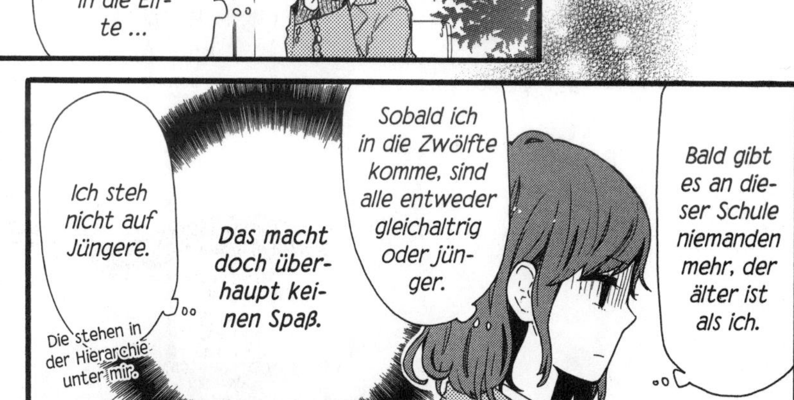

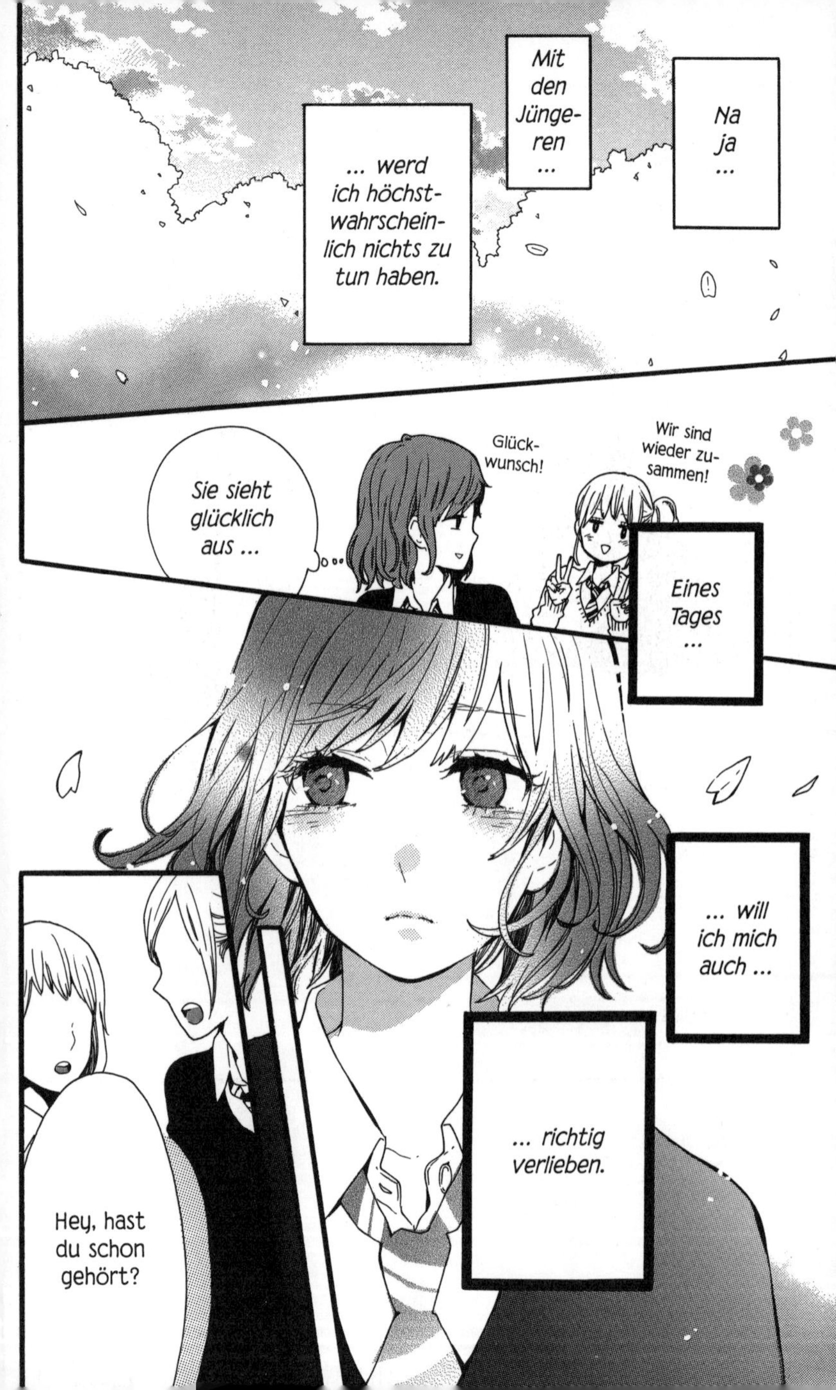

Na ja …
Mit den Jüngeren …
… werd ich höchstwahrscheinlich nichts zu tun haben.
Wir sind wieder zusammen!
Glückwunsch!
Sie sieht glücklich aus …
Eines Tages …
… will ich mich auch …
… richtig verlieben.
Hey, hast du schon gehört?

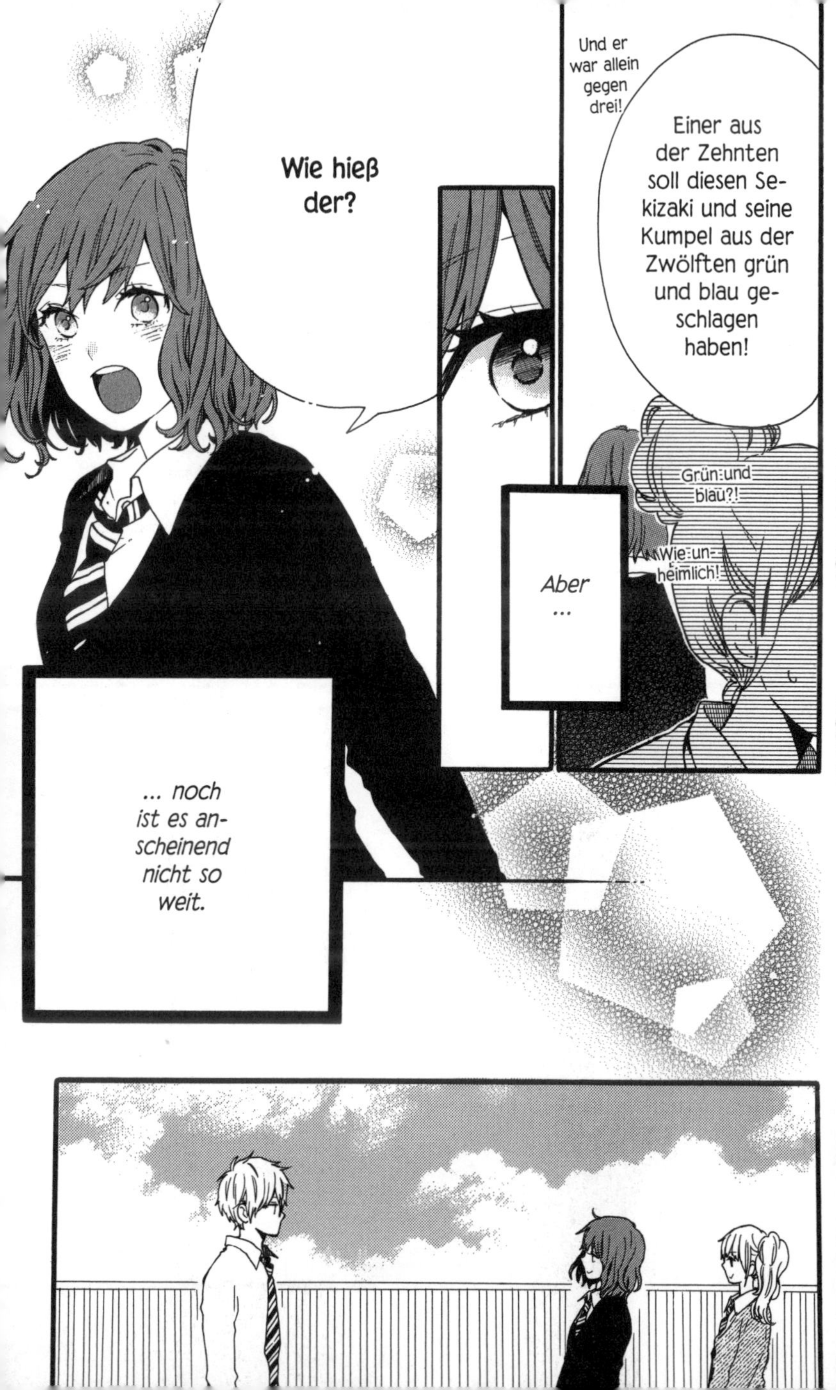
Und er war allein gegen drei!
Einer aus der Zehnten soll diesen Sekizaki und seine Kumpel aus der Zwölften grün und blau geschlagen haben!
Grün und blau?!
Wie unheimlich!
Aber ...
Wie hieß der?
... noch ist es anscheinend nicht so weit.

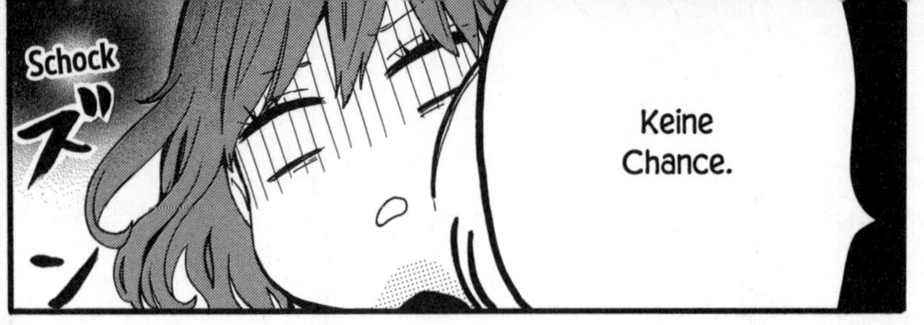
Keine Chance.
Schock
ズーン

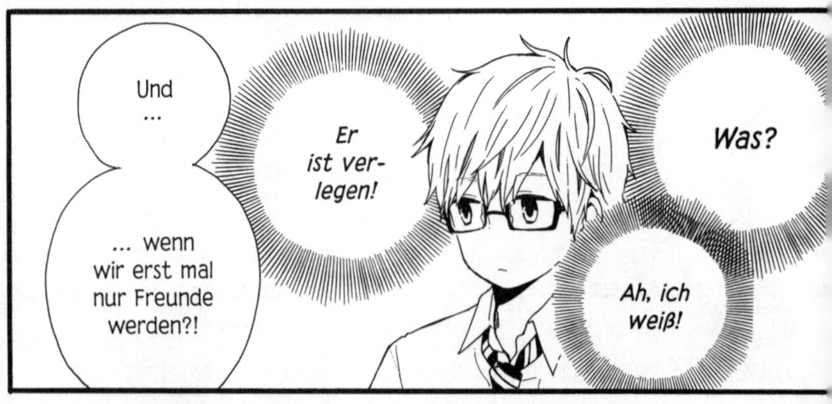
Was?
Ah, ich weiß!
Er ist verlegen!
Und ...
... wenn wir erst mal nur Freunde werden?!

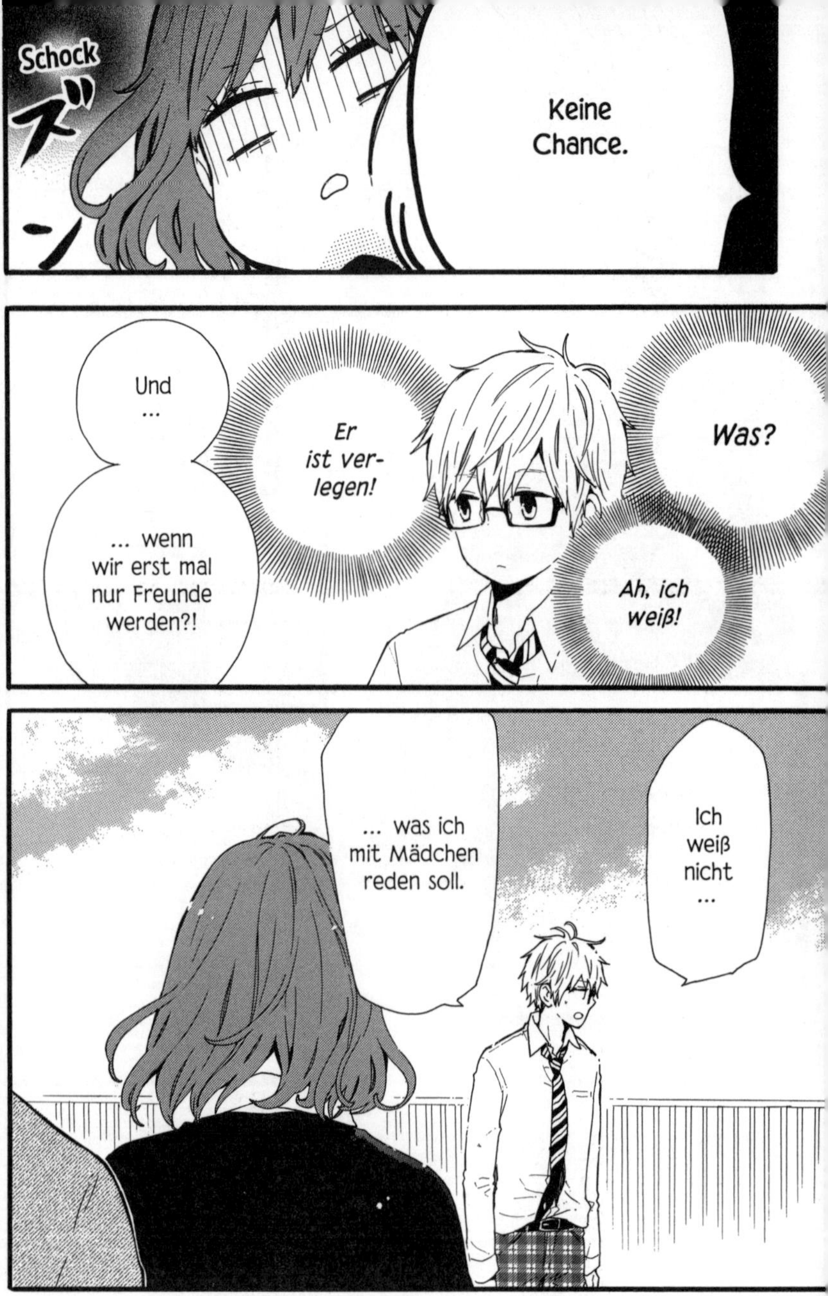

Ich weiß nicht ...
... was ich mit Mädchen reden soll.

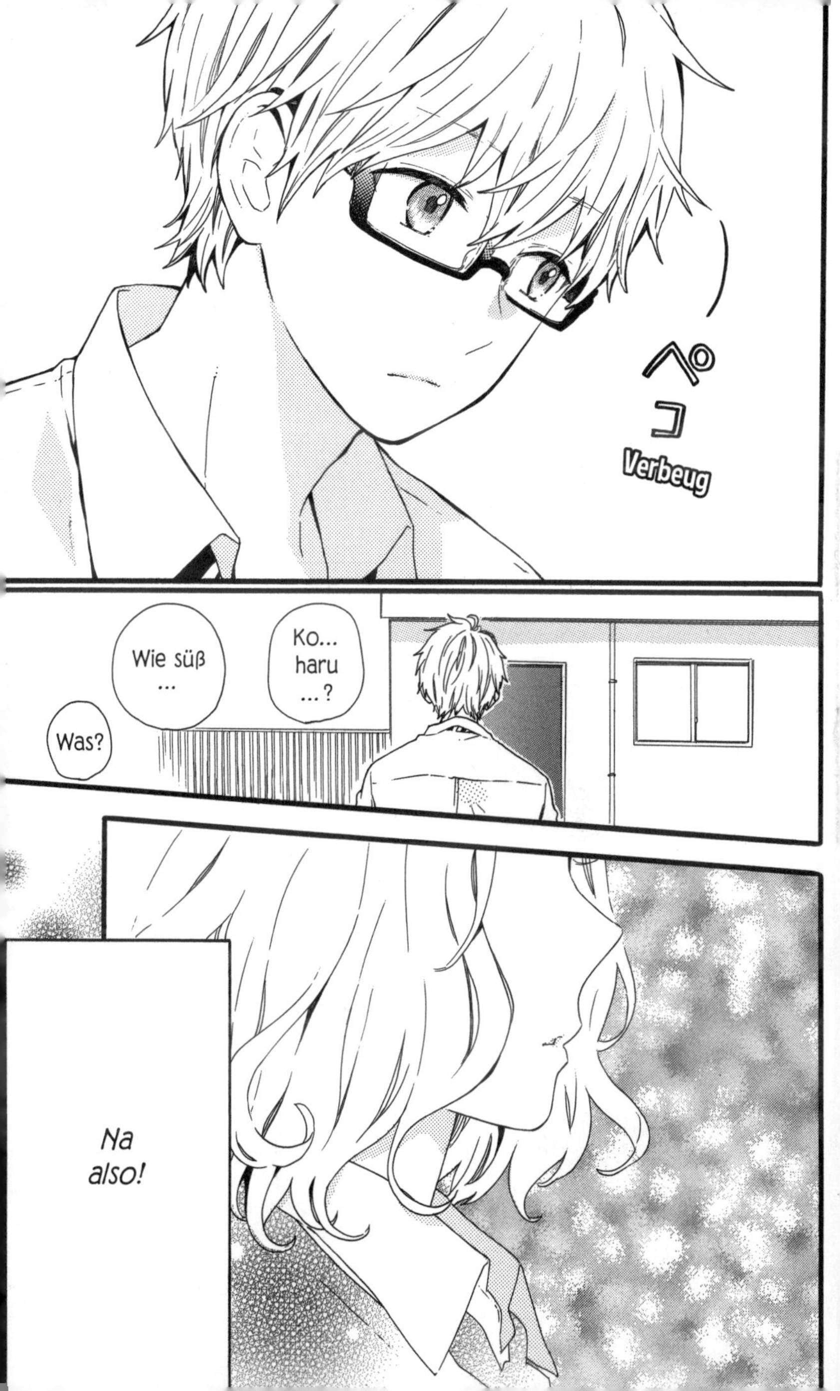
ペコ
Verbeug
Ko... haru ...?
Wie süß ...
Was?
Na also!

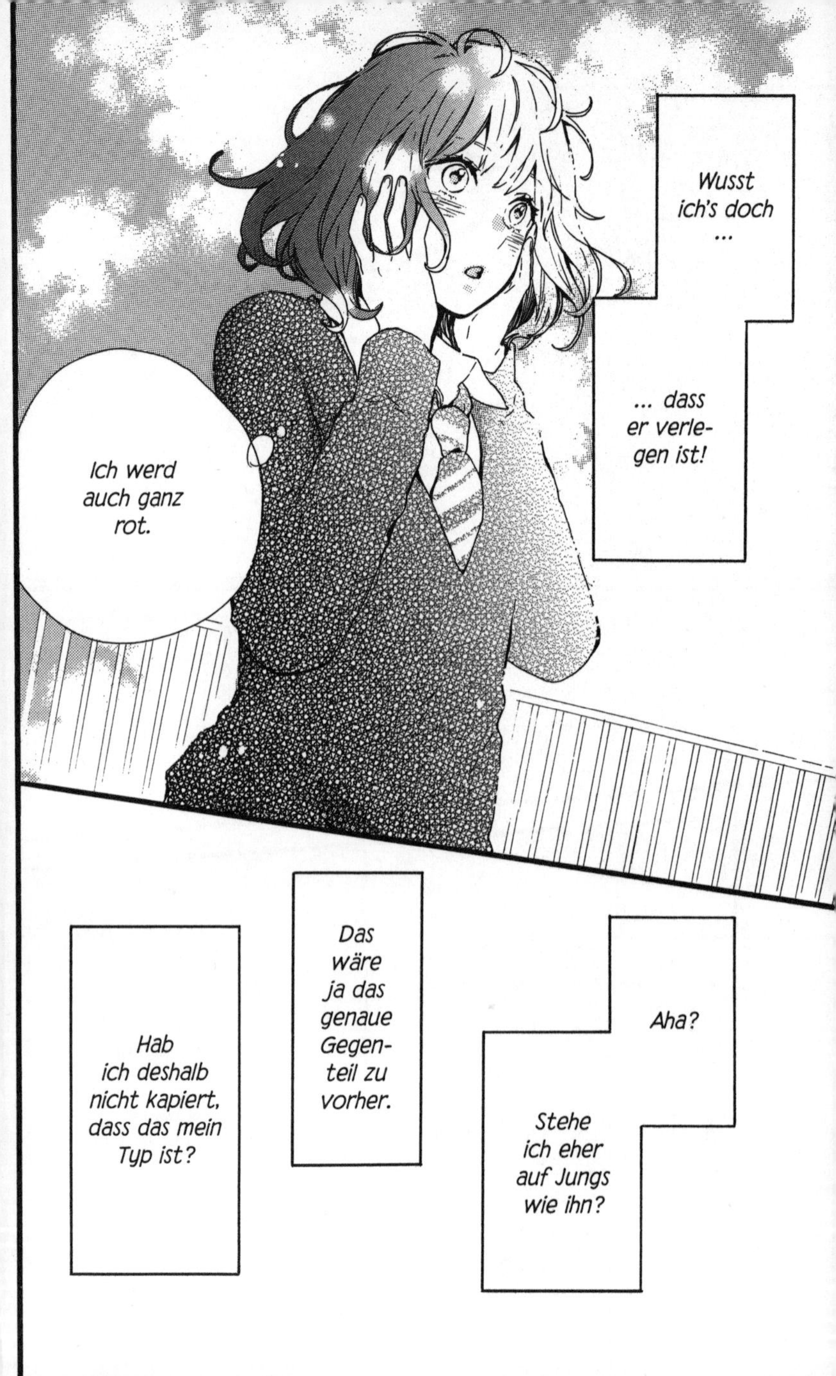
Wusst ich's doch …
… dass er verlegen ist!
Ich werd auch ganz rot.
Aha?
Stehe ich eher auf Jungs wie ihn?
Das wäre ja das genaue Gegenteil zu vorher.
Hab ich deshalb nicht kapiert, dass das mein Typ ist?

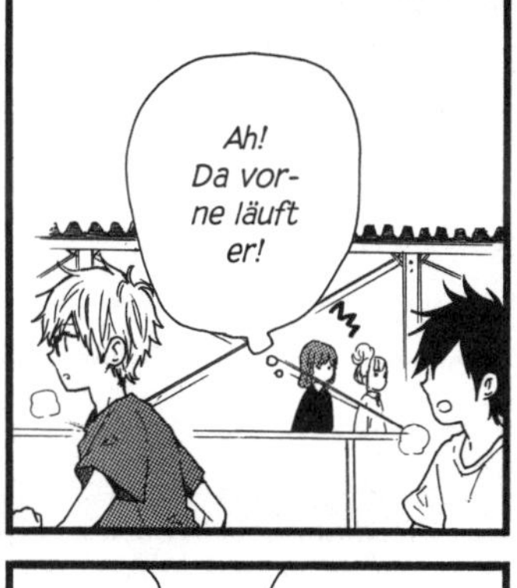

Ah! Da vorne läuft er!

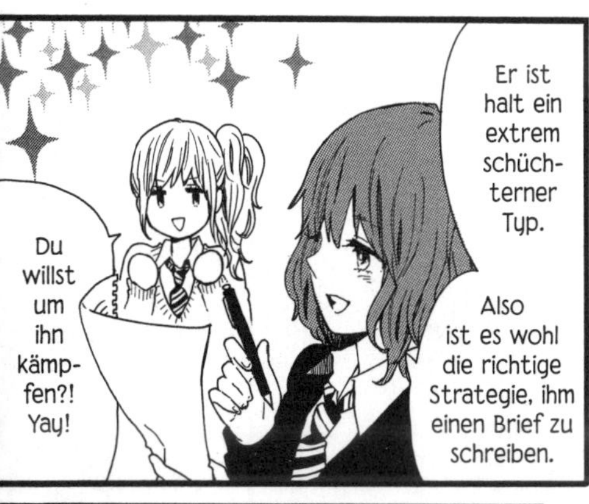

Er ist halt ein extrem schüchterner Typ.
Also ist es wohl die richtige Strategie, ihm einen Brief zu schreiben.
Du willst um ihn kämpfen?! Yay!

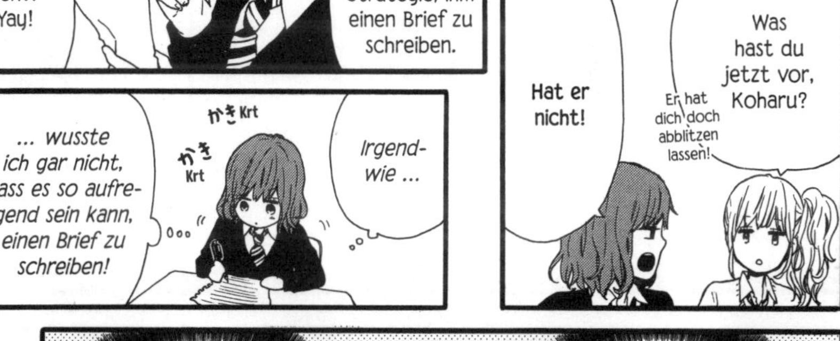

Was hast du jetzt vor, Koharu?
Er hat dich doch abblitzen lassen!
Hat er nicht!
かき Krt
かき Krt
Irgendwie ...
... wusste ich gar nicht, dass es so aufregend sein kann, einen Brief zu schreiben!

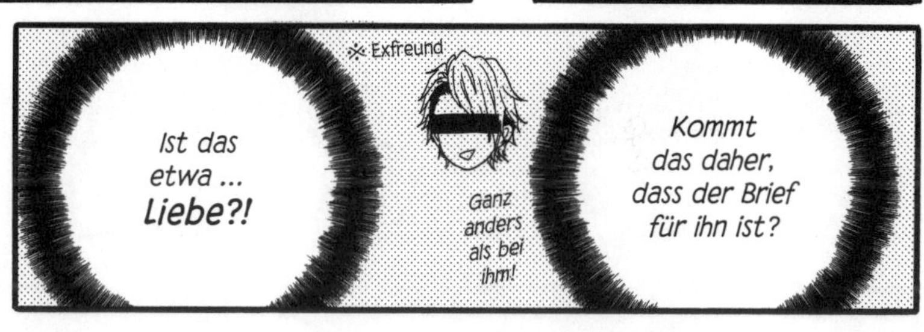

Kommt das daher, dass der Brief für ihn ist?
※ Exfreund
Ganz anders als bei ihm!
Ist das etwa ... Liebe?!

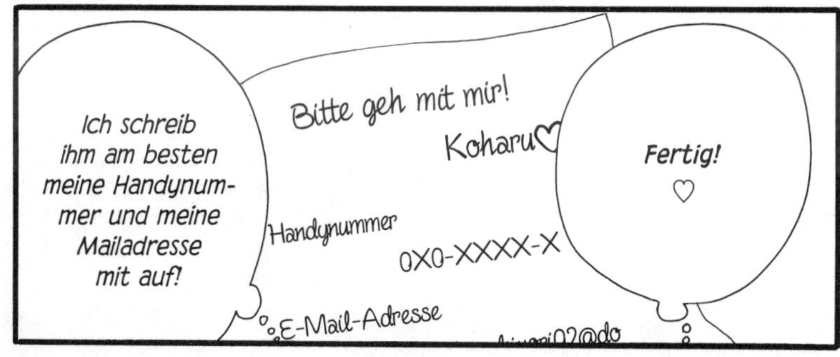

Fertig! ♡
Bitte geh mit mir!
Koharu♡
Handynummer
0X0-XXXX-X
E-Mail-Adresse
Ich schreib ihm am besten meine Handynummer und meine Mailadresse mit auf!

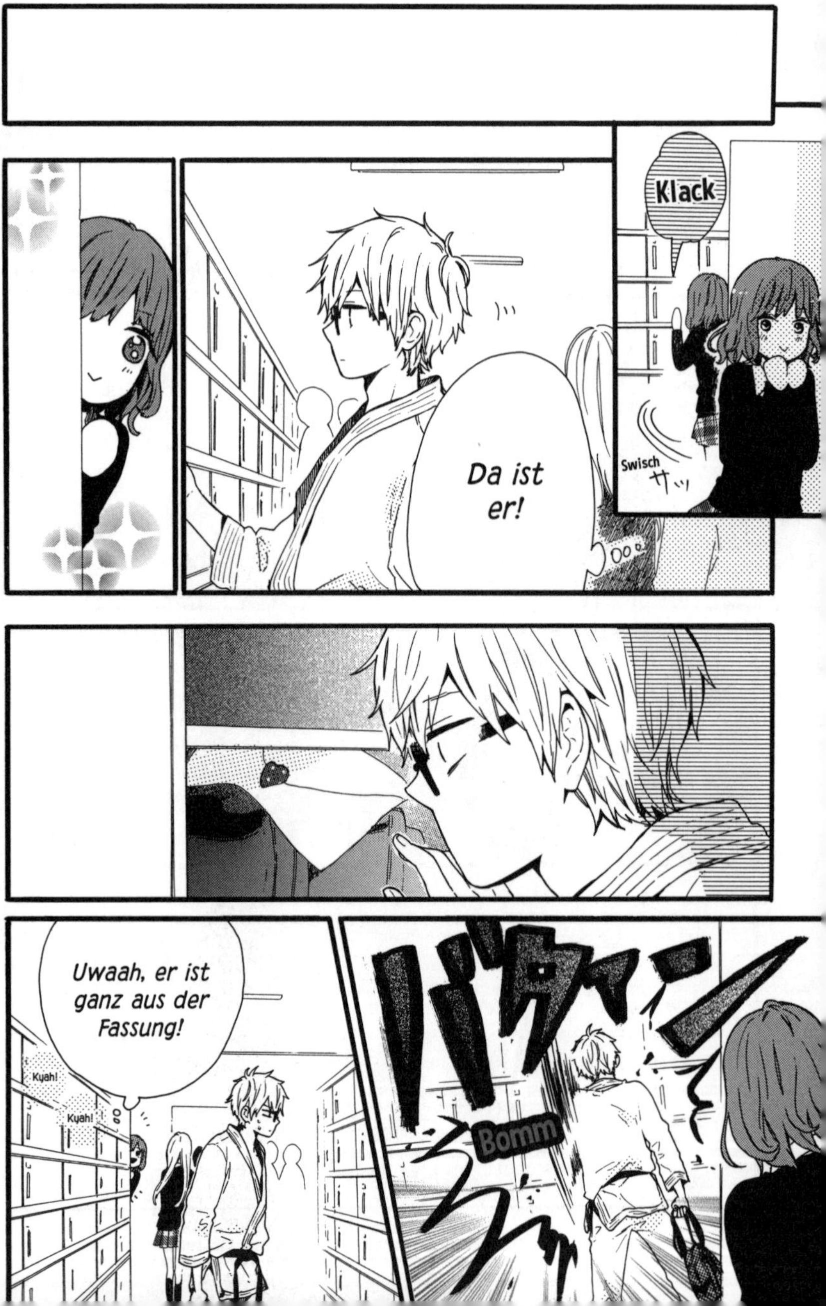

Klack

Swisch サッ

Da ist er!

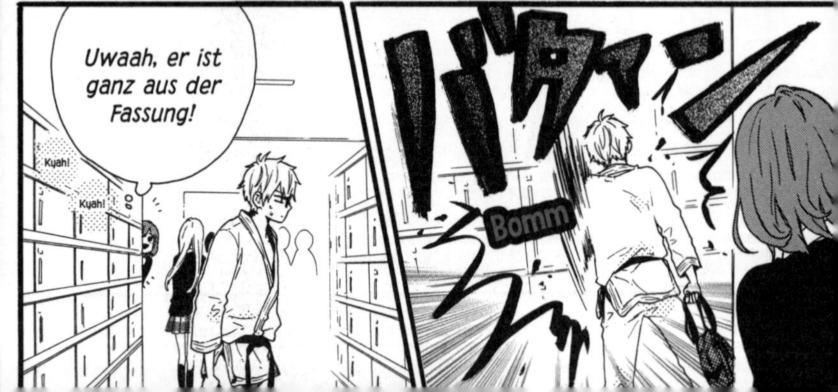

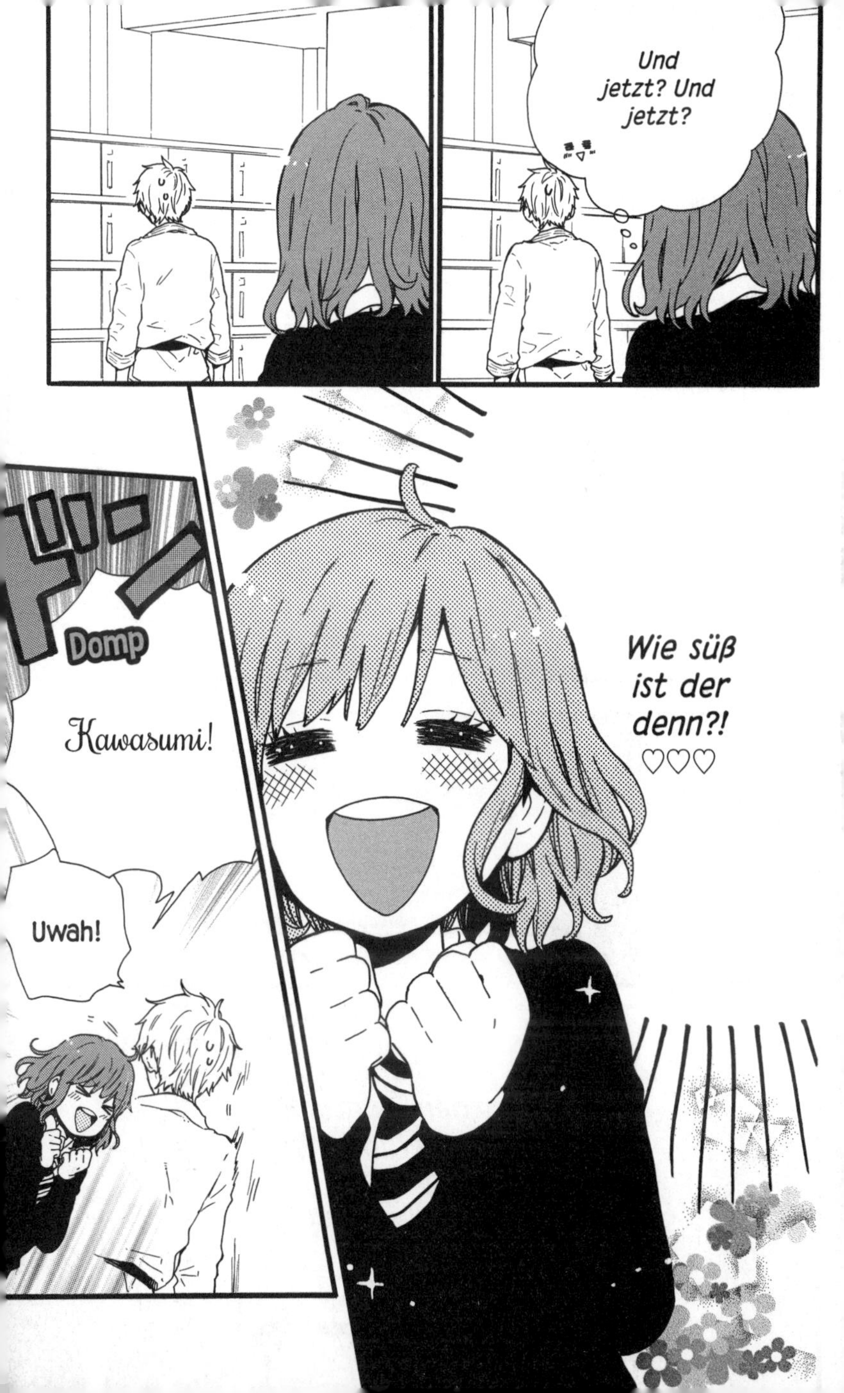
Und jetzt? Und jetzt?
Wie süß ist der denn?! ♡♡♡
Domp
Kawasumi!
Uwah!

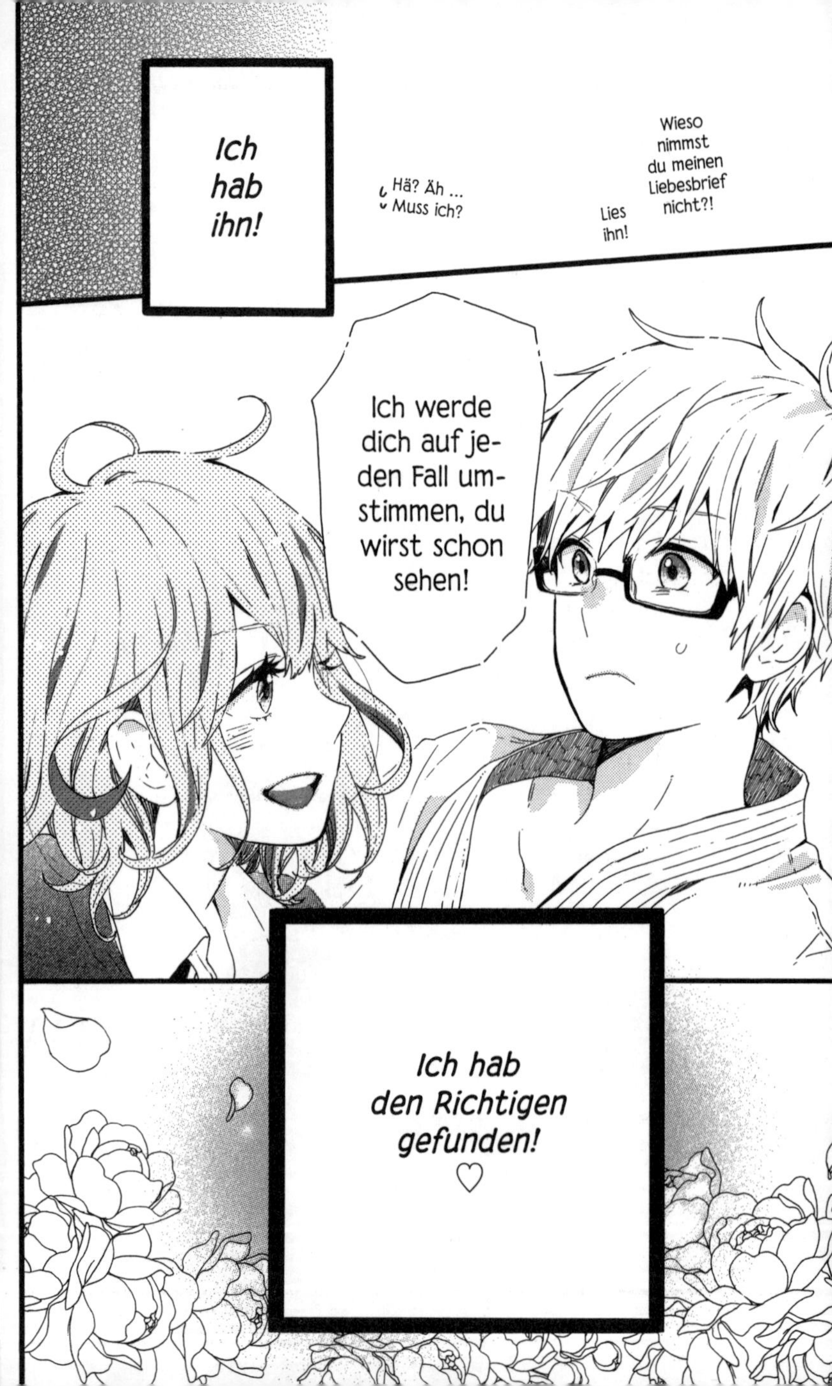
Wieso nimmst du meinen Liebesbrief nicht?!
Lies ihn!
Hä? Äh ... Muss ich?
Ich hab ihn!
Ich werde dich auf jeden Fall umstimmen, du wirst schon sehen!
Ich hab den Richtigen gefunden! ♡

Nachwort

Liebe Frau Mizuno, ♡
vielen Dank für Ihre Illustration! ♥ Hach ja, sie ist wundervoll! ♡
Ich durfte für Band 5 von *Rainbow Days* ebenfalls eine Illustration beisteuern! ♡

Ach ja, übrigens ist dieser Manga bei der Abstimmung »Kono Manga ga sugoi!«* 2014 in der Kategorie »Frauen« auf dem 4. Platz gelandet.
Das hab ich wirklich euch Lesern zu verdanken. Vielen Dank!
Ich möchte in Zukunft noch bessere Manga zeichnen!

Außerdem wird auf der Banderole in der Erstauflage diesmal
miwa** zu sehen sein! ♡♡♡
Sobald der Manga in die Läden kommt, bekomme ich die Banderole auch zu sehen, deshalb freue ich mich schon total!
Danke, Miwa, dass du dir dafür Zeit genommen hast!

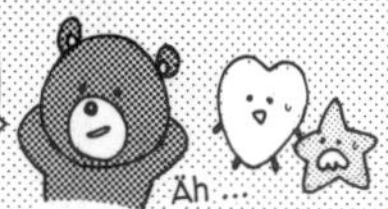

Ich freue auch weiterhin auf eure Fragen. Eure Eindrücke könnt ihr ebenfalls gern an diese Adresse schicken:

Special Thanks

- An meinen Redakteur Mäuseschreck
- An die Mitarbeiter der *Margaret*-Redaktion
- An die Designer
- An meine Assistentin Nao Hamaguchi sowie an alle, die an diesem Band beteiligt waren!

An alle meine Leser ♡♥

Altraverse GmbH
»suu Morishita«
Pinnasberg 47
20359 Hamburg

* Jedes Jahr werden Buch- und Comichändler sowie Verlagsmenschen nach ihren Lieblingsmanga befragt.

** In der Erstauflage des japanischen Originalbandes waren auf der Banderole ein Foto der Sängerin Miwa und ihr persönlicher Kommentar zum Manga abgedruckt.

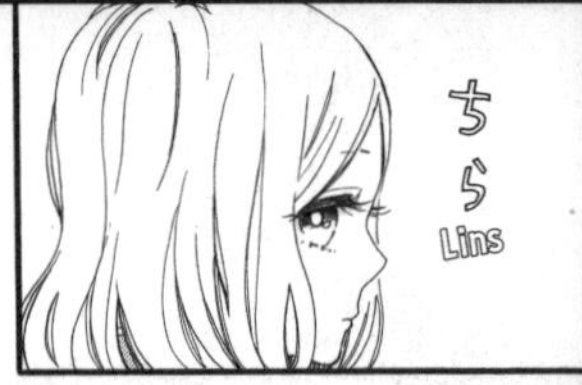

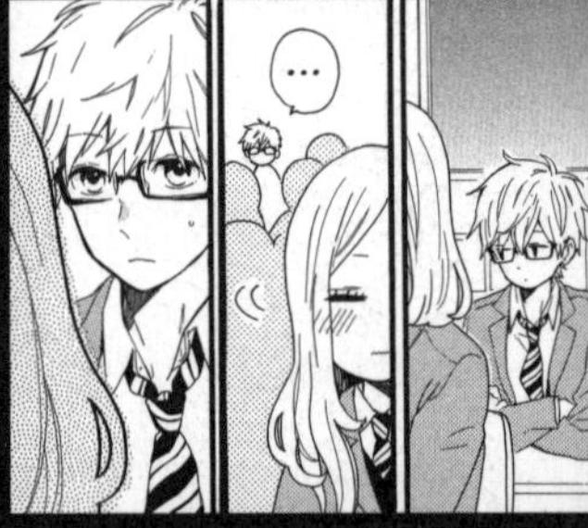

Suiren und Kawasumi sind froh, in einer Klasse zu sein, aber es macht sie auch verlegen.

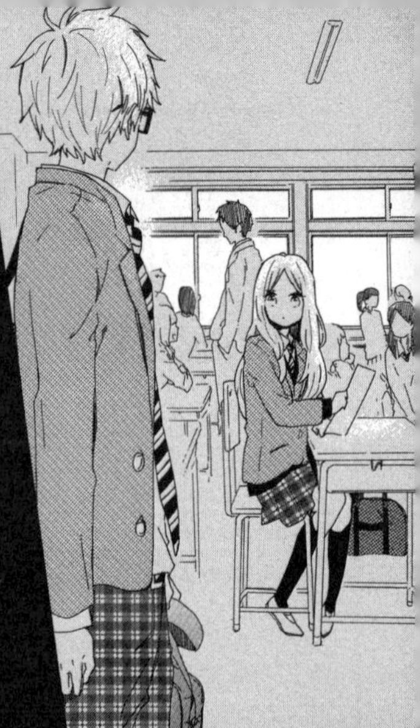

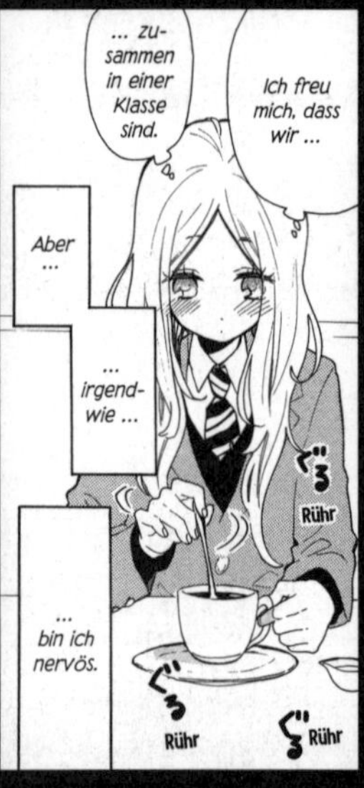

Trotzdem sind sie glücklich.

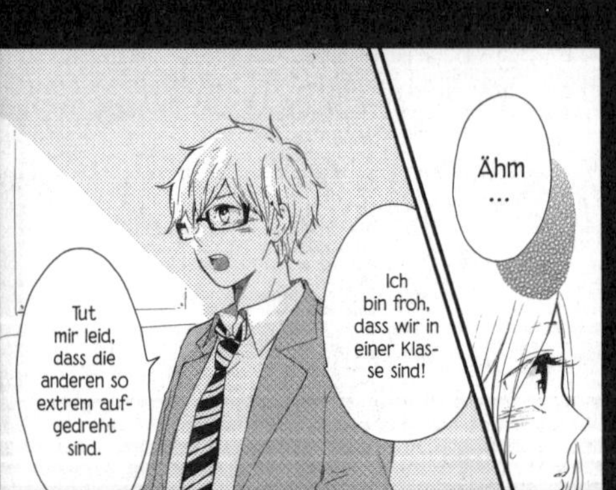

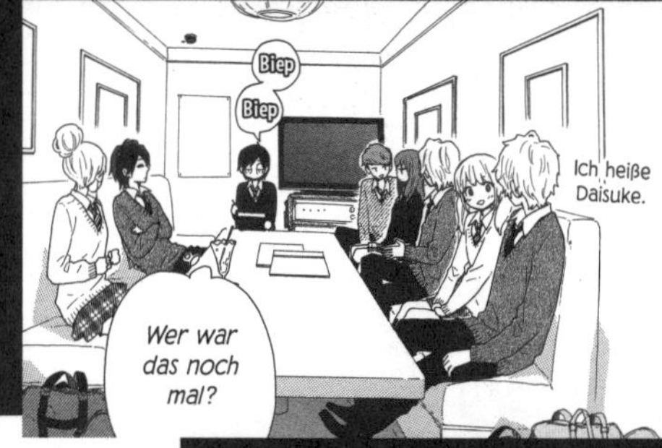

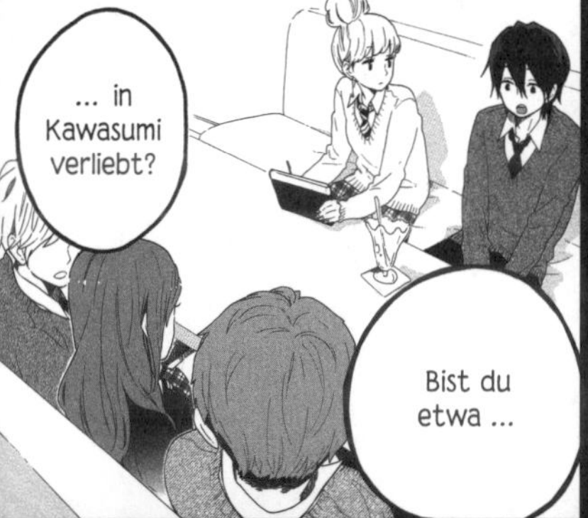

Unterdessen sind Aya und Yuri gemeinsam mit Koharu und Atohira auf einem ...

Gruppendate?!

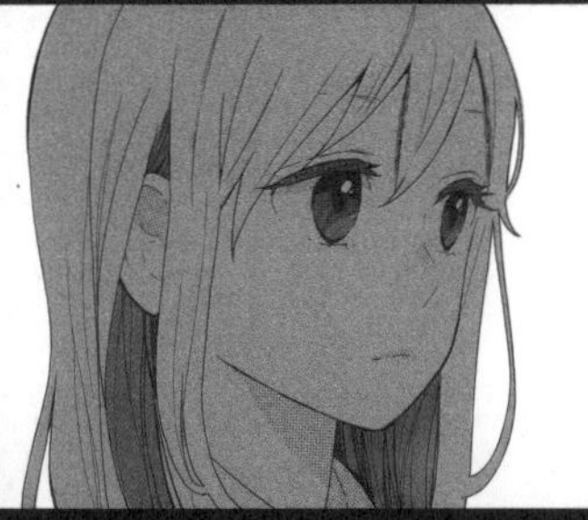

Romance 13 +

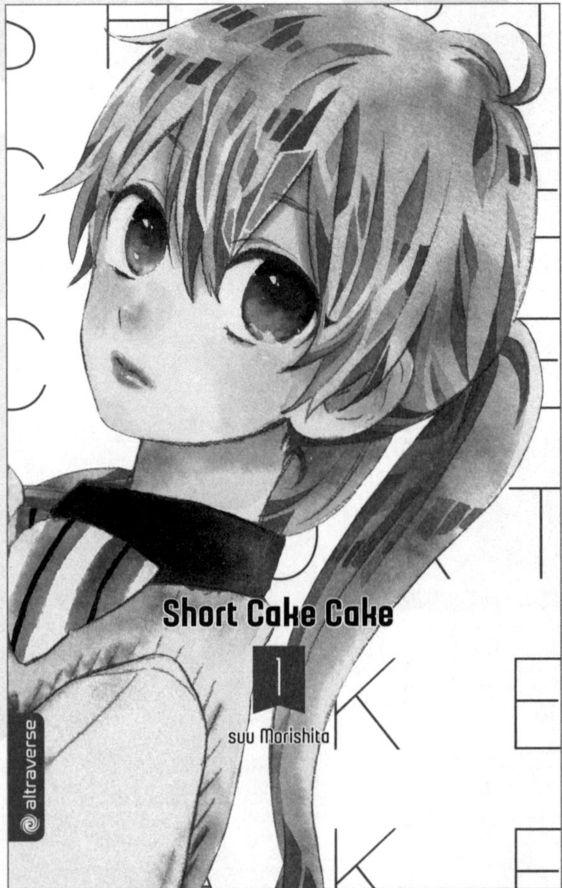

Short Cake Cake

suu Morishita

Um auf die Oberschule gehen zu können, muss Ten Serizawa von ihrem kleinen Heimatdorf aus eine zweistündige Busfahrt auf sich nehmen – eine echte Herausforderung! Kurzerhand beschließt sie, in eine Wohngemeinschaft zu ziehen. Doch ihre neuen Mitbewohner wecken ungeahnte Gefühle in ihr – und sie auch in ihnen. Und so beginnt das Liebeskarussell sich zu drehen ...

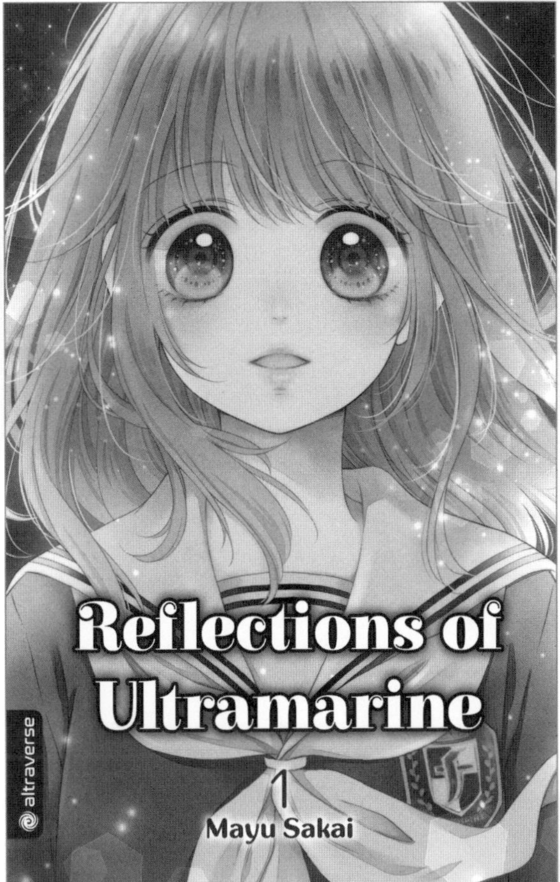

Reflections of Ultramarine

Mayu Sakai

Koharu besucht eine Schule mit Showbiz-Zweig. In ihrer Klasse ist sie umgeben von den angesagtesten Nachwuchsschauspielern und angehenden Models. Auch Koharu strebt nach den Sternen, hatte bisher aber nur kleine Rollen. Und dann wird ausgerechnet sie für die Hauptrolle des Theaterstücks ausgewählt, das einen der Legende nach zum Star machen soll!

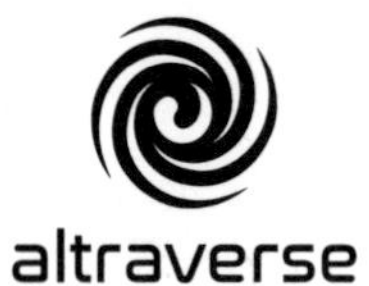

Deutsche Ausgabe / German Edition
Altraverse GmbH – Hamburg 2019
Aus dem Japanischen von Constanze Thede

Redaktion: Katrin Aust
Herstellung: Cathrin Hamester
Lettering: Vibrant Publishing Studio

Druck: CPI books GmbH, Leck
Printed in Germany

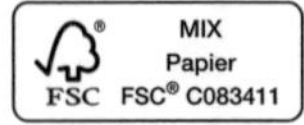

ISBN 978-3-96358-131-1
1. Auflage 2019

www.altraverse.de